百濟의 城郭

― 熊津·泗沘時代를 中心으로 ―

백제의 성곽

2002년 5월 30일 초판 1쇄

지은이 · 徐程錫
펴낸이 · 권혁재
펴낸곳 · 학연문화사

등록 · 1988년 2월 26일 제2-501호
주소 · 서울시 관악구 신림8동 1651-7 명성B/D 3층
전화 · 02-865-5072 / 858-7891
팩스 · 02-853-3679
E-mail · hak7891@chollian.net
Homepage · www.hakyoun.co.kr

잘못 만들어진 책은 바꾸어 드립니다.
책값은 뒤표지에 적혀 있습니다.

百濟의 城郭

- 熊津・泗沘時代를 中心으로 -

徐程錫 著

學研文化社

머리말

대학교 3학년 때였다. 지금은 고려대학교로 자리를 옮기신 최덕수 선생님의 근대사 수업에서, 한반도에서 일어난 사건이라 할지라도 본질을 제대로 이해하기 위해서는 인접국과 관련시켜 이해해야 한다는 사실을 처음으로 알게 되었다. 지금은 평범한 상식이라고 할지 모르지만 그 때에는 그 말이 신선한 충격이었다.

대학원에 진학하여 강인구 선생님 수업에서는 더 큰 충격을 받았다. 선생님께서는 우리 고대문화의 기원을 추적하는 데 심열을 기울였는데, 그 과정에서 동아시아 고대문화의 흐름을 강조하셨다. 우리 고대문화의 진면목을 제대로 파악하기 위해서는 중국이나 일본의 그것과 비교해 볼 필요가 있음을 새삼 깨닫게 되었다. 백제 성곽을 주변국의 그것과 비교해 보려는 생각은 그렇게 해서 자연스럽게 생겨났다.

성곽은 고분, 사찰 등과 더불어 역사시대를 연구하는 핵심적인 유적 중의 하나이다. 그런데 고분에 대해서는 이미 상당한 연구가 이루어졌지만 1980년대 후반까지만 해도 성곽에 대한 연구는 부진을 면치 못하고 있었다. 따라서 성곽을 통해 고분 연구의 결과를 확인해 보고, 또 한편으로는 그것을 보완해 보고 싶었다.

십여 년 전에는 차편이 없어 산성을 찾아가기란 쉽지가 않았다. 정상부에 자리하고 있는 산성을 찾아 이골 저골 헤매던 일이며, 갑자기 나타난 산 짐승에 놀라던 일, 그리고 어둑어둑해질 무렵 혼자 터덜터덜 산길을 내려오다 산비둘기에 놀라던 일들이 지금도 기억에 또렷하다.

그렇게 산성을 하나하나 답사하면서 수없는 희비가 엇갈렸다. 어느 날은 산성이란 존재가 또렷하게 보이다가도 또 다음 날 다른 산성에 올라가 보면 다시 흐릿해지고……. 무언가 잡힐 듯 잡힐 듯하면서도 분명하게 드러나지 않는 존재 때문에 일희일비를 거듭해야 했다. 그리고 그러한 과정을 되풀이하면서 대상이 희미해 보이는 원인의 한가운데에 편년이라는 문제가 도사리고 있음을 깨닫게 되었다.

　길가에 뒹구는 돌멩이도 거기에 놓여진 시기를 알게 되면 단순한 돌멩이가 아니라 당당히 역사 복원의 자료가 된다. 반대로 축조 시기를 알 수 없는 산성은 단순한 돌무더기에 불과할 뿐이다. 아니, 어쩌면 그 산성을 통해 역사 해석을 잘못 왜곡할 수도 있다는 점에서 단순한 돌무더기만도 못할 때가 있다. 그래서 고고학은 달리는 기차에 발착역명(發着驛名)과 시간표를 달아주는 작업이라 했던가.

　찾아간 산성의 실제 축성 시기를 파악하기 위해 성 내에 있는 기와, 토기 등에 관심을 가져 보기도 하고, 해당 산성에 대한 설명이 어딘가에 남아 있을지도 모른다는 생각에 문헌 근처를 기웃거려 보기도 하였다. 청주 신봉동 석실분과 전남지역 횡혈식 석실분에 관심을 갖게 된 것은 그 때문이었다. 그런가 하면 고대사와 고고학은 연구 방법이 다르기는 하지만 "修葺歷代園陵"이나 "取大石於郁里河 作槨以葬父骨" 등과 같은 간단한 구절이 고고학 자료의 해석에 중요한 사실을 시사하듯이, 때때로 문헌기록이 역사유적 해석에 결정적인 단서를 제공하기도 한다. 실제로 『한원(翰苑)』에 기록된 백제 성곽에 대한 기록 역시 백제 성곽 이해에 결정적인 단서를 제공하고 있다.

이렇게 곳곳에 남아 있는 산성에 대한 답사를 진행하면서 자연스럽게 백제의 지방통치체제에 대한 관심이 싹트기 시작하였다. 산성이 그곳에 자리하고 있는 이유를 설명하기 위해서는 자연히 당시의 지방통치조직을 이해할 필요가 있었던 것이다. 부흥운동 때 등장하는 주류성이나 임존성을 지방통치조직과 연계해서 생각하고자 했던 것도 그 때문이다.

그런데 그 과정에서 이른바 '지역단위로서의 성(城)'과 '방어시설로서의 성곽(城郭)'을 구별할 필요가 있게 되었다. 5방(方), 37군(郡), 200성(城)의 성(城)을 '방어시설'로 보는 한 백제 성곽의 수는 상상을 초월할 만큼 많은 수가 존재하는 것이 되지만 그것을 단순히 '지역단위'로 보게 되면 실제 성곽의 수는 상당부분 줄어들 수 있기 때문이다. 역시 현지 답사를 통해 얻어진 결론이라고 한다면, 기록에 보이는 '성'의 대부분은 실은 '지역단위'인 것으로 생각된다. 적어도 통일이 되고 난 다음에야 '지역단위'와 '방어시설'이 균형을 맞추어 가는 것으로 여겨진다.

그러나 본서가 갖고 있는 한계도 분명하다. 우선 백제사의 2/3에 해당하는 한성시대의 성곽을 다루지 못했다는 것이 가장 큰 한계다. 더구나 위치 선정, 축성 재료의 조달 방법, 축성 인력 동원방법, 축성 후의 관리, 전투장면 재현 등과 같은 실제 성곽과 관련된 세밀한 부분에 대한 분석도 이루어지지 못하였다. 당연히 처음에 생각하였던 주변국 성곽과의 비교 작업도 도성에 국한되고 말았다. 이러한 부분에 대해서는 자료의 축적을 기다려 앞으로 보완할 것을 기대한다.

본서는 필자의 박사학위 논문을 약간 수정한 것이다. 그런 점에서 본서가 나오기까지 석·박사과정을 지도해 주시면서 필자로 하여금 우리 고대문화를 이해할 수 있는 눈을 뜨게 해 주신 강인구 선생님의 은혜를 잊을 수가 없다. 심사를 맡은 성주탁 교수님, 이기동 교수님, 노중국 교수님, 허흥식 교수님은 내용의 깊이와 폭뿐만 아니라 문장까지 하나하나 매끄럽게 손질해 주는 수고를 마다하지 않으셨다. 다시 한번 머리숙여 감사드린다.

또한 필자가 한 길을 갈 수 있도록 대학시절부터 물심 양면 도움을 아끼지 않으셨던 이남석 선생님과 고(故) 안승주 선생님, 어려운 일이 있을 때마다 많은 문제를 상담해 주신 윤용혁 선생님, 역사지리학에 눈을 뜨게 해 주신 이해준 선생님, 구하기 어려운 중국 자료를 일일이 챙겨 주신 정하현 선생님의 은혜에 감사드리지 않을 수 없다. 그리고 철부지 대학시절 필자로 하여금 학문의 세계를 경험할 수 있도록 이끌어 주신 최덕수 선생님의 은혜도 잊을 수 없다.

이렇게 일일이 헤아려 보니 그 동안 받은 크나큰 은혜에 비해 너무나도 볼품없는 내용을 담은 것 같아 송구스럽기 짝이 없다. 앞으로 계속해서 한 길을 걷는 것만이 그나마 그 동안 베풀어 주신 은혜에 보답하는 길이라고 다짐해 본다.

끝으로 열악한 환경에도 이 책의 출간을 선뜻 응낙하고, 교정과 편집에 세심한 배려를 아끼지 않으신 학연문화사 권혁재 사장님과 편집부에 감사의 말씀을 드린다. 아울러 모처럼 얻은 휴일을 반납한 채 실측을 위해 험한 산길을 동행해 준 여러 동학, 후배들께도 다시 한번 고마운 마음을 전한다.

이 작은 선물이 이제는 하루 하루 거동조차 불편해하시는 어머님께 그 동안의 불효에 대한 한 마디 변명이 될 수 있을지…….

2002년 5월
금강변 곰나루에서 서정석

목 차

표목차

도면목차

사진목차

1장
서 론

1. 연구목적

　백제사 연구에서 성곽(城郭)이 갖는 중요성은 새삼 강조할 필요가 없다. 그 자체 국가의 출현을 상징적으로 말해준다는 점[1]에서 백제의 건국을 실질적으로 확인할 수 있는 구체적인 물증이고,[2] 고대국가 체제가 완성된 후에는 지방민에 대한 수취와 노동력 동원의 단위가 된다[3]는 점에서 지방통치체제 이해의 핵심적인 요소가 되기 때문이다.

　이러한 중요성 때문에 그 동안 백제 성곽에 대해서는 고분, 사찰 등 다른 분야에 비해 결코 뒤지지 않을 정도로 많은 양의 연구가 이루어져 왔다. 그러나 밝혀진 사실보다 앞으로 새롭게 밝혀야 할 부분이 더 많은 것 또한 사실이다. 특히 최근 들어 성곽에 대한 발굴조사가 이루어져 종래에 별다른 의심없이 백제 성곽으로 인식되어 오던 유적들이 실은 백제 때 축성된 것이 아닌 경우가 많아지면서 백제 성곽에 대한 연구는 근본적으로 다시 시작해야 할 입장에 처해 있다.

---

1) 賀業鉅 著 · 尹正淑 譯, 『중국 도성제도의 이론』, 이회, 1995, 40~41쪽.
　杜正勝, 「野城과 山城」, 『百濟研究』 19, 忠南大百濟研究所, 1988, 77~104쪽.
2) 朴淳發, 『漢城百濟의 誕生』, 서경문화사, 2001, 169~202쪽.
3) 盧重國, 「漢城時代 百濟의 地方統治體制 – 檐魯體制를 中心으로 – 」, 『邊太燮博士華甲紀念史學論叢』, 1985, 142쪽 및 151쪽.

백제 성곽이 갖는 의미를 제대로 파악하기 위해서는 먼저 정확한 백제 성곽을 찾아내는 작업부터 시작해야 한다. 따라서, 여기에서는 백제 성곽이 갖는 기본적인 특성을 밝히는 데 일차적인 목적을 두고자 한다. 지금까지의 백제 성곽에 대한 연구는 이 부분에 상대적으로 소홀했던 것이 사실이다. 다시 말해서 백제 고지(故地)에 남아 있는 성곽을 구체적인 검토 없이 일단 백제 성곽으로 보고 논의를 진행시켜 왔던 것이다.

그러나 성곽은 고분과 달리 후대에도 계속해서 사용될 수 있고, 현재로서는 삼국시대 성곽과 그 이후의 성곽을 뚜렷하게 구별할 수 없기 때문에 백제 고지(故地)에 남아 있다 하더라도 구체적인 검토가 선행되어야 한다. 여기에서 백제 성곽의 특성을 밝히고, 그것을 바탕으로 백제 성곽이 갖는 일반적인 모델과 변천 과정을 찾아보려는 것도 그 때문이다.

이러한 작업을 진행시키기 위해서 먼저 백제 성곽에 대한 기존의 연구 성과를 검토하고, 거기에서 나타난 문제점을 중심으로 새로운 연구 방법을 모색해 보고자 한다. 여기에는 기존의 연구에서 서로 다른 개념으로 사용해 왔던 몇몇 용어들과 본고(本稿)에서 새롭게 제시되는 용어들에 대한 개념 정리도 덧붙여질 것이다.

2. 연구사적 검토

한 마디로 백제 성곽이라고 하지만 거기에는 크게 보아 왕도(王都)를 방위하기 위한 도성(都城)과 각 지방에 축성된 산성(山城)이 있다. 이 양자가 서로 유기적인 관련성을 맺고 있기는 하지만 기본적인 성격이 다르고, 따라서 접근 방법도 달리하여야 하기 때문에 기존의 연구 성과 역시 도성과 산성으로 나누어 살펴보고자 한다.

일반적으로 백제는 한성시대, 웅진시대, 사비시대라는 시대구분이 이루어지고 있다.[4] 그 중 한성시대의 백제 도성에 대한 연구는 주로 도성의 위치 비정에 초점이 맞추어져 왔다.[5] 그에 따라 한성시대 백제 도성을 해명하는 데 핵심적인 문제인 위례성(慰禮城), 하남 위례성(河南慰禮城), 한성(漢城), 한산성(漢山城), 사성(蛇城), 아단성(阿旦城), 남성(南城), 북성(北城) 등에 대해서는 서로 다른 의견이 제시되고 있지만, 적어도 웅진으로 천도(遷都)하기 직전의 왕성이 몽촌토성(夢村土城)이라는 사실에 대해서는 대체로 의견이 일치하고 있다.

웅진시대의 도성에 대한 관심은 일제시대부터 비롯되었다.[6] 그 과정에서 공산성(公山城)이 백제시대의 중심성(中心城)이었음을 처음으로 알게 되었고, 그 중에서도 현재의 공산성 동쪽 외성(外城)에 해당되는 곳에서 '웅천관(熊川官)', '웅진관(熊津官)', '관(官)' 등의 명문와(銘文瓦)가 출토되는 것을 근거로 이곳을 왕궁지(王宮址)로 추정하는 견해도 제시되었다.[7] 나아가 한성시대와 달리 웅진시대에는 공주시가지를 에워싼 나성(羅城)이 존재한다는 사실이 처음으로 제기되기도 하였다.[8]

이러한 주장은 그 이전까지도 공산성을 그저 백제시대의 일개 산성,[9] 혹

---

4) 金元龍,『韓國考古學槪說』, 一志社, 1986, 150~151쪽.
5) 대표적인 論考로는 다음과 같은 것을 들 수 있다.
   車勇杰,「慰禮城과 漢城에 대하여」,『鄕土서울』39, 1981, 55~82쪽.
   成周鐸,「漢江流域 百濟初期 城址 硏究」,『百濟硏究』14, 忠南大百濟硏究所, 1983, 107~142쪽.
   崔夢龍,「漢城時代 百濟의 都邑地와 領域」,『震檀學報』60, 1985, 215~219쪽.
   龜田修一,「考古學から見た百濟前期都城」,『朝鮮史硏究會論文集』24, 1987, 47~61쪽.
   金起燮,「百濟 前期 都城에 관한 一考察」,『淸溪史學』7, 1990, 1~68쪽.
   李道學,「百濟 漢城時期의 都城制에 관한 檢討」,『韓國上古史學報』9, 1992, 25~47쪽.
   姜仁求,「百濟 初期 都城問題 新考」,『韓國史硏究』81, 1993 ;『考古學으로 본 韓國古代史』, 學硏文化社, 1997, 201~231쪽.
   朴淳發,「百濟 都城의 變遷과 特徵」,『韓國史의 理解』(重山鄭德基博士華甲紀念韓國史學論叢), 1996, 93~115쪽.
6) 古蹟調査委員會,『大正六年度古蹟調査報告』, 朝鮮總督府, 1920, 613쪽.
   關野貞,『朝鮮の建築と藝術』, 1941, 457~458쪽.
   今西龍,『百濟史硏究』, 1934, 410~413쪽.
7) 輕部慈恩,『百濟遺跡の硏究』, 吉川弘文館, 1971, 20~25쪽.
8) 輕部慈恩, 위의 주 7)의 책, 1971, 39~40쪽.

은 취리산성지(就利山城址)[10]로 이해해 왔던 것과 비교해 보면 실로 획기적인 변화였지만 자료부족에서 오는 어쩔 수 없는 한계를 안고 있는 것 또한 사실이었다. 왕궁지(王宮址)를 입증하기 위해 제시한 와편(瓦片)들이 실은 백제시대 것이 아니라 통일신라시대 것이고, 나성(羅城) 역시 실제로는 그 존재를 인정하기 어렵기 때문이다.[11]

해방 후 웅진도성과 관련해서는 특히 왕궁지의 위치가 주된 관심사였다. 그 과정에서 경부자은(輕部慈恩)의 주장과 달리 방형 초석(礎石) 2개가 발견된 공산성 남록(南麓)이 유력한 후보지로 거론되었다.[12] 이곳이 넓은 대지(台地)로 되어 있다는 사실도 근거의 하나로 제시되었다. 그러나 실질적인 이유는 사비시대 백제 왕궁지가 부소산성 남록(南麓)에 있다는 사실 때문이었다. 공산성 남록에서 발견된 것과 같은 방형 초석은 공산성 내 쌍수정(雙樹亭) 앞 광장에서 이미 더 많은 양이 발견된 바[13] 있기 때문이다.

1985년과 1986년에 있었던 공산성 내 쌍수정 앞 광장에 대한 발굴조사[14]는 웅진시대 백제 왕궁지의 위치 비정과 관련하여 중요한 전기(轉機)를 마련하였다. 발굴조사를 통해 24칸, 10칸 크기의 건물지 2동(棟)과 목곽고(木槨庫), 원형(圓形) 저장혈(貯藏穴), 연못 등이 발견되어 이 일대가 백제 왕궁지로 추정되었기 때문이다. 자연히 이후의 논의는 이 유적을 백제 왕궁지로 볼 수 있느냐, 없느냐에 초점이 모아졌고, 그에 따라 왕궁지의 위치도 서로 다르게 비정되었다. 공산성 내에서 왕궁지를 찾는 입장에서는 긍정적인 견

9) 關野貞, 앞의 주 6)의 책, 1941, 123쪽.
10) 今西龍, 앞의 주 6)의 책, 1934, 411쪽.
11) 兪元載, 「熊津都城의 羅城問題」, 『湖西史學』 19 · 20合輯, 1992, 33~41쪽.
　　田中俊明, 「朝鮮三國の都城制と東アジア」, 『古代の日本と東アジア』, 小學館, 1991, 403쪽.
　　車勇杰, 「泗沘都城의 築城史的 位置」, 『사비도성과 백제의 성곽』, 서경문화사, 2000, 64쪽.
12) 金永培, 「公州 百濟王宮 및 臨流閣址 小考」, 『考古美術』 6卷 3 · 4號, 1965, 53~55쪽.
　　金永培, 「熊川과 泗沘城時代의 百濟 王宮址에 대한 考察」, 『百濟文化』 2輯, 公州師大百濟文化研究所, 1968, 13~17쪽.
13) 輕部慈恩, 『百濟美術』, 寶雲舍, 1946, 78~80쪽.
14) 安承周 · 李南奭, 『公山城內 推定王宮址 發掘調査報告書』, 公州大學校博物館, 1987.

해를 표[15]한 반면에 부정하는 입장에서는 그 대안으로 공산성 남록을 다시 제안하였다.[16]

이처럼 쌍수정(雙樹亭) 앞 광장에 대한 조사는 웅진시대 백제 왕궁지의 위치 비정에 중요한 전기가 되었다. 그러나 한편으로는 조사된 유적을 왕궁으로 볼 수 있느냐, 없느냐에 주된 초점이 모아지면서 정작 중요한 왕성 문제는 간과되고 말았다.

도성 연구에서 중요한 것은 왕성의 위치와 구조다. 그런 점에서 왕궁지의 위치 해명에 초점을 맞추었던 기존의 논의는 이제 방향을 달리할 필요가 있는 것으로 생각된다. 예를 들어 쌍수정 앞 광장에서 조사된 유적이 왕궁이 아니라 하더라도 그것이 곧 공산성이 왕성이 아니라는 증거는 못된다. 그런 점에서 이제는 왕궁의 위치보다 상대적으로 실체가 좀 더 뚜렷한 왕성의 위치를 확인하기 위한 노력이 다각도로 시도되어야 할 것으로 생각된다.

사비도성은 부소산성(扶蘇山城)과 나성(羅城)으로 이루어진 '내성 외곽(內城 外郭)'의 구조를 하고 있다. 이러한 사비도성에 대한 연구는 1980년대부터 시작되었다. 처음에는 사비도성을 구성하는 각 요소들에 대한 현황파악과 출토유물에 대한 검토에 그쳤으나,[17] 곧이어 사비도성을 구성하는 핵심요소 중의 하나인 부소산성에 대한 발굴조사가 이루어지면서[18] 보다 체계적인 이해가 가능하게 되었다.

발굴조사 결과 부소산성이 초축(初築)된 이후 백제 때에만 2번의 수축(修

15) 田中俊明, 앞의 주 11)의 論文, 1991, 402~403쪽.
  兪元載,「百濟 熊津城 研究」,『國史館論叢』45, 1993, 73~74쪽.
  李南奭,「百濟 熊津城인 公山城에 對하여」,『馬韓 · 百濟文化』14輯, 1999, 68~73쪽.
16) 朴淳發, 앞의 주 5)의 論文, 1996, 115~119쪽.
  成周鐸,「百濟 熊津城研究 再齣」,『百濟의 中央과 地方』(百濟研究叢書 5輯), 忠南大百濟研究所, 1997, 297~300쪽.
17) 洪再善,「百濟 泗沘城 研究」, 東國大學校大學院 碩士學位論文, 1981.
18) 尹武炳,「扶蘇山城 城壁 調査」,『韓國考古學報』13, 1982, 147~150쪽.

築)을 거친 사실이 밝혀짐에 따라 초축은 동성왕(東城王) 20년(498)경, 수축은 성왕(聖王)의 천도 무렵, 재수축(再修築)은 무왕(武王) 6년(605)경에 이루어진 것으로 인식하게 되었으며, 나성(羅城) 역시 무왕 6년경에 완료된 것으로 이해되었다.[19] 나성의 축조 시기를 무왕 6년경으로 본 것은 같은 해에 축성한 것으로 되어 있는 각산성(角山城)[20]을 현재의 청산성(靑山城)으로 보고, 이러한 청산성의 축조로 나성이 완료되었다고 보았기 때문이다. 또한 도성 내 한가운데에 금성산(錦城山)이 자리하고 있고, 조방제(條坊制)를 실시한 흔적이 발견되지 않는다는 점을 들어 도성 내(都城內)에 있었다는 5부(部)는 자연부락을 단위로 하여 형성된 것으로 파악하였다.[21]

사비도성에 대한 이러한 인식은 한성시대나 웅진시대의 도성 연구가 주로 왕궁의 위치를 확인하는 데 주안점이 두어져 있었던 것과 비교하면 한층 진일보된 것으로 볼 수 있다. 그러나 다른 한편으로 보면 이러한 이해를 실질적으로 뒷받침해 줄 고고학적 자료를 바탕으로 한 것이 아니기 때문에 그대로 수용하기 어려운 면도 안고 있었다. 실제로 1991년에 있었던 부소산성 동문지(東門址) 주변 조사에서 '대통(大通)'명(銘) 와편(瓦片)이 출토됨에[22] 따라 부소산성의 축조 시기는 527년을 소급할 수 없게 되었다. 자연히 동성왕 때부터 축성이 시작되었을 것이라는 주장은 수정이 불가피하게 되었다.

한편, 1987년에는 왕궁을 찾기 위한 작업의 일환으로 관북리(官北里) 일대에 대한 조사를 진행하는 과정에서 백제시대의 도로유적이 새롭게 발견되었다.[23] 발견된 도로는 남북대로(南北大路(8.9m))와 동서소로(東西小路(3.9m))가 직각으로 만나고 있었고, 남북대로가 정림사지(定林寺址) 옆 도로

---

19) 成周鐸, 「百濟 泗沘都城 硏究」, 『百濟硏究』 13, 忠南大百濟硏究所, 1982, 36~39쪽.

20) 『三國史記』 卷 27, 「百濟本紀」, 武王 6年條. "春二月 築角山城"

21) 成周鐸, 앞의 주 19)의 論文, 1982, 41쪽.

22) 崔茂藏, 「扶蘇山城 推定 東門址 發掘槪報」, 『百濟硏究』 22, 忠南大百濟硏究所, 1991, 131쪽.
    扶餘文化財硏究所, 『扶蘇山城 發掘調査 中間報告』, 1995, 88~89쪽.

23) 尹武炳, 『扶餘 官北里 百濟遺蹟 發掘報告』(Ⅱ), 忠南大學校博物館, 1999, 73~74쪽.

와 연결되고 있다는 점에서 사비도성의 중심도로였음을 짐작케 하였다.

이러한 도로망의 존재는 사비도성 내 시가지의 구조에 대한 종래의 인식을 재검토하게 하였다. 적어도 금성산 서쪽지역이 일정한 계획하에 시가지를 구성하고 있었을 가능성이 매우 높아졌기 때문이다. 더구나 이 지역에서 조사된 각종 백제시대 유적의 경우, 도로와 마찬가지로 북쪽에서 6°정도 동쪽으로 기울어져 있어 일정한 계획하에 조성된 것임을 입증해 주고 있다.[24] 도로망의 존재는 사비도성이 단순히 자연부락 단위로 편제(編制)된 것이 아님을 확인시켜 준 셈이다.

자연히 사비도성의 구조에 대한 최근 연구는 부(部)와 항(巷)이 도성 내에 일정하게 편제된 것으로 의견이 모아지고 있다.[25] 궁남지(宮南池)에서 발견된 목간(木簡)의 '서부후항(西部後巷)'[26]이라는 구절이 이러한 추론을 뒷받침해 주는 자료로 활용된 것은 물론이다.

사비도성 내 시가지의 구조에 대한 이러한 주장은 종래의 인식보다 한단계 진전된 것이 사실이지만 시가지 편제 단위였던 부와 항에 대한 관련기록들이 서로 내용을 달리하고 있는 점을 주목할 필요가 있을 듯하다. 따라서 그 편제 방식을 제대로 파악하기 위해서는 관련 자료에 대한 합리적인 해석이 먼저 이루어져야 할 것이다.

백제 산성에 대한 본격적인 연구는 1970년대 이후 시작되었다. 먼저, 홍사준(洪思俊)은 백제 성곽을 도성과 지방성으로 나누고, 도성의 경우 그 구조와 방비체제(防備體制)에 대해 처음으로 상세한 검토를 하였으며, 지방성의 경우에도 성곽과 성곽과의 관계 및 성곽과 사찰과의 관계 등에 대해 폭넓은 견해를 제시하였다.[27] 아울러 그 때까지 확인된 충남 소재 백제 성곽

---

24) 尹武炳,「百濟王都 泗沘城 硏究」,『學術院論文集』33輯, 1994, 149쪽.

25) 田中俊明,「王都로서의 泗沘城에 대한 豫備的 考察」,『百濟硏究』21, 忠南大百濟硏究所, 1990, 184~192쪽 및 213쪽의 圖10.
　　朴淳發,「泗沘都城의 構造에 대하여」,『百濟硏究』31, 忠南大百濟硏究所, 2000, 118쪽.

26) 國立扶餘文化財硏究所,『宮南池』, 1999, 78~83쪽.

27) 洪思俊,「百濟城址硏究 - 築城을 中心으로 -」,『百濟硏究』2, 忠南大百濟硏究所, 1971, 115~136쪽.

의 현황표를 제시하여 이후 백제 성곽 연구의 중요한 토대를 마련하였다. 실제로 조천성(助川城)[28]과 황산성(黃山城),[29] 주류성(周留城),[30] 그리고 대전지역 산성에 대한 검토[31]는 그 이후에 이루어진 것들이다.

그러나 1970년대의 연구는 지표조사를 바탕으로 진행한 것이라는 점에서 근본적인 한계를 안고 있었다. 이러한 지표조사를 통해 백제 산성의 한 유형으로 제시되었던 복합식산성(複合式山城)이[32] 실은 백제 산성이 아니라 그 이후에 축조된 사실이 발굴조사를 통해 속속 밝혀진 것이 대표적인 예가 될 것이다. 이것은 한편으로 산성 연구가 갖는 어려움을 단적으로 증명해 주는 것이기도 하였다. 따라서 백제 산성에 대한 본격적인 연구는 산성에 대한 발굴조사가 이루어진 1980년대 이후에야 가능하게 되었다.

1980년대에 들어 천안 목천토성(木川土城),[33] 익산 오금산성(五金山城),[34] 직산(稷山) 사산성(蛇山城)[35] 등이 조사되면서 백제 산성 연구는 다시 활기를 띠게 되었다. 백제 산성의 특성과 원류(源流),[36] 그리고 일본의 신롱석식산성(神籠石式山城)과의 관련성[37]이 이러한 발굴조사를 바탕으로 새롭게

28) 鄭永鎬, 「百濟 助川城考」, 『百濟研究』 3, 忠南大百濟研究所, 1972, 73~92쪽.
　　成周鐸, 「助川城의 位置에 對하여」, 『百濟研究』 4, 忠南大百濟研究所, 1973, 101~116쪽.
29) 成周鐸, 「百濟山城研究 - 忠南 論山郡 連山面 所在 「黃山城」을 中心으로 -」, 『百濟研究』 6, 忠南大百濟研究所, 1975, 71~103쪽.
30) 全榮來, 『周留城, 白江 位置 比定에 관한 新研究』, 扶安郡, 1976.
31) 成周鐸, 「大田의 城郭」, 『百濟研究』 5, 忠南大百濟研究所, 1974, 7~56쪽.
32) 尹武炳・成周鐸, 「百濟山城의 新類型」, 『百濟研究』 8, 忠南大百濟研究所, 1977, 9~31쪽.
33) 尹武炳, 『木川土城』, 忠南大博物館, 1984.
34) 全榮來, 『益山 五金山城 發掘調査報告書』, 圓光大馬韓百濟文化研究所, 1985.
35) 成周鐸・車勇杰, 『稷山 蛇山城』, 百濟文化開發研究院, 1994.
36) 全榮來, 「百濟山城의 特性과 源流」, 『馬韓百濟文化』 8輯, 圓光大馬韓百濟文化研究所, 1985, 109~128쪽.
37) 尹武炳, 「木川土城의 版築工法」, 『東アジアと日本』(考古・美術編), 吉川弘文館, 1987, 578~579쪽.
　　全榮來, 「古代山城の發生と變遷」, 『東アジアと日本』(考古・美術編), 吉川弘文館, 1987, 477~514쪽.

구명(究明)되었고, 백제 토성이 갖는 일반적인 특징이 처음으로 밝혀지기도 하였다.[38]

그런가 하면 발굴조사를 통해 새롭게 확인된 사실들을 바탕으로 다양한 분야의 연구가 이루어지기도 하였다. 부흥운동 기간에 등장하는 여러 성곽들에 대한 위치비정 작업[39]과 백제 군현(郡縣)의 치소(治所)를 확인하는 작업,[40] 산성을 통해 본 도성의 방비체제[41] 등이 이 시기에 새롭게 선보였고, 일본 성곽과의 비교 검토가 이루어지기도 하였다.[42] 바야흐로 1980년대는 백제 성곽 연구의 폭이 그 이전에 비해 크게 확대되는 시기였다. 이 시기에 진행된 백제 성곽에 대한 열기는 1988년에「百濟의 國家發展과 城郭」이라는 주제로 국제학술대회가 개최된 것만 보아도 쉽게 짐작해 볼 수 있다.[43]

그러나 1980년대의 성곽 연구 역시 대부분이 지표조사를 통해 확인된 유

38) 車勇杰,「百濟의 築城技法 - 版築土壘의 調査를 中心으로 -」,『百濟研究』19, 忠南大百濟研究所, 1988, 45~56쪽.

39) 沈正輔,「百濟 復興軍의 主要 據點에 關한 研究」,『百濟研究』14, 忠南大百濟研究所, 1983, 143~194쪽.

40) 沈正輔,「雨述城考」,『尹武炳博士回甲紀念論叢』, 1984, 463~478쪽.
   成周鐸,「百濟 新村縣 治所의 位置比定에 關한 研究」,『百濟論叢』1輯, 百濟文化開發研究院, 1985, 111~172쪽.
   成周鐸 · 車勇杰,「百濟 未谷縣과 昧谷山城의 歷史地理的 管見」,『三佛金元龍教授停年退任紀念論叢』II, 1987, 567~610쪽.
   兪元載,「百濟 古良夫里縣 治所의 位置」,『公州教大論叢』23-2, 1987, 337~354쪽.
   成周鐸,「百濟 所比浦縣城址(一名 德津山城) 調査報告」,『百濟研究』22, 忠南大百濟研究所, 1991, 111~124쪽.
   徐程錫,「牙山地域의 山城 - 鶴城山城을 中心으로 -」,『滄海朴秉國教授停年紀念史學論叢』, 1994, 229~261쪽.

41) 兪元載,「熊津都城의 防備體制에 對하여」,『公州教大論叢』22-2, 1986, 445~462쪽.
   兪元載,「泗沘都城의 防備體制에 對하여」,『公州教大論叢』24, 1988, 71~89쪽.

42) 李進熙,「朝鮮と日本の山城」,『城』(日本古代文化の探求), 社會思想社, 1977, 205~258쪽.
   小田富士雄,「西日本古代城郭遺跡の研究動向」,『百濟研究』19, 忠南大百濟研究所, 1988, 191~222쪽.
   成周鐸,「韓國 古代山城의 日本 傳播」,『國史館論叢』2輯, 1989, 41~86쪽.

43) 忠南大百濟研究所,『百濟의 國家發展과 城郭』(發表要旨文), 1988.

적을 대상으로 하였다는 점에서 일정한 한계를 안고 있기는 마찬가지였다. 성곽은 유적의 대부분이 지표상에 드러나 있기 때문에 백제 성곽이 갖는 특징을 제대로 파악할 수만 있다면 굳이 발굴조사를 거치지 않고서도 연구 자료로 활용할 수 있는 것이 장점이다. 그러나 성곽의 변천 과정에 대한 뚜렷한 이해가 결여된 채 해당 유적이 갖는 특징을 자의적(恣意的)으로 해석함으로써 객관적인 결론을 도출해 내는 데 실패하였던 것이다.

1990년대에 들어 대전 보문산성(寶文山城),[44] 천안 백석동토성(白石洞土城),[45] 나주 회진토성(會津土城),[46] 부여 성흥산성(聖興山城),[47] 대전 계족산성(鷄足山城),[48] 대전 월평동산성(月坪洞山城),[49] 청주 정북동토성(井北洞土城),[50] 순천 검단산성(劍丹山城),[51] 안성 망이산성(望夷山城),[52] 이천 설봉산성(雪峰山城),[53] 진안 와정리토성[54] 등이 조사되면서 1980년대 연구가 갖는 문제점을 어느 정도 보완할 수 있는 단서들이 마련되었다. 그러나 다른 한편으로는 그 동안 백제 성곽으로 알려진 유적에 대한 재검토의 필요성이 제기되기도 하였다.[55] 백제 성벽의 축성법(築城法)이 새롭게 확인되었기 때

---

44) 李達勳·李康承·沈正輔·兪元載, 『大田 寶文山城 發掘調査報告書』, 大田廣域市, 1994.

45) 李南奭, 「天安 白石洞遺蹟(山城)」, 『歷史와 都市』(第40回 全國歷史學大會 發表要旨), 1997, 353~365쪽.

46) 林永珍·趙鎭先, 『會津土城』(Ⅰ), 百濟文化開發硏究院, 1995.

47) 安承周·徐程錫, 『聖興山城 門址 發掘調査報告書』, 忠南發展硏究院, 1996.

48) 忠南大學校博物館, 「鷄足山城發掘調査報告」, 1998.
　　忠南大百濟硏究所, 「鷄足山城2次發掘調査略報告書」, 1999.

49) 國立公州博物館, 『大田 月坪洞遺蹟』, 1999.

50) 車勇杰 外, 『淸州 井北洞土城』(Ⅰ), 忠北大中原文化硏究所, 1999.

51) 崔仁善, 「順天 劍丹山城 硏究(1)」, 『文化史學』 11·12·13집, 1999, 249~273쪽.

52) 단국대중앙박물관, 『망이산성 발굴 보고서』(1), 1996.
　　손보기 外, 「안성 망이산성 2차 발굴조사 보고서」, 단국대중앙박물관, 1999.

53) 단국대중앙박물관, 「이천 설봉산성 발굴조사개보」, 1999.

54) 盧美善, 「진안 와정리 토성유적」, 『湖南地域의 青銅器文化』, 1999, 159~172쪽.

55) 金容民, 「扶蘇山城의 城壁築造技法 및 變遷에 대한 考察」, 『韓國上古史學報』 26號, 1997, 89~140쪽.
　　徐程錫, 「羅州 會津土城에 대한 檢討」, 『百濟文化』 28輯, 公州大百濟文化硏究所, 1999, 43~75쪽.

문이다.[56]

사실 성곽은 다른 유적과 달리 발굴조사를 하더라도 곧바로 축조 연대를 확인하기가 대단히 어려운 것이 특징이다. 성곽이 초축된 이후의 유물들도 얼마든지 남아 있을 수 있고, 반대로 성곽이 축성되기 이전의 유물도 성 내에서 출토될 수 있기 때문이다.[57] 따라서, 최근에는 백제 고지(故地)에 남아 있는 산성이라 하더라도 막연히 백제 산성으로 이해하기 보다는 다양한 검토를 통해 초축 시기를 확인해 보려는 노력이 시도되고 있다.[58] 기존의 산성 이해에 문제가 있다는 사실이 확인된 이상 유적의 축조 시기를 확인하는 작업이 무엇보다 중요해졌기 때문이다.

이렇게 고고학계가 연구자료와 방법론 부재로 백제 성곽에 대한 이렇다 할 결론을 얻지 못하고 있는 사이, 고대사학계는 훨씬 진전된 견해를 잇따라 제시하였다. 어느 면에서는 고대사학자들이 제시한 자료가 고고학적 자료보다 더 객관성을 띠기도 하였다. 적어도 문제 해결을 위한 핵심에 고대사학계가 좀 더 가까이 다가서 있는 느낌이다. 고대사학계에서 제시하는 끊임없는 문제제기에 고고학계가 적절한 답변을 제시하지 못하고 있는 실정이며, 고대사학계의 연구 성과조차 제대로 소화하지 못하고 있다고 해도 과언이 아니다.

고대사학계의 성곽에 대한 관심은 일찍이 성읍국가론(城邑國家論)으로 표출되었다.[59] 뒤이어 단양 적성(赤城), 명활산성(明活山城), 남산신성(南山

---

56) 崔孟植, 「百濟 版築工法에 관한 研究」, 『碩晤尹容鎭敎授停年退任紀念論叢』, 1996, 531~564쪽.

57) 朴淳發, 「鷄足山城 國籍 : 新羅인가 百濟인가」, 『충청학연구』 1집, 한남대 충청학연구센타, 2000, 282~283쪽.

徐程錫, 앞의 주 55)의 論文, 1999, 64쪽.

58) 權鍾川 · 車勇杰 · 朴杰淳, 「淸州 父母山城과 그 周邊遺蹟의 研究」, 『湖西文化研究』 6輯, 忠北大 湖西文化研究所, 1987, 5~31쪽.

兪元載, 「百濟 湯井城 研究」, 『百濟論叢』 3輯, 百濟文化開發研究院, 1992, 65~115쪽.

徐程錫, 「論山 魯城山城에 대한 考察」, 『先史와 古代』 11號, 1998, 229~258쪽.

李南奭, 「禮山 鳳首山城(任存城)의 現況과 特徵」, 『百濟文化』 28輯, 公州大百濟文化研究所, 1999, 205~230쪽.

新城) 등지에서 비석이 발견되면서 성곽에 대한 관심이 크게 증대되었다. 비석의 내용을 통해 축성 목적이나 방법, 소요 기간 등 성곽과 관련된 제반 사실을 알게 되었을 뿐만 아니라, 더 나아가 축성을 위한 역역체제(力役體制)나 지방통치체제(地方統治體制), 기타 논란이 되어 왔던 부분에 대한 확답을 얻게 되었기 때문이다.[60] 어찌 보면 성곽 연구의 의의와 목적을 고대 사학계에서 먼저 제시한 셈이다.

특히 1990년대 들어 지방통치제도에 대한 관심이 크게 증대되면서 이러한 문제제기는 한층 강화되었다. 이 시기에 백제 지방통치제도에 대한 연구가 활기를 띠면서 그 기초 단위가 되는 성(城)과 촌(村)의 실상이 서서히 부각되기 시작하였고, 그 결과 백제 성곽을 비롯한 삼국시대 성곽이 갖는 일반적인 모습이 고대사학계에서 먼저 그려지기 시작하였다.[61]

이러한 사정은 도성 문제에서도 마찬가지다. 고고학계에서 웅진시대와 사비시대 왕궁의 위치를 둘러싼 논의만 거듭하고 있을 때 도성 문제를 해명하는 데 빠뜨릴 수 없는 중요한 사실들이 고대사학자들에 의해 속속 제시되었다. 예를 들어, 웅진시대 왕도 2백여 채의 표몰(漂沒) 기록[62]이나 임류각(臨流閣)에 대한 기록[63]은 왕궁의 위치를 해명하는 데 더없이 중요한

---

59) 李基白, 『韓國史新論』, 一潮閣, 1976, 32~33쪽.
　　千寬宇, 「三韓의 國家形成」 上·下, 『韓國學報』 2·3, 1976.
　　李基白, 「高句麗의 國家形成 問題」, 『韓國 古代의 國家와 社會』, 一潮閣, 1985.
60) 秦弘燮, 「南山新城碑의 綜合的 考察」, 『歷史學報』 26, 1965, 205~245쪽.
　　李鍾旭, 「南山新城碑를 통하여 본 新羅의 地方統治體制」, 『歷史學報』 64, 1974, 477~545쪽.
　　李基東, 「新羅 官等制度의 成立年代 問題와 赤城碑의 發見」, 『史學志』 12輯, 1978, 133~145쪽.
61) 浜田耕策, 「新羅の城·村設置と州郡制の施行」, 『朝鮮學報』 84, 1977, 1~10쪽.
　　盧重國, 『百濟政治史研究』, 一潮閣, 1988, 233~262쪽.
　　金周成, 「백제 지방통치조직의 변화와 지방사회의 재편」, 『國史館論叢』 35輯, 1992.
　　李鉄勳, 「新羅 村落의 立地와 城·村名」, 『國史館論叢』 48輯, 1993, 143~166쪽.
　　權五榮, 『三韓의 「國」에 대한 研究』, 서울大大學院博士學位論文, 1996, 112~121쪽.
　　金英心, 「百濟의 城, 村과 地方統治」, 『百濟研究』 28, 忠南大百濟研究所, 1998, 191~211쪽.
62) 『三國史記』 卷 26, 「百濟本紀」, 東城王 13年條. "夏六月 熊川水漲 漂沒王都二百餘家"
63) 『三國史記』 卷 26, 「百濟本紀」, 東城王 22年條. "春 起臨流閣於宮東 高五丈 又 穿池養奇禽"

자료들이다.[64] 이러한 기록을 통해 왕궁이 일반 민가(民家)와는 입지(立地)를 달리했고, 그러면서도 임류각의 서쪽에 자리하고 있었던 것이 확실해 졌기 때문이다.

그런가 하면 사비도성 내에 있었던 5부의 성격 구명(究明)[65]은 도성 내 시가지의 구조를 복원하는 데 결정적인 중요한 단서가 되고 있다. 그런 점에서 성곽 연구야말로 고고학계와 고대사학계의 상호 긴밀한 협력이 필요한 분야라고 할 수 있다.

3. 연구방법

웅진·사비시대 백제 도성의 구조와 산성이 갖는 일반적인 특징을 살펴보기 위해 본고에서는 다음과 같은 방법으로 논의를 전개하고자 한다.

첫째, 무엇보다도 유적 자체가 갖는 특징에 주목하고자 한다. 도성, 혹은 도성을 구성하는 핵심요소인 왕성이나 산성이 갖는 입지와 규모, 축성법 등이 그 대상이 될 것이다. 특히 입지는 유적의 성격을 대변해 주는 중요한 요소[66]임에도 그 동안 별다른 주목을 받지 못해 왔다. 따라서, 여기에서는 우선적인 관심의 대상이 될 것이다.

성곽의 규모 역시 마찬가지다. 지금까지 백제 성곽의 규모가 어느 정도인지는 전혀 밝혀지지 않은 실정이다. 그런데, 백제 성곽의 규모를 알 수 있는 간단한 기록이 『한원(翰苑)』에 남아 있는 만큼[67] 이 기록을 참고하면 일반

64) 兪元載, 앞의 주 15)의 論文, 1993, 63~74쪽.
65) 盧重國, 앞의 주 61)의 책, 1988, 169쪽.
　　金英心, 『百濟 地方統治體制 硏究』, 서울大大學院博士學位論文, 1997, 205~209쪽.
66) 姜仁求, 「三國時代 古墳의 墓地에 관한 一考察」, 『韓國 古代國家 形成時期의 考古學的 硏究』, 韓國精神文化硏究院, 1991, 21~26쪽.
　　成洛俊, 「삼국시대」, 『한국의 옹관묘』(특별전도록), 光州博物館, 1992, 28쪽.
67) 『翰苑』 卷 30, 「蕃夷部」, 百濟. "括地志曰 百濟王城 方一里半 … 國東南百里有得安城 城方一

적인 규모를 확인할 수 있을 것으로 기대된다.

둘째, 관련 기록을 검토하여 고고학적 자료와 합리적인 결합을 시도해 보고자 한다. 사실 도성 내 구조나 방(方)·군(郡)·현(縣)에 자리하고 있는 산성의 위치, 규모, 축조목적 등을 이해하기 위해서는 고고학적 자료만으로는 한계가 있어 문헌기록의 검토가 필수적이다. 그런데 기록 중에는 서로 상치되는 내용도 발견된다. 이럴 경우, 종래에는 어느 한쪽만을 받아들이고, 다른 기록에 대해서는 별다른 관심을 기울이지 않아 왔다. 그러나 여기에서는 어느 한쪽만을 일방적으로 수용하기보다는 고고학적인 자료와의 적절한 결합을 통해 합리적인 결론을 도출하고자 한다. 그런 점에서『한원(翰苑)』의 기록은 새삼 주목해 볼 필요가 있는 것으로 생각된다.

셋째, 성곽 주변에 남아 있는 관련 유적에 대해서도 주목하고자 한다. 이 점은 이미 지적된 바 있는데,[68] 여기에서도 관련 유적에 주의하면서 성곽의 구조와 성격을 이해하고자 한다. 사비도성 내에 남아 있는 사찰이나 산성 주변에서 조사된 고분유적이 그 대상이 될 것이다. 도성 내에 분포하는 사찰은 시가지 구조와 일정한 관련이 있고, 산성 주변에서 조사된 고분은 성곽의 축조 시기와 성격을 엿볼 수 있는 자료가 될 수 있을 것으로 믿어지기 때문이다.

넷째, 주변 다른 나라 성곽과의 비교 작업도 진행될 것이다. 특히, 중국 성곽과의 관련성에 주목하고자 한다. 중국에는 산성의 개념에 부합되는 성곽이 그다지 많지 않은 만큼 자연 비교 대상은 도성이 될 것이다. 이러한 비교 작업을 통해 백제 도성의 특징 및 중국과 백제와의 관계가 새롭게 밝혀질 수 있기를 기대한다.

다섯째, 백제 고지에 남아 있는 산성에 대해서는 백제의 지방통치체제와

里…"

68) 姜仁求,『百濟古墳研究』, 一志社, 1977, 25~27쪽.

尹武炳,「連山地方 百濟土器의 研究」,『百濟研究』特輯號, 1982 ;『百濟考古學研究』, 學研文化社, 1992, 230~231쪽.

관련시켜 이해하고자 한다. 예를 들어 그 동안 위치 비정에 많은 논란이 있어 왔던 주류성(周留城)이나 임존성(任存城)의 경우, 위치를 확인하기 위한 다양한 노력이 있어 왔지만 백제 당시의 지방통치체제와 관련시켜 보려는 노력은 거의 이루어지지 않았다. 이미 알려진 바와 같이 백제의 지방통치체제가 '성(城)'을 중심으로 이루어진 것이 사실이라면 백제 고지에 남아 있는 성곽에 대한 연구는 당연히 지방통치체제와 연결시켜 이해해야 할 것이다.

끝으로, 본론에 들어가기에 앞서 본고에서 사용할 몇 가지 용어에 대한 개념정의를 밝혀 둘 필요가 있을 것 같다.

먼저 '성곽(城郭)'에 대한 개념이다. 다 아는 바와 같이 성곽이란 말은 원래 『관자(管子)』, 「도지(度之)」 편에 나와 있는 것처럼 "內爲之城 城外爲之郭"을 의미하는 것이다.[69] 따라서 이러한 의미에 부합되는 백제 성곽은 사비도성뿐이다. 그럼에도 여기에서 '성곽'이라는 용어를 사용하는 것은 문헌 기록에 보이는 '성(城)'과 구별할 필요가 있다고 생각하기 때문이다.[70]

일반적으로 '성(城)'은 방어시설물이자 그러한 방어시설물이 자리한 일정 공간을 함께 지칭하는 말이다.[71] 그러나 모든 성(城)에 방어시설물로서의 성곽이 자리하고 있었던 것은 아니다. 따라서 '성(城)'은 '지역단위'로서의 의미[72]가 더 크다고 할 수 있다. 예를 들어 백제 멸망 당시의 상황을 기록한 5부(部), 37군(郡), 200성(城)[73]의 '성(城)'은 방어시설물이 아닌 지역단위를 의미한다. '성(城)'과 '성곽(城郭)'을 구별하는 이유가 여기에 있다.[74] 아울러 백제의 지방통치체제 역시 방군성체제(方郡城體制)로 보아야 겠지만 혼란

---

69) 駒井和愛, 『中國都城・渤海硏究』, 1977, 311쪽.

70) 金英心, 「忠南地域의 百濟城郭 硏究」, 『百濟硏究』 30, 忠南大百濟硏究所, 1999, 68쪽.

71) 李宇泰, 「新羅의 村과 村主 - 三國時代를 中心으로 - 」, 『韓國史論』 7, 서울大國史學科, 1981, 83쪽.

72) 盧重國, 앞의 주 61)의 책, 1988, 238~239쪽.

73) 『三國史記』 卷 28, 「百濟本紀」, 義慈王 20年條. "國本有 五部 三十七郡 二百城 七十六萬戶"

74) 城郭은 달리 城廓으로도 표기되는 등 일정한 원칙없이 사용하고 있는데, 여기에서는 일반적으로 사용하는 城郭으로 통일하고자 한다(孫永植, 『韓國 城郭의 硏究』, 文化財管理局, 1987, 14쪽).

을 피하기 위해 여기에서는 방군현(方郡縣)으로 표현하고자 한다.

다음에는 '도성(都城)', '왕성(王城)', '왕도(王都)'에 대한 개념이다. 원래 '도(都)'는 중국 선진시대(先秦時代)에 제후(諸侯), 또는 경(卿), 대부(大夫)의 읍(邑)을 지칭하는 용어로, 왕의 궁이 있는 왕성, 또는 국(國)과는 엄격히 구별되는 개념이다. 그러나 17세기 후반 고염무(顧炎武)의 『일지록(日知錄)』에서 '도(都)'에 대한 고증이 있은 후부터는 '천자(天子)의 거소(居所)'라는 의미로 굳어지게 되었다.[75] '도성(都城)'은 곧 '도(都)에 구축된 성(城)', 혹은 '도(都)를 두르고 있는 성(城)'이 되는 셈이다.[76] 그런 점에서 백제에서는 사비도성(泗沘都城)만이 '도성'의 개념에 합당한 것이 된다. 다만, 웅진시대에는 나성(羅城)이 없는 대신 왕도(王都) 주변에 산성을 환상(環狀)으로 배치하고 있는 만큼 이렇게 환상으로 돌려진 내부를 도성으로 보아도 큰 잘못은 없을 듯하다. 따라서 여기에서는 사비시대뿐만 아니라 웅진시대에도 도성이라는 용어를 사용하고자 한다.[77]

이에 비해 '왕성(王城)'은 원래 중국에서 천자(天子)가 거주하는 성곽을 가리키는 용어였다. 왕성이 '국(國)'과 같은 의미를 갖는 것도 그 때문이다.[78] 마찬가지로 삼국시대에는 왕이 거주한 성[79]을 의미한다. 다시 말해서 왕, 혹은 권력자가 상시(常時) 거주하기 위해 사용한 성곽이 곧 왕성인 것이다. 따라서 왕궁은 왕성 안에서 찾아야 할 것이며, 그런 점에서 왕성의 위치는 곧 왕궁의 위치 해명에 중요한 관건(關鍵)이 되는 셈이다.

'왕도(王都)'란 말은 왕성을 포함한 도읍지의 시가지를 가리키는 용어다.

---

75) 礪波護, 「中國都城の思想」, 『都城の生態』, 中央公論社, 1987.

76) 朴淳發, 앞의 주 5)의 論文, 1996, 97쪽.

77) 이럴 경우 漢城時代에도 都城이라는 용어를 사용할 수 있느냐가 문제인데, 『三國史記』 己婁王 41年條에는 "夏四月鶴巢于都城門上"이라 하여 都城이라는 용어를 사용하고 있다. 이 때의 都城은 실은 王城의 의미가 되겠는데, 그런 점에서 王城과 都城에 대한 명확한 구별이 없었던 것으로 생각된다.

78) 賀業鉅 著·尹正淑 譯, 앞의 주 1)의 책, 1995, 40쪽.

79) 尹武炳, 「山城·王城·泗沘都城」, 『百濟研究』 21, 忠南大百濟研究所, 1990, 8쪽.

따라서 '왕도'라는 말은 '도성'이라는 말과 달리 이미 한성시대부터 보이고 있다.[80] 도성이 축조되었다 하더라도 도성 내를 물론 왕도라 할 수 있다. 실제로 웅진시대[81]나 사비시대[82]에도 왕도라는 말이 사용되고 있다.

이러한 용어들을 바탕으로 먼저 도성문제에 있어서는 웅진도성과 사비도성의 왕도의 구조를 확인하는 데 주력하고자 한다. 산성에 대해서는 기존에 백제 산성으로 알려진 자료들에 대한 다각적인 검토를 통해 실제로 백제 산성이 어떠한 것인지를 확인하고, 이러한 백제 산성들이 각 지방에 어떻게 분포되어 있는지를 당시의 지방통치조직과 관련시켜 확인해 보고자 한다.

---

80) 『三國史記』 卷 25, 「百濟本紀」, 蓋鹵王 21年條. "秋九月 麗王 巨璉帥兵三萬來圍王都漢城"
81) 『三國史記』 卷 26, 「百濟本紀」, 東城王 13年條. "夏六月 熊川水漲 漂沒王都二百餘家"
82) 『三國史記』 卷 28, 「百濟本紀」, 義慈王 20年條. "春二月 王都 井水血色"

2장

웅진·사비 도성의 구조

1절 웅진도성(熊津都城)의 구조와 방비체제

웅진도성을 이해하기 위해서는 무엇보다도 공산성(公山城)과 그 주변 지역의 산성을 주목할 필요가 있다. 공산성은 웅진성(熊津城),[1] 고마성(固麻城)[2] 등으로 불렸는데, 여기서 보이는 웅진(熊津)은 경덕왕(景德王) 때 웅주(熊州)로 개칭된 다음 '웅(熊)'자 대신 미(美)자로 '공(公)'자를 선택하여 공주(公州)가 되었고, 웅진성이 있던 '웅산(熊山)' 역시 '공산(公山)'으로 되었다고 한다.[3] 백제시대 웅진성이 곧 현재의 공산성인 셈이다.

실제로 『삼국사기(三國史記)』 권 10, 「신라본기(新羅本紀)」 헌덕왕(憲德王) 14년조에는 "三月 熊川州都督憲昌 以父周元不得爲王 反叛⋯⋯ 憲昌僅以身免 入城固守⋯⋯"라고 되어 있어 현재의 공산성이 백제시대 웅진성임을 말해 주고 있다. 이러한 사실은 조선 초기 기록에서도 확인된다.[4]

그러나 일제시대에는 1910년대 중반까지만 해도 공산성에서 백제유물이

---

1) 『三國史記』 卷 26, 「百濟本紀」, 聖王 4年條. "冬十月 修葺熊津城 立沙井柵"

2) 『周書』 卷 49, 「列傳」 41, 異域 上 百濟. "治固麻城 其外更有五方⋯"

3) 輕部慈恩, 「熊津城考」, 『百濟遺跡の研究』, 吉川弘文館, 1971, 17~19쪽.

4) 『新增東國輿地勝覽』, 「公州牧」, 城郭條. "公山城 在州北二里 石築周四千八百五十尺 高十尺 中有井三池一 又有軍倉 諺傳此卽百濟時古城⋯"

〈사진 1〉
공산성 전경

전혀 발견되지 않아 이것이 백제 성곽인지조차 알지 못했으며,[5] 백제 성곽
으로 인식된 다음에도 나제회맹(羅濟會盟)이 거행된 취리산성지(就利山城
址)로 이해될 뿐이었다.[6] 그러나 곧 공산성은 웅진시대 백제의 중심 산성으
로 인식되었고,[7] 더 나아가 공주 시가지를 에워싸고 있는 나성의 존재가 새
롭게 제기되기도 하였다.[8]

　　그 후 공산성은 별다른 주목을 받지 못하다가 1980년대 들어 백제문화
권 개발사업이 시작되면서 그 중요성이 새롭게 부각되었다.[9] 연차적인 발
굴조사를 통해 성곽의 규모와 축성법, 성 내 시설물 등이 속속 확인되었기
때문이다.[10] 아울러, 이러한 조사를 바탕으로 공산성의 성격과 기능에 대한
다양한 견해가 제시되었고,[11] 삼국시대 도성사(都城史)에서 공산성이 갖는

---

5) 輕部慈恩, 앞의 주 3)의 책, 1971, 19쪽.

6) 今西龍, 「百濟舊都扶餘及び其の地方」, 『百濟史研究』, 1934, 411쪽.

7) 輕部慈恩, 앞의 주 3)의 책, 1971, 20~25쪽.

8) 輕部慈恩, 앞의 주 3)의 책, 1971, 39~69쪽.

9) 公州師大百濟文化研究所, 『百濟文化圈의 文化遺蹟』(公州篇), 1979.

10) 지금까지 公山城에 대한 발굴조사 보고서로는 다음과 같은 것이 있다.

　① 安承周, 『公山城』, 公州師大 百濟文化研究所, 1982.

⟨표 1⟩ 공산성 발굴조사 현황

번호	조사연도	유적명	조성연대	조 사 내 용	참고문헌
1	1980년	挽阿樓址	조선시대	治石한 석재로 쌓은 축대 잔존	주 10)-①
2	1980년	臨流閣址	백제~조선	5칸×6칸의 方形建物址, '流' 銘瓦片出土	10)-①
3	1980년	東門址	조선시대	폭 2.4m, 출입구 길이 6.4m. 開据式城門	10)-①
4	1980년	將台址	조선시대	2칸×2칸. 積心만 잔존.	10)-①
5	1982년	池塘 1	조선시대	용수공급시설. 靈隱寺 앞쪽 外城壁 안쪽	10)-⑤
6	1982년	挽河樓址	조선시대	池塘 옆에 있는 3칸×2칸 크기의 樓閣.	10)-⑤
7	1983년	暗門址	조선시대	池塘으로 통하는 통로	10)-⑤
8	1983~4년	池塘 2	통일신라	金銅佛像 6軀 출토	10)-⑤
9	1985~6년	推定王宮址	백제시대	건물지, 연못, 木槨庫, 圓形貯藏庫 발견	10)-②
10	1987년	中軍營址	조선시대	鎭南館, 부속시설 확인	10)-④
11	1988년	土城址	백제-조선	東壁 土壘 확인	10)-③
12	1989년	28칸건물지	통일신라	정면 7칸, 측면 4칸	10)-④
13	1989년	광복루광장	백제시대	蓮花文瓦當, 百濟土器출토	10)-④
14	1990년	12角建物址	백제시대	礎石이 3列로 배치	10)-④
15	1990년	掘立柱建物	백제시대	雙樹亭 北斜面 掘立柱 建物址	10)-④
16	1991년	西門址 옆 건물지	백제~ 통일신라	掘立柱 建物址 및 礎石 사용 건물지	10)-④
17	1991년	12칸건물지	통일신라	정면 4칸, 측면 3칸	10)-④
18	1991년	저장혈	백제시대	圓形 및 方形의 저장고	10)-④
19	1991년	건물지	조선시대	築臺만 잔존	10)-④
20	1993년	池塘 2	백제시대	영은사 앞쪽 연못 확인.	10)-⑤

② 安承周 · 李南奭, 『公山城內 百濟推定王宮址發掘調查報告書』, 公州師大博物館, 1987.
③ 安承周 · 李南奭, 『公山城 城址 發掘調查報告書』, 公州大博物館, 1990.
④ 安承周 · 李南奭, 『公山城 建物址』, 公州大博物館, 1995.
⑤ 李南奭 · 李勳, 『公山城池塘』, 公州大博物館, 1999.
11) 安承周, 「公山城에 對하여」, 『考古美術』 138 · 139, 1978.
　　安承周, 「公山城內의 遺蹟」, 『百濟文化』 11輯, 公州師大百濟文化研究所, 1978.
　　成周鐸, 「百濟 熊津城과 泗沘城研究(其一)」, 『百濟研究』 11, 忠南大百濟研究所, 1980.
　　尹龍爀, 「朝鮮後期 公州邑誌의 編纂과 『公山誌(1859)』」, 『公州師大論文集』 19輯, 1981.

의의가 새롭게 조명되기도 하였다.[12] 그런가 하면 문헌기록과의 대비를 통해 나성이라든가 도성 내에 자리하던 부(部)의 존재에 대한 새로운 견해가 제시되기도 하였다.[13]

그러나 대부분의 관심은 웅진시대 백제 왕궁지의 위치를 확인하는 데 쏠려 있었다고 해도 과언이 아니다. 왕궁이 도성 내에서 차지하는 비중을 결코 간과할 수는 없는 일이지만 현재로서는 왕궁 여부를 뚜렷이 입증할 만한 자료가 없는 것 또한 사실이다. 따라서 앞으로는 논의의 초점을 왕궁의 위치에 맞추기 보다는 왕성(王城)을 확인하는 쪽으로 방향을 전환하는 것이 왕궁의 위치를 확인할 수 있는 좀더 타당한 방법이 될 것으로 생각된다. 그런 점에서 여기에서도 왕성의 위치를 확인하는 데 주력하고자 한다. 아울러 왕성의 축조 시기와 왕도(王都)의 구조, 그리고 주변지역 산성을 통해서 본 왕도의 방비체제(防備體制)에 대해서도 살펴보고자 한다.

安承周, 「公州 公山城에 對하여」, 『文化財』 17號, 1984.

成周鐸, 『百濟城址研究 – 都城址를 中心으로 –』, 東國大大學院博士學位論文, 1984.

兪元載, 「熊津都城의 防備體制에 對하여」, 『忠南史學』 1輯, 1986.

安承周, 「百濟都城(熊津城)에 대하여」, 『百濟研究』 19, 忠南大百濟研究所, 1988.

兪元載, 「百濟 熊津城 研究」, 『國史館論叢』 45輯, 國史編纂委員會, 1993.

朴淳發, 「百濟都城의 變遷과 特徵」, 『韓國史의 理解』(重山鄭德基博士華甲紀念韓國史學論叢), 1996.

成周鐸, 「百濟 熊津城研究 再齣」, 『百濟의 中央과 地方』(百濟研究叢書 5輯), 忠南大百濟研究所, 1997.

李南奭, 「百濟 熊津城인 公山城에 對하여」, 『馬韓·百濟文化』 14輯, 1999.

12) 대표적인 것으로 다음과 같은 것을 들 수 있다.

井上秀雄, 「朝鮮の都城」, 『都城』, 社會思想社, 1976.

藤島亥治郎, 「朝鮮三國時代の都市と城」, 『日本古代史講座』 4(朝鮮三國と倭國), 學生社, 1980.

成周鐸, 「都城」, 『韓國史論』 15, 國史編纂委員會, 1986.

田中俊明, 「朝鮮三國の都城制と東アジア」, 『古代の日本と東アジア』, 小學館, 1991.

13) 兪元載, 「熊津都城의 羅城問題」, 『湖西史學』 19·20合輯, 1992, 33~41쪽.

兪元載, 「熊津都城의 五部問題」, 『民族文化의 諸問題』(于江權兌遠教授定年紀念論叢), 1994, 371~379쪽.

1. 웅진성(熊津城)의 구조

(1) 성벽

　　공산성은 공주시 북쪽에 있는 해발 110m의 공산(公山) 정상부와 그 서쪽에 있는 표고 85m의 나즈막한 봉우리를 에워싼 포곡식산성이다. 성곽은 토성과 석성으로 이루어져 있는데, 전체 둘레는 2660m로 알려져 있다.[14] 그러나 이 길이는 현재의 동문지(東門址) 밖에 있는 '외성(外城)' 467m와 영은사(靈隱寺) 앞쪽에 있는 지당(池塘)[15]을 에워싸기 위해 후대에 추가로 축성한 석성 43m를 포함한 길이다. 따라서 동문지 밖의 '외성'이 백제 때에 축성한 것이 분명하다면[16] 이 외성을 기준으로 한 성벽의 둘레는 2450m가 된다.[17] 그 중 대부분은 석성이며, 토성은 동문지(東門址) 부근의 '내측 성벽' 268m와 '외측 성벽' 467m 등 735m 뿐이다.

　　성벽의 대부분을 이루는 석성은 성 내에 남아 있는 쌍수정사적비문(雙樹亭事蹟碑文) 중에 "萬曆壬寅年間 宗伯西坰柳公根 出爲都巡察使 始築此城 觀設領備"라는 기록을 통해 볼 때 대체로 선조(宣祖) 35년(1602)에 축성된 것으로 알려져 있다.[18] 실제로 『대동지지(大東地志)』에는 "선조(宣祖) 계묘년(癸卯年)에 수축(修築)하였다"[19]라고 기록되어 있다. 여기서 말하는 계묘년(癸卯年)은 선조 36년에 해당되어 1년의 시차가 있지만 내용상 큰 차이는 없다.[20]

---

14) 安承周, 『公山城』, 公州師大百濟文化硏究所, 1982, 27쪽.

15) 李南奭 · 李勳, 『公山城池塘』, 公州大博物館, 1999, 39~169쪽.

16) 安承周 · 李南奭, 『公山城 城址 發掘調査 報告書』, 公州大博物館, 1990.

17) 成周鐸, 「百濟 熊津城과 泗沘城 硏究(其一)」, 『百濟硏究』 11, 忠南大百濟硏究所, 1980, 172쪽.

18) 安承周, 앞의 주 14)의 報告書, 1982, 21쪽.

19) 『大東地志』, 「公州牧」, 城池條.

20) 한편, 成周鐸은 公山城 북벽에서 조선시대 石漏槽를 발견하고 이로써 公山城 성벽이 조선시대에 改築된 것을 알 수 있으며, 축성법이 비슷한 鎭南樓 주변 역시 동일시기에 축성한 것으

〈사진 2〉
공산성 성벽(석성)

이렇게 공산성의 대부분이 조선시대 때 개축된 것인 만큼 백제 웅진성의
모습을 보기 위해서는 동쪽 토성부분을 살펴볼 수밖에 없다. 실제로 이 지
역에 대해서는 발굴조사가 이루어져 웅진성의 모습을 살펴볼 수 있는 자료
를 제공하고 있다.[21]

백제 웅진성의 모습을 남기고 있는 동문지 주변의 성벽은 〈도면 1〉에서 보
는 바와 같이 내·외성(內·外城)의 이중 성벽으로 되어 있다. 그러나 처음
부터 이 부분을 이중으로 축성한 것은 아니고, 외성이 먼저 축조된 다음 후
대에 다시 외성의 안쪽으로 내성의 성벽을 들여쌓음으로써 현재와 같이 이
중 성벽의 형태를 하고 있는 것으로 믿어진다.

〈도면 2〉에 보듯이 내성벽(內城壁)과 외성벽(外城壁)에 대한 조사 결과

로 보고 있다(成周鐸, 앞의 주 17)의 論文, 1980, 175쪽).
21) 安承周·李南奭, 앞의 주 16)의 報告書, 1990. 이하 성벽에 대한 설명은 이 보고서를 참고하였다.

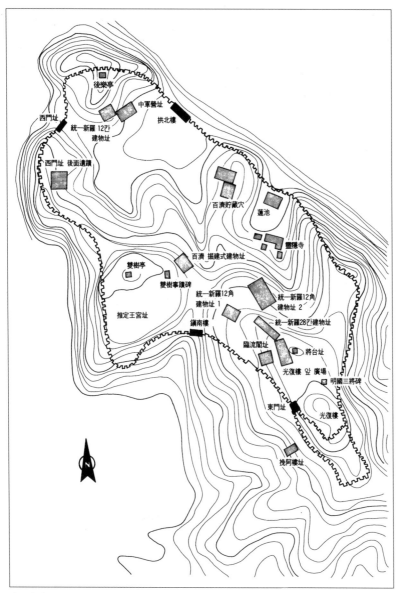

〈도면 1〉 공산성 내 유적 분포도

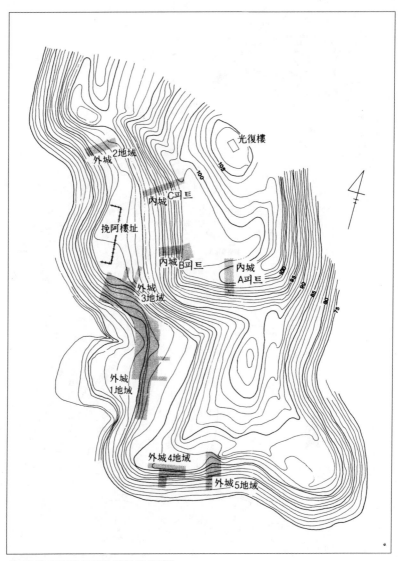

光復樓

外城2地域

內城C피트

挽阿樓址

內城B피트

內城
A피트

外城
3地域

外城
1地域

外城4地域

外城5地域

〈도면 2〉 공산성 토성벽 구간 조사지역

〈사진 3〉
공산성 성벽(토성)

다음과 같은 사실을 확인할 수 있었다.

먼저, 외성벽의 경우 대체로 성벽의 외면(外面)에 성벽 기석(基石)을 놓아 일정 높이만큼 축성한 다음, 그 안쪽을 판축(版築)이나 다짐으로 채우는 것은 동일하다. 다만 2지역처럼 성벽이 급경사 지역을 통과하는 경우에는 성벽의 외곽 말단에 축조하는 석재를 좀더 높이 축조하여 결국 석축(石築)이 성벽의 중심을 이루도록 하였다. 성벽이 이미 상당히 유실되어 정확한 높이는 알 수 없지만 너비는 대체로 5m 내외였다.

이에 비해 내성벽은 성벽의 기저부(基底部) 폭이 대체로 10m 내외로 되어 있다. 성벽의 축성법은 A피트와 B·C피트 간에 약간의 차이가 있다. A피트의 경우 성벽의 저부(底部) 폭이 12.8m가 되도록 안팎으로 성벽을 협축(夾築)하고, 그 안쪽은 흙으로 채워서 완성하였다. B피트에서 확인된 성벽은 저부 폭이 약 10m 정도인데, 성 내면은 역시 기저부에서 일정 높이까지 성돌을 쌓아 올리고 그 안쪽은 괴석(塊石)과 흙으로 다짐하여 별 차이가 없지만 외면은 마치 물고기의 비늘처럼 즙석(葺石)하여 완성하였다. 이러한 현상은 A피트처럼 성벽을 축성한 후에 다시 후대에 보수한 결과로 판단된다. C피트 역시 높이 9.6m를 마치 물고기의 비늘처럼 즙석 형태로 성돌을

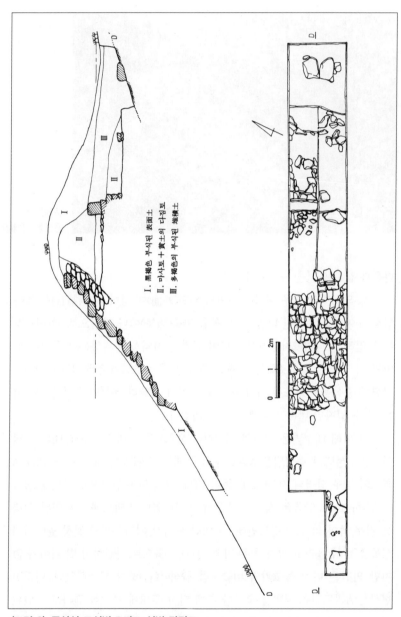

〈도면 3〉 공산성 토성벽 B피트 성벽 단면도

I. 黑褐色 부식된 表面土
II. 마사토 + 黃土의 다짐토
III. 多褐色의 부식된 堆積土

쌓아 올리고, 그 외면을 다시 흙으로 복토(覆土)하고 있다.

조사 과정에서 출토된 유물로 보아 외성벽은 백제시대에 축성된 것으로 확인되었고, 내성벽의 B피트와 C피트는 조선시대에 축성된 것으로 파악되었다. 그렇다면 원래는 외성벽의 형태대로 백제시대의 웅진성이 축성되어 있었는데, 조선시대에 현재의 모습처럼 대대적으로 개축될 때 외성벽의 안쪽으로 내성벽을 새롭게 축성한 것임을 알 수 있다. 따라서 이 부분은 현재는 이중 성벽처럼 남아 있지만 실은 이중 성벽이 아니고, 축성 시기의 선후 관계를 보여주는 것으로 판단된다.

(2) 성내유적(城內遺蹟)

현재 남아 있는 공산성은 대부분의 성벽이 조선시대에 개축되어 백제시대에 축성된 성벽은 극히 일부에 불과하다. 그러나 성 내에서 백제시대 유적이 발견되고 있는 것으로 보아 원래는 백제시대에 축성된 성곽임이 분명하다. 성 내에서 확인된 백제 유적으로는 임류각지(臨流閣址), 추정왕궁지, 굴립주 건물지(掘立柱建物址), 저장시설(貯藏施設), 지당(池塘) 등이 있다. 여기에서는 조사된 순서로 이러한 유적지를 간단히 살펴보고자 한다.

1) 임류각지(臨流閣址)[22]

임류각지는 공산성의 동문지(東門址)와 남문지(南門址)의 중간쯤에 해당되는 곳에 자리하고 있다. 지표상에서 백제시대 토기편이 발견되어 조사한 것이다.

공산(公山)의 서사면(西斜面)을 10.4×10.4m 크기로 굴착(掘鑿)하여 대지(台地)를 조성한 다음 그 위에 세운 것이다. 건물의 규모는 동서 5칸, 남북 6칸의 크기다. 그런데 다른 건물지와 달리 정면 6칸의 초석간 거리는 1.8m인

---

22) 安承周, 앞의 주 14)의 報告書, 1982, 61~78쪽.

데 비해 측면 5칸의 초석간 거리는 2.1m로 되어 있어 결국 전체적인 크기는 방형(方形)의 형태를 띤다. 초석은 레벨이 일정하기는 하지만 상면(上面)이 요철(凹凸)을 이루고 있어 기둥을 그렝이질한 다음 세웠을 것으로 믿어진다.

유물은 백제시대의 단판연화문와당(單瓣蓮花文瓦當)을 비롯하여 암키와와 토기편 등이 발견되었고, 이 밖에 통일신라시대에서 조선시대에 이르는 다양한 유물들이 출토되었다. 특히 출토된 유물 중에는 '류(流)', '관(官)', '만(卍)', '평삼(平三)', '웅각(熊閣)' 등이 새겨진 명문와(銘文瓦)가 있었는데, 그 중 '류(流)'자명이 새겨진 와편(瓦片)을 통해 이곳이 임류각지(臨流閣址)임을 알 수 있었다.

〈도면 4〉 임류각지(臨流閣址) 평면도

〈사진 4〉
임류각지 전경

2) 추정 왕궁지(推定 王宮址)[23]

쌍수정(雙樹亭) 앞 광장에 자리하고 있다. 이곳은 1935년에 운동장으로 조성된 이후 현재까지 광장으로 사용되고 있다. 아울러 그 당시 이렇게 운동장을 만드는 과정에서 사방 1m 크기의 초석 20여 개가 정연하게 노출되었고, 연화문와당(蓮花文瓦當)도 출토되어 백제사지(百濟寺址)로 추정되기도 하였다.[24]

이곳에 대한 조사는 1985~1986년에 두 차례에 걸쳐 이루어졌는데, 그 결과 수혈식(竪穴式) 건물지, 굴립주(掘立柱) 건물지, 적심(積心)이 있는 건물지 등이 순서대로 조성된 것이 확인되었다.

수혈식 건물지는 광장의 북쪽에 치우쳐 있었는데, 그 위에 굴립주 건물지와 적심이 있는 건물지가 놓여 있는 것으로 보아 가장 먼저 조성된 것으로 보인다. 굴립주 건물지는 동북단에 치우쳐 있는 것을 제외하고는 반복적으로 사용하여 그 결구(結構) 형태를 제대로 이해할 수 없었다. 적심을 사용한 건물지는 24칸 규모의 건물지와 10칸 규모의 건물지 등 2동(棟)이 조사되었

---

23) 安承周 · 李南奭, 『公山城內 推定王宮址 發掘調査報告書』, 公州大學校博物館, 1987.
24) 輕部慈恩, 앞의 주 3)의 책, 1971, 24쪽.

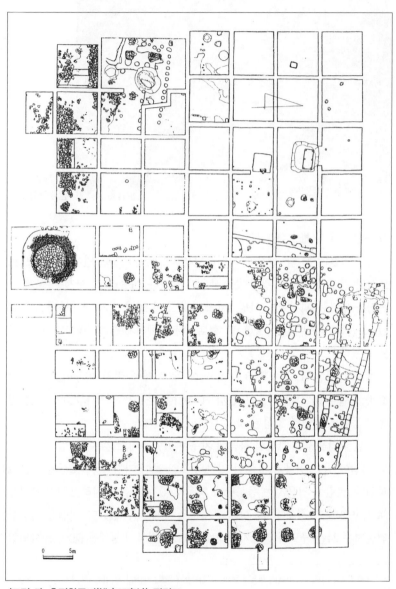

〈도면 5〉 추정왕궁지(推定王宮址) 평면도

<사진 5>
추정왕궁지 조사 광경

는데, 이 건물지는 모두가 백제시대에 조성된 것으로 밝혀졌다.

이 외에 쌍수정(雙樹亭) 앞 광장에서는 연못과 목곽고(木槨庫)도 발견되었다. 연못은 광장 남쪽에 치우쳐서 자리하고 있는데, 위쪽 직경 7.3m, 바닥 직경 4.78m, 깊이 3m 크기의 원형(圓形)으로 되어 있다. 목곽고는 저장시설로 판단되는 것으로, 특별히 지붕에 기와가 얹어져 있었다. 목곽고 주변에서는 원형저장혈(圓形貯藏穴)도 5기가 확인되었다.

건물의 크기나 유적의 밀집도에 비해 출토 유물은 그다지 많지 않은 편인데, 이는 운동장을 조성하기 위해 표면을 정지(整地)한 것과 관련이 있어 보인다. 출토된 유물은 와당(瓦當)과 평기와편, 토기편 등이었다. 그 중 와당은 웅진시대 초기의 것도 포함되어 있다.

3) 건물지

공산성에서 확인된 백제시대 건물지는 쌍수정(雙樹亭) 북쪽 사면에 자리하고 있는 것과 서문지 안쪽에 자리하고 있는 것이 있는데, 모두가 굴립주 건물지다.

쌍수정 북사면(北斜面)에 자리하고 있는 건물지는 이미 1932년도에 간단한 조사가 이루어져 굴립주 건물지를 확인한 바 있는데,[25] 1990년에 재차 조

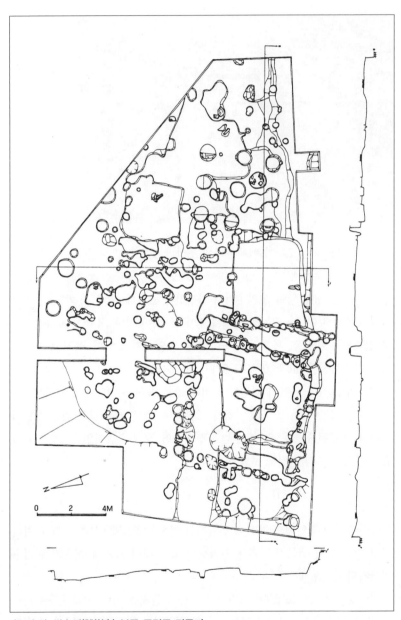

〈도면 6〉 쌍수정(雙樹亭) 북쪽 굴립주 건물지

사가 이루어졌다.[26] 그 결과 대벽건물(大壁建物)이라고 하는 특수한 형태의 건물지 1기와 굴립주 건물지 1기, 그리고 수혈 주거지 2기 등이 확인되었다.

대벽건물은 660×680cm의 크기로, 처음에 장방형(長方形)으로 조성한 건물을 방형(方形)으로 고쳐 지은 것이다. 굴립주 건물은 방형의 크기로 3개씩 3열로 모두 9개의 굴립주를 배치한 것이다. 주간(柱間) 거리는 동쪽이 380cm, 서쪽이 390cm, 남쪽이 360cm, 북쪽이 350cm인데, 주공(柱孔)의 외연(外緣)을 기준으로 하면 10cm 정도의 차이를 보이고 있어 방형임을 알 수 있다. 수혈 주거지는 동서 480cm, 남북 390cm의 것과 동서 320cm, 남북 310cm의 것이 있는데, 주거지인지는 확실하지 않다.

서문지 안쪽에서 확인된 것은 1991년에 조사되었다.[27] 동남에서 서북의 방향으로 5개의 기둥구멍이 규칙적으로 자리하고 있고, 다시 그 서북단에서 직각으로 동북쪽으로 꺾여 또 하나의 주공열(柱孔列)이 이어지고 있다. 이 주공열은 각각 6m와 5.5m의 크기를 보여주고 있지만, 지면이 삭토(削土)되어 정확한 규모나 크기는 알 수 없었다.

4) 저장시설

공산성 성안마을과 영은사(靈隱寺) 중간에 있는 구릉의 북사면에서 조사된 것이다.[28] 면적은 그다지 넓지 않으나 모두 13기가 확인되었는데, 그 중 12기는 평면 원형(圓形)인데 비해 1기는 방형의 형태를 하고 있다. 이들은 생토면을 지하로 굴착(掘鑿)하여 조성한 것으로, 직경 2~3m의 크기다. 깊이는 일정하지 않지만 아래쪽으로 내려갈수록 직경이 더 커지는 것이 공통적인 특징이다. 구덩이 깊이가 깊지 않은 것은 그만큼 삭토가 진행되었기 때문일 것이다.

---

25) 輕部慈恩, 『百濟美術』, 1946, 74~78쪽.

26) 安承周 · 李南奭, 『公山城 建物址』, 公州大博物館, 1992, 61~94쪽.

27) 安承周 · 李南奭, 위의 주 26)의 報告書, 1992, 218~220쪽.

28) 安承周 · 李南奭, 위의 주 26)의 報告書, 1992, 95~121쪽.

12기의 원형 저장시설에서 출토된 유물은 많지 않지만 모두가 백제시대 유물인 것은 공통적인 현상이다. 즉, 출토된 유물은 와편(瓦片)과 토기편들로 추정 왕궁지에서 출토된 유물과 큰 차이가 없다.

5) 지당(池塘)[29]

영은사(靈隱寺) 앞쪽에 자리하고 있는 것이다. 공산성 북벽(北壁) 바로 안

〈도면 7〉 백제시대 지당(池塘) 평·단면도

---

29) 李南奭·李勳, 『公山城池塘』, 公州大學校博物館, 1999, 199~472쪽.

쪽에 해당된다. 1차 조사는 1983~1984년에 이루어졌는데, 금동불상(金銅佛像)이 출토되어 조사가 중단되었다가 1993년에 재조사가 이루어져 지당(池塘)임을 확인하였다.

지당(池塘)은 지표하 6m에서 확인되었는데, 대단히 깊기 때문에 지당 전체를 완전 노출시킬 수는 없었다. 따라서 지당과 관련된 일부 시설만 확인하였다. 지당은 북벽을 호안석(護岸石)으로 하여 내부에 집수시설(集水施設)을 마련한 것으로, 바닥에는 활처럼 휘어진 집수시설(集水施設)이 남아 있다. 아울러 호안석에는 상하 2단으로 된 집수시설이 마련되어 있었다.

지당 안에서는 와편(瓦片)과 토기편, 벽돌, 자기(磁器) 등 백제시대에서 조선시대에 이르는 다양한 유물이 출토되었다. 이러한 사실로 미루어 볼 때 이 지당은 백제시대에 처음 조성된 이후 조선시대에 이르기까지 장기간에 걸쳐 사용된 것으로 생각된다.

2. 왕궁(王宮)의 위치

(1) 기존 연구의 검토

왕성(王城)은 도성(都城), 혹은 왕도(王都)를 구성하는 여러 요소 중에서 가장 핵심적인 요소다. 중국 도성제도의 이론적 지침서인 『주례(周禮)』고공기(考工記)에서 말하는 '方九里 旁三門', '九經九緯', '左祖右社', '面朝後市' 등과 같은 도성제도의 원칙은 모두가 왕성에 대한 설명이다.[30] 개념이 약간 차이가 있기는 하지만 최고 권력자의 거소(居所)라는 점에서 삼국시대의 왕성 역시 다를 바 없다. 그 만큼 도성을 구성하는 여러 요소 중에서도 왕성이 중요한 요소가 된다.

---

30) 賀業鉅 著 · 尹正淑 譯, 『중국 도성제도의 이론』, 이회, 1995, 47~49쪽.

왕궁(王宮), 그리고 그 왕궁을 에워싸면서 축성된 왕성이 이렇게 중요한 것이기 때문에 웅진도성(熊津都城)에 대한 기왕의 연구에서도 왕궁의 위치를 확인하려는 노력이 다각도로 이루어져 왔다. 그 결과 왕궁의 위치에 대해서는 크게 보아 공산성 안에 있었을 것으로 보는 주장과 밖에 있었을 것으로 보는 주장이 맞서 있는 상태다.

웅진시대 왕궁이 공산성 안에 있었을 것이라는 주장은 가루베 지온(輕部 慈恩)에 의해 처음 제시되었다. 그는 현재의 공산성 동벽에 있는 외성 안쪽을 왕궁지로 추정하였다. 이곳에 평탄면이 조성되어 있어 여러 채의 건물이 있었을 가능성이 있고, '웅진관(熊津官)', '웅천관(熊川官)', '관(官)' 등의 글자가 새겨진 명문와(銘文瓦)가 주변에서 출토되었기 때문이다. 또한, 그 동쪽으로는 임류각지(臨流閣址)를 비롯한 백제 당시의 궁원지(宮苑址)로 추정되는 곳이 있고, 다시 그 남쪽으로는 왕궁을 호위하는 병사(兵舍)로 추정되는 지역이 있다는 점도 방증자료가 되었다.[31]

그러나 이러한 가루베 지온의 주장은 그 뒤에 별다른 동조를 받지 못하였고, 그 대신 공산성 남록(南麓) 일대가 새롭게 추정(推定) 왕궁지(王宮址)로 부각되었다.[32] 공산성 내부와 달리 이곳은 넓은 평탄면으로 되어 있고, 왕궁과 관련있다고 생각되는 방형 초석(礎石) 2개가 발견된 것이 중요한 근거였다. 이 밖에 주산(主山)을 뒤로 하고 개활지(開闊地)를 앞으로 하여 왕궁이 자리하는 것이 통례라는 사실도 감안된 듯하다.

이러한 주장은 이곳에 있던 방형 초석 2개를 근거로 한 것이지만 실은 사비도성(泗沘都城)의 왕궁의 위치가 부소산 남록(南麓)이라는 사실을 염두에 둔 것으로 생각된다.

사실, 이러한 초석은 이미 일제강점기에 쌍수정(雙樹亭) 앞 광장을 운동장으로 조성할 때에도 출토된 바 있고,[33] 진남루(鎭南樓)의 초석 역시 비슷

---

31) 輕部慈恩, 앞의 주 3)의 책, 1971, 20~22쪽.

32) 金永培, 「公州 百濟王宮 및 臨流閣址 小考」, 『考古美術』 6권 3 · 4호, 1965, 53~55쪽.

　金永培, 「熊川과 泗沘城時代의 百濟 王宮址에 對한 考察」, 『百濟文化』 2輯, 1968, 13~17쪽.

한 것이며, 공북루(拱北樓) 옆에서도 동일한 초석이 발견되고 있어[34] 초석만으로 왕궁지를 추정하기는 어려울 듯하다.

임류각지(臨流閣址)의 존재를 통해 왕궁의 위치를 추정하는 견해도 있다. 『삼국사기(三國史記)』, 동성왕(東城王) 22년조에는 "起臨流閣於宮東"이라는 기록이 있는데, 이 기록에 근거하여 임류각(臨流閣)의 동쪽, 즉 공산성 남록(南麓)을 왕궁지로 추정하기도 하였다.[35] 그러나 이렇게 되면 임류각은 공산성 안에 있고, 왕궁은 성곽 밖에 있는 것이 되어 납득하기 어렵기는 마찬가지다.

이러한 문제점을 인식했음인지 왕성과 산성이 세트를 이루고 있었던 고구려의 도성제(都城制)[36]에 착안하여 공산성이나 부소산성 역시 왕궁 배후의 산성으로 보려는 견해도 제기되었다. 그러나, 고구려의 도성제는 『주서(周書)』에서 특기(特記)하고 있는 데에서도 알 수 있듯이 이러한 도성제를 곧바로 백제의 도성제에 적용할 수 있는 것인지 의문이라고 하지 않을 수 없다.[37] 적어도 이러한 산성(山城)과 평지성(平地城)의 세트 관계가 성립되기 위해서는 평지에 존재하는 왕성(평지성)의 존재가 전제되어야만 가능한 것이기 때문이다. 그러나 아직까지 웅진(熊津)이나 사비(泗沘)에서 고구려의 국내성(國內城)이나 안학궁성(安鶴宮城), 혹은 청암리토성(淸岩里土城) 등과 비견될 만한 평지성은 발견된 바 없다.

그런 점에서 1985년과 1986년에 있었던 쌍수정(雙樹亭) 앞 광장에 대한 조사[38]는 왕궁지 비정의 새로운 전기(轉機)를 마련하였다. 왕궁의 위치에

---

33) 輕部慈恩, 앞의 주 25)의 책, 1946, 78~80쪽.

34) 成周鐸, 앞의 주 17)의 論文, 1980, 176~178쪽.

35) 金永培, 「熊川과 泗沘城時代의 百濟王宮址에 對한 考察」, 『百濟文化』 2輯, 公州師大百濟文化研究所, 1968, 14~16쪽.

36) 『周書』卷 49, 「列傳」 41, 異域 上, 高麗. "…治平壤城 其城東西六里 南臨浿水 城內唯積倉儲器備 寇賊至日 方入固守 王則別爲宅於其側 不常居之…"

37) 실제로 中國 都城制의 영향을 많이 받은 고구려의 都城制와 백제, 신라의 都城制를 구분해 보려는 견해도 있다(李殷昌, 「지정토론」, 『百濟의 中央과 地方』, 충남대백제연구소, 1997, 306쪽).

38) 安承周·李南奭, 앞의 주 23)의 報告書, 1987.

대한 의문이 완전히 해소된 것은 아니고, 추정 왕궁지에 기단(基壇)이 없다는 점과 주변 건물들과의 배치상의 문제 등이 남아 있기는 하지만[39] 구체적인 실물을 대상으로 왕궁지를 추정하였다는 점에서는 기존 견해보다 한층 진전된 모습임에 틀림없기 때문이다.

그 후 웅진시대 왕궁지를 공산성 내에서 구하려는 주장은 관련 사료(史料)의 검토를 통해 더욱 보강되었고,[40] 이로써 의견이 일치되는 듯 보였으나 최근에는 다시 부정하는 견해[41]와 긍정하는 견해[42]가 반복적으로 제시되어 더욱 혼란스러운 느낌이다.

(2) 왕궁지 위치의 검토

웅진시대 왕궁지의 위치에 대한 기존의 연구는 공산성 쌍수정(雙樹亭) 앞 광장에서 발견된 건물지를 왕궁으로 볼 수 있느냐, 없느냐에 쏠려 있었다. 그러나 쌍수정 앞 건물이 왕궁이 아니라는 사실이 곧 공산성이 왕성이 아니라는 사실을 의미하는 것은 아니다. 그런 점에서 기존의 논의는 본말(本末)이 전도(顚倒)된 느낌이다.

어떤 건물지가 왕궁인지 아닌지를 입증할 만한 객관적인 자료가 확보되지 못한 것이 현재의 실정이라면, 왕궁의 위치보다는 왕성의 위치를 확인하는 것이 좀더 효과적인 방법이 될 것이다. 적어도 왕성의 위치를 확인할 수 있는 자료가 왕궁지의 위치를 확인할 수 있는 자료보다 더 많이 남아 있기 때문이다.

그런 점에서 공산성이 갖고 있는 다음과 같은 사실이 주목된다.

---

39) 尹武炳, 「綜合討論」, 『百濟研究』 19, 忠南大百濟研究所, 1988, 226쪽.
40) 兪元載, 앞의 주 13)의 論文, 1992, 40~41쪽.
41) 朴淳發, 앞의 주 11)의 論文, 1996, 115~119쪽.
　　成周鐸, 앞의 주 11)의 論文, 1997, 297~300쪽.
42) 田中俊明, 앞의 주 12), 1991, 402~403쪽.
　　李南奭, 앞의 주 11), 1999, 68~73쪽.

첫째, 유적의 입지(立地)가 금강 남안(南岸)의 나지막한 구릉 위라는 사실이다. 지금까지 백제 왕성(王城)에 대한 연구에 의하면 왕성은 몇 가지 구비조건을 갖추고 있는 것으로 알려져 있다. 그 중 하나가 바로 하천 남안(南岸)의 나지막한 구릉 위에 자리하고 있다는 사실이다.[43] 웅진으로 천도하기 직전의 왕성이었던 몽촌토성(夢村土城)[44]도 예외는 아니다. 그런 점에서 공산성은 웅진시대 왕성이었을 가능성이 커 보인다. 이러한 사실은 공산성과 입지조건이 흡사한 부소산성(扶蘇山城)이 백제 왕성이라는 사실로도[45] 방증될 수 있을 것이다.

둘째, 공산성의 크기도 주목된다. 공산성의 둘레는 2660m,[46] 혹은 2450m[47]로 알려져 있는데, 대체로 2.5km 전후임을 알 수 있다. 그런데 공교롭게도 이러한 크기는 국내성(國內城) 2.6km,[48] 안학궁성(安鶴宮城) 2.5km,[49] 몽촌토성(夢村土城) 2.3km,[50] 경주 월성(月城) 2.3km[51]와 비슷한 규모이다. 그런 점에서 비슷한 규모를 하고 있는 다른 성곽들이 각각 왕성이 틀림없다면 공산성 역시 그 규모로 볼 때 왕성이었을 가능성이 높다고 판단된다.

이렇게 입지나 규모로 보아도 공산성은 단순히 왕도(王都)에 자리하고 있

43) 成周鐸, 「漢江流域 百濟 初期 城址 硏究」, 『百濟硏究』14, 忠南大百濟硏究所, 1983, 123∼126쪽.
　　金起燮, 「百濟 前期 都城에 대한 一考察」, 『淸溪史學』7, 1990, 52∼65쪽.
44) 成周鐸, 위의 주 43)의 論文, 1983, 129∼133쪽.
　　崔夢龍, 「夢村土城과 河南慰禮城」, 『百濟硏究』19, 忠南大 百濟硏究所, 1988, 5∼12쪽.
　　金起燮, 위의 주 43)의 論文, 1990, 61∼65쪽.
　　姜仁求, 「百濟 初期 都城 問題 新考」, 『韓國史硏究』81輯, 1993 ; 『考古學으로 본 韓國古代史』再收, 1997, 201∼231쪽.
　　朴淳發, 앞의 주 11)의 論文, 1996, 103쪽.
45) 『翰苑』卷 30, 「蕃夷部」, 百濟. "括地志曰 百濟王城 方一里半北面累石爲之 …"
46) 安承周, 앞의 주 14)의 報告書, 1982, 27쪽.
47) 成周鐸, 앞의 주 11)의 論文, 1980, 172쪽.
48) 成周鐸, 앞의 주 43)의 論文, 1983, 126쪽.
49) 채희국, 『대성산 일대의 고구려 유적에 관한 연구』, 사회과학출판사, 1963.
50) 夢村土城發掘調査團, 『整備·復元을 위한 夢村土城發掘調査報告書』, 1984, 261쪽.
51) 朴方龍, 「都城·城址」, 『韓國史論』15, 國史編纂委員會, 1985.

는 하나의 산성이 아니라 왕성이었을 가능성이 커 보인다. 이러한 사실은 몇 몇 단편적인 사실을 통해서도 재차 확인된다. 우선 다음과 같은 기록을 보자.

A - ① 號所治城曰固麻 謂邑曰檐魯 如中國之言郡縣也 (『梁書』, 百濟傳)

　② 治固麻城 其外更有五方 (『周書』, 百濟傳)

　③ 號所都城曰固麻 謂邑曰檐魯 如中國之言郡縣也 (『南史』, 百濟傳)

　④ 其都曰居拔城 亦曰固麻城 (『北史』, 百濟傳)

　⑤ 括地志曰 百濟王城 方一里半 … 國東北六十里 有熊津城 一名固麻城 城方一里半 此其北方也 (『翰苑』, 百濟傳)

사료 A는 백제 웅진성을 설명하고 있는 중국측 기록인데, 여기에서 보면 당시의 왕성이 고마성(固麻城)이었고, 그 고마성은 또한 웅진성의 다른 이름이었음을 알 수 있다. 그런데 그 웅진성이 '성방일리반(城方一里半)'이었던 것으로 보아 현재의 공산성을 가르키는 것이 분명하다.[52] 즉, 웅진성의 크기는 A-⑤에서 보는 것처럼 사비시대 왕성과 같은 크기였고, 그런 점에서 웅진성이 북방성(北方城)으로 편제되기 이전에는 왕성이었을 가능성이 한층 높다고 판단된다.

공산성과 관련된 다음과 같은 『삼국사기』 「백제본기」의 기록도 주목된다.

B - ① 東城王 13年 夏六月 熊川水漲 漂沒王都二百餘家

　② 東城王 19年 夏六月 大雨 漂毁民屋

　③ 東城王 22年 春 起臨流閣於宮東 高五丈 又穿池養奇禽 … 恐有復諫者 閉宮門

　④ 聖王 4年 冬十月 修葺熊津城 立沙井柵

　⑤ 武王 31年 春二月 重修泗沘之宮 王幸熊津城 夏旱停泗沘之役 秋七

---

52) 徐程錫, 「百濟 5方城의 位置에 대한 試考」, 『湖西考古學』 3輯, 湖西考古學會, 2000, 51~53쪽.

月 王至自熊津

먼저 B-①에서 보면 웅천(熊川)에 홍수가 나서 왕도에 있던 2백여 채의 가옥이 떠내려갔지만 왕궁에 대한 설명은 없다. 이 때 피해를 입은 가옥들이 B-②에서 보듯이 민가(民家)였다면, B-①의 기록은 결국 일반 민가와 달리 왕궁이 고지(高地)에 자리하고 있었음을 의미하는 것으로 이해된다.[53]

B-③도 주목해 볼 필요가 있다. 임류각(臨流閣)이 왕궁의 위치 추정에 유력한 단서가 되기 때문이다. 그런데 이러한 임류각의 터는 공산성 남문지와 동문지 사이에서 발견되었다.[54] 그렇다면 당연히 왕궁은 이 임류각의 서쪽, 공산성 내에 있어야 한다. 물론 이 임류각지(臨流閣址)에 대해서 전혀 의문이 없는 것은 아니고,[55] 실제로 현재의 임류각지가 발견되기 이전에는 광복루(光復樓) 앞 광장이나[56] 성 밖 금강과 면(面)하는 공산(公山)의 북록(北麓)에 비정하는 견해도 있었다.[57]

그러나 공산성 북록은 급경사를 이루고 있어 주변에 연못을 조성하거나 밤새도록 환락을 즐기기에는 부적당한 것으로 생각된다.[58] 더구나 사료 B-③에서 보듯이 간신(諫臣)의 상소가 두려워 궁문(宮門)을 닫는 것으로 보아 임류각 역시 왕궁과 더불어 성곽 안에 있었던 것으로 생각된다.

B-⑤의 기록도 재음미해 볼 필요가 있을 듯하다. 사료에서 보듯이 무왕(武王)은 사비도성의 왕궁을 수리하기 위해 장기간 웅진성에 머물렀다. 여기에서 보이는 웅진성이 방어시설로서의 공산성임은 B-④의 기록으로 입

53) 兪元載, 『熊津百濟史硏究』, 주류성, 1997, 137쪽.
54) 安承周, 앞의 주 14)의 報告書, 1982, 61~78쪽.
55) 兪元載, 앞의 주 53)의 책, 1997, 132~133쪽.
　　李南奭, 앞의 주 11)의 論文, 1999, 62쪽의 주 26).
56) 金永培, 「公州 公山城出土 塼塼과 文字瓦」, 『考古美術』 3권 1호, 1962, 199쪽.
　　金永培, 「公州 百濟王宮 및 臨流閣址 小考」, 『考古美術』 6권 3·4호, 1965, 54~55쪽.
57) 輕部慈恩, 앞의 주 3)의 책, 1971, 23쪽 및 圖版 14.
58) 金永培, 앞의 주 56)의 論文, 1965, 54~55쪽.

증된다. 또한,『삼국사기』에 나오는 다음과 같은 웅진 관련 기록으로도 방
증된다.

C-① 文周王 元年 冬十月 移都於熊津
  ② 文周王 3年 五月 黑龍見熊津
  ③ 三斤王 2年 佐平解仇與恩率燕信聚衆…收其妻子 斬於熊津市
  ④ 東城王 5年 夏四月 獵於熊津北
  ⑤ 東城王 13年 夏六月 熊川水漲
  ⑥ 東城王 20年 設熊津橋
  ⑦ 東城王 23年 十一月 獵於熊川北原
  ⑧ 聖王 4年 冬十月 修葺熊津城
  ⑨ 武王 28年 王欲復新羅侵奪地分 大擧兵出屯於熊津
  ⑩ 武王 31年 王幸熊津城…秋七月 王至自熊津

사료 C에서 보면 웅진(熊津)(①②③④⑥⑨⑩), 웅천(熊川)(⑤⑦), 웅진성(熊
津城)(⑧⑩) 등이 보이는데, 각각 의미에 차이가 있음을 알 수 있다. 먼저 방
어시설물을 포함한 일정 공간을 가리킬 때에는 웅진으로 기록하고 있으며,
그런 의미에서 웅진은 왕도(王都)라는 말과 통할 수 있다. 웅천은 웅진에 있
는 하천, 즉 현재의 금강을 가리키는 것으로 볼 수 있고, 웅진성은 구체적인
방어시설물, 다시 말해서 현재의 공산성(公山城)을 가리키고 있는 것이 분명
하다. 그렇다면 평지성(平地城)이 아닌 산성이라는 일부의 의혹에도 불구하
고 웅진성이 곧 웅진시대 왕궁이 있었던 곳(왕성)으로 보는 것이 자연스러워
보인다.[59] 무왕(武王)이 웅진성을 찾은 것도 그 때문인 것으로 생각된다.
  공산성 남록(南麓)에서 왕궁의 존재를 상정할 만한 시설물의 흔적이 전
혀 확인되지 않은 것도[60] 공산성이 왕성일 가능성을 높여주고 있다.

---

59) 李南奭, 앞의 주 11)의 論文, 1999, 71쪽.

〈사진 6〉
공산성 남측 조사 광경

물론 여기에는 몇 가지 해결해야 될 과제가 남아 있는 것도 사실이다.[61]
예를 들어 현재의 공산성 중 동쪽 735m만이 백제시대 때 축성된 토성이고,
나머지 1925m의 석성은 조선시대에 축성되었다. 따라서 쌍수정(雙樹亭) 앞
건물지는 결국 조선시대에 축성된 석성 내에 자리하고 있는 것이므로, 백제
시대 왕궁이 조선시대 성곽 안에 자리하고 있는 셈이 되어 모순된다. 그런
점에서 조선시대에 축성된 석성의 시축시기(始築時期)와 석성과 토성과의
관계가 좀더 분명하게 구명(究明)되어야만 쌍수정 앞 건물지가 왕궁지로
인정받을 수 있을 것이다.

두 번째는 쌍수정 앞에서 발견된 추정 왕궁지는 단 한 채의 건물로 이루
어져 있어 정청(政廳)으로는 적합해 보이지 않는다는 사실이다. 또한 규모
가 4×6칸에 불과하여 5×6칸 규모의 임류각지(臨流閣址)보다 오히려 작은
것도 문제가 아닐 수 없다.

셋째는 왕궁과 성문이 일직선으로 통하지 않는다는 점이다. 즉, 현재의

---

60) 李勳, 「公州 山城洞 住宅敷地 調査」, 『各地試掘調査報告書』, 公州大博物館, 1998, 11~72쪽.
61) 成周鐸, 「百濟 熊津城 硏究 再齣」, 『百濟의 中央과 地方』, 忠南大百濟硏究所, 1997, 312~316쪽.

추정 왕궁지는 정문인 진남루(鎭南樓)로 들어가 왼쪽으로 언덕을 오른 다음, 다시 오른쪽으로 돌아야 닿을 수 있는데, 이러한 구조를 하고 있는 왕궁지는 다른 어디에서도 찾아볼 수 없다.

이렇게 웅진시대 백제 왕성의 위치를 해명하기 위해서는 앞으로 해결해야 할 몇 가지 과제가 남아 있는 것이 사실이지만, 공산성 밖에서 아직까지 왕궁지로 볼 만한 유적이 발견된 바 없기 때문에 공산성이 왕성이라는 주장을 쉽게 부정할 수 없을 것으로 믿는다.

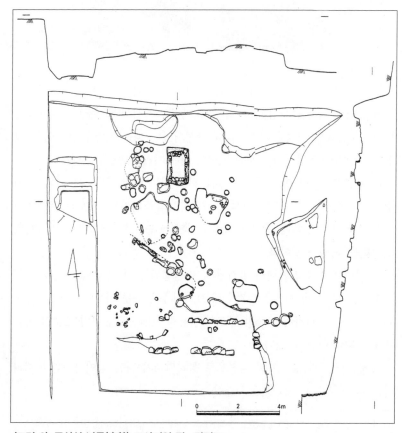

〈도면 8〉 공산성 남록(南麓) 조사지역 평·단면도

3. 웅진성의 축조 시기

(1) 기존 견해의 검토

웅진성은 웅진왕도(熊津王都)를 이루는 여러 요소 중에서 가장 핵심적인 요소이기 때문에 그 축조 시기에 대해 일찍부터 관심을 가져왔다. 그러한 관심은 특히 1980년대 이후 공산성에 대한 조사가 본격화되면서 더욱 활기를 띠었다.

사실 일제강점기에만 해도 공산성에 대해서는 그것이 백제시대에 축성된 성곽이라는 소박한 지식에 머물러 있었기 때문에 그 축성 시기를 확인하기는 현실적으로 불가능하였다. 1910년대 중반까지만 해도 이것이 백제 웅진성이라는 사실에 의문을 갖기조차 하였기 때문이다.[62] 그 뒤 성 내에서 백제시대 유물이 발견됨으로써 비로소 공산성이 백제시대 유적임이 확인되었고,[63] 아울러 성 내에서 발견된 굴립주(掘立柱) 건물지와 초석을 통해 축조 시기를 웅진시대로 추론해 보는 정도에 불과하였다.[64]

그런데 1980년대 들어 공산성에 대한 조사가 본격화되면서 축성 시기에 대한 새로운 견해들이 제시되었다. 백제가 웅진으로 천도하기 이전에 공산성이 축성되었을 것이라는 주장도 그 중 하나다.[65] 물론 여기에 어떤 뚜렷한 증거가 있는 것은 아니다. 다만 백제가 위급한 상황에 천도가 이루어진 만큼 웅진지역에 일정한 군사시설이 갖추어져 있었을 것이라는 점과 『삼국사기(三國史記)』에 천도 이후 많은 축성 기사가 나오지만 정작 웅진성의 축성 기사는 보이지 않는다는 사실 때문이었다.

이러한 견해는 어느 정도 개연성(蓋然性)을 인정할 수 있기는 하지만 의

---

62) 輕部慈恩, 앞의 주 3)의 책, 1971, 19쪽.
63) 關野貞, 『朝鮮の建築と藝術』, 1941.
64) 輕部慈恩, 앞의 주 25)의 책, 1946, 74~80쪽.
65) 安承周, 앞의 주 14)의 報告書, 1982, 19~20쪽.

문이 전혀 없는 것도 아니다. 예를 들어 천도 이전에 공산성이 축성되었다면 그러한 공산성을 축성한 주체는 누구인지, 그리고 공주에 이렇게 큰 성곽을 축성한 목적 또한 무엇인지가 의문시되지 않을 수 없다.[66]

공산성은 앞서 설명한 대로 몽촌토성(夢村土城), 부소산성(扶蘇山城) 등과 같은 규모다. 이렇게 왕성(王城)과 같은 규모의 큰 성곽을 일개 지방세력이 축성할 수는 없었을 것이다. 삼국시대에 그러한 지방세력이 있었다고 보기는 어렵기 때문이다.[67] 지방세력이 아닌 중앙세력이 축성했다 하더라도 왕성과 비슷한 규모의 성곽을 공주에 축성한 이유가 밝혀지지 않는 한 납득하기 어렵기는 마찬가지다. 공산성이 단순한 산성이 아닌 이유가 여기에 있다.

천도 이후 웅진성에 대한 축성 기록이 보이지 않는다는 주장 역시 그대로 따르기에 주저된다. 사비도성(泗沘都城)에 대한 축성 기사 역시 사료에는 전혀 보이지 않기 때문이다.[68] 다시 말해서 기록에 보이지 않는 다는 것이 곧 공산성이 한성시대에 축성되었음을 의미하는 것은 아니라고 생각된다.

이러한 문제점을 인식했음인지 천도 이전에는 공산성 동쪽의 광복루(光復樓)를 중심으로 한 소규모 테뫼식산성만 있다가 천도 후에 이것이 확대되어 현재의 공산성과 같은 형태가 되었다는 주장이 최근에 제시되었다.[69] 그런가 하면 공산성 동쪽 외성벽(外城壁) 아래에서 발견된 옹관묘(甕棺墓)를 근거로 공산성 성벽은 6세기 이후에 축성되었고, 그것도 그 때 축성된

66) 兪元載, 앞의 주 11), 1993, 65쪽.

67) 이와 관련하여 榮山江流域의 소위 大形甕棺墓遺蹟을 들어 백제 왕권과 버금가는 지방세력의 존재를 상정하는 견해도 있지만 이미 밝혀진 바와 같이 이 大形甕棺墓라고 하는 것은 축조 방법이 일반적인 무덤과 전혀 다른 것으로 외관상의 규모만 가지고 그 피장자의 정치적인 힘이나 신분을 상정하는 것은 유적을 잘못 이해한 데서 오는 오해일 뿐이다(姜仁求,『三國時代墳丘墓硏究』嶺南大出版部, 1984, 75~80쪽).

68) 이와 달리『三國史記』,「百濟本紀」東城王 8년(486) 7월조 기록에 보이는 牛頭城("重修宮室 築牛頭城")을 扶蘇山城으로 보는 견해도 있다(沈正輔,「百濟 泗沘都城의 築造時期에 대하여」,『사비도성과 백제의 성곽』, 서경문화사, 2000, 93~95쪽).

69) 兪元載, 앞의 주 11)의 論文, 1993, 65~66쪽.

것은 광복루(光復樓) 주변의 테뫼식산성 뿐이라는 주장도 제기되었다.[70]

이 두 주장은 단순히 축성 시기에 대한 차이로 비쳐지지만 사실은 복합식산성에 대한 인식의 차이에서 비롯되었다. 공산성이 천도 이전의 테뫼식산성과 천도 이후 확대된 포곡식산성(包谷式山城)이 결합된 복합식산성(複合式山城)이라는 것이 전자의 주장이고, 웅진시대에는 복합식산성이 출현할 수 없다는 것이 후자의 주장이다. 전자에 의하면 공산성은 복합식산성이 분명하지만 후자에 의하면 반대로 복합식산성이 될 수 없게 된다.

사실 그 동안 백제산성으로 인식되어 왔던 복합식산성[71]은 그 자체 성립하기 어려운 형식이다.[72] 부여 부소산성(扶蘇山城)[73]이나 서천 건지산성(乾芝山城)[74]에서 확인된 바와 같이 테뫼식산성과 포곡식산성이 결합되었을 경우, 두 성곽은 동일한 시기에 기능한 것이 아니라 시기적인 선후 관계가 분명하기 때문이다. 실제로 공산성에서도 복합식산성(複合式山城)임을 입증할 만한 흔적은 전혀 확인된 바 없다. 그런 점에서 공산성 동쪽의 토성벽을 '외성벽(外城壁)'이나 '이중성벽(二重城壁)'이라고 부르는 것도 사실과는 다른 것이다. 안팎의 성벽이 동일 시기에 기능했던 것이 아니기 때문이다.[75]

그렇다고 후자의 주장을 그대로 수용하기는 더욱 어렵다. 공산성 동쪽에 남아 있는 735m의 토성벽(土城壁)만이 백제시대에 축성된 것이고,[76] 현재

---

70) 成周鐸, 앞의 주 11)의 論文, 1997, 298쪽.

71) 尹武炳・成周鐸, 「百濟山城의 新類型」, 『百濟研究』 8, 忠南大百濟研究所, 1977, 9~31쪽.

72) 徐程錫, 「忠南地域의 百濟山城에 關한 一研究」, 『百濟文化』 22輯, 公州大百濟文化研究所, 1992, 136쪽의 주 141).

73) 金容民, 「扶蘇山城 城壁 築造技法 및 變遷에 대한 考察」, 『韓國上古史學報』 26, 1997, 89~119쪽.

74) (財)忠淸埋藏文化財研究院, 『乾芝山城』, 1998.

75) 현재 복원된 公山城의 동벽과 그 바깥쪽에 있는 '外城壁'이 서로 다른 시기에 축성된 것임은 양 성벽의 관계를 통해서도 쉽게 알 수 있으며, 실제로 현재 복원된 東壁(內城壁)의 조사시 확인된 水口는 外城壁의 존재를 무시하고 만들어진 것임이 확인되었다(安承周・李南奭, 『公山城 城址 發掘調査報告書』, 公州大博物館, 1990, 87쪽).

76) 여기에서 보이는 735m란 수치가 어떻게 해서 도출된 것인지는 알 수 없다. 원래 이 수치는 현재의 公山城 동벽과 그 바깥쪽의 '外城壁' 등 土城으로 되어 있는 부분의 총 길이를 말하는 것이었다(安承周, 앞의 주 14)의 報告書, 1982, 27쪽). 따라서 이 부분을 지칭하는 것이라면

의 공산성은 조선시대 성벽이라는 주장인데, 그렇게 되면 사료 A-⑤를 설명할 수 없다. 사료에서 보듯이 적어도 사비시대에는 '방일리반(方一里半)' 크기의 웅진성(熊津城)이 완성되어 있었던 것이 분명하다. 그 크기는 대체로 2480m 정도로 생각되는데,[77] 그렇다면 적어도 사비시대에는 현재의 공산성이 축성되어 있었다고 보아야 할 것이다.

또한 성벽 하단에서 발견된 옹관묘(甕棺墓)를 근거로 735m의 토성벽(土城壁)조차 사비시대에 축성된 것으로 보고 있는데, 그렇게 되면 사료 C-⑧의 '수즙웅진성(修茸熊津城)'을 설명하기 어렵다. 뿐만 아니라 동쪽 토성벽(土城壁)만 백제 성벽으로 인정할 경우, 공산성 내에서 지금까지 발견된 백제유적은 결국 성곽 밖에 있었던 셈이 되므로 이 또한 납득하기 어렵다.

결국, 개연성(蓋然性)이 전혀 없는 것은 아니지만 공산성의 축성 시기를 천도 이전으로 볼 근거는 어디에서도 찾아볼 수 없다. 그렇다면 천도 이후에 축성이 이루어진 것으로 보는 것이 자연스러워 보인다.

(2) 시축 시기(始築時期)의 검토

공산성이 천도 이후에 축성되었을 가능성이 높다고 생각하는 것은 웅진 지역의 입지조건이 풍수지리(風水地理)를 고려한 결과처럼 보여지기 때문[78]이기도 하다. 다시 말해서 공주와 남경(南京)은 수류(水流)와 내룡(來龍)의 방향은 다르지만 같은 형국(形局)이라고 할 수 있는데, 그런 점에서 천험적

이것은 하나의 독립된 土城이 될 수 없다. 光復樓가 있는 公山 정상부를 중심으로 테뫼식으로 에워싸든지 公山 정상부에서 中腹에 걸쳐 삼태기식으로 축성하든지 해야 성벽이 될 수 있는 것이지, 公山의 南麓에서 南斜面에 이르는 공간을 성벽으로 축성하는 예는 없다. 따라서, 일단은 外城壁에서 公山 北斜面에 이르기까지 테뫼식으로 에워싼 성벽을 상정하는 것으로 이해하고자 하나 둘레가 735m라는 것부터가 확실하지 않다.

77) 徐程錫, 앞의 주 52)의 論文, 2000, 52쪽.

78) 姜仁求, 「中國墓制가 武寧王陵에 미친 影響」, 『百濟研究』10輯, 忠南大百濟研究所, 1979, 101~106쪽.

(天險的)인 요새(要塞) 이외에 풍수지리적인 측면도 도읍지 선정에 고려되었을 가능성이 크다. 그렇다면 한성이 함락된 후 천도지(遷都地)를 물색하는 과정에서 웅진이 갖는 지정학적인 특성이 부각되어 새 도읍지로 선정되었을 가능성이 커 보인다.

그럼 좀더 구체적으로 공산성이 축조된 시기는 언제로 볼 수 있을까. 이에 대해 명확하게 답변해 줄 만한 자료는 없지만, 고고학적 자료와 문헌기록을 통해 어느 정도 그 시기를 추정해 볼 수 있을 듯하다.

공산성 성벽에 대한 조사는 극히 일부만 진행되어 전체 성벽의 축조 시기를 확인할 만한 단서를 찾지 못하였다. 현재 석성으로 남아 있는 구간이 백제시대 성벽이 아니라 조선시대 것이라는 주장[79]도 이러한 문제 때문에 제기된 것이다. 다만, 토성벽(土城壁) 조사시 성벽의 아래쪽에서 옹관묘 1기가 발견되어 옹관묘 조성 이후에 축성이 이루어진 것은 분명해졌다.[80] 또한, 사료 C-⑧에 보이는 웅진성 수즙(修葺) 기록을 참고해 볼 때 성왕(聖王) 4년 이전에 웅진성이 축성되어 있었던 것도 분명해 보인다. 따라서, 옹관묘 조성 이후 성왕 4년(526년) 사이에 축성이 이루어진 것으로 좁혀볼 수 있다.

성벽 하단에서 발견된 옹관묘와 비슷한 형태의 옹관은 미사리(渼沙里),[81] 논산 표정리(表井里) 13호분 옹관묘,[82] 김제 장흥리(長興里) 옹관묘,[83] 천안 두정동(斗井洞)유적[84] 몽촌토성(夢村土城), 등지에서 출토되고 있는데, 미사리에서 출토된 것은 대체로 4세기 중엽을 전후한 시기,[85] 표정리 13호분은 4세기 말,[86] 김제 장흥리의 옹관묘는 3~4세기,[87] 천안 두정동유적은 4세기

---

79) 成周鐸, 앞의 주 11), 1997, 298쪽.

80) 安承周·李南奭, 앞의 주 16)의 報告書, 1990, 81~84쪽.

81) 林炳泰 外, 『渼沙里』第 3卷(崇實大博物館 篇), 1994, 276쪽.

82) 安承周·李南奭, 『論山 表井里 百濟古墳群 發掘調査報告書』, 百濟文化開發研究院, 1988, 115쪽.

83) 崔完奎 外, 『沃溝 將相里 百濟古墳群 發掘調査報告書』, 百濟文化開發研究院, 1992.

84) 李南奭·徐程錫, 『斗井洞遺蹟』, 公州大學校博物館, 2000, 262쪽.

85) 金武重, 「Ⅴ. 考察(4. 百濟)」, 『渼沙里』3卷, 崇實大博物館, 1994, 396~397쪽.

86) 李南奭, 「百濟 竪穴式 石室墳 研究」, 『百濟論叢』4輯, 百濟文化開發研究院, 1994, 292쪽.

〈사진 7〉 공산성 토성벽 하단 옹관묘 노출 광경 　　　〈사진 8〉 공산성 토성벽 하단 출토 옹관

중엽[88] 등으로 편년되고 있어 어느 것이 되었든 5세기 중엽 이전으로 보고
있다.[89] 이러한 옹관묘는 적어도 6세기 이후가 되면 장란형(長卵形)의 옹관
이 호형(壺形)으로 바뀌면서[90] 호관묘(壺棺墓)로 자리하게 되기 때문이다.[91]

외성벽(外城壁) 하단에서 출토된 옹관은 미사리나 두정동, 표정리에서 출
토된 것보다 후행하는 형식이 분명한 만큼 대체로 4세기 말에서 5세기 전
반에 해당되는 것으로 생각된다. 그렇다면 5세기 전반에서 526년 이전의 어
느 시기에 공산성이 축성된 것으로 보아진다.

이러한 고고학적인 자료 이외에 『삼국사기』「백제본기」와「잡지(雜志)」
제사조(祭祀條)에 보이는 다음과 같은 기록도 참고할 필요가 있을 듯하다.

87) 趙由典・鄭桂玉, 「百濟 故地의 甕棺墓 硏究」, 『百濟論叢』 4輯, 百濟文化開發硏究院, 1994, 207
　　～209쪽.
88) 李南奭・徐程錫, 앞의 주 84)의 報告書, 2000, 311～314쪽.
89) 朴淳發, 「漢江流域 百濟土器의 變遷과 夢村土城의 性格에 對한 一考察」, 서울大大學院碩士學
　　位論文, 1989, 203쪽.
90) 安春培, 「韓國의 甕棺墓에 관한 硏究」, 『釜山女大論文集』 18輯, 1985, 277～283쪽.
91) 姜仁求, 「百濟 甕棺墓의 一形式 - 扶餘地方의 壺棺墓 - 」, 『百濟文化』 6輯, 公州大百濟文化硏究
　　所, 1973, 101～121쪽.

D-① 文周王 3年 春二月 重修宮室

② 古記云 溫祚王二十年春二月 設壇祠天地…牟大王 十一年 冬十月
如上行

D-①은 천도 후 처음 나타나는 궁실(宮室) 중수(重修) 기사다. 이로써 볼때 천도 직후에 궁실을 마련하였다가 이 시기에 새롭게 중수한 사실을 알수 있는데, 이 때 궁실만 중수한 것이 아니라 성벽도 함께 축성된 것으로 볼수 있지 않을까 생각된다. 앞서 설명한 대로 웅진성이 천도 후에 축성된 것이 분명하다면 천도 직후에는 궁실만 있다 이 해에 축성을 완료하고 궁실도 중수한 것이 아닐까 생각되기 때문이다. 이러한 추론이 어느 정도 인정된다면 웅진성의 축조 시기는 문주왕(文周王) 3년, 즉 477년이 될 것이다.

마찬가지로 D-②의 기사도 주목할 필요가 있다. 기록에 의하면 백제 왕들은 1월, 혹은 2월에 '사천지(祠天地)' 했음을 알 수 있는데, 그 시기로 보아왕위에 즉위한 것을 알리는 즉위의례(卽位儀禮)의 성격이 컸던 것으로 짐작된다.[92] 그런데 동성왕(東城王)의 경우에는 11년으로 되어 있고 그 시기도 10월로 나와 있다. 동성왕 때에만 예외적인[93] '사천지(祠天地)'가 이루어진 이유는 정확히 알 수 없지만 왕성의 축성을 완료한 기념으로 이루어진 것이 아닌가 생각되기도 한다.[94]

결국 지금까지의 자료로 보는 한 웅진성의 축조 시기는 문주왕 3년(477)이나 동성왕 11년(489) 무렵에 축성되었을 가능성이 커 보인다. 그러나 두시기 중 어느 쪽이 더 사실에 가까운지는 단정하기 어렵다. 도성 중에 가장

---

92) 李基東,「百濟國의 政治理念에 대한 一考察 - 특히 '周禮'主義的 정치이념과 관련하여 -」,『震檀學報』, 69, 1990 ;『百濟史研究』, 一潮閣, 1996, 166쪽.

93) 溫祚王 38년에도 10월에 "王築大壇 祠天地"의 기록이 있으나 고대국가 체제가 완성된 것으로 인식되는 古爾王 이후에는 祭天이 春正月로 통일되어 나타나고 있다(車勇杰,「百濟의 祭天祠地와 政治體制의 變化」,『韓國學報』11, 1978, 14~15쪽).

94) 이와 달리 지배질서의 혼미를 극복하려 한 것으로 보는 견해도 있다(梁起錫,『百濟 專制王權成立過程 硏究』, 檀國大大學院博士學位論文, 1990, 150~151쪽).

중요한 요소가 왕성이고, 천도 후 처음으로 '중수궁실(重修宮室)'의 기록이
나오는 것으로 보아 문주왕 3년에 축성되었을 가능성이 크다고 생각되지만
당시의 정치적 혼란을 고려하면 쉽게 단정할 수 없을 것 같다.[95]

반대로 동성왕 때에는 임류각과 연못의 조영(造營), 웅진교(熊津橋)의 가
설(架設), 산성의 축조 등과 같이 빈번히 토목공사를 일으켜 실추된 왕권을
과시하던 시기였던 만큼[96] 이 시기에 웅진성이 축성되었을 가능성을 배제할
수 없지만, 이 시기는 천도 후 15년 가까이 지난 다음이고, 동성왕 8년조에도
'중수궁실(重修宮室)'과 '대열어궁남(大閱於宮南)' 기사가 있어 쉽게 단정할
수 없게 한다. 특히 동성왕 8년부터는 왕도 주변지역에 본격적인 산성축조가
이루어지고 있다. 그렇다면 왕도 주변에 산성을 축조하는 동성왕 8년 이전에
어떤 식으로든 왕성도 축성하였다고 보는 것이 자연스러워 보인다.

4. 웅진도성의 구조

도성 연구에서 중요한 점은 왕궁의 위치나 축조방법, 규모 등이 되겠지만
더 근본적인 문제는 어떻게 시가지가 편제(編制)되어 있었는가를 밝히는
작업이다. 이러한 도성의 구조야말로 통치목표나 방향을 그대로 반영하고
있다고 생각되기 때문이다. 예를 들어 『주례(周禮)』고공기(考工記)에서 말
하는 도성의 편제 방식은 모두가 왕권의 존엄을 강조하고 길지(吉地)를 택
하여 통치자들이 자리하기 위한 것이다.[97] 또한 신분에 따른 거주 구역을

---

95) 『日本書紀』, 「雄略紀」21년條에는 "春三月 天皇聞百濟爲高麗所敗 以久麻那利賜汶洲王"이라는
  구절이 있다. 이 기사의 사료적 가치에 대해서는 더 검토가 있어야겠지만 그 시기가 文周王
  3년이라는 사실은 일단 주목해 볼 필요가 있을 듯하다. 그러나 지금으로서는 축성 시기를 단
  정할 만한 결정적인 자료가 없기 때문에 이것만 가지고 축성 시기를 文周王 3년으로 단정할
  수는 없다.

96) 梁起錫, 「百濟 歷史의 展開」, 『百濟의 彫刻과 美術』, 公州大博物館, 1992, 46쪽.

97) 楊寬 著, 尾形勇·高木智見 共譯, 『中國都城의 起源と發展』, 學生社, 1987, 204쪽.

구분함으로써 도성 내의 일정한 공간 구획을 통해 예치질서(禮治秩序)를 구현하고자 한 의미도 담겨 있다.[98]

웅진도성 내의 시가지 구조에 대해서는 기록이 전혀 남아 있지 않고, 또한 당시 시가지의 모습을 살펴볼 만한 고고학적 자료도 거의 찾아볼 수 없는 실정이다. 따라서 여기에서는 종전에 언급되어 왔던 내용들을 중심으로 왕도의 구조를 살펴보고자 한다.

(1) 나성(羅城)에 대한 검토

웅진도성과 관련하여 그 동안 가장 많이 논의되어 왔던 것이 웅진나성(熊津羅城)의 존재다. 웅진나성에 대해 처음으로 언급한 것은 가루베 지온(輕部慈恩)이었다. 그는 공산성의 동쪽 구릉에서 시작하여 옥룡리(玉龍里)의 남쪽 동산 → 대추동(大秋洞) 부근 → 성문(城門) → 남산(南山) → 수도배수지(水道配水池) → 공주중학교(公州中學校) → 월락산(月落山)으로 연결되는 것이 동나성(東羅城)이고, 서쪽은 금강교 인접지역에서 시작하여 정지산(艇止山) → 형무소(刑務所) 서쪽 → 교촌봉(校村峰) → 성문(城門) → 송산리(宋山里) 남쪽 → 화장장(火葬場) → 박산리(朴山里) → 망월산정(望月山頂) → 월락산정(月落山頂)으로 이어져 동나성과 연결된다고 보았다.[99] 아울러 이러한 나성이 통과하는 지점을 표시한 도면도 제시하였다.[100]

이러한 웅진나성(熊津羅城)에 대해서는 일부 긍정하는 견해도 있지만[101] 나성 자체를 인정한다기보다는 도성제(都城制)나 왕권의 강화과정을 설명하기 위한 방편의 하나로써 나성의 존재를 상정한 것이다. 실제로 웅진 왕

---

98) 賀業鉅 著, 成周鐸 · 姜鍾元 譯, 「中國의 古代 都城」, 『東洋都市史 속의 서울』, 서울시정개발연구원, 1994, 13쪽.

99) 輕部慈恩, 앞의 주 3)의 책, 吉川弘文館, 1971, 39~40쪽.

100) 輕部慈恩, 앞의 주 3)의 책, 1971, 圖版 12.

101) 盧重國, 『百濟 政治史 研究』, 一潮閣, 1988, 232쪽.
　　梁起錫, 『百濟 專制王權 成立過程 研究』, 檀國大大學院博士學位論文, 1990, 130쪽.

도(王都)를 에워싸는 형태의 나성의 존재는 받아들이기 어려운 실정이다.[102] 그래서 그런지 가루베 지온(輕部慈恩) 역시 도면은 제시하였지만 나성 자체의 규모라든가, 축성법, 외형적 특성 등과 같이 실제로 나성의 존재를 인정할 만한 내용들에 대해서는 별다른 설명을 하지 못하고 있다. 더구나 제시된 도면을 자세히 살펴보면 사실이 아님이 확연히 드러난다.

예를 들어, 〈도면 9〉를 보면 구(舊) 나성의 일부가 교촌봉(校村峰)의 동사면(東斜面)을 통과하는 것으로 되어 있다. 그러나 교촌봉의 동쪽이 왕도인 이상 실제로 성곽을 축성할 때 도면처럼 성벽을 축성할 수는 없다. 교촌봉의 정상부를 지나든가, 아니면 약간 서쪽으로 넘어갈 수는 있지만 도면처럼 동사면이나 동록(東麓)을 지나면 그 자체 성벽이 될 수 없는 것이다. 이러한 사실은 신(新) 나성의 송산리(宋山里) 앞을 지나는 도면 역시 마찬가지다. 동나성(東羅城)의 대추동(大秋洞) 부근도 실제로는 있을 수 없는 도면이다. 결국 도면대로라면 웅진나성은 그 자체 실제로는 존재할 수 없는 도면상의 성벽이 될 수밖에 없는 셈이다.

이렇게 나성의 존재가 의심스러운 것은 고분과 성곽과의 관련성을 설명하는 방편으로 나성의 존재를 상정했기 때문이 아닌가 생각된다. 그러나 고분과의 관계를 설명한 부분 역시 납득하기 어렵기는 마찬가지다. 가령 가루베 지온(輕部慈恩)이 예로 제시한 교촌리(校村里) 2호분과 3호분, 그리고 3호분의 배총(陪冢)으로서의 교촌리 6호분을 보면 2호분은 완성된 후 폐기되었고, 3호분은 축조하다고 중간에 중지한 것으로 보면서 이러한 현상이 빚어진 것이 바로 나성 때문이라고 하였다.[103] 즉 2호분이 완성되고, 다시 3호분을 축조하던 도중 종래의 나성을 신(新) 나성쪽으로 확대하게 되자 나

---

102) 成周鐸, 『百濟城址硏究』, 東國大大學院博士學位論文, 1984, 81쪽.
　　田中俊明, 앞의 주 12)의 論文, 1991, 403쪽.
　　兪元載, 앞의 주 13)의 論文, 1992, 36~40쪽.
　　車勇杰, 「泗沘都城의 築城史的 位置」, 『사비도성과 백제의 성곽』, 서경문화사, 2000, 64쪽.
103) 輕部慈恩, 앞의 주 3)의 책, 1971, 39~69쪽.

성 안에 놓이게 된 2호분은 이장(移葬)되었고, 3호분은 축조를 중단하였으며, 3호분의 배총(陪塚)인 6호분 역시 3호분보다 먼저 만들어졌다가 이장되어 이들이 폐고분(廢古墳)으로 남게 되었다고 보았다.

그러나 교촌리 6호분과 같은 것은 이미 시목동(柿木洞)에서 발견된 바 있는 것으로,[104] 이렇게 대판석(大板石)을 이용하여 석실을 구축하는 것은 사비시대에나 가능한 것이다.[105] 따라서, 이들을 모두 웅진시기의 것으로 보

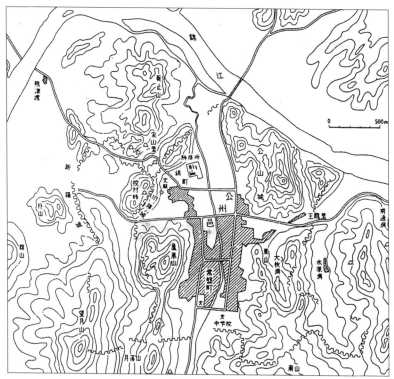

〈도면 9〉 가루베 지온(輕部慈恩)이 제시한 웅진나성도(熊津羅城圖)

104) 安承周, 「公州 百濟古墳樣式의 一例 - 長岐面 柿木洞古墳을 中心으로 - 」, 『百濟文化』 1輯, 公州師大百濟文化研究所, 1967, 7~14쪽.
105) 姜仁求, 『百濟古墳研究』, 一志社, 1977, 42~44쪽.
    李南奭, 『百濟石室墳研究』, 學研文化社, 1995, 240~249쪽.

고, 폐고분(廢古墳)으로 남아 있는 이유를 나성과의 관계에서 찾은 것은 명백한 잘못이 아닐 수 없다.

이렇게 웅진시대 나성은 실제로는 존재할 수 없는 것이다. 이러한 사실은 공주 주변에 자리하고 있는 산성의 분포를 통해서도 방증될 수 있을 듯하다. 뒤에서 다시 설명하겠지만 공주 주변에는 많은 산성이 공주 시가지를 중심으로 배치되어 있는데, 이는 경주 주변에 배치되어 있는 산성의 형태와 비교될 수 있는 것이다.[106] 따라서 이러한 산성의 분포 형태를 통해서도 웅진시대 나성의 존재는 인정하기 어려운 것으로 생각된다. 다만 공산성 동쪽 옥녀봉(玉女峰)에 둘레 800m의 토성이 남아 있는 것은 확인된 바 있다.[107]

(2) 부(部)의 편제(編制)

중국의 도성은 '면조후시(面朝後市)'라고 하여 왕성(王城)의 앞쪽(남쪽)에는 조정(朝廷 ; 행정관서(行政官署))이 들어서고, 뒤쪽(북쪽)에는 시장이 들어서며, 그 좌우에 민가가 들어서는 것이 도성 편제의 일반적인 원칙이었다.[108] 즉, 왕성은 도성의 중앙에 자리하는 것이 원칙이었다.

그러나 이러한 원칙은 조위(曹魏)의 업성(鄴城)에 이르러 변모하게 된다. 즉, 도성의 중앙에 동서로 관통하는 간선도로가 생기면서 그 북쪽은 지배자의 전용구역이 되고, 그 남쪽은 일반민들의 거주구역으로 되었다.[109] 뒤이어 출현하는 북위(北魏)의 낙양성(洛陽城)이나 수(隋)의 대흥성(大興城), 당

---

106) 朴方龍, 『新羅 都城 硏究』, 東亞大大學院博士學位論文, 1997, 5~44쪽.

107) 成周鐸, 앞의 주 11)의 論文, 1980, 179쪽.

108) 賀業鉅 著 · 尹正淑 譯, 『중국 도성제도의 이론』, 이회, 1995, 47~48쪽.
한편, 이와 달리 '面朝後市'를 시간적인 선후관계로 파악하여 도성 건설에 있어서 먼저 朝廷을 세우고, 뒤이어 市場을 만들었다는 뜻으로 이해하는 견해도 있다(福山敏男, 「『周禮』考工記の「面朝後市」說」, 『橿原考古學硏究所論集』第 7, 吉川弘文館, 1984, 1~6쪽).

109) 董鑒泓 等 編 · 成周鐸 譯註, 『中國都城發達史』, 學硏文化社, 1993, 55쪽.

(唐)의 장안성(長安城)은 모두 왕성을 북쪽에 배치하고 있다는 점에서 동일한 유형으로 볼 수 있다.

이러한 왕성의 위치 변화는 자연스럽게 도성의 구조를 변모시켰다. 도성의 구조가 방형(方形)에서 장방형(長方形)으로 변하고, 도성 내의 궁성(宮城) 역시 여러 개에서 하나로 축소되며, 그에 따라 전체 도성에서 궁성이 차지하는 면적도 좁아진다. 또한 도성의 북쪽에 자리하고 있던 시장도 남쪽으로 옮겨지게 되고, 불규칙적으로 배치되어 있던 일반민들의 거주구역 역시 '리(里)'나 '방(坊)'이 만들어지면서 좀 더 정연해진다.[110]

그러나 이러한 중국 도성제의 편제 원칙이 웅진 왕도에 그대로 적용될 수는 없을 듯하다. 우선 도성의 입지에서 중국과는 너무나도 큰 차이가 있기 때문이다. 다만 한 가지 중국 도성제의 변천을 염두에 두고 볼 때 주목되는 것은, 왕성이 도성의 북쪽에 자리할 경우 시가지의 대부분이 남쪽에 자리한다는 사실이다.

종래에 웅진 왕도는 5부제(部制)로 편제되어 있었다는 견해가 제시된 바 있다.[111] 사실 백제에서 부(部)의 존재는 이미 한성시대부터 보이고 있다.[112] 이 시기의 부는 중앙의 통치력이 미약할 때 지방 군소세력(群小勢力)의 이탈을 막고 그들을 중앙으로 흡수하기 위해 설치한 지방통치체제의 일환으로 이해할 수 있는데,[113] 이러한 부 체제하의 수장층(首長層)들이 중앙귀족으로 전환되면서 수도에 옮겨 거주하게 한 데서 수도(首都) 5부제는 시작된

---

110) 王仲殊,「中國古代都城槪說」,『考古』5期, 1982, 511~512쪽.
　　王仲殊 著 · 姜仁求 譯,『漢代考古學槪說』, 學硏文化社, 1992.
111) 盧重國, 앞의 주 101)의 책, 1988, 232~233쪽.
　　李宇泰,「百濟의 部體制」,『百濟史의 比較研究』(百濟研究叢書 3輯), 忠南大百濟研究所, 1993, 99~102쪽.
　　金英心,「百濟 支配體制의 整備와 王都 5部制」,『百濟의 地方統治』, 學硏文化社, 1998, 124~125쪽.
112)『三國史記』卷 23,「百濟本紀」, 溫祚王 31年條의 "分國內民戶爲南北部" 및 溫祚王 33年條의 "秋八月 加置東西二部"
113) 金起燮,「百濟 前期의 部에 관한 試論」,『百濟의 地方統治』, 學硏文化社, 1998, 74쪽.

것으로 생각된다.[114]

그런데 이렇게 수도 5부와 지방 5부가 병존해 있었기 때문인지 지방은 동부(東部), 서부(西部), 남부(南部), 북부(北部)로 불렸던 데 비해 수도는 상부(上部), 전부(前部), 중부(中部), 하부(下部), 후부(後部)로 칭하였다.[115] 이러한 전통은 혹치상지(黑齒常之)를 '서부인(西部人)'으로 표기하고 있는 것[116]으로 보아 백제 멸망시까지 이어졌던 것으로 생각된다. 그런 점에서 한성시대의 어느 시기부터 나타나기 시작한 수도 5부는 웅진으로 천도한 후에도 그대로 지속되었을 가능성이 크다고 생각된다.[117]

웅진시대에 수도 5부가 존재했다는 사실은 『일본서기(日本書紀)』의 기록을 통해서 엿볼 수 있다. 『일본서기』에는 516년과 534년 기록에 '전부목협불마갑배(前部木劦不麻甲背)'[118] '하부수덕적덕손(下部脩德嫡德孫)', '상부도덕기주기루(上部都德己州己婁)'[119] 등이 보이는데, 이러한 부명(部名) 관칭(冠稱) 인명(人名)의 존재는 웅진 왕도에 수도 5부제가 존재했음을 방증해 주는 것으로 믿어진다. 아울러 이 때의 수도 5부제는 한성시대와 마찬가지로 족적(族的)인 기반을 배경으로 한 것이었다고 믿어진다.[120] 당연히 이 시기에 새롭게 등장하는 신진세력들 역시 족적 기반을 바탕으로 편제되었을 것이다. 그런 점에서 웅진시대의 수도 5부는 행정구역의 성격이 강했던 사비시대의 수도 5부와는 성격이 전혀 달랐던 것으로 판단된다.

이상과 같은 추론이 성립될 수 있다면 웅진시대의 5부는 사비시대의 5부

---

114) 盧重國, 앞의 주 101)의 책, 1988, 231쪽.

115) 『周書』卷 49, 「列傳」41, 異域 上, 百濟. "治固麻城 … 都下有萬家 分爲五部曰上部 前部中部下部後部 統兵五百人"

116) 『三國史記』卷44, 「列傳」, 黑齒常之. "黑齒常之 百濟西部人"

117) 熊津時代 首都 5部의 존재를 羅城이나 武寧王陵의 벽돌에서 보이는 部銘塼을 통해 입증하는 견해도 있지만 실제로 羅城은 인정하기 어렵고, 部銘塼은 墓室을 축조하기 위한 것이다 (兪元載, 앞의 주 13)의 論文, 1994, 372~374쪽).

118) 『日本書紀』卷 17, 「繼體紀」10年條. "百濟遣前部木 不麻甲背 迎勞物部連等於己汶 …"

119) 『日本書紀』卷 18, 「安閑紀」元年條. "五月 百濟遣下部脩德嫡德孫 上部都德己州己婁等來貢常調"

120) 盧重國, 앞의 주 101)의 책, 1988, 232쪽.

〈사진 9〉
공주 시가지 전경

처럼 일정 공간에 인위적으로 편제되어 있었다기보다는 왕도 전체에 걸쳐 자연지형에 따라 분포하고 있었던 것으로 볼 수 있다.

그런 점에서 웅진교(熊津橋)의 가설(架設)을 새롭게 주목할 필요가 있을 듯하다. 웅진교 가설에 대해 『삼국사기』 권 26 동성왕(東城王) 20년조에는 '設熊津橋'라고만 되어 있어 구체적으로 어느 지역에, 어떤 목적으로 웅진교를 가설했는지가 분명하지 않다. 다만 이에 대해서 다음과 같은 추정을 해 볼 수 있지 않을까 한다.

우선, 그 위치와 관련하여 공주에서 다리가 필요한 곳이라고 한다면 현재의 금강이나 공주 시내를 남북으로 관통하는 제민천(濟民川)으로 압축해 볼 수 있을 것 같다. 그 중 어느 것이 옳은지는 알 수 없지만 금강보다는 제민천에 가설되었을 가능성이 커 보인다.[121] 금강 북쪽에서 발견된 백제시대 유적은 취리산유적(就利山遺蹟)[122]과 시목동고분군(柿木洞古墳群)[123]뿐인데 비해 나머지 대부분의 유적은 강남(江南)에 자리하고 있기 때문이다. 금강

---

121) 尹龍爀, 「백제 熊津橋에 대하여」, 『熊津文化』 7輯, 公州鄕土文化硏究會, 1994, 91~96쪽.

122) 李南奭, 『就利山』, 公州大學校博物館, 1998.

123) 安承周, 앞의 주 104)의 論文, 1967, 7~14쪽.

에 다리를 가설할 필요성이 없었던 셈이다. 또, 실제로 동성왕 때에 금강을 가로지르는 다리를 건설할 수 있었는지도 의심스럽다. 그런 점에서 금강보 다는 제민천(濟民川)에 가설되었을 가능성이 커 보인다.

이 시기에 웅진교를 가설한 목적으로는 다음과 같은 두 가지 정도를 추 정해 볼 수 있을 듯하다. 하나는 제민천에 대한 정비작업이다. 다시 말해서 다리 건설과 더불어 제민천 자체를 정비하였을 가능성이 크다고 생각된다. 『삼국사기』 권 26 동성왕 13년조에는 "夏六月 熊川水漲 漂沒王都二百餘家" 한 사건이 있었으며, 웅진교가 가설되기 바로 전 해인 동왕(同王) 19년에도 "夏六月 大雨 漂沒民屋"의 피해를 입었다. 이렇게 여름철에 자연재해가 빈 발하자 어떠한 형태로든 이에 대한 조치가 필요했을 것이다. 그래서 나타난 것이 다음 해의 '設熊津橋'가 아닌가 생각된다. 실제로 이후에는 이러한 홍 수에 의한 피해 사례가 더 이상 나타나지 않는다. 물론 홍수가 없었던 것은 아니다. 『삼국사기』 권 26, 무령왕(武寧王) 21년조에도 '夏五月 大水'가 있지 만 피해 사례는 없다. 이것은 웅진교를 가설하면서 홍수에 대한 대비책도 세웠기 때문인 것으로 생각된다.

두 번째는 현실적으로 웅진교를 가설하지 않고는 왕도를 운영해 나가기 가 곤란했으리라는 점이다. 공주는 지형적으로 제민천을 사이에 두고 시가 지가 동서로 나누어져 있다. 그런데 웅진시대 왕도는 사비도성과 달리 인위 적으로 편제된 것이 아니기 때문에 자연히 제민천을 중심으로 동서에 자연 촌락처럼 왕도가 형성되었을 가능성이 크다. 따라서 제민천을 쉽게 건널 수 있는 다리가 절실히 요구되었을 것이다. 특히 왕성인 웅진성은 제민천 동쪽 에 자리하고 있지만 민가의 대부분은 봉황동(鳳凰洞), 반죽동(班竹洞), 교동 (校洞) 등이 있는 제민천(濟民川) 서쪽에 자리하고 있었을 가능성이 높다. 성왕 때 세웠다는 대통사(大通寺)가 제민천 서쪽에 자리하고 있는 것[124]도 그런 이유 때문일지 모른다. 그렇다면 효율적인 왕도를 운영하기 위해서라

---

124) 輕部慈恩, 『百濟美術』, 寶雲舍, 1946, 94~97쪽.

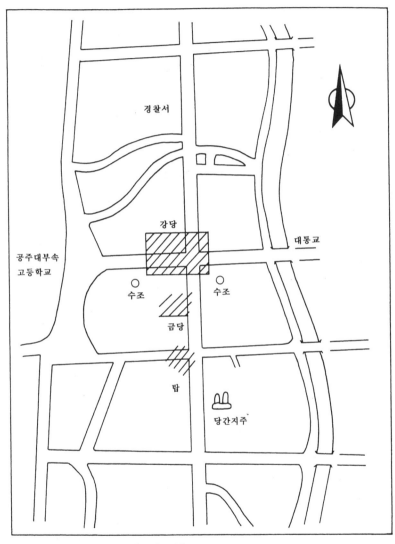

〈도면 10〉 대통사지(大通寺址) 실측도[125]

---

125) 輕部慈恩,『百濟美術』, 寶雲舍, 1946, 95쪽.

도 제민천을 건너는 다리가 절실했을 것이다. 그런 점에서 웅진교의 위치 또한 대통사지 주변이었을 가능성이 크다고 생각된다.

이렇게 웅진교의 가설은 그 위치나 목적을 정확히 알 수 없기는 하지만, 일정한 기준 없이 제민천에 의해 동서로 나뉘어져 있던 웅진 왕도를 보다 효율적으로 운영하기 위해 취해진 조치로 생각된다.

주지하듯이 웅진교를 가설한 동성왕대는 천도 후의 후유증과 혼란을 극복한 시기로, 웅진교를 가설하기에 앞서 재위 8년에 우두성(牛頭城), 12년에 소현성(沙峴城)·이산성(耳山城)을 축성하였으며, 웅진교를 가설하던 해에도 사정성(沙井城)을 쌓는 등 도성 방비체제(防備體制)에 심혈을 기울이던 시기였다. 이러한 조치로 웅진성은 행정의 중심지이자 관방의 요충지이고, 교통의 요지로서의 기능을 미흡하게나마 할 수 있게 되었다.[126] 그렇다면 웅진교의 가설은 이러한 도성 방비체제와 짝하여 효율적인 왕도 통치를 위한 조치의 일환이었다고 봐도 큰 문제는 아닐 것이다.[127]

5. 웅진도성의 방비체제

(1) 공주지역 산성 현황

웅진으로의 천도가 고구려의 침공에 의해 이루어진 만큼 천도 후 백제가 수도 방비체제에 많은 관심을 기울였으리라는 것은 쉽게 짐작하고도 남음이 있다. 새로운 수도로 웅진이 선정된 것부터가 천험지리(天險地利)를 중시한 것으로 생각된다. 적어도 수도가 갖추어야 할 조건[128] 중 '토양비미(土

---

126) 梁起錫, 『百濟 專制王權 成立過程 硏究』, 檀國大大學院博士學位論文, 1990, 129~130쪽.
127) 그런 점에서 東城王 때 있었던 泗沘 田獵을 곧바로 泗沘 遷都와 연결시키는 것은 한번쯤 再考할 필요가 있는 것으로 생각한다. 이에 대해서는 泗沘都城에 대한 설명을 통해 재차 확인될 것이다.

壤肥美)'는 공주와 무관해 보이기 때문이다. 앞서 소개한 동성왕대의 축성
도 이러한 분위기 속에서 이해할 수 있을 것이다.

공주지역에는 현재 〈표2〉에서 보는 바와 같이 대소 20여 개소의 산성이
분포하고 있다. 그런데 그 중에는 실제로 유적을 확인할 수 없는 것도 있다.

〈표 2〉 공주지역 산성 현황표

번호	遺蹟名	遺蹟의 位置	높이(해발)	城周(m)	築城材料	비 고
1	廣亭里山城	正安面 廣亭里	80m	380	石城	
2	茂盛山城	牛城面 韓川里	613m	525	石城	
3	新豊山城	新豊面 山亭里	110m	350	石城(?)	
4	五仁里山城	儀堂面 五仁里	120m	400	石城	
5	栗亭里山城	儀堂面 栗亭里	194m	416	土城	
6	松亭里山城	長岐面 松亭里	180m	500	石城	
7	坪基里土城	長岐面 坪基里	20m	350(?)	土城(?)	성벽 실견 불능
8	隱龍里山城	長岐面 隱龍里	140m	(?)	土城(?)	성벽 실견 불능
9	隱龍里山城(Ⅱ)	長岐面 隱龍里	355m	200	土城	
10	鳳谷里山城	反浦面 鳳谷里	350m	100(?)	石城(?)	성벽 불확실
11	中壯里山城	鷄龍面 中壯里	160m	510	石城	
12	陽化山城	鷄龍面 敬天里	140m	484	石城	
13	利仁山城	利仁面 龍城里	230m	494	石城	
14	龍城里山城	利仁面 龍城里	20m	322	土城	
15	萬樹里山城	利仁面 萬樹里	160m	300(?)	土城(?)	성벽 실견 불능
16	玉城里土城	牛城面 玉城里	50m	120	土城	
17	丹芝里土城	牛城面 丹芝里	120m	430	土城(?)	
18	韓山城	公州市 熊津洞	121m	100	土城	
19	玉女峰山城	公州市 玉龍洞	60m	870	土城	
20	水村里土城	儀堂面 水村里	35m	400(?)	土城	

---

128)『三國史記』卷 23,「百濟本紀」의 溫祚王 卽位年條에는 河南慰禮城을 도읍지로 선정한 이유
　　로 '南望沃澤', '天險地利'를 들고 있고, 같은 책 卷 13,「高句麗本紀」, 東明聖王 卽位年條에는
　　'土壤肥美', '山河險固'를 도읍지의 조건으로 꼽고 있다.

따라서 여기에서는 실제로 확인할 수 있는 성곽을 중심으로 그 현황을 간
단히 살펴보고,[129] 이러한 산성의 배치를 통해서 본 수도 방비체제를 확인
해 보고자 한다.

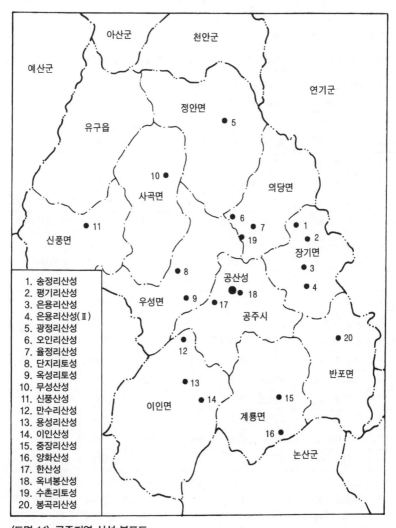

1. 송정리산성
2. 평기리산성
3. 은용리산성
4. 은용리산성(Ⅱ)
5. 광정리산성
6. 오인리산성
7. 율정리산성
8. 단지리토성
9. 옥성리토성
10. 무성산성
11. 신풍산성
12. 만수리산성
13. 용성리산성
14. 이인산성
15. 중장리산성
16. 양화산성
17. 한산성
18. 옥녀봉산성
19. 수촌리토성
20. 봉곡리산성

〈도면 11〉 공주지역 산성 분포도

<사진 10>
양화산성 근경

1) 양화산성(陽化山城)

이 산성은 계룡면(鷄龍面) 경천리(敬天里)의 성재산에 자리하고 있다. 산성이 자리한 성재산은 표고 140m로 그다지 높지 않은 편이지만 주변에 넓은 평야가 펼쳐져 있어 성에 오르면 주변지역이 한눈에 들어온다. 특히 서남쪽 4㎞ 거리에는 논산의 노성산성(魯城山城)이 훤히 건너다보인다.

이 산성에 대해서는 『신증동국여지승람(新增東國輿地勝覽)』에 "陽化山城 在州南四十里 石築周一千一 三尺 內有一井今廢"[130]라고 되어 있다. 조선 초기에 이미 폐성(廢城)된 것으로 보아 적어도 고려시대 이전에 축성된 것임을 알 수 있다. 실제로 양화산성의 입지와 규모는 일반적인 삼국시대 산성의 그것과 부합되는 면이 있다.[131]

129) 공주지역의 산성 현황에 대해서는 다음과 같은 자료를 참고할 수 있다.
　　忠南大百濟硏究所,「公州郡管內 古代 山城址 分布調査」,『百濟硏究』10輯, 1979, 279~294쪽.
　　百濟文化開發硏究院,『忠南地域의 文化遺蹟』(第 2輯 公州郡 篇), 1988, 215~242쪽.
　　忠淸南道,『文化遺蹟總覽』(城郭 官衙篇), 1991, 27~31쪽 및 84~100쪽.
　　兪元載,「熊津都城의 防備體制에 대하여」,『忠南史學』1輯, 1986.
　　서정석,「공주지역의 산성 연구」,『공주의 역사와 문화』, 공주대박물관, 1995, 178~193쪽.
130) 『新增東國輿地勝覽』,「公州牧」, 古跡條.
131) 徐程錫,「牙山地域의 山城」,『滄海朴秉國敎授停年紀念史學論叢』, 1994, 229~261쪽.

<사진 11>
양화산성 내 우물

　성의 둘레는 484m이며, 일부 협축식(夾築式)으로 축성한 구간도 있지만 대부분의 성벽은 편축식(片築式)으로 축성하고 있다. 성벽은 완전히 붕괴되고 뒤채움한 석재들만 남아 있어 자세한 축성법은 알 수 없다. 다만 남아 있는 성벽의 잔존 상태로 보아 원래 성벽의 높이는 3m 이상 되었던 것으로 생각된다.

　성 내에는 건물지와 석축으로 조성된 우물 1개소가 남아 있다. 유물로는 토기편, 자기편(磁器片), 와편(瓦片) 등을 쉽게 찾아볼 수 있는데, 그 중에서도 백제시대 유물이 가장 많이 발견된다.

2) 중장리산성(中壯里山城)

　계룡면(鷄龍面) 중장리(中壯里)에 자리하고 있는 산성이다. 표고 160m의 테뫼산 정상에 자리하고 있는데, 전체 둘레는 510m다.

　성벽이 이미 완전히 붕괴되어 마치 토성처럼 남아 있지만 성벽 아래쪽에 붕괴된 성돌이 쌓여 있는 것으로 보아 원래는 석성임을 알 수 있다. 성벽은

李南奭, 「天安 白石洞土城의 檢討」, 『韓國上古史學報』 28, 1998, 75~93쪽.

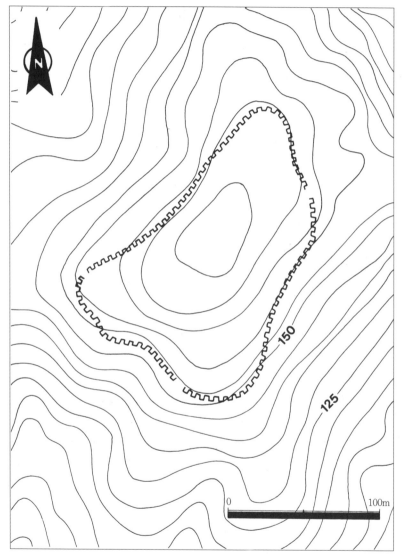

〈도면 12〉 중장리산성 평면도

〈사진 12〉
중장리산성 출토 유물

일부 협축식(夾築式)으로 축성한 구간도 있지만 대부분은 편축식(片築式)으로 축성하였다.

부대시설로는 성문과 건물지, 우물지 등을 들 수 있다. 성문은 북쪽에서 확인되는데, 성벽이 약 3m 정도 절단되어 있다. 평문식(平門式) 형태의 성문이 있었던 것으로 짐작된다. 남벽쪽에 현재 통행로로 사용하고 있는 곳도 성문이었을 가능성이 높다. 건물지는 성 내 곳곳에 평탄면이 조성되어 있어 쉽게 확인된다. 우물지는 정상부에 1기가 남아 있다.

성내에서는 토기편과 기와편을 쉽게 찾아볼 수 있는데, 대부분이 삼국시대에 제작된 것이다. 특히 기와편은 모골(模骨)의 흔적이 뚜렷하고, 측면을 와도(瓦刀)로 2~3회에 걸쳐 매끄럽게 처리하는 등 백제기와의 특징을 잘 보여주고 있다.

〈사진 13〉
단지리 토성 동벽

3) 단지리토성(丹芝里土城)

우성면(牛城面) 동대리(銅大里)와 단지리(丹芝里) 사이에 솟아 있는 표고 120m의 성재산 정상부에 자리하고 있는 토성이다. 산 정상부 가까이에 테뫼식으로 축성되어 있는데, 남아 있는 형태는 토성이지만 석성일 가능성도 있다.

성곽의 전체적인 평면 형태는 말각 장방형, 내지는 타원형의 형태를 하고 있으며, 전체 성벽의 둘레는 433m다. 성벽의 대부분이 붕괴된 상태지만 편축식(片築式)의 형태를 하고 있음을 알 수 있다. 성벽은 자연지형을 잘 이용하면서 축성되었기 때문에 성벽의 높이는 그다지 높지 않으나 성벽에 접근하기가 매우 어렵게 되어 있다.

부대시설로는 건물지와 우물지가 있다. 성벽이 편축식으로 축성되어 건물지로 보이는 평탄면이 성 내 곳곳에 남아 있다. 우물지는 정상부에서 약간 북쪽으로 치우친 곳에 자리하고 있는데, 직경 1m 크기의 원형 우물을 석축으로 축조하여 만들었다.

성 내에서는 토기편과 기와편을 쉽게 찾아 볼 수 있다. 여기에서 발견되는 유물들도 대부분이 백제시대의 것이어서 축성시기를 짐작케 한다.

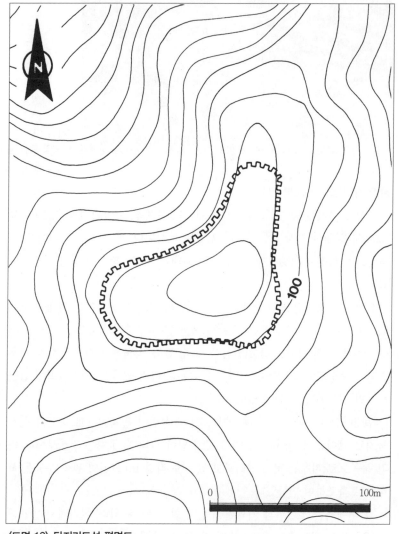

〈도면 13〉 단지리토성 평면도

4) 무성산성(茂盛山城)

우성면(牛城面)과 사곡면(寺谷面) 사이에 솟아 있는 표고 614m의 무성산(茂盛山) 정상부에 자리하고 있는 석성이다. 전체적인 평면 형태는 장방형을 하고 있다. 전체 둘레가 525m로, 크기는 공주지역에 남아 있는 다른 산성과 별 차이가 없지만 특별히 방형의 치성(雉城)이 5개소 남아 있다. 성벽은 협축식(夾築式)으로 쌓아 올렸는데, 높이가 4m 이상 되었던 것으로 생각된다.

부대시설로는 문지와 건물지, 치성(雉城) 등을 들 수 있다. 문지는 동·

〈사진 14〉
무성산성 성벽 1

〈사진 15〉
무성산성 성벽 2

서·남에서 확인되는데, 성벽이 3m 정도 절단된 평문식(平門式)의 형태를 하고 있다. 건물지는 동문지 주변에서 확인되며, 치성(雉城)은 7×6m 크기로 방형에 가까운 형태를 하고 있다. 유물은 거의 찾아볼 수 없다.

5) 오인리산성(五仁里山城)

의당면(儀堂面)과 우성면(牛城面) 사이에 있는 표고 120m의 성재산 정상부에 자리하고 있는 석성이다. 종래에는 상룡리산성(上龍里山城)[132]으로 알

〈사진 16〉
오인리산성 성벽

〈사진 17〉
오인리산성 수습유물

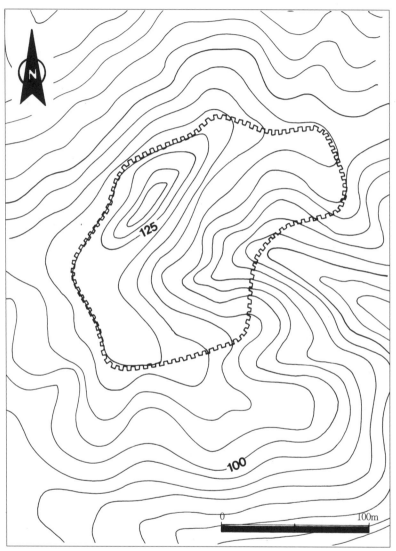

〈도판 14〉 오인리산성 평면도

---

132) 百濟文化開發研究院, 『忠南地域의 文化遺蹟』(第2輯 公州郡 篇), 1988, 224~225쪽.

려져 있었던 것이다. 성벽은 대부분 이미 완전히 붕괴되어 석성이라는 사실만 확인할 수 있을 뿐이다. 전체 성벽의 둘레는 424m다.

성벽은 이미 대부분이 완전히 붕괴된 상태지만 편축식으로 축성한 것임을 알 수 있다. 남쪽과 북쪽에 솟아있는 두 개의 봉우리를 에워싸면서 성벽이 축성된 관계로 전체적인 평면형태는 'ᄋ' 형태처럼 되어 있다. 또한, 자연지형을 적절히 이용하여 축성한 관계로 동쪽이 낮고 서쪽이 높게 되어 있다.

부대시설로는 건물지와 망루지(望樓址)를 확인할 수 있다. 건물지는 성 내 곳곳에 남아 있다. 망루지는 남쪽 봉우리의 정상부에 남아 있는데, 이곳이 망루지인지는 확실하지 않지만 봉우리 정상부가 평탄하게 조성되어 있어 망루지로 판단한 것이다.

유물은 성 내 곳곳에서 기와편과 토기편을 찾아볼 수 있는데, 대부분이 백제시대 것이다. 특히 이곳에서는 백제 연화문와당(蓮花文瓦當) 2점을 수습한 바 있다.[133]

6) 광정리산성(廣亭里山城)

공주에서 천안으로 통하는 국도변에 자리하고 있는 산성이다. 역시 석성으로 축성되었으며, 전체 둘레는 450m에 이른다. 성벽은 대부분이 붕괴되어 성벽이 통과하는 지점만을 겨우 확인할 수 있는 정도인데, 일부 협축식(夾築式)으로 쌓은 곳도 있지만 대부분의 성벽은 편축식으로 축성하였다.

부대시설로는 문지와 건물지를 들 수 있다. 문지는 2개소에서 확인되는데, 성벽이 3m 정도 절단된 평문식(平門式)의 구조다. 건물지는 성 내 곳곳에 남아 있으며, 일부는 밭으로 경작되고 있다.

지표상에서는 기와편과 토기편을 수습할 수 있는데, 백제시대에 제작된 것도 섞여 있어 축성 시기를 말해주고 있다.

---

133) 百濟文化開發研究院, 위의 주 132)의 책, 1988, 225쪽 및 241쪽의 사진 77.

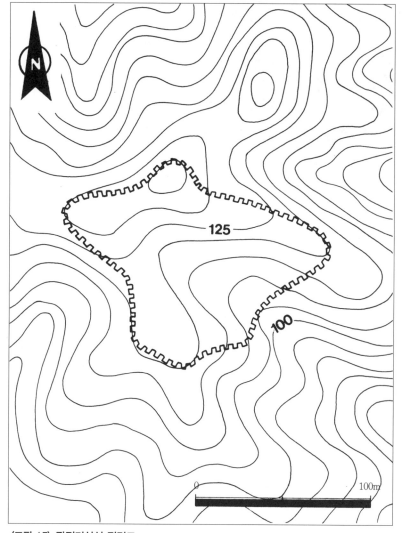

〈도판 15〉 광정리산성 평면도

7) 율정리산성(栗亭里山城)

의당면(儀堂面) 율정리(栗亭里) 월봉 마을 뒤쪽에 솟아 있는 표고 192m의 성재산 정상부에 자리하고 있는 토성이다. 성에 오르면 서쪽으로 오인리산성(五仁里山城)·무성산성(茂盛山城)이 눈에 들어오고, 남쪽으로는 수촌리토성(水村里土城), 그리고 동쪽으로는 송정리산성(松亭里山城)이 건너다 보인다.

성벽은 대부분이 붕괴되었으며, 흔적만 희미하게 남아 있다. 성곽의 전체적인 평면형태는 장방형의 형태를 하고 있다. 전체 성벽의 둘레는 약 400m에 이른다.

부대시설로는 성문과 건물지가 남아 있다. 성문은 흔적이 뚜렷하지 못하지만 건물지는 성 내 곳곳에서 발견된다. 성내에서 유물은 좀처럼 찾아보기 어렵다.

8) 은용리산성(隱龍里山城)

공주의 동쪽에 해당되는 장기면(長岐面) 은용리(隱龍里)에 있는 토축 산성이다. 산 정상부에 자리한 테뫼식산성으로 성벽의 전체 둘레는 약 200m

에 불과하다.

성벽은 자연지형을 적절히 이용하면서 축성되었으나 대부분이 붕괴되고 일부만 남아 있다. 남아 있는 성벽을 통해서 볼 때 성벽은 전체를 순수 토축으로 축조한 것으로 생각된다. 전체적인 평면형태는 타원형이다.

성벽의 대부분이 붕괴되어서 그런지 성 문이나 건물지 등과 같은 부대시설은 찾아보기 어렵다. 성벽이 붕괴되면서 성 문도 매몰된 것으로 생각된다. 유물도 전혀 확인할 수 없었다.

9) 수촌리토성(水村里土城)

의당면(儀堂面) 수촌리(水村里)에 자리하고 있는 토성으로 공주지역에 있는 성곽 중 공산성(公山城)을 제외하고는 유일하게 발굴조사가 이루어진 곳이다.[134] 성곽은 표고 35m의 매우 나지막한 구릉 정상부에 자리하고 있어 입지조건에서 다른 산성과 차이가 있다.

성벽은 전체를 판축하여 축성한 토성으로 잔존 높이는 5m 내외이며, 전체 둘레는 400m 정도로 추정된다. 성벽 바깥쪽에 치성(雉城)의 흔적이 남아 있는 것이 확인되었는데, 치성은 길이 13m, 너비 12m, 높이 5m 내외의 크기를 하고 있었다. 성벽이 통과하는 지점 안팎으로 석재를 깔고, 그 안을 판축하여 성벽을 축조한 다음, 다시 그 바깥쪽으로 치성을 축조한 것이다. 치성을 조사하는 과정에서 토기편, 금속기, 도자편(刀子片) 등이 출토되었다.

(2) 공주지역 산성의 의미

1) 산성과 수도 방비체제

지금까지 웅진시대 백제의 수도 방비체제를 살펴볼 경우, 공주지역에 남

---

134) 신영호, 「公州 水村里土城 發掘調査 槪報」, 『박물관신문』, 1997.
    국립공주박물관, 「공주 의당 수촌리토성 발굴조사 약보고」, 1997.

아 있는 산성을 모두 백제 산성으로 판단하고 논의를 전개시켜 왔다. 따라서, 공주에서 외부로 통하는 통로를 ① 공주(公州) - 정안(正安) - 전의(全義) - 천안(天安), ② 공주 - 경천(敬天) - 노성(魯城) - 논산(論山), ③ 공주 - 반포(反浦) - 대전(大田) - 보은(報恩), ④ 공주 - 금강(錦江) - 부여(扶餘), ⑤ 공주 - 우성(牛城) - 신풍(新豊) - 서해(西海), ⑥ 공주 - 이인(利仁) - 부여, ⑦ 공주 - 장기(長岐) - 종촌(宗村) - 청주(淸州) 등의 7가지로 상정하고,[135] 공주지역의 산성이 이러한 교통로상에 자리한다는 사실을 주목하였다.[136]

그러나 이러한 주장이 설득력을 얻기 위해서는 공주지역에 있는 산성들이 모두가 백제시대 산성임이 먼저 입증되어야 할 것이다. 당연한 이야기가 되겠지만 웅진시대 백제의 수도 방비체제를 이해하기 위해서는 백제산성을 대상으로 해야 하는 것이 지극히 당연하기 때문이다.

물론 산성은 유적의 성격상 축조 시기를 밝히기가 대단히 어려운 것이 사실이다. 특히 공주지역의 산성은 아직 발굴조사가 이루어지지 않아 지표상의 특징만으로 축조시기를 판단하기가 더더욱 어렵다. 따라서 여기에서는 먼저 다음과 같은 몇 가지 사실을 통해 축성 시기에 접근하고자 한다.[137]

우선, 종전에 월성산성(月城山城)으로 부르던 유적의 경우 "月城山烽燧南應尼山縣城 北應高燈"[138]이라고 되어 있는 것으로 보아 조선시대 봉수대가 있던 곳임을 알 수 있다. 따라서 이러한 월성산성은 일단 백제시대 수도 방비체제와는 별다른 관련이 없는 것으로 생각된다.

무성산성(茂盛山城) 역시 사정은 마찬가지다. 무성산성은 614m의 무성산 정상부에 자리하고 있다. 그런데 지금까지 알려진 백제 산성 중에 이렇게 높은 곳에 자리하고 있는 산성은 없다. 더구나 이 무성산성은 치성(雉城)이

---

135) 成周鐸, 앞의 주 11)의 論文, 1980, 168쪽.

136) 兪元載, 「熊津都城의 防備體制에 대하여」, 『忠南史學』 1輯, 1985 ; 『熊津百濟史硏究』, 주류성, 1997, 153~157쪽.

137) 徐程錫, 앞의 주 131)의 論文, 1994, 229~261쪽.
　　徐程錫, 「論山 魯城山城에 대한 考察」, 『先史와 古代』 11, 韓國古代學會, 1998, 229~258쪽.

138) 『新增東國輿地勝覽』, 「公州牧」, 烽燧條.

5개나 남아 있는데, 지금까지 알려진 백제산성 중에서 치성이 있는 것은 부소산성이 유일한 예다.[139] 성 내의 유물 또한 백제시대 것으로 볼 만한 것이 전혀 발견되지 않았다. 따라서 무성산성 역시 웅진시대 수도 방비체제와는 무관해 보인다.

입지조건에서 차이가 있는 것은 수촌리토성(水村里土城)도 마찬가지다. 그런데 이 토성은 이미 발굴조사를 통해 그것이 백제시대에 축성된 것이 아니라는 사실이 확인되었다.[140] 따라서 수촌리토성 역시 웅진시대 백제의 수도 방비체제와는 아무런 관련이 없음을 알 수 있다.

반면에 오인리산성(五仁里山城)의 경우, 표고 120m의 나지막한 성재산 정상부에 자리하고 있는데, 이곳에서는 백제시대 연화문와당(蓮花文瓦當)이 수습된 바 있다.[141] 이러한 와당은 공산성 추정 왕궁지에서도 출토된 바 있는 것으로, 공주지역에서 발견되는 와당 중에서 가장 이른 시기에 해당되는 것이다.[142] 그런 점에서 이 오인리산성은 백제 산성으로 판단되며, 그 중에서도 웅진시대 초기에 축성된 것으로 믿어진다. 실제로 최근 천안에서 조사된 백제 산성은 6세기 초반으로 편년되는 것인데, 표고 122m의 나지막한 구릉 위에 자리하고 있어[143] 오인리산성과 비슷한 입지조건을 보여주고 있다.

광정리산성(廣亭里山城), 율정리산성(栗亭里山城), 송정리산성(松亭里山城), 단지리토성(丹芝里土城), 중장리산성(中壯里山城), 양화산성(陽化山城) 등도 비슷한 입지조건을 갖추고 있어 일단 웅진시대에 축성된 백제 산성으

139) 崔孟植, 「泗沘都城과 扶蘇山城의 最近 成果」, 『사비도성과 백제의 성곽』, 서경문화사, 2000, 172~175쪽.
140) 신영호, 「公州 水村里土城 發掘調査 槪報」, 『박물관신문』, 1997.
   국립공주박물관, 「공주 의당 수촌리토성 발굴조사 약보고」, 1997.
141) 百濟文化開發硏究院, 『忠南地域의 文化遺蹟』(第2輯 公州郡篇), 1988, 255쪽 및 241쪽의 사진 77.
142) 李南奭, 「百濟 蓮花文 瓦當의 一硏究」, 『古文化』 32輯, 1988, 69~73쪽.
143) 李南奭, 「天安 白石洞遺蹟(山城)」, 『歷史와 都市』(第40回 全國歷史學大會發表要旨), 1997, 353 ~365쪽.
   李南奭, 「天安 白石洞土城의 檢討」, 『韓國上古史學報』 28, 1998, 77~78쪽.

로 보아도 큰 무리가 없어 보인다. 이들 산성에서 공통적으로 백제시대 유물이 다량으로 발견되는 것도 하나의 방증자료가 될 수 있을 것이다.

이렇게 공주지역 산성 중 웅진시대에 축성된 산성만을 가려 놓고 보면 한 가지 중요한 사실을 발견할 수 있다. 이들 산성이 웅진성(熊津城)을 중심으로 원형(圓形)으로 배치되어 있다는 점이다. 이러한 배치는 고구려의 수도 방비체계에서 보이는 이른바 위성방비체계(衛星防備體系)를 연상시킨다.[144]

사실 백제의 경우에는 아직 한성시대, 웅진시대, 사비시대에 축성된 산성을 찾아내지 못하고 있어 수도 방비체제가 분명하지 못하다. 그러나 적어도 웅진시대에는 왕도(王都)를 중심으로 환상(環狀)으로 산성을 배치하여 방비체제를 꾀했던 것으로 믿어진다. 이미 이러한 형태의 방비체제는 고구려나 신라에서도 확인된 바 있는 만큼 삼국이 동일한 형태의 수도 방비체제를 갖고 있었음을 알 수 있다.

그럼 백제에서 이러한 방비체제는 언제부터 출현하는 것일까. 한성시대 왕도 주변에 왕도 방비를 위한 산성이 어떻게 배치되어 있었는지는 아직 밝혀지지 않고 있다. 다만 기록에 의하면 한성이 함락될 때 먼저 북성(北城)이 7일간 공격을 받고 이어 남성(南城)이 공격을 받은 다음 왕도가 함락된 것으로 되어 있다.[145] 따라서 기록으로 보는 한 공주지역과 같은 위성방비체제의 흔적은 찾아 볼 수 없다. 그렇다면 이러한 수도 방비체제는 웅진시대에 들어와서 비로소 생겨난 것으로 보는 것이 타당하지 않을까 생각된다. 한성시대의 수도 방비체제가 '남북성체제(南北城體制)'였다고 한다면 웅진시대의 수도 방비체제는 '위성방비체제(衛星防備體制)'였던 것이다. 그런

---

144) 고구려의 경우 산성을 통한 都城의 防備體系로 前緣防備系, 縱心防備系, 衛星防備系 등이 있다고 한다. 前緣防備系는 국경선을 따라 성곽을 배치하는 것이고, 縱心防備系는 국경에서 都城에 이르는 도로를 따라 성곽을 배치하는 것이며, 衛星防備系는 都城 주변에 일정한 거리를 두고 圓形으로 산성을 배치하는 것을 말한다(蔡熙國·全浩天 譯,「高句麗の城の特徵」,『東アジアと日本』(考古·美術 篇), 吉川弘文館, 1987, 552~561쪽).

145)『三國史記』卷 25,「百濟本紀」, 蓋鹵王 21年條. "至是 高句麗對盧齊于 再曾桀婁 古爾萬年等 帥兵來攻北城 七日而拔之 移攻南城 …"

점에서 웅진시대의 위성방비체제는 한성시대의 남북성체제의 단점을 보완한 새로운 형태의 수도 방비체제였다고 생각된다.

만약 사비도성 주변에 남아 있는 청마산성(靑馬山城), 석성산성(石城山城), 성흥산성(聖興山城), 증산성(甑山城) 역시 종래의 인식처럼 백제시대에 축성한 것이 분명하다면 사비 주변에 배치된 이들 산성 또한 웅진시대에 형성된 수도 방비체제가 좀더 공간적으로 확대된 것으로 생각된다. 아울러 이러한 수도 방비체제를 좀더 크게 전 국토를 대상으로 확대한다면 그것이 곧 5방성(方城)이 될 것이다. 5방성 설치의 또 다른 목적이 여기에 있다고 생각된다.[146]

이러한 추론이 어느 정도 타당한 것이라면 백제 왕도(王都)의 방비체제는 한성시대의 '남북성체제(南北城體制)'에서 웅진시대의 '위성방비체제(衛星防備體制)'를 거쳐 사비시대의 '5방성체제(方城體制)'로 발전해 간 것으로 이해된다.

2) 산성과 왕기(王畿)

공주지역의 산성이 왕도를 중심으로 하여 환상(環狀)으로 배치되어 있는 모습은 경주 주변의 그것과 매우 흡사하다.[147] 바로 이 점이 웅진시대에 나성이 없었다는 또 다른 방증자료가 될 수 있을 것이다. 그런 점에서 이렇게 웅진성을 중심으로 환상으로 돌려져 있는 산성 안쪽은 넓은 의미의 도성에 해당되는 것으로 이해되기도 한다.

도성이란 원래 왕도를 둘러싼 나성의 내부공간을 지칭하는 것이지만[148] 그것은 좁은 의미의 도성을 말하는 것이고, 그럴 경우 도성의 의미는 왕도와 같은 의미가 된다. 그런데 넓은 의미의 도성은 이렇게 나성으로 둘러싸

---

146) 徐程錫, 앞의 주 52)의 論文, 2000, 88~90쪽.
147) 朴方龍, 「都城」, 『韓國史論』 15, 國史編纂委員會, 1985.
　　朴方龍, 「新羅 王都의 守備」, 『新羅文化』 9輯, 東國大新羅文化硏究所, 1992, 25~38쪽.
148) 朴淳發, 앞의 주 11)의 論文, 1996, 95쪽.

인 일정공간을 포함한 그 주변의 일정지역 – 직할지(直轄地)라고 할까, 혹은 왕기(王畿)라고 할 수 있는 지역 – 까지를 함께 가리키는 말이다. 그런 점에서 공주지역에 남아 있는 산성들은 웅진왕도에 딸린 직할지, 다시 말하면 왕기의 범위를 말해주는 것으로도 이해된다. 그렇다면 대체로 현재의 공주군(公州郡) 정도의 면적이 웅진시대 백제의 도성이자 왕기였음을 알 수 있다.

이렇게 웅진시대에 왕기로 있던 곳이 사비시대에는 방성(方城)의 하나인 북방성(北方城)으로 편제되었다. 다만, 사비시대 때 기록을 보면 북방성이었던 웅진성은 벌음지현(伐音支縣)과 열야산현(熱也山縣)을 영현(領縣)으로 두고 있었다.[149] 벌음지현은 현재의 신풍(新豊)·유구(維鳩)에 해당되고, 열야산현은 현재의 논산 노성(魯城)에 해당된다. 그런가 하면 동북쪽으로는 현재의 연기(燕岐)에 해당되는 두잉지현(豆仍只縣)이 있었고, 동쪽으로는 대전 유성에 해당되는 노사지현(奴斯只縣)이 있었다. 그렇다면 대체로 현재의 공주군과 동쪽, 북쪽, 남쪽 경계선은 동일했다고 볼 수 있고, 다만 서쪽 경계선은 신풍과 유구를 제외한 지역, 다시 말하면 단지리토성(丹芝里土城)과 신풍산성(新豊山城) 사이에 해당됨을 알 수 있다. 이 지역이 웅진시대의 왕기이고, 사비시대의 북방성에 해당되는 지역인 셈이다. 그런 점에서 공주지역의 산성은 그 분포를 통해 왕도의 방비체제뿐만 아니라 왕기의 범위를 말해주는 것으로 이해된다.

3) 산성을 통한 수도 방비체제의 출현 배경

웅진시대의 수도 방비체제를 산성을 통한 위성방비체제라고 할 때 그러한 방비체제가 출현하게 된 배경이 무엇일까 의심하지 않을 수 없다. 물론 이것을 구체적으로 밝히기는 쉽지 않지만 다음과 같은 두 가지를 가정해

---

149) 『三國史記』 卷 36, 「雜志」, 地理 3. "熊州 百濟舊都 … 領縣二尼山縣 本百濟熱也山縣 … 淸音縣 本百濟伐音支縣"

볼 수 있을 것 같다.

하나는 백제가 독자적으로 창안해 낸 방법일 가능성이다. 우선, 고구려의 공격으로 왕도가 함락된 경험이 있는 백제로서는 천도와 더불어 왕도에 대한 방비체제를 더 강화했을 것이라는 점은 쉽게 짐작이 간다. 따라서 그러한 왕도 방비체제의 일환으로 자연스럽게 왕도 주변에 산성을 배치했을 가능성이 있다.

두 번째로는 다른 지역의 수도 방비체제를 참고한 결과일 가능성이다. 이와 관련하여 주목되는 것은 중국 남조(南朝)의 건강성(建康城)과 그 주변의 성곽 배치다. 다 아는 바와 같이 건강은 양자강(揚子江) 남쪽에 자리하고 있는데, 육조시대(六朝時代)의 도읍지였다. 여기에서 주목되는 것은 건강성 주변에 배치되어 있는 석두성(石頭城), 동부성(東府城), 서주성(西州城)의 존재다.[150] 이 외에도 건강성(建康城) 주변에는 말릉성(秣陵城), 금성(金城), 동하현성(同夏縣城), 호숙현성(湖熟縣城) 등이 4방에 분포되어 있으며, 부근에 있었던 낭야군(琅邪郡) 관내에도 임기(臨沂), 즉구(卽丘), 양도(陽都), 회덕(懷德)의 4개현에 현성(縣城)이 각각 배치되어 있어[151] 이들이 건강성을 사방에서 방위하고 있다.

건강성의 이러한 수도 방비체제는 중국 도성사(都城史)에서도 매우 특이한 현상인데, 특히 건강성의 서쪽 청량산상(清凉山上)에 자리하고 있는 석두성(石頭城)의 존재는 중국 성곽에서 좀처럼 찾아보기 어려운 산성의 형태로 되어 있다는 사실이 주목된다. 이러한 건강성의 방비체제가 웅진도성의 그것과 일맥상통하는 면이 있기 때문이다. 더구나 건강성은 외곽성이 건설되었을 가능성이 희박한 만큼[152] 이 또한 웅진도성과 비교될 수 있는 요소이다. 지금으로써는 양 지역 모두 주변에 있는 이들 산성에 대한 충분한 발굴조사가 이루어지지 않아 더 이상의 비교는 어려운 형편이지만 웅진이

---

150) 羅宗眞, 「江蘇六朝城市的考古探索」, 『中國考古學會 第五次年會論文集』, 文物出版社, 1985, 111쪽.
151) 董鑒泓 等編·成周鐸 譯註, 『中國都城發達史』, 學研文化社, 1993, 64쪽.
152) 尹武炳, 「百濟王都 泗沘城 研究」, 『學術院論文集』33輯(人文社會科學篇), 1994, 134쪽.

건강과 지형이 비슷하고, 그래서 웅진 천도가 천험적(天險的)인 요새뿐만 아니라 풍수지리도 고려된 결과라면[153] 앞으로 양 지역의 도성 방비체제는 단순한 흥밋거리를 넘어설 수도 있을 것으로 생각된다.

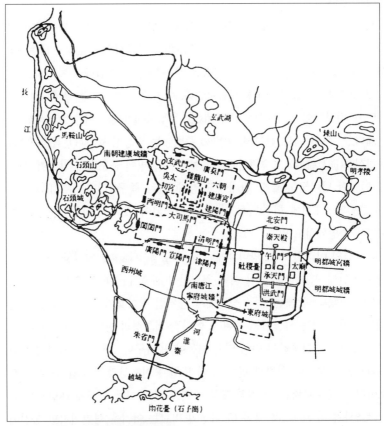

〈도면 16〉 건강성(建康城) 주변의 지형

---

153) 姜仁求,「中國墓制가 武寧王陵에 미친 影響」,『百濟研究』10, 忠南大百濟研究所, 1979, 101～ 103쪽.

2절 사비도성(泗沘都城)의 구조

사비시대는 가장 백제다운 문화가 꽃핀 시기로 이해되고 있다.[1] 실제로 고분이나 사원과 마찬가지로 성곽에 있어서도 사비시대에는 그 이전 시기 와는 다른 새로운 특징들이 나타난다. 그런 점에서 사비도성은 사비시대 백 제사를 이해하는 또 다른 자료가 될 수 있을 것으로 기대된다.

사실 천도(遷都)라고 하는 것 자체가 새로운 도시 건설을 의미하는 것인 만큼 거기에는 새로운 국가 운영의 목표와 방향이 담겨 있게 마련이다. 그 런 점에서 사비도성 내 시가지 구조는 곧 사비로의 천도 목적, 내지는 사비 시대 백제사의 성격을 규정할 수 있는 중요한 단서가 되는 셈이다. 지금까 지 사비시대 백제 성곽에 대한 조사와 연구가 활발하게 진행되어 온 것도 그 때문이다. 백제 성곽 연구의 대부분이 사비시대에 집중되어 있다 해도 과언이 아닐 정도다.

이 시기에 들어 나타나는 변화의 양상은 도성과 산성에서 모두 확인된다. 특히 도성의 경우에는 웅진시기와 전혀 다른 면모를 보여주고 있어 그 내 용을 밝히기 위한 조사[2]가 지속적으로 진행되어 왔다. 아울러 이렇게 연차

---

1) 姜仁求, 「百濟의 歷史와 思想」, 『韓國思想史大系』 1, 韓國精神文化硏究院, 1990 ; 『考古學으로 본 韓國古代史』, 學硏文化社, 1997, 283쪽.
2) 대표적인 것을 들면 다음과 같다.
   忠南大百濟硏究所, 『扶餘地區 遺蹟調査 및 整備計劃案』, 1978.
   尹武炳, 『扶餘 官北里 百濟遺蹟 發掘報告』(Ⅰ), 忠南大博物館, 1985.
   崔茂藏, 「扶蘇山城 推定 東門址 發掘略報」, 『百濟硏究』 22, 忠南大百濟硏究所, 1991.
   扶餘文化財硏究所, 『扶餘 舊衙里百濟遺蹟 發掘調査報告』, 1993.
   崔孟植 外, 『扶蘇山城 發掘調査 中間報告』, 扶餘文化財硏究所, 1995.
   文化財硏究所, 『扶蘇山城』(Ⅱ), 1996.
   尹武炳, 『扶餘官北里百濟遺蹟發掘報告』(Ⅱ), 忠南大博物館, 1999.
   國立扶餘文化財硏究所, 『扶蘇山城 - 整備에 따른 緊急發掘調査 - 』, 1999.
   國立扶餘文化財硏究所, 『扶蘇山城發掘中間報告書』(Ⅲ), 1999.

적인 조사를 통해 새롭게 밝혀진 사실들에 대한 연구도 다양하게 전개되어
왔다.[3]

한성시대 도성에 관한 연구가 대부분 왕성의 위치를 비정하는 데 관심이
쏠려 있고, 웅진시대 역시 왕궁의 위치 해명에 대부분의 노력이 경주되어
온 것에 비한다면, 도성의 축조시기나 구조를 파악하기 위한 사비도성의 연
구는 한층 진전된 모습임에 틀림없다.

그러나 이렇게 다양한 노력에도 불구하고 아직 사비도성에 대한 연구는
만족할 만한 수준에 이르렀다고 보기는 어렵다. 그것은 발굴조사와 문헌기
록이 절대적으로 부족한 데 일차적인 원인이 있겠지만, 다른 한편으로는 현
재까지 확인된 자료를 합리적으로 연결시키지 못하고 있는 것 또한 부인할
수 없는 사실이다. 따라서 여기에서는 그 동안의 조사를 통해 밝혀진 사실
들을 바탕으로 사비도성의 축조 시기, 구조, 도성사적(都城史的) 의의 등에
접근해 보고자 한다.

---

3) 대표적인 것으로는 다음과 같은 것이 있다.

洪再善,「百濟泗沘城研究」, 東國大大學院碩士學位論文, 1981.

成周鐸,「百濟泗沘都城研究」,『百濟研究』13, 忠南大百濟研究所, 1982.

成周鐸,「百濟泗沘都城再齣」,『國史館論叢』45輯, 1993.

尹武炳,「山城·王城·泗沘都城」,『百濟研究』21輯, 忠南大百濟研究所, 1990.

尹武炳,「百濟王都泗沘城研究」,『學術院論文集』33輯(人文社會科學篇), 1994.

田中俊明,「王都로서의 泗沘城에 대한 豫備的 考察」,『百濟研究』21, 忠南大百濟研究所, 1990.

朴淳發,「百濟都城의 變遷과 特徵」,『韓國史의 理解』(重山鄭德基博士華甲紀念韓國史學論叢), 1996.

崔孟植,「百濟 版築工法에 관한 研究」,『碩晤尹容鎭敎授停年退任紀念論叢』, 1996.

金容民,「扶蘇山城의 城壁 築造技法 및 變遷에 대한 考察」,『韓國上古史學報』26號, 1997.

沈正輔,「百濟泗沘都城의 築造時期에 대하여」,『사비도성과 백제의 성곽』, 서경문화사, 2000.

車勇杰,「泗沘都城의 築城史的 位置」,『사비도성과 백제의 성곽』, 서경문화사, 2000.

1. 천도의 배경

사비도성의 구성 원리를 이해하기 위해서는 먼저 사비로의 천도 배경을 살펴볼 필요가 있을 것 같다. 천도 이유와 목적이 밝혀진다면 시가지의 구조를 살펴보는 데 훨씬 용이할 것으로 생각되기 때문이다. 특히 현재와 같이 발굴 자료가 절대 부족한 상황에서는 천도의 배경을 이해하는 것이 곧 사비도성을 이해하는 가장 중요한 관건이 될 듯하다.

사비 천도에 대해 『삼국사기(三國史記)』 권 26, 「백제본기」 성왕(聖王) 16년조에는 "春 移都於泗沘一名所夫里"라고 간단히 언급되어 있고, 『삼국유사(三國遺事)』 권 2, 「기이(紀異)」 남부여(南扶餘) 전백제(前百濟)조에도 "移都於泗沘", 혹은 "移都所夫里"라고 간단히 설명되어 있을 뿐이다. 적어도 문헌 기록에는 천도 목적이 분명하게 나타나 있지 않음을 알 수 있다. 따라서 그동안 천도 목적이나 이유에 대해서는 다양한 견해들이 제시되었다.

지금까지 천도 배경으로 제시된 요소들을 살펴보면 다음과 같은 것들이 있다.[4] 첫째 웅진지역이 너무 협착(狹窄)하고, 둘째 충실해진 국력을 바탕으로 웅비의 뜻을 펴기 위해, 그리고 셋째는 웅진시대에 연이어 일어난 왕의 피살, 귀족의 반란과 같은 내분에 종지부를 찍기 위해서 등이다.[5]

이 밖에 홍수 피해와 물자수송을 위한 수운교통(水運交通)의 문제 등을 들기도 하고,[6] 고분의 조영 원리에서도 알 수 있듯이 풍수지리를 한 요소로 꼽기도 한다.[7]

이러한 지적들은 천도의 이유나 목적을 설명해 주는데 나름대로의 타당성이 있는 것이 사실이지만 천도에는 많은 사람들의 이해관계가 얽혀 있는 만큼 다각도로 이유가 밝혀져야 할 것이다.[8] 신라의 경우, 신문왕대(神文王

---

4) 盧重國, 「百濟王室의 南遷과 支配勢力의 變遷」, 『韓國史論』 4, 서울大國史學科, 1978, 92쪽.
5) 千寬宇, 「三韓의 國家形成(下)」, 『韓國學報』 3, 1976, 142쪽.
6) 尹武炳, 「百濟王都 泗沘城研究」, 『學術院論文集』 33輯(人文社會科學篇), 1994, 92쪽.
7) 姜仁求, 앞의 주 1)의 책, 1997, 301쪽.

代)에 천도 문제가 실패한 사실[9]에서 보듯이 천도란 간단히 해결될 수 있는 사안이 아니기 때문이다. 여기에서는 백제의 도성을 살펴보는 자리인 만큼 웅진도성과 사비도성을 비교함으로써 천도의 배경이랄까, 목적을 추적해 보고자 한다.

(1) 도성의 입지조건

사비로의 천도 목적을 명확히 밝혀줄 자료가 없는 현재로서는 사비도성과 웅진도성을 비교해 보는 것도 하나의 방법이 될 수 있을 듯하다. 웅진도성이 갖는 단점을 보완하기 위해 천도가 이루어졌을 것으로 보아도 큰 잘못이 아니라고 생각되기 때문이다.

웅진도성이 갖는 특징을 이해하기 위해서는 먼저 삼국시대 도성이 갖는 일반적인 특징을 확인해 볼 필요가 있다. 그런 점에서 우선 다음과 같은 『삼국사기』의 기록을 살펴보자.

A. 遂撫其能 各任以事 與之俱至卒本川魏書云至紇升骨城觀其土壤肥美 山河險固 遂欲都焉(「高句麗本紀」, 東明聖王 卽位年條)

B. ① 十臣諫曰 惟此河南之地 北帶漢水 東據高岳 南望沃澤 西阻大海 其天險地利 難得之勢 作都於斯 不亦宜乎(「百濟本紀」, 溫祚王 卽位年條)
   ② 予昨出巡觀漢水之南 土壤膏腴 宜都於彼 (「百濟本紀」, 溫祚王 13年條)

위의 두 기록은 고구려와 백제의 시조(始祖)가 처음으로 도읍지를 정하는 장면을 설명한 것이다. 사료 A에서는 "土壤肥美 山河險固"가 도성의 요

---

8) 尹珞姬, 「百濟의 泗沘遷都에 관한 연구」, 韓國精神文化研究院 韓國學大學院 碩士學位論文, 1999.
9) 『三國史記』 卷 8, 「新羅本紀」, 神文王 9年條. "春正月…王欲移都達句伐 未果"

건으로 기록되어 있고, 사료 B 또한 험한 지세와 남쪽의 옥택(沃澤)이 중요한 요소로 지적되고 있다. 따라서 위의 두 기록으로 볼 때 적어도 방어에 유리한 험한 지형과 경제적인 안정을 기할 수 있는 넓은 평야가 도읍지로서 갖추어야 할 일반적인 조건이었음을 알 수 있다.

그런 점에서 볼 때 웅진지역은 방어에 유리한 천험(天險)의 요새이기는 하지만 옥택과는 거리가 있다. 예를 들어 백제 부흥운동시 부흥군(復興軍)의 압력에 견디다 못한 나당연합군은 마침내 사령부를 사비도성에서 웅진성으로 옮긴 일이 있다.[10] 그 만큼 사비지역에 비해 웅진지역이 방어에 유리했음을 입증해 주는 것이다.

반면에 웅진지역은 왕도로서 갖추어야 할 "土地肥美"나 "沃澤"은 찾아보기 힘들다. 무령왕(武寧王) 10년에 "下令完固堤防 驅內外遊食者歸農"의 조치를 내린 것도 웅진지역이 갖고 있는 이러한 왕도로서의 약점을 극복하기 위한 노력의 일단이었다고 생각된다.[11]

사비지역이 웅진지역에 비해 경제 활동에 유리한 지역이었다는 사실은 송국리유적(松菊里遺蹟)[12]이나 구봉리유적(九鳳里遺蹟)[13]의 존재를 통해서도 짐작해 볼 수 있다. 그러나 반대로 "山河險固"나 "天險地利"에는 약점을 갖고 있었던 것 또한 부정할 수 없다.

이렇게 사비지역이 도성방비에 약점을 갖고 있는데도 불구하고 천도가 단행될 수 있었던 것은 무엇 때문일까. 그것을 명확히 밝혀줄 자료는 없지

---

10) 『資治通鑑』唐紀 16, 高宗 龍朔 3年 秋七月 丁巳條. "初 仁願 仁軌等屯熊津城(考異日 去歲道琛 福信 圍仁願於百濟府城 今云尙在熊津城 或者共是一城不則圍解之後 徙屯熊津城)…"

11) 그렇다고 이 조치가 遊食者를 통해 귀족들이 세력기반을 확대하는 것을 차단하려는 조치였다든가(金周成, 『百濟 泗沘時代 政治史 研究』, 全南大博士學位論文, 1990, 43쪽) 국가 조세를 확충하기 위한 조치(盧重國, 「百濟 武寧王代의 集權力 强化와 經濟基盤의 擴大」, 『百濟文化』 21, 1991, 20~23쪽)였음을 부정하는 것은 아니다.

12) 姜仁求 外, 『松菊里』 I, 國立博物館, 1979.

13) 李康承, 「扶餘 九鳳里出土 靑銅器 一括遺物」, 『三佛金元龍敎授停年退任紀念論叢』 I, 1987, 141~168쪽.

만 다음과 같은 측면에서 이해가 가능하지 않을까 한다.

첫째는 천도가 이루어진 성왕(聖王) 16년에는 더 이상 "山河險固"나 "天險地利"가 반드시 도성이 갖추어야 될 요소가 아니었을 가능성이다. 이 점은 천도가 다른 왕이 아닌 성왕대(聖王代)에 이루어진 사실을 설명하는 데 간과할 수 없는 부분이다.

웅진지역이 갖고 있는 도읍지로서의 협착성(狹窄性)은 굳이 성왕이 아니더라도 누구나 느끼던 문제였을 것이다. 어쩌면 웅진으로의 천도 당시부터 제기되었던 문제일지도 모른다. 그런데도 천도는 성왕대에 이루어졌다. 이것은 이 시기에 도성의 입지조건에 일정한 변화를 초래할 만한 대내외적 분위기가 조성되었음을 의미하는 것으로 이해된다.

두 번째는 외부로부터의 침입을 방비할 만한 어떠한 조치들이 취해져 있었을 가능성이다. 백제는 이미 수도 한성(漢城)이 함락되는 경험을 겪었기 때문에 수도 방비체제에 나름대로 심혈을 기울여 왔다. 웅진시대에 나타나는 위성방비체제(衛星防備體制)[14]도 그러한 경험의 산물이었다. 따라서 새롭게 천도하는 사비도성에도 나름대로의 방비체제가 갖추어져 있었을 것으로 생각된다. 예를 들어 신라에서 백제를 공격해 올 때 반드시 거쳐야 하는 탄현(炭峴)은 이미 동성왕(東城王) 때 책(柵)을 설치하였다.[15] 사비도성에 대한 방비책이 적어도 천도 이전에 세워져 있었음을 짐작케 하는 대목이다.

수도 방비체제와 관련하여 또 한 가지를 든다면 사비 천도와 더불어 정비되기 시작한 5방성(方城)의 존재다. 5방성은 사비시대의 개시와 더불어 나타나는 것으로 알려져 있는데,[16] 이는 웅진시대에 있었던 위성방비체제

---

14) 熊津都城이 갖는 衛星防備體制에 대해서는 1절 참조.

15) 『三國史記』 卷 26, 「百濟本紀」, 東城王 23年條. "七月 設柵於炭峴 以備新羅"

16) 5方城의 출현 시기에 대해서는 泗沘時代로 보는 것이 일반적이지만 熊津時代 말기부터 점진적으로 진행되어 6세기 중반 경에 완비된 것으로 보는 견해도 있다(金英心, 『百濟 地方統治 體制 研究』, 서울大大學院博士學位論文, 1997, 129~137쪽). 그러나 이렇게 熊津時代 말기부터

(衛星防備體制)를 전국적으로 확대한 것이다.[17] 5방성(方城) 중 북방성(北方城;공주)과 남방성(西方城;예산 대흥)이 북쪽에, 그리고 동방성(東方城;논산 은진)과 남방성(南方城;남원)이 동쪽에 각각 배치된 것도 대고구려(對高句麗), 대신라(對新羅) 견제를 위한 의미로 이해된다.[18]

요컨대 사비지역은 웅진지역과 달리 도성으로서 갖추어야 할 "土壤肥美"나 "沃澤"에 적합한 지역이기는 하였지만 "山河險固"나 "天險地利"는 아니었다. 그런데도 천도가 이루어질 수 있었던 것은 당시 상황이 험한 지세를 가장 필요로 했던 것도 아니고, 유사시에 대비한 나름대로의 조치도 취해져 있었기 때문이었던 것으로 생각된다.

(2) 사비 천도의 목적

사비 천도의 목적은 여러 가지가 있겠지만 여기서는 도성을 살펴보는 것이 목적인 만큼 웅진도성과 사비도성을 비교함으로써 그 해답을 구해볼까 한다. 사비로의 천도가 자의적으로 이루어진 만큼 웅진도성의 문제점을 보완하기 위한 조치가 도성 건설에 반영되었을 것으로 생각되기 때문이다.

지금까지 확인된 자료를 바탕으로 웅진도성과 사비도성을 비교해 보면 다음과 같은 세 가지 점에서 큰 차이가 있음을 알 수 있다.

5方制가 시작되었다 하더라도 결론은 마찬가지다.

17) 중국의 경우 지형이 험한 長安과 달리 開封지역은 '山河之險'이 없는 곳인데, 그렇기 때문에 이러한 開封型의 수도는 '以兵爲險'의 방식으로 수도를 방어할 수밖에 없었다고 한다(朴漢濟, 「中國 歷代 首都의 類型과 社會變化」, 『歷史와 都市』(제 40회 전국역사학대회 발표요지), 1997, 33쪽). 이러한 지적은 백제시대 熊津都城과 泗沘都城을 비교하는 데에도 좋은 참고자료가 될 수 있을 것 같다.

18) 徐程錫, 「百濟 5方城 位置에 대한 試考」, 『湖西考古學』 3輯, 湖西考古學會, 2000, 88~90쪽.

한편, 泗沘都城을 중심으로 靑馬山城, 石城山城, 聖興山城, 甑山城 등이 축성되어 있는 것도 주목할 필요가 있다. 이들이 만약 종래의 이해대로 백제시대에 축성된 산성이라면 都城의 외곽에 자리하고 있던 5方城 이외에 都城 근처에 또 다시 산성을 배치하여 이중으로 首都 防備體制를 갖추었음을 의미하기 때문이다.

첫째, 사비도성에는 나성(羅城)이 존재한다는 사실이다. 이 시기에 왜 나성을 축조하였는지는 분명하지 않다. 따라서 종래에 왕도의 방비뿐만 아니라 홍수에 대한 대비책의 일환이었을 가능성이 제시되기도 하였다.[19]

그러나 가장 중요한 이유는 왕실의 권위를 높이고자 하는 데 있었던 것으로 믿어진다. 현재 남아 있는 나성의 흔적을 보면 동나성(東羅城)처럼 하천과 관계 없는 지역에도 실질적으로 축성이 이루어지고 있기 때문이다. 『삼국유사(三國遺事)』권 2, 문호왕(文虎王) 법민(法敏)에 나오는 다음과 같은 기록은 나성의 성격을 이해할 수 있는 단서가 될 듯하다.

C. 又欲築京師城郭 旣令眞吏 時義相法師聞之 致書報云 王之政教明 則雖 草丘畫地而爲城 民不敢踰 可以潔災進福 政教苟不明 則雖有長城 災害 未消 王於是乃罷其役

문무왕(文武王)이 나성을 쌓으려다 의상(義相)의 건의로 그만두었다는 내용인데, 여기에서 보듯이 나성은 왕의 권위를 의미하는 것이다. 그런 점에서 사비천도를 단행한 성왕은 나성의 축조를 통해서 왕의 권위를 내외에 과시하고 싶었던 것으로 생각된다. 물론 새로운 도시 건설 자체가 왕의 권위를 과시하기 위한 것이겠지만 거기에 나성을 축조함으로써 내외의 구별을 엄격히 하였던 것으로 생각된다.

성왕은 천도와 더불어 왕위 계승원칙을 확립하고[20] 국호를 남부여(南扶餘)로 개칭하여 부여의 정통 계승자임을 자처하는 등 우월의식, 자신감을 표출하였다.[21] 나성은 곧 이러한 배타적인 우월의식의 외적 표현이었던 셈이다.

---

19) 泗沘都城이 전적으로 홍수의 피해를 방지하기 위한 것은 아니라 하더라도 적어도 西羅城은 방어시설이라기보다 방수시설(제방)의 의미가 더 컸을 가능성이 있다는 견해는 이미 제시된 바 있다(田中俊明,「王都로서의 泗沘城에 대한 豫備的 考察」,『百濟研究』21, 1990, 178쪽).

20) 申瀅植,『三國史記研究』,一潮閣, 1981, 151쪽.
  梁起錫,「百濟 專制王權 成立過程 研究」, 檀國大大學院博士學位論文, 1990, 152쪽.
  李道學,「漢城末 熊津時代 百濟王系의 檢討」,『韓國史研究』45, 1984, 18~26쪽.

두 번째는 웅진시기에 비해 사비시기에 사찰 창건이 비약적으로 증가한 다는 사실이다. 특히 도성 내에 창건된 사찰이 웅진도성에 비해 압도적으로 많다. 그 동안 웅진시대 백제 사찰로는 대통사지(大通寺址),[22] 남혈사지(南 穴寺址),[23] 수원사지(水源寺址),[24] 동혈사지(東穴寺址),[25] 서혈사지(西穴寺 址),[26] 주미사지(舟尾寺址),[27] 금학동사지(錦鶴洞寺址),[28] 정치리사지(鼎峙里 寺址)[29] 등과 기타 주변에 있는 10개소의 사지(寺址)가 알려져 있었으나[30] 최근의 발굴조사에 따르면 이들은 모두가 통일신라시기에 조성된 사찰들 이고,[31] 백제시대에 조성된 사찰은 대통사(大通寺) 하나뿐임이 밝혀졌다.[32] 이에 비해 사비시대에 조성된 백제 사찰로는 정림사지(定林寺址),[33] 군수리

21) 왕권을 축으로 해서 자체분열하던 귀족들을 결집시키기 위한 부여족의 동질의식을 내세운 조치로 보기도 하고(梁起錫, 위의 주 20)의 論文, 1990, 151쪽), 왕실 중심의 지배이념을 강화 하기 위한 조처(金周成, 앞의 주 11)의 論文, 1990, 19쪽)로 보기도 하고, 王族意識의 고양의 결과 왕실의 姓氏인 扶餘氏를 강조한 것(尹瑢姬, 앞의 주 8)의 論文, 1999, 64쪽)이라는 주장 이 있다.

22) 輕部慈恩, 『百濟遺跡の研究』, 吉川弘文館, 1971.
   朴容塡, 「公州 百濟時代의 文化에 關한 硏究」, 『百濟文化』 2輯, 公州大百濟文化硏究所, 1968.

23) 朴容塡, 「公州 西穴寺址와 南穴寺址에 對한 硏究」, 『公州教大論文集』 3, 公州教育大學, 1966.

24) 金永培, 「水源寺 塔址調査」, 『百濟文化』 11輯, 公州大百濟文化硏究所, 1978.

25) 安承周, 「公州 東穴寺址에 對한 考察」, 『尹武炳博士回甲紀念論叢』, 1984.

26) 朴容塡, 「公州 西穴寺址에 關한 調査硏究」 I, 『百濟文化』 4輯, 公州大百濟文化硏究所, 1970.
   安承周, 「公州 西穴寺址에 關한 調査硏究」 II, 『百濟文化』 5輯, 公州大百濟文化硏究所, 1971.

27) 朴容塡, 「公州 舟尾寺址에 關한 硏究」, 『百濟文化』 3輯, 公州大百濟文化硏究所, 1969.

28) 朴容塡, 「公州 錦鶴洞 逸名寺址의 遺蹟」, 『公州教大論文集』 8 - 1, 公州教育大學, 1971.

29) 金永培, 「公州 灘川 鼎峙里寺址」, 『百濟文化』 6輯, 公州大百濟文化硏究所, 1973.

30) 安承周, 「百濟 寺址의 硏究」, 『百濟文化』 16輯, 公州大百濟文化硏究所, 1985, 115~129쪽.

31) 이에 대해서는 다음과 같은 자료가 참고가 된다.
   公州博物館, 『南穴寺址』, 公州市, 1993.
   李南奭 · 李勳, 『水源寺址』, 公州大博物館, 1999.
   (財)忠淸埋藏文化財硏究院, 「公州 東穴寺址 試掘調査 略報告」, 1998.
   趙源昌, 「西穴寺址出土 石佛像에 대한 一考察」, 『역사와 역사교육』, 熊津史學會, 1999.
   李南奭 · 李勳, 『舟尾寺址』, 公州大博物館, 1999.

32) 趙源昌, 「公州地域寺址硏究」, 『百濟文化』 28輯, 公州大百濟文化硏究所, 1999, 135~138쪽.

사지(軍守里寺址),[34] 동남리사지(東南里寺址),[35] 가탑리사지(佳塔里寺址),[36] 금강사지(金剛寺址),[37] 부소산폐사지(扶蘇山廢寺址),[38] 용정리사지(龍井里寺址),[39] 능산리사지(陵山里寺址)[40] 등이 있다. 그리고 이 밖에도 왕흥사지(王興寺址),[41] 호암사지(虎岩寺址),[42] 향교밭사지(寺址),[43] 외리사지(外里寺址), 임강사지(臨江寺址) 등이 더 알려져 있다.

천도와 더불어 사지(寺址)가 급증한 이유는 분명하지 않지만 삼국시대의 불교가 왕권 강화와 밀접한 관련이 있다는 사실[44]을 주목할 필요가 있다. 왕권과 불교와의 관계를 보여주는 직접적인 자료가 바로 사찰(寺刹)의 건립이기 때문이다.[45] 고구려 역시 광개토왕 때에 평양에 구사(九寺)를 창건한 것이 평양으로 천도를 위한 준비작업,[46] 내지는 왕권 강화의 일환으로 보고 있다.[47] 이러한 사정은 백제 역시 마찬가지가 아니었을까 생각된다.

백제에 불교가 처음으로 전래된 것은 침류왕(枕流王) 원년(元年)이지만[48] 성왕(聖王)에서 무왕대(武王代)에 이르는 약 100년간이 백제에서 불교가 성

33) 尹武炳, 『定林寺』, 忠南大博物館, 1981.
34) 朝鮮總督府, 「扶餘軍守里廢寺址發掘調査(概要)」, 『昭和11年度 朝鮮古蹟調査報告』, 1937.
35) 朝鮮總督府, 「扶餘に於ける百濟寺址の調査(概要)」, 『昭和13年度古蹟調査報告』, 1938.
　　忠南大學校博物館, 「扶餘 東南里遺蹟 發掘調査 略報告書」, 1993·1994.
36) 朝鮮總督府, 「扶餘に於ける百濟寺址の調査(概要)」, 『昭和13年度古蹟調査報告』, 1938.
37) 尹武炳, 『金剛寺』, 國立博物館, 1969.
38) 申光燮, 「扶蘇山廢寺址發掘調査報告」, 『扶蘇山城』, 國立文化財研究所, 1996.
39) 崔孟植 外, 『龍井里寺址』, 國立扶餘文化財研究所, 1993.
40) 金鍾萬, 「陵山里寺址 發掘調査報告」, 『전국역사학대회발표요지문』, 1994.
41) 洪思俊, 「虎岩寺址와 王興寺址考」, 『百濟研究』 5輯, 忠南大百濟研究所, 1974.
42) 洪思俊, 위의 論文, 1974.
43) 忠南大博物館, 『扶餘 文化遺蹟 分布地圖』, 1998.
44) 李基白, 『新羅思想史研究』, 一潮閣, 1991, 113~121쪽.
　　姜仁求, 앞의 주 1)의 책, 1997, 295쪽.
45) 金周成, 앞의 주 11)의 論文, 1990, 80~111쪽.
46) 徐永大, 「高句麗 平壤 遷都의 動機」, 『韓國文化』 2, 1981, 101쪽.
47) 申東河, 「高句麗 寺院 造成과 그 意味」, 『韓國史論』 19, 1988, 3~29쪽.
48) 『三國史記』 卷 24, 「百濟本紀」, 枕流王 卽位年條. "九月 胡僧摩羅難陀自晉至 … 佛法始於此"

행하던 시기였다.[49] 그런데 삼국시대 때 불교가 수용될 수 있었던 것은 수용하는 측에서의 필요에 의해서였다고 한다.[50] 그렇다면 백제에서 이 시기에 불교가 크게 성행한 것은 성왕의 필요에 의해서였다고 보아도 큰 잘못은 없을 듯하다. 그런 점에서 이 시기 백제 불교의 성격을 다시 한번 검토해 볼 필요가 있을 것 같다.

일반적으로 백제 불교는 고구려나 신라와 달리 영토가 크게 팽창된 이후에 수용되어서 그런지 왕권 강화와 별 관련이 없는 것으로 이해되어 왔다. 특히 동진(東晉)에서 전래됨으로써 북위(北魏) 불교의 "왕즉불(王卽佛)" 사상은 상대적으로 미약하고, 오히려 중국 남조(南朝)의 귀족 불교적인 성격이 강했던 것으로 짐작된다. 이렇게 불교의 성격 자체에 차이가 있었기 때문에 백제에서 불교 공인시 귀족들의 거센 반발이 없었던 것인지도 모른다.

그런데 성왕대에 들어와서는 불교가 왕권 강화를 위한 사상적인 뒷받침 역할을 하고 있다. 이 시기에 백제 불교의 성격이 이렇게 변모된 것은 당시의 시대 상황이 새로운 불교를 요구했기 때문인 것으로 생각된다. 『일본서기(日本書紀)』 권 19, 「흠명기(欽明紀)」 2년조에는 다음과 같은 기록이 있다.

D. 聖明王曰 昔我先祖速古王 貴首王之世 安羅加羅卓淳旱岐等 初遣使相通 厚結親好 以爲子弟 冀可恒隆 … 圖建任那 旦夕無忘

여기에서 보면 백제의 전성기라고 할 수 있는 근초고왕(近肖古王)과 근구수왕대(近仇首王代)의 성시(盛時)를 회복해 보려는 성왕의 강한 의지가 나타나 있음을 알 수 있다.[51] 당시의 사회 분위기가 이러하였기 때문에 같

---

49) 安啓賢, 「百濟 佛敎에 關한 諸問題」, 『百濟硏究』 8, 忠南大百濟硏究所, 1977, 33쪽.
50) 李基白, 「三國時代 佛敎 傳來와 그 社會的 性格」, 『歷史學報』 6輯, 1954 ; 「三國時代 佛敎受容과 그 社會的 意義」, 『新羅思想史硏究』, 一潮閣, 1991, 4~12쪽.
51) 盧重國, 「百濟王室의 南遷과 支配勢力의 變遷」, 『韓國史論』 4, 1981, 95쪽.

은 시기 신라에서와 같이 '왕즉불(王卽佛)' 사상이 백제 불교에서도 나타났던 것으로 생각된다.

그런 점에서 이 시기에 백제에서 성행한 것이 미륵사상(彌勒思想)이었다는 점[52]도 눈여겨볼 만하다. 같은 시기 신라에서도 마찬가지였지만 북위(北魏) 효문제(孝文帝)가 낙양(洛陽)으로 천도한 후 크게 유행하는 것 역시 바로 이 미륵사상이기 때문이다.[53] 다시 말해서 왕권 강화와 관련이 있는 미륵사상[54]이라는 새로운 불교 사상이 바야흐로 백제에서도 유행하게 된 것이다.

이렇게 성왕(聖王)은 천도를 통해 왕권을 더욱 공고히 하고자 했고, 불교는 그러한 왕권 강화를 위한 사상적 뒷받침 역할을 했던 것으로 생각된다. 그런 점에서 도성 내의 사찰은 왕권 강화 정책의 소산물로 생각된다.

물론 그렇다고 해서 사비도성 내의 사찰이 모두 왕, 혹은 왕실과 관련 있다는 뜻은 아니다. 부소산 폐사지(廢寺址)와 능산리사지(陵山里寺址)처럼 왕실과 관련된 것도 있지만 사택지적비(砂宅智積碑)에서 보듯이 당대의 유력 귀족들도 각자의 사찰을 조영할 수 있었다.[55] 따라서 도성 내에 남아 있는 사찰 중에는 귀족의 사찰도 있었을 것이다. 아울러 이러한 귀족에 의한 사찰 창건은 천도와 성왕의 왕권 강화 정책에 반감을 갖고 있던 일부 귀족

---

52) 이 때 백제에서 彌勒思想이 크게 유행하였음은 『三國遺事』 卷 3, 「塔像」의 "彌勒仙花 未尸郞 眞慈師"의 내용으로 짐작해 볼 수 있다.

53) 鎌田茂雄, 「南北朝의 佛教」, 『東アジア世界における日本古代史講座』 4(朝鮮三國と倭國), 學生社, 1980, 157~158쪽.

54) 金杜珍, 「불교의 수용과 고대 사회의 변화」, 『韓國古代史論』, 한길사, 1988, 183쪽.
한편, 일부에서는 觀勒의 말을 빌어 백제에 불교가 전래된 것이 524년 경이라고 보는 견해가 있는데, 백제에 불교가 初傳된 것이 枕流王 때가 분명한 이상 觀勒의 말은 그 시기에 새로운 불교의 전래를 의미하는 것이 아닌가 생각된다. 그렇다면 이 제 2의 불교전래는 北魏佛敎였던 것 같고, 이로써 聖王代 이후 불교가 성행한 이유와 泗沘時代의 백제 불상이 北魏佛 계통인 것도 어느 정도 설명될 수 있지 않을까 생각된다.

55) 砂宅智積碑에는 보이는 "穿金而建珍堂 鑿玉而立寶塔"은 사찰을 세운 것을 의미하는 것으로 생각된다(辛鍾遠, 「백제 불교미술의 사상적 배경」, 『百濟彫刻과 美術』, 公州大博物館, 1991, 62쪽).

들의 불만을 해소하는 기능도 했을 것이다. 그런 점에서 이 시기에 성행한 미륵신앙(彌勒信仰)을 다시 한번 주목해 볼 필요가 있다. 원래 미륵신앙이라는 것이 전륜성왕(轉輪聖王)을 강조함으로써 왕권 강화를 뒷받침해 주기도 하지만 다른 한편으로는 귀족들에게도 호감을 줄 수 있는 요소들을 많이 포함하고 있기 때문이다.[56]

결국 성왕은 천도를 통해 왕권을 강화하고, 미륵사상(彌勒思想)에 입각한 사상의 통일과 영토확장의 의지를 다지는 등 웅진시대와는 전혀 다른 사회를 건설하고자 했던 것으로 생각된다. 그리고 불교는 바로 그러한 성왕의 의지를 뒷받침해 주는 사상적인 토대였던 셈이다.

세 번째는 도성 내에 5부(部) 5항(巷)제가 실시되면서 정연한 도시 건설이 이루어졌다는 사실이다.

사비도성에 5부(部), 5항(巷)제가 실시되었다는 것은 『주서(周書)』, 『북사(北史)』, 『수서(隋書)』, 『한원(翰苑)』의 기록을 통해서 확인할 수 있다. 수도 5부의 존재는 웅진시대부터 확인되는 것인데,[57] 사비시대에는 웅진시대와 달리 5부에 속한 각 성씨(姓氏)의 거주지가 일정하게 나타나고 있다.[58] 그런 점에서 이 도성 내 5부제는 제귀족(諸貴族)을 수도에 정주(定住)하게 하고, 부명(部名)을 관명(官名)에 관칭(冠稱)함으로써 대소귀족(大小貴族)의 주거지 또는 주처지(住處地)를 표시케 하여 귀족들에 대한 통제를 용이하게 하기 위해 취해진 조치로 생각된다.[59]

이러한 조치를 통해 성왕은 종래에 귀족들이 갖고 있던 족적기반(族的基盤)을 약화시킬 수 있었을 것이다. 따라서 당시의 귀족들은 이러한 부명(部名)을 관칭(冠稱)하기 보다는 역시 자기의 출신지를 더 선호했던 것 같다.

---

56) 李基白, 「新羅 初期 佛教와 貴族勢力」, 『震檀學報』 40, 1975 ; 『新羅思想史研究』, 一潮閣, 1991, 80~87쪽.

57) 이에 대해서는 1절 참조.

58) 金英心, 『百濟 地方統治體制 研究』, 서울大大學院博士學位論文, 1997, 207쪽.

59) 盧重國, 『百濟政治史研究』, 一潮閣, 1988, 169쪽.

예를 들어 사택지적비(砂宅智積碑)에서 보면 사택지적(砂宅智積)은 자신이 나지성(奈祇城) 사람임을 명확히 밝히고 있다.[60] 이러한 사실은 당시 귀족들이 부명(部名)을 관칭(冠稱)하기를 꺼려했음을 의미하는 것이며, 반대로 여기에서 보이는 부(部)나 항(巷)의 존재가 왕의 입장에서는 국왕 중심의 정치를 운영하고자 했던 의지의 표출이었음을 방증해 준다고 생각된다. 웅진시대의 5부와 사비시대의 5부는 다 같은 5부 였지만 근본적으로 성격에 차이가 있었던 셈이다.

결국 성왕은 신분에 따라 일정한 거주처를 규정함으로써 예치(禮治)의 기초 위에 운영되는 사회를 꿈꾸었던 것으로 생각된다. 원래 이러한 예제(禮制)의 계획질서는 그 자체 도성의 계획 논리이자 성곽의 성격을 설명하는 것이기도 한데,[61] 백제에서도 사비 천도와 더불어 『주례(周禮)』에 입각한 정치이념을 표방하고자[62] 했던 것으로 이해된다.

---

60) 이에 대하여 盧重國은 砂宅智積이 奈祇城으로 은퇴한 다음에 비석을 만든 것이라 하여 여기에서 보이는 奈祇城을 은퇴지로 보고 있는 듯하다(盧重國,「百濟王室의 南遷과 支配勢力의 變遷」,『韓國史論』 4, 서울大國史學科, 1978, 99쪽). 그러나 奈祇城으로 은퇴한 다음에 이 비석을 세운 것이라면 당연히 비석은 奈祇城地域에서 발견되었어야 할 것이다. 그런데 이 비석이 발견된 곳은 부여읍내다(洪思俊,「百濟 砂宅智積碑에 대하여」,『歷史學報』 6, 1954, 376~380쪽). 그것은 砂宅智積이 말년에 거처하던 곳이 泗沘라는 뜻이고, 그렇다면 여기에서 보이는 奈祇城은 그의 출신이라고 보아야 할 것이다.

사실, 종래에 沙氏세력의 근거지를 부여지역으로 추정하는 근거 중의 하나가 이 砂宅智積碑였는데, 여기에서 보이는 奈祇城地域이 어디인지는 정확하지 않다. 이 奈祇城을 扶餘 恩山으로 보는 견해가 있는데(洪思俊, 위의 논문, 378쪽), 沙法名에게 '行征虜將軍邁羅王'이라는 작호가 내려지는 것으로 보아 '邁羅'지역으로 보면 어떨까 생각된다. 邁羅가 부여와 가까운 지역임은 宮南池에서 출토된 木簡을 통해 알 수 있다.

61) 賀業鉅 著, 成周鐸 · 美鍾元 譯,「中國의 古代 都城 - 古代의 都城計劃 -」,『東洋 都市史 속의 서울』, 서울市政開發硏究院, 1994, 13쪽.

62) 李基東,「百濟國의 政治理念에 대한 一考察」,『震檀學報』 69, 1990 ;『百濟史硏究』, 一潮閣, 1997, 161~181쪽.

2. 왕궁의 위치

(1) 기존 견해의 검토

왕궁 및 왕성의 위치는 도성을 구성하고 있는 여러 요소 중 가장 핵심적인 요소다. 도성의 성격이 바로 왕성에 반영되어 있다고 해도 과언이 아니기 때문이다. 따라서 사비도성을 이해하기 위해서는 왕궁 및 왕궁을 에워싸면서 축조된 왕성의 위치를 확인해 볼 필요가 있다.

사비시대 왕궁의 위치를 확인하기 위해서는 먼저 다음과 같은 『삼국사기』 「백제본기」 기록을 참고할 필요가 있다.

E. ① 武王 35年 三月 鑿池於宮南 引水 二十餘里
　　② 義慈王 15年 春二月 修太子宮極侈麗 立望海亭於王宮南
　　③ 義慈王 20年 九月 宮中槐樹鳴如人哭聲 夜鬼哭於宮南路

여기에서 보면 모두가 왕궁의 남쪽에서 일어난 사건을 적고 있음을 알수 있다. 왕궁을 기준으로 기록한 내용 중에는 이렇게 그 남쪽에서 일어난 사실만 있지 다른 방향의 것은 보이지 않는다. 이러한 사실로 볼 때 일단 사비도성의 왕궁은 시내 북쪽에 있었던 것으로 생각된다.[63]

사실, 종래에 이러한 사실에 착안하여 부여읍내의 최북단에 해당되는 부소산성(扶蘇山城) 남록(南麓)을 유력한 왕궁 후보지로 꼽아왔다.[64] 더구나이 지역에서는 백제시대 연못터의 일부도 확인되어[65] 이곳을 왕궁지로 보는 견해에 대해서는 별다른 이견이 없는 것처럼 보인다.[66]

---

63) 尹武炳, 「百濟王都 泗沘城研究」, 『學術院論文集』 33輯(人文社會科學篇), 1994, 93쪽.
64) 忠南大百濟硏究所, 『扶餘地區 遺蹟調査 및 整備計劃案』, 1978, 25쪽.
65) 尹武炳, 『扶餘 官北里百濟遺蹟 發掘報告』(Ⅰ), 忠南大博物館, 1986.
　　尹武炳, 『扶餘 官北里百濟遺蹟 發掘報告』(Ⅱ), 忠南大博物館, 1999.

<사진 19>
왕궁지로 추정
되어 온 관북리유적

확실히 부소산 남록(南麓)의 관북리(官北里) 일대는 사비시대 왕궁지를 탐색할 때 1차적으로 고려해야 할 지역임에 틀림없다. 더구나 여기서부터 시작된 도로가 부여읍내를 남북으로 관통하여 현재의 정림사지(定林寺址) 옆으로 해서 궁남지(宮南池)까지 이어지고 있다는 사실은 이 도로망의 비중을 단적으로 말해주는 것에 다름아니다.[67]

그러나 이곳을 곧바로 왕궁지로 단정하기에는 다음과 같은 몇 가지 문제가 있어 보인다.

첫째, 왕궁을 에워싸고 있어야 할 성벽이 없다는 사실이다. 왕궁은 도성 내에서 가장 핵심적인 위치이기 때문에 왕궁을 둘러싼 이른바 '내성(內城)'이 있어야 한다. '좌조우사(左祖右社)', '면조후시(面朝後市)'는 바로 이 내성을 기준으로 한 것이다. 그래서 그런지 실제로 외곽성(外廓城)이 없는 도성

---

66) 成周鐸, 『百濟城址硏究』, 東國大大學院博士學位論文, 1984, 114쪽.

尹武炳, 「泗沘都城에 대하여」, 『百濟硏究』 19, 忠南大百濟硏究所, 1988, 27쪽.

田中俊明, 「王都로서의 泗沘城에 대한 豫備的 考察」, 『百濟硏究』 21, 忠南大 百濟硏究所, 1990, 167쪽.

朴淳發, 「百濟都城의 變遷과 特徵」, 『韓國史의 理解』(重山鄭德基博士華甲紀念韓國史學論叢), 1996, 135쪽.

67) 尹武炳, 앞의 주63)의 論文, 1994, 121~122쪽.

朴淳發, 「泗沘都城의 構造에 대하여」, 『百濟硏究』 31, 忠南大百濟硏究所, 2000, 123쪽.

은 있어도 내성 = 왕성이 없는 도성은 없다. 그런데 지금까지의 인식대로라면 유독 사비도성만은 내성, 즉 왕성이 없게 된다. 한성시대나 웅진시대에 없던 외곽성 = 나성을 축성했음에도 내성 = 왕성을 축성하지 않았다는 것은 이해하기 어려운 부분이 아닐 수 없다.

이러한 사실을 의식한 듯 최근에는 이 일대에 '아니성(阿尼城)', 다시 말해서 '내성(內城)'이라는 것이 있었을 것으로 추정하는 견해가 제기되었다.[68] 이것은 물론 '아니성(阿尼城)'이라는 명문와편(銘文瓦片)[69]을 근거로 한 것인데, 이 명문와(銘文瓦)가 백제 것이 아니라는 것도 문제지만 부소산성 남쪽에서 그와 같은 성벽의 흔적이 발견된 바 없다는 것이 더 큰 문제다.

둘째, 발굴조사가 이루어졌으나 왕궁지로 볼 만한 적극적인 자료가 발견되지 않는다는 사실이다. 이 부소산 남록(南麓)에 대해서는 1982~1983년의 조사를 시작으로 전후 7차례의 조사를 집중적으로 벌였지만[70] 왕궁지로 볼 만한 적극적인 흔적은 아직 발견하지 못하였다. 물론 조사된 지역보다 더 넓은 주변지역이 남아 있기는 하지만 시가지를 남북으로 관통하는 도로망이 발견되었는데도 왕궁지가 확인되지 않았다는 것은 문제가 아닐 수 없다.

도성 내에서 가장 중요한 구조물은 왕궁이다. 따라서 도성 내의 도로망은 왕궁을 중심으로 전개되는 것이 원칙이다. 이른바 '구경구위(九經九緯)'라는 것은 이러한 왕궁을 중심으로 펼쳐져 있는 도로망을 설명하는 것이다.[71] 따라서, 부소산 남록(南麓)에서 발견된 도로가 성 내에서 가장 큰 남북대로가 분명하다면,[72] 그 주변에서 왕궁지를 발견하지 못했다는 것은 발굴 면적에 관계없이 의문이 아닐 수 없다.

---

68) 田中俊明, 「王都로서의 泗沘城에 대한 豫備的 考察」, 『百濟研究』 21, 忠南大百濟研究所, 166~168쪽.

69) 洪思俊, 「百濟城址研究」, 『百濟研究』 2, 忠南大百濟研究所, 1971, 122쪽.

70) 尹武炳, 앞의 주 65)의 報告書, 忠南大博物館, 1985.
    尹武炳, 앞의 주 65)의 報告書, 忠南大博物館, 1999.

71) 賀業鉅 著 · 尹正淑 譯, 『중국 도성제도의 이론』, 이회, 1995, 41쪽.

72) 尹武炳, 앞의 주 65)의 報告書, 1999, 11~12쪽.

(2) 왕성(王城)과 왕궁(王宮)

앞서 살펴본 것처럼 종래에 왕궁지로 추정되어 오던 부소산 남록에서는 왕궁과 관련된 별다른 시설물을 찾지 못하였다. 따라서 왕궁의 위치는 다시 검토할 필요가 있다. 그런 점에서 부소산성을 주목할 필요가 있다.

종래에 이 부소산성은 부소산 남록에 왕궁지가 있었다는 주장의 연장선에서 왕궁지의 배후에 있는 후원(後苑),[73] 내지는 단순한 도피성(逃避城)으로 보아왔다.[74] 이러한 견해에 따르면 결국 왕궁 주변에는 왕성을 쌓지 않고 후원(後苑)이나 유사시에 도망해 들어갈 곳에는 성곽을 쌓았다는 것인데, 이 점은 쉽게 납득하기 어렵다.

그런데 후원이나 도피성이라는 종래의 인식을 떠나 부소산성을 살펴보면 입지조건이 공산성(公山城)과 너무나도 흡사하다는 사실이 일단 주의를 끈다. 즉, 부소산성과 공산성은 다 같이 금강의 남쪽에 자리하고 있고, 동서로 가로지르는 나지막한 두 개의 봉우리를 에워싸면서 축성되었다. 성벽은 포곡식의 형태를 하고 있고, 규모 또한 거의 비슷하다. 남쪽이 높고 북쪽이 낮은 남고북저형(南高北低形)으로 축성된 것까지 동일하다. 위치가 부여와 공주라는 차이가 있고, 평면 형태에 있어서 약간의 차이가 있지만 양자는 동일한 목적하에 축성된 동일한 성격의 산성이라고 보아도 큰 무리가 없어 보인다.

이러한 사실은 한성시대의 왕성인 몽촌토성(夢村土城)에서도 확인된다. 원래 백제에서는 강남에, 그리고 평지보다 약간 나지막한 구릉 위에 왕성을 축조하는 것이 전통이었던 것으로 생각된다. 따라서 만약 공산성을 웅진시대 백제의 왕성이라고 한다면,[75] 부소산성을 사비도성의 왕성이라고 해도

---

73) 成周鐸,「百濟 泗沘都城 硏究」,『百濟硏究』13, 忠南大百濟硏究所, 1982, 40쪽.

74) 田中俊明, 앞의 주 (68)의 論文, 1990, 179쪽.

75) 安承周・李南奭,『百濟 推定王宮址 發掘調查報告書』, 公州大學校博物館, 1987.

　　俞元載,「百濟 熊津城 硏究」,『國史館論叢』45, 1993 ;『熊津百濟史硏究』, 주류성, 1997, 137쪽.

큰 무리가 없어 보인다.

그런 점에서 다음과 같은 기록은 이러한 주장이 크게 잘못된 것이 아님을 뒷받침해 주는 것으로 생각된다.

F. 括地志曰 百濟王城 方一里半 北面累石爲之 (『翰苑』 卷 30, 「蕃夷部」, 百濟)

G. ① 直趣其都 去城二十許里 賊傾國來拒 大戰破之 殺虜萬餘人 追奔入郭
其王義慈及太子隆奔于北境 定方進圍其城(『舊唐書』 卷 83, 「列傳」, 蘇定方)
② 夏四月 震宮南門(『三國史記』 卷 27, 武王 13年條)

사료 F는 사비시대 백제 '왕성'을 설명한 것이다. 그런데, 여기서 말하는 '왕성'이란 바로 현재의 부소산성을 가리키는 것이 분명하다. 우선, '方一里半'의 규모는 부여에서 부소산성밖에 없다.[76] "北面累石爲之" 하였다는 설명 또한 부소산성의 실상과 잘 부합된다. 부소산성은 토성(土城)이지만 북문지(北門址) 서쪽 성벽만은 토성의 외측면에 작은 할석을 이용하여 230cm의 석축시설을 하고 있기 때문이다.[77] 그렇다면 부소산성은 당시 '왕성'으로 불려졌음을 알 수 있다.

이러한 사실은 사료 G-①에서도 확인된다. 여기에서 보면 당군(唐軍)은 사비도성에 도착한 다음 먼저 '곽(郭)', 즉 외곽성(外郭城＝羅城)을 통과하고, 이어서 '성(城)', 즉 내성(內城)에 접근하였음을 알 수 있다. 따라서 여기에서

李南奭, 「百濟熊津城인 公山城에 대하여」, 『馬韓百濟文化』 14輯, 圓光大馬韓百濟文化研究所, 1999, 53~73쪽.
76) 徐程錫, 앞의 주 18)의 論文, 湖西考古學會, 2000, 52쪽.
77) 崔孟植, 「泗沘都城과 扶蘇山城의 最近 成果」, 『사비도성과 백제의 성곽』, 書京文化社, 2000, 135쪽.

보이는 '성'이라는 것은 앞서『한원(翰苑)』에서 본 '왕성'과 마찬가지로 부소산성을 의미하는 것이 분명하다. 다시 말해서 적어도 중국인들은 부소산성과 나성을 '내성'과 '외곽'으로 정확하게 인식하였고,[78] 그 때문에 특별히 성곽을 갖추 사비시대 백제 왕도를 '도성(都城)'이라고 불렀던 것이다.

이처럼 부소산성이 왕성인 것이 분명한데도 왕궁을 부소산성 밖에서 찾는 것은 이해하기 어렵다. 왕성이란 왕, 혹은 권력자가 항시 거주하기 위하여 사용한 성곽[79]을 의미하는 것이기 때문이다. 더구나 월성(月城)의 존재를 통해서 볼 때 삼국시대 산성들 중에는 왕성으로 가능했던 성곽도 포함되어 있었다.[80]

사료 G-②도 주목해 볼 필요가 있다. 여기서 보면 왕궁에는 남문(南門)이 있었던 것을 알 수 있다. 왕궁은 성벽으로 둘러싸여 있었고, 여기에 있었던 왕성 남문에 벼락이 떨어졌다는 뜻이다. 이렇게 되면 왕궁은 왕성 안에 있었음이 입증된다. 그렇다면 궁성(宮城) 안에 있었다는 왕궁은 사료 F에서 보듯이 부소산성 안에 있지 않으면 안된다. 적어도 부여 시내에서 '내성(內城)'의 존재를 인정할 만한 것으로는 부소산성밖에 없기 때문이다.

실제로 이러한 성문의 존재는『구당서(舊唐書)』권 83, 「소정방열전(蘇定方列傳)」에 "定方命卒等城建幟 於是泰開門頓頚"이라는 기록을 통해서도 확인할 수 있다.

부소산성을 주목하는 또 다른 이유는 사비도성 내에서 가장 먼저 축조가 이루어진 것이 부소산성이기 때문이다. 부소산성의 축성 시기에 대해서는 여러 가지 의견이 있지만 어느 쪽이 되었든 사비도성을 구성하고 있는 여러 요소 중에서 가장 먼저 축성된 것에 대해서는 의견을 같이하고 있다. 그렇다면 후원(後苑)이나 도피성(逃避城)을 도성 건설에 있어서 가장 먼저 축성한 셈인데, 이 또한 납득하기 어렵기는 마찬가지다.

---

78) 田中俊明, 앞의 주 68)의 論文, 1990, 166쪽.
79) 尹武炳,「山城·王城·泗沘都城」,『百濟研究』21, 忠南大百濟研究所, 1990, 9쪽.
80) 尹武炳, 위의 주 79)의 論文, 1990, 8쪽.

당 유인원기공비(劉仁願紀功碑)가 바로 부소산성 안에 자리하고 있었다는 사실도[81] 주목할 필요가 있다. 유인원(劉仁願)은 660년에 소정방(蘇定方)과 함께 사비도성을 함락시키고, 소정방이 귀국한 다음에는 사비도성을 지키던 실질적인 총사령관이었다. 그런 유인원의 기공비(紀功碑)가 부소산성 내에 자리하고 있었다는 것은 부소산성이 단순한 왕궁의 후원이거나 방어용의 도피성(逃避城)이 아님을 반증하는 것으로 생각된다.

부소산 폐사지(廢寺址)와 같은 사지(寺址)가 부소산에 있다는 사실도 주목된다. 이 부소산 폐사지는 일제 때 간단한 조사가 이루어진 후[82] 1980년에 다시 재조사가 이루어졌는데,[83] 강당(講堂)의 존재가 보이지 않는 것이 특징이다. 많은 사람이 모일 필요가 없었음을 의미한다는 점에서 왕실과 관련이 있는 사찰로 보고 있다.[84]

사실, 이 부소산 폐사지에서는 규모에 걸맞지 않게 벽화편(壁畵片)과 금동제풍탁수하식(金銅製風鐸垂下飾), 석제동단식와(石製棟端飾瓦), 금동제(金銅製) 허리띠 장식 등 화려한 유물들이 출토되었다.[85] 더구나 이 폐사지는 입지(立地)가 다른 백제 사찰과는 전혀 다르다. 지금까지 발굴조사를 통해 알려진 백제 사찰은 모두가 평지에 자리하고 있지만, 이 부소산 폐사지만큼은 산지(山地)에 자리하고 있다. 따라서 이러한 입지상의 차이 역시 이 사찰이 일반 다른 사찰과는 성격을 달리하는 것, 다시 말하면 왕실과 관련이 있는 것임을 의미하는 것으로 이해된다.

부소산성을 주목하고 싶은 또 다른 이유는 부소산성 내에서 많은 양의 금동불(金銅佛)이 발견되었기 때문이다. 지금까지 부소산성 내에서는 보물 제

---

81) 金英心, 「4. 唐 劉仁願紀功碑」, 『譯註 韓國 古代 金石文』 제1권, 1997, 477쪽.

82) 國立中央博物館, 「博物館新聞」 92호, 1979년 2월호.

83) 申光燮, 「扶餘 扶蘇山廢寺址考」, 『百濟硏究』 24, 忠南大百濟硏究所, 1994.
　　申光燮, 「扶蘇山城 - 廢寺址 發掘調査報告 -」, 『扶蘇山城發掘調査報告書』, 國立文化財硏究所, 1996, 15~81쪽.

84) 申光燮, 위의 주 83)의 論文, 1994, 93쪽.

85) 申光燮, 앞의 주 83)의 報告書, 1996, 36~56쪽.

〈사진 20〉
부소산성 출토 정지원명금동여래삼존입상

196호로 지정된 정지원명금동여래삼존입상(鄭智遠銘金銅如來三尊立像)[86] 을 비롯하여 부여박물관에 소장되어 있는 반가석상(半跏石像), 그리고 최근 에 발견된 백제금동반가사유상(百濟金銅半跏思惟像)[87] 등 모두 3구(軀)의 불상이 발견되었다. 이러한 불상의 수는 백제 사지(寺址)를 제외하고는 가장 많은 출토품이다. 부소산성이 단순히 피난성(避難城)이나 후원(後苑)이 아니 라 최고 권력자의 생활 공간이었음을 의미하는 것이다.

물론 이에 대해서는 의문을 제기할 수도 있다. 부소산성 내에 왕궁이 들 어설 만한 평탄한 지형이 부족하다는 점이다.[88] 그러나 이러한 의문이 곧바

---

86) 文明大, 「百濟佛像의 形式과 內容」, 『百濟의 彫刻과 美術』, 公州大博物館, 1991, 93~95쪽.
87) 鄭永鎬, 「百濟金銅半跏思惟像의 新例」, 『文化史學』 3號, 1995, 11~49쪽.
88) 成周鐸, 「百濟 泗沘都城 再齣」, 『國史館論叢』 45, 1993, 117쪽.
   尹武炳, 「百濟 王都 泗沘城 研究」, 『學術院論文集』 33, 1994, 119쪽.

로 부소산 남록(南麓)에 왕궁이 있었음을 입증하는 자료가 되는 것은 아니다.[89] 적어도 부소산성이 사비시대 백제 왕성이 분명하다면 왕궁은 자연히 그 안에서 찾아야 할 것이다.

3. 사비도성의 축조 시기

(1) 기존 견해의 검토

사비도성의 축조 시기를 밝히는 것은 천도의 배경과 목적을 이해할 수 있는 중요한 단서가 된다. 따라서 이 문제에 대해서는 그 동안 다양한 의견이 제시되었다. 그 중에는 서로 상당히 큰 견해 차이를 보이고 있는 부분도 있고, 일치된 견해를 보이고 있는 부분도 있다.

물론, 의견의 일치를 보고 있는 부분이라고 해서 모든 의문이 해결된 것은 아니다. 예를 들어 『삼국사기』 권 26, 「백제본기」 동성왕조에 나오는 다음과 같은 기록을 보자.

사실 扶蘇山城 내부의 공간이 부족하다는 것은 실제로 扶蘇山城이 산성이라서 제기된 의문점일 수도 있지만 보다 더 큰 원인은 扶蘇山城이 포곡식산성과 테뫼식산성으로 결합된 複合式山城이라고 본 데에 있었다. 따라서 扶蘇山城이 複合式山城이 아니고, 扶蘇山城에 남아 있는 테뫼식산성 또한 후대의 것임이 밝혀진 이상 이 문제는 새롭게 검토해 볼 필요가 있지 않나 생각된다.

[89] 金英心은 中國 史書에 보이는 '王城'이 扶蘇山城임을 인정하면서도 王宮과 官衙는 扶蘇山의 南麓에 있다고 하였다(金英心, 「百濟의 支配體制 整備와 王都 5部制」, 『百濟의 地方統治』, 學研文化社, 1998, 129쪽). 그러나 왜 王宮이 南麓에 있다고 하는 것인지에 대해서는 별다른 설명이 없다. 아마도 종래의 통설을 그대로 따른 결과가 아닌가 생각되는데, 그러나 '王城'이라는 것이 '王'이 거주하는 '城'이고(尹武炳, 「山城·王城·泗沘都城」, 『百濟研究』 21, 忠南大百濟研究所, 1990, 8~9쪽), 扶蘇山城이 王城이라면 당연히 王宮은 扶蘇山城 內에 있어야 되는 것이 아닐까 생각된다.

H. ① 12年 王田於國西泗沘原

　② 23年 10月 王獵於泗沘東原

　③ 23年 11月 王獵於熊川北原 又田於泗沘西原

사료 H는 동성왕대에 집중적으로 나타나는 전렵기사(田獵記事)인데, 종래에는 이 기사에 주목하여 사비 천도를 위한 준비 단계를 암시하는 것으로 보아왔다.[90] 그리고 이러한 주장은 별다른 이견 없이 그대로 받아들여지고 있다.[91]

뿐만 아니라 여기서 한 발 더 나아가 동성왕 8년에 축성하였다는 우두성(牛頭城)[92]을 현재의 부소산성으로 보고, 이 때부터 사비 경영이 시작되었다고 보는 견해도 있다.[93] 이러한 견해에 따르면 부소산성의 축성 시기는 동성왕 8년, 즉 486년이 되는 셈이다.

비록 이것이 아니더라도 가림성(加林城)을 축조하는 동성왕 23년이 되면 사비 천도를 위한 준비 조치가 취해지는 것으로 보기도 한다.[94]

이렇게 사비 천도와 관련하여 모두가 동성왕대(東城王代)를 주목하여 왔다. 천도와 관련된 움직임이 동성왕 때부터 시작되었을 개연성(蓋然性)을 전혀 부정할 수는 없는 것이지만 동성왕 때에 천도를 위한 축성이 시작되었다거나, 준비작업이 시작되었다는 견해에는 선뜻 찬성하기에 주저되는 바가 없지 않다. 동성왕 때에는 사료 H와 같은 기사도 있지만 동왕(同王) 8년에는 "重修宮室"의 기사가 있고, 또한 20년에는 "設熊津橋"하고 있기 때

---

90) 盧重國, 「百濟王室의 南遷과 支配勢力의 變遷」, 『韓國史論』 4, 서울大國史學科, 1978, 93쪽.

91) 成周鐸, 『百濟城址硏究 – 都城址를 中心으로 –』, 東國大大學院博士學位論文, 1984, 120쪽.
　　田中俊明, 앞의 주 68)의 論文, 1990, 163쪽.
　　朴淳發, 앞의 주 66)의 論文, 1996, 124쪽.

92) 『三國史記』 卷 26, 「百濟本紀」, 東城王 8年條. "秋七月 重修宮室 築牛頭城"

93) 沈正輔, 「百濟 泗沘都城의 築造時期에 대하여」, 『사비도성과 백제의 성곽』, 서경문화사, 2000, 70쪽.

94) 尹武炳, 앞의 주 88)의 論文, 1994, 91쪽.

문이다.

여기에서 보이는 웅진교(熊津橋)의 가설(架設)은 최초의 교통로 정리 기사로서 통치구획에 대한 정비를 단행했음을 시사하는 것으로,[95] 왕도를 정비하여 통치에 효율을 꾀한 것으로 생각된다.[96] 그런 점에서 동성왕대까지는 오히려 천도할 계획이 없었음을 반영하는 것으로 생각된다.

동성왕을 뒤이어 등극한 무령왕대(武寧王代)에도 천도와 관련한 어떠한 움직임도 찾아볼 수 없다. 오히려 재위 10년에 내린 "下令完固堤防 驅內外遊食者歸農"의 조치는 역시 천도의 의지가 없었음을 의미하는 것으로 이해된다.

이처럼 사료 H만을 근거로 동성왕 때에 천도를 위한 준비작업이 진행되었다고 보기에는 부족한 점이 더 많아 보인다. 그런 점에서 사비로의 천도 계획이 실제로 언제부터 시작되었을까 하는 문제는 새롭게 검토해 볼 필요가 있어 보인다.

(2) 축성 시기의 검토

천도 배경에서도 보았듯이 사비도성은 그 자체 전제왕권(專制王權)의 모습을 보여주고 있다. 그런 점에서 사비 천도를 계획하고 그것을 실행에 옮길 수 있는 인물은 그러한 전제왕권을 이룩한 왕이어야 한다.

또 한 가지는, 한성(漢城)에서 웅진(熊津)으로의 천도가 급박한 상황 속에서도 나름대로 치밀한 계산하에 이루어진 것이라면,[97] 사비로의 천도 시기는 웅진 천도의 목적이 달성된 다음이어야 할 것이다. 다시 말해서 웅진으로의 천도가 고구려의 남진을 방어하는데 가장 적합한 지역이었기 때문이

---

95) 金英心, 앞의 주 58)의 論文, 1997, 204쪽.

96) 이에 대해서는 1절 참조.

97) 姜仁求, 「中國墓制가 武寧王陵에 미친 影響」, 『百濟硏究』 10, 忠南大百濟硏究所, 1979, 101~102쪽.

라고 한다면, 웅진에서 사비로 다시 천도하기 위해서는 최소한 고구려의 위협에서 벗어난 다음이어야 할 것이다.

　그런 점에서 사비 천도를 정치 상황으로만 설명할 것이 아니라 군사적인 측면 역시 고려하지 않으면 안된다. 동성왕대에 사비 천도가 추진되었다고 보기 어려운 것도 그 때문이다.『삼국사기』권 26,「백제본기」동성왕조에 나와 있는 다음과 같은 기록은 그런 점에서 유념할 필요가 있다.

I. ① 4年 秋九月 靺鞨襲破漢山城
　② 6年 秋七月 遺內法佐平 沙若思 如南齊朝貢 若思至西海中 遇高句麗
　　　兵 不進
　③ 16年 秋八月 高句麗來圍雉壤城 王遺使新羅請救 羅王命將軍德智帥兵
　　　救之 麗兵退歸

　사료 I로 보는 한 동성왕대에 백제가 대고구려전(對高句麗戰)에서 우위에 있었다고 보기는 어려워 보인다. 그렇다면 동성왕대(東城王代)에는 웅진지역이 사비지역보다 수도로서의 매력이 더 큰 시기였다고 생각된다. 동성왕대에 천도를 위한 준비작업이 이루어졌을 것으로 보는데 주저하는 것도 그 때문이다.

　그럼, 실질적으로 천도를 위한 구체적인 행동이 실행에 옮겨진 시기는 언제부터일까.『삼국사기』권 26,「백제본기」무령왕대(武寧王代)의 기록을 보자.

J. ① 元年 冬十一月 遺達率優永 帥兵五千 襲高句麗水谷城
　② 2年 冬十一月 遺兵侵高句麗邊境
　③ 3年 秋九月 靺鞨燒馬首柵 進攻高木城 王遺兵五千擊退之
　④ 6年 秋七月 靺鞨來侵 破高木城 殺虜六百餘人
　⑤ 7年 冬十月 高句麗將高老與靺鞨謀 欲攻漢城 進屯於岳下 王出師戰

退之

⑥12年 秋九月 高句麗襲取加弗城 移兵破圓山城 殺掠甚衆 … 王出奇急
擊大破之

사료 J는 무령왕대에 고구려와 백제의 전투기사를 모아본 것인데, 이전
시기에 비해 고구려와의 전투에서 백제가 점점 우위에 서고 있음을 알 수
있다. 무령왕 21년조에 보이는 "累破高句麗"나 "更爲强國" 기사는 단순한
과장이 아니라 실제로 고구려에 대한 자신감의 표현이었던 것이다. 그런 점
에서 사비 천도의 시기는 적어도 무령왕 22년 이후로 보는 것이 타당하지
않을까 생각된다. 그렇다면 실질적으로 사비 천도가 계획되고, 또 그것이
추진될 수 있는 분위기가 조성된 것은 성왕대라고 보아진다.

성왕대에 실질적인 천도 움직임이 이루어졌다고 한다면 다음과 같은 기
록도 재음미해 볼 필요가 있을 듯하다.

K. 彌勒佛光寺事蹟云 百濟聖王四年丙午 沙門謙益 矢心求律 航海以轉至中
印度常伽那大律寺 … 百濟王以羽葆鼓吹郊迎 安于興輪寺 召國內名釋二
十八人 與謙益法師譯律部七十二卷 是爲百濟律宗之鼻祖也 於是 曇旭惠
仁兩法師 著律 三十六卷獻于王 王作毘曇新律序(『朝鮮佛教通史』上, 百
濟時代 聖王條)

여기에서 보면 성왕 때에 겸익(謙益)이 인도에서 율문(律文)을 가지고 돌
아와 율부(律部) 72권을 번역했음을 알 수 있다. 이 때에 성왕은 교외(郊外)
에까지 나아가 환영하였다. 성왕이 호불군주(好佛君主)임에는 틀림없지만
교외에까지 나아가 맞아들인 데에는 그럴 만한 이유가 있었다고 보아진다.
그것은 겸익에 의해 도입된 율부야말로 천도를 뒷받침해 줄 수 있는 사상
적인 지주였기 때문이 아니었을까 생각된다.

사실 백제 불교는 고구려나 신라와 달리 왕권을 뒷받침해 주는 성격이

그다지 크지 못했던 것이 특징이다.[98] 중국 남조(南朝)의 불교가 수용되면서 귀족 불교적인 성격이 강했기 때문이다. 백제에서 불교 공인시 신라에서와 같이 귀족들의 거센 반발이 없었던 것도 어쩌면 불교 수용 당시의 사회상의 차이도 있었겠지만 수용되었던 불교의 성격 자체에 차이가 있었던 것도 중요한 원인 중의 하나였음을 배제할 수 없다.

그런데 성왕대에는 불교가 처음 수용되던 시기와 달리 오히려 고구려나 신라에서 불교를 공인하던 시기와 유사한 분위기가 형성되었다. 『일본서기(日本書紀)』권 19, 「흠명기(欽明紀)」 2년조에 있는 다음과 같은 기록을 보자.

L. 聖明王曰 昔我先祖速古王 貴首王之世 安羅加羅卓淳旱岐等 初遣使相通
厚結親好 以爲子弟 冀可恒隆 … 圖建任那 旦夕無忘

앞에서도 보았듯이 백제의 전성기라고 할 수 있는 근초고왕(近肖古王)과 근구수왕대(近仇首王代)의 성시(盛時)를 회복해 보려는 성왕의 강한 의지를 읽을 수 있는 대목이다.[99] 자연히 백제에서도 불교 초전(初傳) 때와는 달리 신라에서와 같은 '왕즉불(王卽佛)' 사상의 불교가 필요하게 되었다. 이 시기에 백제에서 왕권 강화와 관련이 있는 미륵사상(彌勒思想)이[100] 유행한 것도 그 때문이다.[101]

이 시기에 들어 백제 불교의 성격이 변모된 모습을 『일본서기』권 19, 「추고기(推古紀)」 32년 4월 무신조(戊申條)에 보이는 기록을 통해서도 짐작해 볼 수 있다.

---

98) 金杜珍, 「百濟의 彌勒信仰과 戒律」, 『百濟 佛敎文化의 硏究』, 忠南大百濟硏究所, 1994, 59쪽.
99) 盧重國, 「百濟 王室의 南遷과 支配勢力의 變遷」, 『韓國史論』 4, 서울大國史學科, 1981, 95쪽.
100) 金杜珍, 「불교의 수용과 고대 사회의 변화」, 『韓國古代史論』, 한길사, 1988, 183쪽.
101) 이 때 백제에서 彌勒思想이 크게 유행한 사실은 『三國遺事』 卷 第三, 「塔像」 第四의 '彌勒仙花 未尸郎 眞慈師'의 내용으로 짐작해 볼 수 있다.

M. 夫佛法高西國至于漢 經三百歲 乃傳之至於百濟國而僅一百年矣 然我王
聞日本天皇之賢哲 而貢上佛像及內典 未滿百歲

이 기록은 한 승려가 도끼로 그 조부(祖父)를 때린 사건이 발생했을 때
백제승(百濟僧) 관륵(觀勒)이 올린 표문(表文)의 첫머리 부분이다. 그런데
여기서 보이는 "乃傳之至於百濟國而僅一百年矣"는 해석하기에 따라 524년
이나 452년이 될 수 있다. 따라서 침류왕(枕流王) 원년(元年 ; 384)이 아닌 이
시기를 실질적으로 백제에 불교가 전래된 시기로 보는 견해도 있다.[102]
그러나 백제에서 불교를 처음으로 수용한 시기가 침류왕 원년이라는 사
실은 『삼국사기』, 『삼국유사』, 『해동고승전(海東高僧傳)』 등 제사서(諸史書)
가 일치하고 있는 만큼 이러한 주장은 재고되어야 마땅하다.[103] 다만 이러
한 불교의 초전(初傳)과 관계없이 관륵(觀勒)의 설명을 좀 더 적극적으로
해석한다면 관륵이 말하는 시기에 제2의 불교 수용이 있었던 것으로 생각
해 볼 수 있지 않을까 싶다.
이러한 추론이 허용된다면 그 시기는 관륵의 설명처럼 524년 경이 될 것
이며, 이 때의 불교는 초전 불교와 달리 '왕즉불(王卽佛)' 사상을 강조하는
북위불교(北魏佛敎)였을 것으로 믿어진다. 이렇게 되면 성왕대 이후 백제에
서 불교가 크게 성행하게 된 이유와 성왕 이후의 백제 왕들이 불교를 빌어
권위를 과시하고자 했던 까닭, 그리고 사비시대에 나타나는 백제 불상이 모
두 북위불(北魏佛) 계통인 것을 적절히 설명할 수 있게 된다.
뿐만 아니라 당시 백제에서 성행한 미륵사상이 실은 북위(北魏)의 효문
제(孝文帝)가 낙양(洛陽)으로 천도한 이후 크게 유행하는 미륵사상과 맥을

---

102) 末松保和, 「新羅佛敎傳來傳說考」, 『新羅史の諸問題』, 1954, 212쪽.
　　 鎌田茂雄, 「朝鮮三國の佛敎」, 『東アジア世界における日本古代史講座』 4(朝鮮三國と倭國), 學
　　 生社, 1980, 179쪽.
　　 田村圓澄, 「百濟佛敎傳來考」, 『白初洪淳昶博士還曆紀念史學論叢』, 1982, 112～114쪽.
103) 李基白, 「百濟 佛敎 受容 年代의 檢討」, 『震檀學報』 71 · 72 合號, 1991.

〈사진 21〉
'대통'명 기와
(위 : 부소산성, 아래 : 대통사지)

같이한다는 흥미있는 사실[104]도 발견하게 된다.

요컨대 성왕은 천도를 통해 왕권을 더욱 공고히 하고자 했고, 불교는 그러한 왕권 강화를 위한 사상적인 뒷받침 역할을 하였다. 율부(律部)의 강조는 거기에 의미가 있었던 것이다.[105]

이러한 추측이 크게 잘못된 것이 아니라면 천도를 위한 가시적인 조치가 취해진 것은 겸익이 귀국한 이후가 되는 셈이다. 그런 점에서 사비 천도를 위한 본격적인 작업이 이루어지는 것은 역시 성왕 5년 이후가 아닌가 생각된다. 일찍이 부소산성의 성벽 조사시 발견된 '대통(大通)'명(銘) 인각와(印刻瓦)의 존재[106]도 이러한 추정을 뒷받침해 주는 방증자료가 될 것이다. 따라서 사비도성에 대한 본격적인 축성은 성왕 5년 이후부터 시작된 것으로

104) 鎌田茂雄, 앞의 주 102)의 論文, 1980, 157~158쪽.
105) 梁起錫, 앞의 주 20)의 論文, 1990, 151쪽.
106) 崔茂藏, 「扶蘇山城 推定 東門址 發掘略報」, 『百濟研究』 22, 忠南大百濟研究所, 1991, 131쪽.

〈사진 22〉
능산리고분군
(가운데 무덤이 성
왕릉으로 추정됨)

보고 싶다.[107]

부소산성의 축성 시기가 이렇게 된다면 사비도성의 축성 시기를 이 시기로 보아도 큰 잘못이 없을 듯하다. 앞서 설명한 대로 부소산성이 곧 사비도성의 왕성이라면 도성 축조에 있어서 가장 먼저 작업이 이루어진 것은 왕성이었을 것으로 보는 것이 자연스럽기 때문이다.

부소산성의 축성이 시축(始築) 시기를 말하는 것이라면 나성(羅城)의 축조는 곧 사비도성의 완성을 뜻하는 것이 된다.

종래 이 나성의 축조 연대에 대해서는 무왕 6년(605)이라는 주장이 제기된 바 있다.[108] 그러나 이러한 주장은 최근에 조사된 능산리사지(陵山里寺址)를 통해 볼 때 재고할 필요가 있다. 능산리사지에서 출토된 석제(石製) 사리감(舍利龕)의 존재로 보아 사찰이 세워진 것은 창왕(昌王) 13년(567)임

---

107) 朴淳發도 이 印刻瓦를 증거로 扶蘇山城의 始築 시점을 527~528년 이후로 보고 있으며(朴淳發, 앞의 주 66)의 論文, 1996, 126쪽), 成周鐸 역시 처음에는 東城王 23년을 전후한 시점에 扶蘇山城이 始築되었을 것으로 보았으나(成周鐸, 앞의 주 91)의 論文, 1984, 120쪽), 印刻瓦가 발견된 이후에는 분명하지는 않지만 대체로 527~528년 경, 즉 遷都 이전에 축조된 것으로 보고 있는 듯하다(成周鐸, 앞의 주 88)의 論文, 1993, 120~121쪽).
108) 成周鐸, 앞의 주 3)의 論文, 1982, 39쪽.

을 알 수 있는데, 그렇다면 적어도 나성의 축조는 567년 이전에 완성 되었다고 보아야 되기 때문이다.

한 발 더 나아가 능산리사지가 성왕의 넋을 추모하기 위한 것이라면[109] 성왕의 무덤은 능산리고분군에 있을 가능성이 크고, 나성의 축조 시기도 그만큼 더 소급해 볼 수 있다.

사실 사리감이 발견되기 이전부터 능산리고분군의 2호분(中下塚)은 성왕릉(聖王陵)일 것으로 추정되어 왔다.[110] 능산리사지의 발견은 이러한 추론이 단순한 추론이 아님을 입증시키는 중요한 자료가 되었다.

성왕이 554년 7월에 관산성(管山城) 전투에서 패사(敗死)하였고,[111] 무령왕(武寧王)처럼 3년상을 거쳐 556년 10월이나 11월 쯤에 능산리에 묻혔다고 한다면 적어도 그 이전에 나성은 축조되었을 가능성이 높아 보인다. 일반적으로 도성 내에는 일정한 규제가 있어 무덤이 존재하지 않기 때문이다.[112] 그렇다면 최소한 556년 이전의 어느 시기에 나성이 축조된 것으로 판단된다. 더구나 사료 C에서 보듯이 나성이 왕의 권위를 나타내는 것이라면 천도 이전에 축성이 완료되었다고 보는 것이 자연스러워 보인다.[113]

4. 사비도성의 구조

사비도성은 왕성으로서의 부소산성과 시가지를 에워싸고 있는 나성으로

---

109) 李道學, 『새로쓰는 百濟史』, 1997, 470쪽.
    金壽泰, 「百濟 威德王代 扶餘 陵山里寺院의 創建」, 『百濟文化』 27, 公州大百濟文化硏究所, 1998, 40쪽.
110) 姜仁求, 『百濟古墳硏究』, 一志社, 1977, 127쪽.
111) 『三國史記』 卷 26, 「百濟本紀」, 聖王 32年條. "秋七月 王欲襲新羅…新羅伏兵 發與戰爲亂兵所害薨"
112) 尹武炳, 「泗沘都城에 대하여」, 『百濟硏究』 19, 忠南大百濟硏究所, 1988, 27쪽.
113) 尹武炳과 田中俊明, 朴淳發도 遷都 이전에 羅城이 축조된 것으로 보고 있다.

구성되어 있다. 말 그대로 '내성(內城)', '외곽(外郭)'을 갖춘 '성곽(城郭)' 구조를 하고 있는 셈이다. 나성으로 둘러싸인 시가지는 다시 5부(部), 5항(巷)으로 나뉘어 있고, 그 안에 관서(官署)와 사원(寺院), 시조묘(始祖廟), 민가(民家), 시장(市場), 요지(窯址) 등 생활의 장(場)으로서 필요한 각종 시설물들이 자리하고 있었다.

여기에서는 이러한 여러 요소 중에서 왕성이었던 부소산성과 나성을 살펴보고, 시가지 구조에서 가장 핵심요소인 5부, 5항이 어떻게 편제되어 있었는지를 확인해 보고자 한다.

도성 내 시가지 구조를 이해하기 위해서는 문헌기록과 최근에 조사된 도로망을 면밀히 검토할 필요가 있다. 이러한 작업을 통해 사비도성 내 시가지의 구조가 구체적으로 밝혀진다면 천도의 목적이라든가 사비시대 백제 사회의 성격을 엿볼 수 있는 또 하나의 자료를 확보하게 될 것이다.

(1) 부소산성

부소산성은 이미 일제강점기 때부터 대표적인 백제 유적으로 알려져 있었

〈사진 23〉
부소산성 전경

지만[114] 그 당시는 매우 단편적인 사실을 확인하는 데 그쳤다. 그 후 1970년대 후반에 백제문화권 개발사업이 추진되면서 비로소 부소산성에 대한 새로운 관심을 갖게 되었다.[115] 1980년대에 들어와서는 〈표3〉에서 보는 바와 같이 매

〈표 3〉 부소산성 연도별 조사내용[116]

번호	調査年度	조사내용	참고문헌
1	1980	扶蘇山 西麓 百濟寺址	2)
2	1981~1982	軍倉터	2)
3	1983~1984	테뫼형산성내 竪穴住居址 및 그 주변	2)
4	1985	추정 西門址 주변	2)
5	1986~1987	테뫼형산성 백제 南門址	2)
6	1988~1991	百濟 東門址 및 그 주변	1)
7	1991	泗沘樓廣場 남동쪽 建物址	5)
8	1991	三忠祠 東北區間 土城調査	5)
9	1992	軍倉터 남쪽 台地	3)
10	1993	軍倉터 남쪽 台地 및 迎日樓 주변	3)
11	1994	軍倉터 주변 테뫼형산성	3)
12	1994	泗沘樓 남쪽 區間 土城調査	5)
13	1995	軍倉터 서쪽 統一新羅時代 테뫼형산성 北門址	3)
14	1996~1997	泗沘樓 동쪽 테뫼형산성	4)
15	1998	추정 北門址 西便	6)
16	1999	南門址 서쪽 百濟時代 雉城	6)

※ 참고문헌
1) 國立扶餘文化財硏究所,『扶蘇山城 發掘調査 中間報告』, 1995.
2) 國立文化財硏究所,『扶蘇山城 發掘調査報告書』, 1996.
3) 國立扶餘文化財硏究所,『扶蘇山城 發掘調査 中間報告』(Ⅱ), 1997.
4) 國立扶餘文化財硏究所,『扶蘇山城 發掘調査 中間報告書』(Ⅲ), 1999.
5) 國立扶餘文化財硏究所,『扶蘇山城 - 整備에 따른 緊急發掘調査 -』, 1999.
6) 崔孟植,「泗沘都城과 扶蘇山城의 最近 成果」,『사비도성과 백제의 성곽』, 서경문화사, 2000.

---

114) 關野貞,『朝鮮の建築と藝術』, 1941.
115) 忠南大百濟硏究所,『扶餘地區 遺蹟調査 및 整備 計劃案』, 1978.
116) 崔孟植,「泗沘都城과 扶蘇山城의 最近 成果」,『사비도성과 백제의 성곽』, 서경문화사, 2000, 130쪽.

년 연차적인 조사가 이루어져 부소산성에 대한 많은 사실을 알 수 있게 되었다. 여기에서는 축조기법을 중심으로 간단히 그 구조를 설명하고자 한다.

부소산성은 원래 군창지 소재의 테뫼식산성과 사비루(泗泚樓) 소재의 테뫼식산성, 그리고 이 두 개의 산성을 에워싼 포곡식산성(包谷式山城)으로 이루어진 것으로 알려져 왔다.[117] 테뫼식산성과 포곡식산성이 결합된 이른바 복합식산성(複合式山城)의 형태를 하고 있다고 보았던 것이다.[118]

그런데 1993~1994년에 걸쳐 실시된 군창지(軍倉址) 소재 테뫼식산성의 조사 결과, 이 테뫼식산성의 성벽이 종래의 인식과 달리 통일신라시대에 축성된 것으로 새롭게 밝혀졌다.[119] 또한, 1996년에 있었던 사비루(泗泚樓) 소재 테뫼식산성의 조사에서도 성벽에서 인화문토기편(印花紋土器片)과 '회

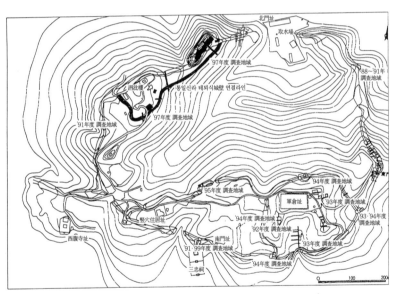

〈도면 17〉 부소산성 연도별 조사 위치도(崔孟植, 주 116), 2000에서)

---

117) 尹武炳,「扶蘇山城의 城壁調査」,『韓國考古學報』13, 1982, 123쪽.

118) 尹武炳・成周鐸,「百濟山城의 新類型」,『百濟研究』8, 忠南大百濟研究所, 1977, 9~22쪽.

119) 國立扶餘文化財研究所,『扶蘇山城 發掘調査 中間報告』(Ⅱ), 1997.

〈사진 24〉 부소산성 성벽

창(會昌) 7년'명(銘)의 명문와(銘文瓦)가 출토되어 847년을 전후한 통일신라 시대 성벽임이 확인되었다.[120] 부소산성의 성벽 중 백제시대에 축성된 것은 포곡식산성 하나뿐인 셈이다.

지금까지 부소산성의 성벽 조사에서는 다음과 같은 세 가지 축성법이 확인되었다.[121]

첫째는 석축시설 없이 순수한 판축에 의한 토루(土壘)로써 포곡식산성에서 확인되는 축성법이다. 생토면을 기저부(基底部)로 이용하여 약 130cm 간격으로 목주(木柱)를 두 줄로 세운 다음 그 내부에 불순물이 섞이지 않은 점토와 마사토를 교대로 쌓아 성벽을 완성하고 있다. 이 때 토사의 외부 밀림을 막기 위해 판목(板木)을 양쪽 측면에 세워 공간을 만들었으며, 그 사이를 다시 횡장목(橫長木)과 종장목(縱長木)으로 연결하고 있다. 이렇게 완성

120) 扶餘文化財研究所, 『扶蘇山城 發掘 中間報告書』(Ⅲ), 1999, 51~53쪽.
121) 金容民, 앞의 주 3)의 論文, 1997, 115~117쪽.

된 성벽의 안팎으로는 U자형의 구(溝)시설이 마련되어 있으며, 목주공(木柱孔)은 이 구시설(溝施設)의 중앙에 자리하고 있다. 내외 목주공의 폭은 580~640cm 정도인데, 이것이 결국 초축(初築) 성벽의 폭이 되는 셈이다. 성벽의 폭이 넓은 편이기 때문에 한번에 판축하지 못하고 2회에 걸쳐 나누어서 완성하였다.

두 번째 축성법은 토루의 하단부에 기초시설로서 석축이 마련되고, 그 위로 판축에 의한 토루가 축조되는 형태다. 이러한 축성법으로 축조된 토루에서는 와편(瓦片)과 토기편 등의 분순물도 출토되는데, 이것 역시 이러한 불순물이 전혀 섞이지 않은 첫 번째 축성법과는 약간 다른 모습이다. 또한 판축의 켜가 첫 번째 유형의 판축보다 덜 정교하고, 판축용 목주의 간격이 넓어지는 것도 차이점이다.

세 번째 유형은 두 번째 유형과 유사한 것인데, 판축기법이 약화되어 다짐층처럼 성토(盛土)하며 성벽을 축조하고 있는 것이 다른 점이다. 이러한 구간의 성벽 역시 기저부에 석렬(石列)이 자리하고 있는데, 보통 5~6단 정도에 이르고 있어 두 번째 유형의 성벽에서 보았던 2~3단의 석축보다 더 높아지고 있음을 알 수 있다.

이렇게 부소산성의 성벽에서는 각각 서로 다른 세 가지의 축성법이 확인된다. 그런데 이러한 축성법의 차이는 곧 축조 시기의 차이를 의미하는 것이다. 예를 들어 세 번째 유형과 같은 방법으로 축조된 성벽의 하단에서는 분청사기(粉靑沙器)가 출토되어 그것이 조선 초에 축조된 성벽임을 알 수 있었으며, 두 번째 유형의 성벽 하단에서는 인화문토기편(印花紋土器片)과 '회창(會昌)'명(銘) 기와편이 출토되어 통일신라시기에 축조된 성벽임이 확인되었다. 아울러 첫 번째 유형의 성벽에서는 '대통(大通)'명 인각와(印刻瓦)가 출토되어 대체로 527년을 전후한 시기에 축조된 성벽임이 밝혀졌다.[122] 부소산성에는 백제시대, 통일신라시대, 조선 초에 축조된 성벽이 각각 남아

---

122) 崔茂藏, 앞의 주 106)의 論文, 1991, 131쪽.

있는 셈이다.

부소산성에 서로 다른 축성법이 섞여 있다는 것은 영정주(永定柱)의 간격에 의해서도 확인된다. 예를 들어, 백제시대에 축성된 포곡식산성의 경우 성벽을 축조하기 위해 세운 목주공(木柱孔)이 130cm를 전후한 비교적 좁은 간격으로 남아 있는 것이 특징이다. 이러한 사실은 180cm 전후의 간격을 보이는 몽촌토성[123]이나 공산성[124]의 목주(木柱), 130cm～150cm 간격으로 남아 있는 백석동토성(白石洞土城)의 목주[125] 등과 상통하는 것이다.

이에 비해 통일신라시대에 축성된 성벽의 목주(木柱)는 간격이 300cm 이상으로 넓어지고 있다. 이러한 현상은 목천토성(木川土城)[126]이나 신금성(神衿城),[127] 나주 회진토성(會津土城)[128] 등지에서도 확인되는 것으로, 통일신라시대 축성법의 특징이다.[129]

한편, 이러한 포곡식 성벽의 하단에서 발견된 '대통(大通)'명 인각와(印刻瓦)의 존재는 대체로 527년을 전후한 시기에 성벽이 축조되었음을 말해주는 것으로 생각된다.

(2) 나성

나성은 웅진시대에서는 볼 수 없던 것으로 그 자체가 사비도성의 특징을 가장 잘 말해주는 것인데, 그 형태에 있어서는 서로 의견이 엇갈리고 있다.

---

123) 夢村土城發掘調査團, 『整備·復元을 위한 夢村土城發掘調査報告書』, 1984, 244～245쪽.
124) 安承周·李南奭, 『公山城 城址發掘調査報告書』, 公州大博物館, 1990, 55～56쪽.
125) 李南奭, 「天安 白石洞土城의 檢討」, 『韓國上古史學報』 28號, 1998, 80쪽.
126) 尹武炳, 『木川土城發掘調査報告書』, 忠南大博物館, 1984.
127) 李康承·朴淳發·成正鏞, 『神衿城發掘調査報告書』, 忠南大博物館, 1996.
128) 林永珍·趙鎭先, 『會津土城』(Ⅰ), 百濟文化開發研究院, 1995.
129) 崔孟植, 앞의 주 3)의 論文, 1996, 545쪽.
　　金容民, 앞의 주 3)의 論文, 1997, 114쪽.
　　徐程錫, 「羅州 會津土城에 대한 檢討」, 『百濟文化』 28輯, 公州大百濟文化研究所, 1999, 67～69쪽.
　　沈正輔, 앞의 주 3)의 論文, 2000, 63쪽.

그것은 아마도 나성에 대한 정밀 지표조사가 이루어진 바 없기 때문이 아닌가 생각된다.

일찍이 이 나성에 대하여 『신증동국여지승람(新增東國輿地勝覽)』권 18, 「부여현(扶餘縣)」고적조(古跡條)에는 "石築 周一萬三千六尺 卽古百濟都城也 抱扶蘇山而築 兩頭抵白馬江 形如半月故名 今縣治在其內"라고 설명하고 있다. 다시 말해서 석축으로 둘레가 13,006척(尺)이며, 부소산을 껴안으면서 뻗은 양쪽의 성벽 말단부가 백마강(白馬江)으로 이어져 마치 반월형(半月形)의 평면형태를 하고 있었다고 한다.

따라서 종래에는 부소산성을 기점으로 하여 동쪽으로 이어지다가 청산성(靑山城)을 경우하여 남쪽으로 방향을 바꾼 다음, 다시 능산리(陵山里)의 서쪽을 지나 필서봉(筆書峰)을 타고 금강에 이르렀다고 보았다. 이렇게 되면 부소산성에서 청산성에 이르는 구간이 북나성(北羅城)이 되고, 청산성에서 필서봉(筆書峰)을 거쳐 금강에 이르는 구간이 동나성(東羅城)이 된다. 아울러 부소산성 서쪽에서 시작하여 백마강을 따라 군수리(軍守里)까지 서남쪽으로 이어지는 서나성(西羅城), 그리고 여기에서 다시 궁남지(宮南池)를 거쳐 동쪽으로 이어져 중정리(中井里)에 이르는 남나성(南羅城)도 실재한 것으로 보았다.[130] 부여 시가지를 완전히 에워싸는 나성의 존재를 상정했던 것이다.

이러한 나성의 실체에 대해 남나성의 존재만큼은 의심하는 견해도 일부 있었다.[131] 또 모든 나성이 일시에, 그리고 동일한 목적으로 이루어진 것이 아니라 시간을 두고 그때 그때의 필요에 의해 추가되었다고 보기도 하였다.[132] 그러나 나성이 부여 시가지를 에워싸는 형태로 존재했다는 사실에 대해서는 대체로 긍정적으로 받아들여 왔다.

그런데 최근에는 발굴조사 결과 서나성의 존재가 확인되지 않아[133] 새롭게 북나성과 동나성의 존재만 인정하는 견해가 제시었다.[134] 따라서 여기에서는 최근에 새롭게 제시된 견해를 중심으로 간단히 나성의 구조를 정리해 보고자 한다.

북나성의 존재에 대해서는 모든 연구자의 견해가 일치하고 있는데, 이 북나성과 부소산성의 연결 상태에 대해서는 서로 다른 두 가지의 견해가 있다. 하나는 부소산성의 북문지 부근에서 백마강으로 유입되는 가증천(佳增川)에 연접하여 청산성과 이어진다고 보는 것이고,[135] 다른 하나는 부소산성 동문지 약간 북쪽에서 시작하여 청산성으로 이어진다고 보는 것이다.[136] 그 중 최근의 조사에 의하면 첫 번째 견해가 보다 타당한 것으로 인정되고 있다.[137]

북나성은 현재 지표상에 아무런 흔적도 남아 있지 않지만 〈도면 18〉의 1

---

130) 洪再善, 앞의 주 3)의 論文, 1981.
131) 沈正輔, 앞의 주 3)의 論文, 2000, 64쪽.
132) 田中俊明, 앞의 주 3)의 論文, 1990, 176~179쪽.
133) 忠南大學校 百濟研究所, 「扶餘 東羅城 西羅城 發掘調查略報告書」, 2000.
134) 朴淳發, 「泗沘都城의 構造」, 『사비도성과 백제의 성곽』, 서경문화사, 2000, 18~32쪽.
135) 洪再善, 앞의 주 3)의 論文, 1981, 19~25쪽.
136) 成周鐸, 「都城」, 『韓國史論』 15, 國史編纂委員會, 1985.
137) 朴淳發, 앞의 주 134)의 論文, 2000, 19쪽.

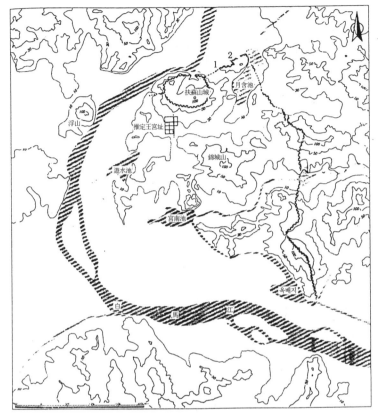

〈도면 18〉 사비도성의 나성 위치도(朴淳發, 주 134)의 논문, 2000)

지점에서는 논으로 경작되기 이전에 치석(治石)된 대형의 석재들이 발견된
바 있고, 2지점에서도 성토(盛土) 흔적과 할석(割石) 등이 발견되었다고 한
다. 이렇게 된다면 이 북나성의 성벽은 외면을 돌로 쌓아 올리고 내부는 흙
으로 채운 형태가 되었던 것 같은데 앞서 『신증동국여지승람』에도 석성으
로 기록되어 있는 만큼 어느 정도 타당성을 인정할 수 있을 듯하다.

　북나성과 이어지는 동나성은 전체 길이가 5.4㎞에 이르고 있어 사비도성
의 대부분을 차지하고 있다. 동나성은 높은 구릉과 평지를 통과하고 있는

데, 그 때문에 남조(南朝) 건강성(建康城)의 영향을 받은 것으로 이해되기도
하였지만[138] 지역에 따라 축성법을 달리하는 것이 특징이다. 그 중 보존 상
태가 가장 양호한 곳은 남쪽 끝 가까이에 해당되는 필서봉(筆書峰) 정상부
주변이다. 여기에서 보면 성벽은 50×30㎝ 크기의 치석된 화강암을 이용하
여 축성하고 있다. 아울러 그 안쪽에는 뒤채움한 석재들이 남아 있다. 일반
적으로 볼 수 있는 석성과 같은 구조를 하고 있는 셈이다.

능산리고분군(陵山里古墳群) 남쪽에 있는 왕포천(旺浦川) 주변의 경우에
는 성벽의 폭이 20m 정도 되는데, 나뭇가지를 얇게 한번 깔고 그 위에 진흙
(泥土)을 쌓아 올리는 압밀침하배수공법(壓密浸下排水工法)으로 축성하고
있다.[139] 성벽이 통과하는 지점이 뻘층과 같은 연약지반으로 되어 있어 이
러한 특수 공법을 사용한 것으로 보인다. 이 지역의 성벽 주변에는 특별히
폭 40m에 깊이 1m 정도 되는 해자(垓字)의 존재도 확인되었다. 성벽이 왕
포천과 그 주변을 지나기 때문에 하천의 수압을 낮추어 성벽을 보호하기
위한 조치로 이해된다.

북나성이나 동나성과 달리 남나성의 존재는 분명하지 않다. 물론 경작 등
으로 성벽이 붕괴되었을 가능성도 배제할 수 없지만 성벽과 관련된 성돌이
나 성토의 흔적이 전혀 발견되지 않는다. 따라서 남나성은 앞으로 적극적인
자료가 발견될 때까지 일단은 그 존재를 인정할 수 없을 듯하다.[140] 사실 사
비도성의 남쪽에는 궁남지와 금강이 지나고 있어 굳이 성벽을 축조할 필요
가 없어 보인다.

서나성에 대해서는 종래에 동나성이나 북나성처럼 일직선으로 연결된
단일 성벽이라는 주장[141]과 구교리(舊橋里)와 군수리(軍守里) 사이에 위치
한 유수지(遊水池)를 사이에 두고 양쪽으로 성벽이 나누어져 있었다는 주

---

138) 秋山日出雄, 「南朝都城「建康」の復元序說」, 『橿原考古學研究所論文集』 7, 1984, 7~32쪽.
139) 忠南大百濟研究所, 앞의 주 133)의 報告書, 2000, 4쪽.
140) 朴淳發, 앞의 주134)의 論文, 2000, 27쪽.
141) 成周鐸, 앞의 주 3)의 論文, 1982, 32~33쪽.

장[142]이 있어 왔다. 어느 것이 되었든 나성이 존재한다는 사실에 대해서는 서로 의견이 같았다.

한편, 서나성을 방어적인 의미보다는 방수시설(防水施設), 즉 제방(堤防) 으로서의 의미가 더 컸다고 보고, 축조 시기도 천도 후의 어느 시점일 것이 라는 견해[143]도 있었지만 역시 나성의 존재를 인정한다는 점에서는 마찬가 지였다.

그런데 최근에 군수리와 신기정마을 사이에 위치한 서나성 통과지점에 대한 발굴조사가 이루어졌다.[144] 이곳에 서나성으로 추정되어 왔던 인공제 방이 남아 있어 조사한 것인데, 뜻밖에도 나성 성벽으로 볼 만한 흔적은 전 혀 확인되지 않았다. 오히려 제방 하부에서 사비시대에 조성된 것으로 판단 되는 우물과 생활면이 확인되어 나성이 축조되지 않았을 가능성을 높여 주 었다.[145] 다만 부소산성 주변에는 나성의 성벽이었던 것으로 추정되는 성돌 들이 노출되어 있어 이곳에는 나성이 실제로 축조되었을 가능성이 커 보인 다.[146]

부소산성 주변에서 발견된 서나성이 어디까지 이어졌는지는 확실하지 않다. 구드레나루 부분의 지형이 완전히 변경되어 나성의 흔적을 전혀 찾을 수 없기 때문이다. 그러나 구드레나루 근처까지 서나성이 이어졌다 하더라 도 그것이 종래의 추정처럼 군수리(軍守里)까지 이어졌을 가능성은 희박해 보인다. 구교리(舊橋里)의 구릉지역에서도 서나성의 흔적은 찾아지지 않기 때문이다.[147]

---

142) 洪再善, 앞의 주 3)의 論文, 1981, 19~25쪽.
143) 田中俊明, 앞의 주 3)의 論文, 1990, 177~178쪽.
144) 忠南大學校 百濟研究所, 「扶餘 東羅城 西羅城 發掘調査 略報告書」, 2000, 17~23쪽.
145) 종래 서나성의 기능이 방수(防水) 목적이 아닐까 하는 견해도 있었지만, 이곳은 강물이 북 에서 내려오다가 서쪽으로 휘감아 돌면서 남쪽으로 빠져 나가는 곳이기 때문에 부여 읍내 쪽으로 범람할 가능성은 희박하다(姜仁求 敎授님의 교시에 의함). 그런 점에서도 西羅城은 축조되지 않았을 가능성이 높다고 생각된다.
146) 朴淳發, 앞의 주 134)의 論文, 2000, 29쪽.

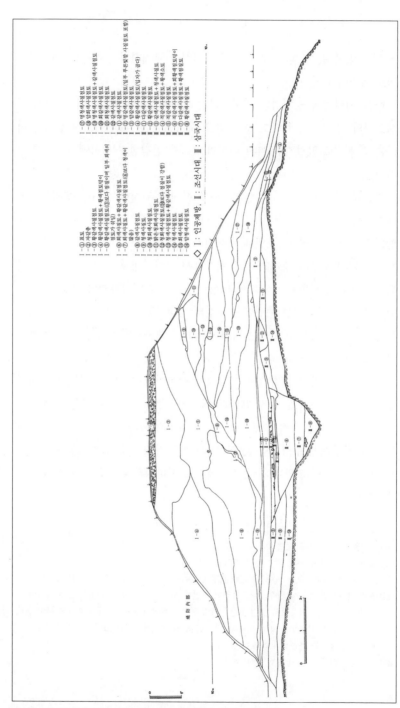

〈도면 19〉 군수리 부근 인공제방 토층 단면도(주 133)의 보고서)

이상과 같이 사비도성을 이루고 있었던 나성은 북나성과 동나성, 그리고 서나성의 일부만이 확인된다. 북나성의 길이는 0.9km이고, 동나성은 5.4km, 서나성은 0.4km로써 총 연장 길이는 6.7km다.[148] 만약 이러한 결과가 옳은 것이라면 백마강에 의해 명확하게 그 경계가 구별되는 서쪽은 성벽을 축조하지 않고, 경계가 불분명하던 북쪽과 동쪽에만 나성을 축조하여 경계를 분명히했던 것으로 믿어진다.

(3) 도성의 구조와 편제

1) 5부, 5항의 성격

사비도성 내에 자리하고 있었던 5부, 5항의 존재는 도성 내 시가지의 구조를 해명하는 데 가장 핵심적인 사안이다. 따라서 이 문제에 대해서도 다양한 견해가 제시된 바 있다. 그러나 5부와 5항에 대한 기록이 서로 차이를 보이고 있어 기록만으로 그 편제를 확인하기란 대단히 어려운 실정이다. 따라서 5부 5항의 편제방법을 이해하기 위해 그 성격부터 살펴보고자 한다.

사비도성 내 5부, 5항의 존재에 대해서는 다음과 같은 기록이 남아 있다.

N. ① 治固麻城 … 都下有萬家 分爲五部 曰上部 前部 中部 下部 後部 統兵
五百人(『周書』卷 49,「列傳」, 異域上, 百濟)

② 畿內爲五部 部有五巷 士人居焉(『隋書』卷 81,「列傳」, 東夷 百濟)

③ 其都曰居拔城 亦名固麻城 … 都下有方 分爲五部曰上部前部中部下
部後部 部有五巷 士庶居馬(焉) 部統兵五百人(『北史』卷 94,「列傳」, 百
濟)

④ 王所都城內 又爲五都 皆建率領之 又 城中五巷 士庶居焉 … 城水可方
餘家卽五部之所也 一部有兵五百人(『翰苑』卷30, 蕃夷部, 百濟)

---

147) 朴淳發, 앞의 주 134)의 論文, 2000, 29쪽.
148) 朴淳發, 앞의 주 134)의 論文, 2000, 30쪽.

사료 N에 따른다면 사비도성 내 5부, 5항의 존재에 대해서는 의심의 여지가 없어 보인다. 다만 표현에 약간씩의 차이가 있어 그 관계가 대단히 혼란스러운 실정이다.

먼저, N-①에서는 5부에 대한 설명만 있고 항에 대한 설명은 보이지 않는다. 그에 비해 N-②와 ③에서는 부에 항이 딸려 있는 것으로 되어 있다. N-④ 역시 부와 항을 설명하고 있지만 여기에서는 부와 항이 별개로 존재하는 것처럼 설명되어 있다.

결국 5부의 존재는 어느 사서(史書)에서나 인정되고 있지만 5항의 존재는 생략되어 있는 경우도 있고, 그 존재가 확인되는 경우에도 각 부에 딸린 것처럼 설명되어 있는 경우가 있는가 하면 부와는 별개의 형태로 존재한 것처럼 설명되어 있는 경우도 있다. 종래에 부와 항의 관계라든가 부와 항의 도성 내 위치 비정에 많은 혼란이 빚어진 것도 실은 기록 자체가 갖는 이러한 모순 때문이었다.

문헌기록에서 보이는 이러한 혼란을 극복하고 5부, 5항의 실제 모습을 확인하기 위해서는 문헌기록과 고고학적 자료를 합리적으로 연결시켜 볼 필요가 있다. 도성 내 5부, 5항과 관련된 고고학적 자료를 살펴보면 다음과 같다.

O. ① "前部甲瓦"[149] (부소산성 출토)

② "中部乙瓦"[150] (관북리 蓮池 출토)

③ "下部乙瓦"[151] (익산 왕궁리 출토)

④ "上部乙瓦"[152] (부여박물관 소재)

⑤ "後部乙瓦"[153] (부여박물관 소재)

149) 崔孟植 外, 『扶蘇山城發掘調査中間報告』, 扶餘文化財硏究所, 1995.
150) 尹武炳, 앞의 65)의 報告書, 1985.
　　 國立文化財硏究所, 『扶蘇山城發掘調査報告書』, 1996.
151) 崔孟植 外, 『王宮里遺蹟發掘中間報告』, 扶餘文化財硏究所, 1992.
152) 國立扶餘博物館, 『扶餘博物館圖錄』, 1997.
153) 忠南大百濟硏究所, 『百濟瓦塼圖譜』, 1972.

⑥ "前部" 銘標石[154] (부여박물관 소재)

⑦ "上部前部川自此以□□□" 銘標石[155] (부여박물관 소재)

⑧ "西部後巷 已達已斯丁 依活□□□丁 歸人中口四下口二邁羅城法利
源水田五形 西部 中部夷" 銘木簡[156]

사비도성 내에 5부, 5항이 존재했던 사실은 자료 O를 통해서도 분명히
알 수 있다. 그렇다면 여기에서 말하는 5부란 구체적으로 어떤 성격일까.

종래 5부의 성격에 대해서는 두 가지 견해가 있어 왔다. 하나는 사비시대
인명(人名)을 표기할 때 부명(部名) - 관등명(官等名) - 인명(人名) 순으로
되어 있는 것으로 보아, 수도에 거주하는 대소귀족(大小貴族)의 주거지 또
는 주처지(住處地)를 표시하여 귀족들에 대한 지역적인 통제를 용이하게
하기 위해 취해진 조처라는 견해다.[157] 〈표4〉에서 보는 바와 같이 사비시대
에 들어서면서 귀족들의 거주처가 일정하게 나타나고 있기 때문이다.

다른 하나는 개경(開京)의 5부(部)가 행정 전반을 담당했던 사실[158]을 원
용(援用)하여 사비도성의 5부 역시 행정적 기능을 갖고 있었던 것으로 보는
견해다.[159]

사비도성의 5부에 행정적인 기능이 전혀 없다고는 할 수 없겠지만 개경
의 5부를 사비도성의 5부와 곧바로 대응시킬 수는 없을 것 같다. 양자의 시
간차나 사회적 분위기는 차치하더라도 개경은 5부 밑에 방(坊)과 리(里)가
있어서 이른바 부방리제(部坊里制)로 운영되는 구조였기 때문이다.[160] 그

國立文化財研究所, 앞의 주 150)의 報告書, 1996.

154) 國立扶餘博物館, 앞의 주 152)의 책, 1997.

155) 國立扶餘博物館, 앞의 주 152)의 책, 1997.

156) 國立扶餘文化財研究所,『宮南池』, 1999, 81쪽.

157) 盧重國, 앞의 주 59)의 책, 1988, 169쪽.

金英心, 앞의 주 58)의 論文, 1997, 202쪽.

158) 朴龍雲,『고려시대 開京연구』, 一志社, 1996, 130~137쪽.

159) 朴賢淑,『百濟 地方統治體制 研究』, 高麗大大學院 博士學位論文, 1996, 108쪽.

160) 朴龍雲, 앞의 주 158)의 책, 1996, 93~122쪽.

〈표 4〉『일본서기』 소수(所收) 부명(部名) 관칭(冠稱)의 백제 인명(人名)[161]

	上部	前部	中部	下部	後部	기 타
516년		木刕不麻甲背				
534년		都德己州己婁		脩德嫡德孫		
541년 4월				中佐平麻鹵		
541년 7월		奈率鼻利莫古 (奈率宣文)	奈率木刕眯淳 (紀臣奈率彌麻沙)			
541년 7월			奈率己連			
543년		奈率眞牟貴文 (護德己州己婁)				
545년			護德菩提			
546년			奈率己連 奈率掠葉禮			
547년		德率眞慕宣文 (奈率奇麻)		東城子言		
548년		德率眞慕宣文	扞率掠葉禮			
550년			奈率皮久斤	施德灼干那		
552년			德率木刕今敦			西部姬氏達率怒唎斯致契
553년 정월	德率科野次酒 (扞率禮塞敦)		扞率木刕今敦			
553년 8월	奈率科野新羅			固德汶休帶山		
554년 정월		施德日佐分屋	木刕施德文次			
554년 2월	奈率物部烏			扞率將軍三貴		
554년 3월			木刕施德文次			
554년 12월				扞率汶斯干奴		
655년						西部達率余宜受 東部恩率調信仁
660년						西部恩率鬼室福信 中部 久麻怒利城
674년						三部 使人

* 괄호 안의 인명은 부명(部名)이 관칭(冠稱)된 전자(前者)와 연칭(連稱)된 인명이다.

161) 金英心, 앞의 주 58)의 論文, 1997, 206쪽을 약간 수정·보완하여 작성함.

런 점에서 개경 5부의 기능 중 치안유지(治安維持) 기능과 같은 것이 백제의 5부와 더 크게 부합되는 것으로 생각된다. 사료 N에서 보면 사비도성의 5부를 소개하면서 각 부에 군사가 500명씩 배치되어 있었음을 특기하고 있기 때문이다.

물론, 사비도성 내의 5부는 각 부의 독립성이 인정되지 않았던 만큼[162] 개경과 달리 치안유지의 주체가 아니라 그 대상이 되었을 것이다. 그것은 사비도성 내의 5부가 달솔(達率)에 의해서 통제되었다고 하는 N-④의 기록을 통해서도 충분히 짐작해 볼 수 있다.

이렇게 보면 앞서 설명한 대로 이 5부라는 것이 대소귀족(大小貴族)의 통제를 용이하게 하기 위한 조처라는 사실이 좀더 부각될 수 있을 것이다. 그리고 이것이야말로 천도 목적이기도 했던 것이다.

도성 내 5부의 성격을 이렇게 놓고 보면 그 성격이 바로 중국 도성의 '방(坊)'과 같은 것임을 알 수 있다. 사실 도성 내 일정지역을 구분하는 것은 사비도성뿐만 아니라 중국이나 일본의 도성에서도 확인되는 바이다. 다만 중국이나 일본의 도성에는 '방(坊)'이라는 것이 있고, 신라 역시 통일신라시대의 것이기는 하지만 35방의 존재가 확인되지만[163] 사비도성과 같은 부(部)의 존재는 확인되지 않는다. 다만 그 기능은 중국이나 일본, 그리고 경주 등지에서 확인되는 도성 내 방과 마찬가지로 주민통제를 목적으로 했던 것으로 생각된다.[164]

사비도성 내에 있던 5부가 중국 도성에서 보이는 '방(坊)'과 같이 주민들을 통제하기 위한 것이 목적이라면, 어떻게 해서 부에 거주하던 대소귀족들

---

162) 武田幸男, 「六世紀における朝鮮三國の國家體制」, 『東アジア世界における日本古代史講座』 4(朝鮮三國と倭), 學生社, 1980, 44~45쪽.

163) 『三國史記』 卷 34, 「雜志」 3, 地理 1에는 "王都 長三千七十五步 廣三千一十七步 三十五里 六部"라는 기록이 있는데, 여기서 보이는 35里는 곧 35坊을 의미하는 것이라고 한다(尹武炳, 「新羅 王京의 坊制」, 『斗溪李丙燾博士九旬紀念韓國史學論叢』, 49쪽).

164) 朴漢濟, 「中國 歷代 首都의 類型과 社會變化」, 『歷史와 都市』(제40회 전국역사학대회발표요지), 1997, 35~36쪽.

은 이러한 조치를 받아들이게 되었을까. 웅진시대까지만 해도 각 지역별로 자기의 족적기반(族的基盤)을 가지고 있었던 만큼 대소귀족들을 이렇게 도성내에 모아놓고 통제하기란 쉽지 않았을 것이다. 그런 점에서 다음과 같은 기록은 비록 중국측 기록이기는 하지만 사비도성 내 5부제의 성격을 이해하는 데 좋은 참고자료가 될 듯싶다.[165]

"근래에 북도(北都)의 경우를 보면 부실(富室)이 다투어서 제택(第宅)을 뽐내고 있습니다. 이제 천사(遷徙)함에 있어서 마땅히 금약(禁約)을 펴서 귀천(貴賤)으로 하여금 구별의 법칙이 있게 하여 그 규제를 넘을 수 없게 해야 합니다. 구로(衢路)를 정돈하고 넓히며, 구거(溝渠)를 개통하여 편리를 도모하고, 사찰(寺刹)과 관서(官署)지역을 구별하고, 사민(四民)의 주거를 이거(異居)하도록 하는 등 영원히 백세에 전하여 없어지지 않는 규범을 세운다면 천하에 큰 다행일 것입니다"라고 상서하였다…고조(高祖)는 흔쾌히 그의 의견을 받아들였다.[166]

위의 내용은 낙양(洛陽) 천도에 대해 자기의 의견을 개진한 한현종(韓顯宗)의 상서(上書)인데, 귀천(貴賤)으로 하여금 구별의 법칙이 있게 하고, 사찰(寺刹)과 관서(官署)지역을 구별할 것을 주장하고 있음을 알 수 있다.

이러한 중국쪽의 원칙이 백제 사회에 얼마나 영향을 주었는지는 더 검토가 있어야겠지만 도성제에서 보이는 북위(北魏) 낙양성(洛陽城)과 사비도성의 유사성을 고려해 볼 때 부정할 수만도 없을 것 같다. 오히려 이러한 상소문을 염두에 두고 보았을 때 『일본서기』에 등장하는 부(部)를 관칭(冠稱)하는 백제 인물들이 새삼 주목된다.

『일본서기』에 등장하는 부(部)를 관칭하는 인물들은 앞의 〈표4〉에 제시된 바와 같은데, 모두가 일정한 관등(官等)을 소유하고 있음을 알 수 있다. 모두가 대소귀족인 셈이다.[167] 그런 점에서 한현종(韓顯宗)의 상서(上書)를

---

165) 朴漢濟, 「北魏 洛陽社會와 胡漢體制」, 『泰東古典研究』 6輯, 1990, 149쪽.
166) 『魏書』 卷 60, 「韓顯宗傳」.

단지 중국쪽의 사정이라고 볼 수만은 없을 것 같다. 백제 역시 중국과 마찬
가지로 방제(坊制 = 部制)를 도성 내에 채택하고 있었기 때문이다. 다시 말
해서 사비도성 내의 5부라는 것은 감시, 통제의 대상이자 일반민들과는 구
별되는 대소귀족들만의 배타적인 공간이었던 것이다. 각 부(部)의 독립성은
인정되지 않지만 5부에 속한 것 자체가 왕도에 집주(集住)하는 지배자 집단
에의 귀속을 의미하는 것이며, 그것은 곧 지방인들에 대한 우월적인 신분적
지위를 주장할 수 있었던 근거이기도 했다.[168] 부(部)가 갖는 이러한 성격
때문에 대소귀족을 사비도성 내에 집주시킬 수 있었던 것으로 생각된다.
　그럼 이러한 부와 함께 등장하는 항(巷)이란 어떤 존재일까.
　원래 항(巷)이라고 하는 것은 "직왈가(直曰街) 곡왈항(曲曰巷)"이라 하여
리(里) 가운데의 길을 의미하는 것이었다.[169] 그런데 사비도성의 항(巷)에 대
해서는 그 성격을 짐작해 볼 만한 기록이 전혀 발견되지 않는다. 다만 앞서
제시한 사료 N을 통해 부(部)와 항(巷)의 관계와 항(巷)의 성격을 유추해 볼
수 있을 뿐이다.
　그런데『수서(隋書)』와『북사(北史)』에는 부(部)에 5항이 있는 것으로 기
록되어 있는 반면에『한원(翰苑)』의 기록은 5부와 5항이 각각 별개로 존재
하고 있었던 것으로 설명하고 있다. 종래에 이러한 기록의 혼란으로 인해,
사비도성 중 방제(坊制)로 편제된 지역에만 부(部) 밑에 항(巷)이 있었을
가능성이 있다거나, 방제가 실시된 사비도성 내부는 5부, 방제가 실시되지
않은 도성 내의 일부지역과 도성 주변지역은 항(巷)으로 나뉘어졌을 가능
성, 그리고 왕도의 범위로 확대된 지역까지 부(部) - 항(巷)으로 구분되었을

---

167) 물론 이 경우, 欽明紀 8년(547) 4월에 등장하는 東城子言이 문제가 될 수 있다. 다른 인물들
　　과 달리 東城子言만은 "下部 東城子言"으로 표기되어 있기 때문이다. 그러나 같은 欽明紀
　　15년 2月條에 "百濟遺下部扞率將軍三貴 上部奈率物部烏等 乞救兵 仍貢德率東城子莫古 代前
　　番奈率東城子言"이라고 되어 있는 것으로 보아 당시 東城子言이 奈率의 신분이었음을 알
　　수 있다. 따라서 欽明紀 8年條의 기사도 큰 문제가 되지 않는다고 생각된다.
168) 武田幸男, 앞의 주 162)의 論文, 1980, 44쪽.
169) 諸橋轍次,『大漢和辭典』卷 4, 己部, 391쪽.

가능성 등 부(部) - 항(巷)의 편제방식에 대한 다양한 견해가 제시되기도 했다.[170]

이러한 견해는 5부 밑에 5항이 일률적으로 편제되어 있었다는 종래의 주장[171]과 달리 다양한 가능성을 제시하고 있지만 그 중에서 실제로 어떻게 사비도성이 조직되어 있었는지에 대해서는 뚜렷한 결론을 내리지 못하고 있는 것 같다.

사실 부(部)와 항(巷)에 관한 이러한 두 계통의 사료 중 어느 것이 좀 더 당시의 모습에 가까운지는 판단하기 힘들다. 종래에는 부(部) 밑에 항(巷)이 있었다는 『수서』나 『북사』의 기록만을 중시해 왔지만 『한원』의 기록을 부정할 만한 자료 또한 찾아지지 않기 때문이다. 따라서 여기에서는 좀더 뚜렷한 자료가 확보될 때까지 이 두 가지를 모두 염두에 두고 시가지의 구조를 확인하고자 한다. 다만 부(部) 밑에 항(巷)이 있다는 주장은 이미 밝혀진 바 있으므로 여기에서는 『한원』의 기록을 중심으로 정리하고자 한다.

『한원』(N-④)의 기록을 중시할 경우 부(部)와 항(巷)은 성격이 전혀 다르고, 따라서 각각 별도의 공간에 편제되어 있었을 가능성이 높아 보인다. 적어도 부(部)와 항(巷)은 종래의 인식처럼 공존, 혹은 잡거(雜居)할 수 없게 된다.

이러한 시가지의 구조는 중국이나 일본 등 주변지역에서는 찾아볼 수 없는 것이지만 반드시 부정할 것만도 아니라고 생각된다. 예를 들어 『일본서기』에 등장하는 5부를 관칭(冠稱)한 인물들을 살펴보면 그가 속한 부(部)는 기록되어 있으나 항(巷)에 대한 설명은 없다. 이것은 부(部)가 5개의 항(巷)으로 이루어졌다는 종래의 구조를 의심케 하는 것이다.

백제시대와는 약간 시간차가 있지만 백제와 마찬가지로 도성 내에 5부제가 실시되었던 고려시대의 경우 부(部) - 방(坊) - 리(里)를 기록할 때

---

170) 金英心, 「泗沘都城의 행정구역 편제 - 王都 5部制의 시행 - 」, 『사비도성과 백제의 성곽』, 서경문화사, 2000, 120~121쪽.
171) 田中俊明, 앞의 주 3)의 論文, 1990, 190~191쪽.

"남부(南部) 안신방(安申坊) 제1리(里)"[172]나 "동부(東部) 상양제(上楊堤) 7 리(里)"[173] 등에서 볼 수 있는 바와 같이 부 – 방 – 리를 함께 기록하고 있는 것이 특징이다.[174] 그리고 이러한 전통은 조선 초기에 한성부(漢城府) 거주 의 호구(戶口) 조사시 "모부(某部) 모방(某坊) 제기리(第幾里)" 등으로 표시 된 데에서[175] 알 수 있듯이 조선시대까지 이어지고 있었다.

사비도성과 마찬가지로 항(巷)의 존재가 보인다 하여 백제 도성제(都城 制)의 원류(源流)로 추정하고 있는 중국 남조(南朝)의 수도 건강성(建康城) 의 경우에도 리(里)와 항(巷)을 함께 기록하고 있다. 예를 들어 건강성에 항 (巷)이 있었음을 말해주는 왕지열전(王志列傳)에 보면, "志家世居建康禁中 里馬蕃巷"이라는 기록이 보인다.[176] 여기에서 보이는 '리(里)'라는 것은 곧 '방(坊)'에 해당되는 것인데, '리(里)'와 '항(巷)'이 함께 기록되고 있다.

그런데 유독 백제의 경우에는 부(部)를 관칭할 경우 항(巷)이 기록된 예 는 어디에도 없다. 이것은 건강성에 있었던 항(巷)의 편제 방식이 사비도성 과 전혀 달랐음을 의미하는 것으로 이해된다. 다시 말해서, 사비도성에서의 항(巷)은 종래의 인식처럼 부(部)를 구성하는 하부조직일 수도 있지만, 반 대로 전혀 다른 공간에 배치된 별개의 존재였을 가능성도 배제할 수 없다 고 판단된다.[177] 이 점에 대해서는 뒤에서 부(部)와 항(巷)의 위치를 비정(比

---

172) 金龍善 編著, 『高麗墓誌銘集成』, 一潮閣, 180쪽, 石受珉墓誌銘.
173) 李基白 編, 『韓國上代古文書資料集成』, 一潮閣, 97쪽, 咸昌金氏庚辰年准戶口.
174) 朴龍雲, 『고려시대 開京 연구』, 一志社, 1996, 111쪽.
175) 『朝鮮世宗實錄』 卷 40, 世宗 10年 5月 壬子 戶曹啓.
176) 『梁書』 卷21, 「列傳」 15, 王志傳.
177) 이럴 경우 문제가 되는 것은 宮南池 출토 木簡이다. 木簡에 보이는 "西部後巷"이라는 구절 로 보아 部 아래에 巷이 있었던 것으로 생각되기 때문이다. 그런데 이 木簡이 백제시대에 제작된 것인지는 확실하지 않다. 먼저 백제에서 首都 5部를 東·西·南·北으로 부른 예가 확실하지 않다. 기록에는 上·前·中·下·後로 나타나기 때문이다. 그런 점에서 方位名部 는 首都 5部가 아닌 전국을 구분한 행정구역일 가능성이 크다고 생각된다(李宇泰, 「百濟의 部體制」, 『百濟史의 比較研究』, 忠南大百濟研究所, 1993, 99~104쪽).
또한 木簡에는 邁羅城의 존재가 보이는데, 이 邁羅城은 백제 멸망 후 唐이 설치한 1都督府 7州 51縣 체제에 나타나는 邁羅縣과 같은 것으로 생각된다(『三國史記』 卷 37, 「地理」 4, 百

定)하는 과정에서 다시 한번 논의하고자 한다.

2) 5부, 5항의 편제

앞서 살펴본 대로 사비도성 내에 있었던 5부, 5항은 그 성격을 전혀 달리하는 것으로, 각각 별개의 공간에 편제되어 있었던 것으로 볼 수도 있고, 부(部) 아래에 항(巷)이 편제되어 있었던 것으로 볼 수도 있다. 두 가지 방법 중에서 어느 것이 실상에 가까운 것인지는 제3의 자료가 발견되지 않는 한 판단하기 어렵다. 따라서 현재로서는 두 가지 사실을 다 고려하면서 부(部)와의 항(巷)의 편제 양상을 검토해 볼 필요가 있다.

어느 쪽이 되었든 5부, 5항의 편제 양상을 이해하기 위해서는 몇 가지 선결되어야 할 과제가 있다.

먼저, 5부와 5항의 편제 범위는 도성 내에 국한된다는 사실이다. 종래에 왕기(王畿)의 존재를 들어 그 편제 범위를 나성 밖으로까지 확대해 보려는 견해가 있었지만 당시의 실상을 가장 정확하게 전한다고 생각되는 『한원(翰苑)』에는 "王所都城內 又爲五都(部?)"라 하였고, 이어서 "又城中五巷"이라 하여 부(部)와 항(巷)이 도성 내에 자리하고 있었음을 분명히 하고 있다. 이는 5부, 5항의 편제 목적과도 부합되는 것이다.

다음으로 사비도성에 있었다는 5부는 실은 중국 도성이나 일본 도성에 보이는 '방(坊)'과 같은 존재라는 점이다. 그런데 이 '방'은 원래 종횡으로 관통된 가로(街路)에 의해 구획된 4각형의 지역을 뜻하는 명칭이다.[178] 따라서 적어도 5부로 편제된 공간은 직교하는 도로가 있었을 가능성이 높다. 종래의 인식처럼 5부 아래에 5항이 있었다고 할 때에도 이러한 사정은 마찬가지다.

濟). 그렇다면 이 木簡은 적어도 나당연합군의 泗沘都城 함락 이후에 제작되었을 가능성이 커 보인다. 따라서 이 木簡의 기록은 앞으로 좀더 확실한 자료가 확보될 때까지 泗沘都城의 部, 巷을 설명하는 자료로 활용하는 것은 유보하는 것이 좋을 듯하다.

178) 尹武炳, 「新羅 王京의 坊制」, 『斗溪李丙燾博士九旬紀念韓國史學論叢』, 1987, 43쪽.

〈사진 26〉
부여 시가지 전경

'방(坊)'의 크기는 도성마다 일정하지 않으며, 같은 도성 내에서도 크기가
다를 수 있다. 당(唐) 장안성(長安城)의 경우 남북 500~590m, 동서 550~
700m에 이르는 것이 있는가 하면, 남북 660~838m, 동서 1020~1125m에
이르는 것도 있다.[179] 그러나 대체로 경주나 일본 도성의 '방'을 참고해 볼
때 500m 전후의 크기가 되는 것이 일반적이다.

다음으로 주목할 것은 '부(部)'라는 것이 귀족들의 배타적인 공간이라는
사실이다. 적어도 '부'를 관칭하는 경우 모두가 일정한 관등(官等)을 소유하
고 있었다. 그런 점에서 '부'와 '항'이 별개로 존재한 경우는 말할 것도 없고,
'부' 밑에 '항'이 존재하는 경우에도 일정부분 귀족들의 전용공간이 따로 편
제되어 있었던 것으로 생각된다.

이러한 몇 가지 사실을 염두에 두고 볼 때 5부의 분포지역과 관련하여 부
여지역의 현 금성산(錦城山) 서쪽 지역이 주목된다. 그 이유는 첫째 금성산
서쪽지역에서 조방제(條坊制)와 관련이 있을 것으로 보이는 도로시설의 흔

---

179) 宿白,「隋唐長安城和洛陽城」,『考古』6期, 1978.

적이 보이고 있고, 두 번째는 백제시대 사찰이 이 지역에 집중되어 있으며, 세 번째는 부명(部名) 표석(標石)이 모두 이 지역에서 발견되었기 때문이다.

사비도성은 조방제가 실시된 중국이나 일본과는 달리 도성 내에 금성산이라는 표고 104m의 야산이 솟아 있다. 이렇게 시내 한가운데에 금성산이라는 장애물이 자리하고 있기 때문에 종래에 사비도성에는 조방제가 실시되기 어려웠을 것으로 보아왔다.[180] 그렇게 되면 자연히 도성 내의 5부제는 도성 내에 자리한 자연부락을 단위로 이루어진 것이 되는 셈이다.

그런데 현재 남아 있는 지형도를 보면 금성산을 중심으로 그 동쪽과 서쪽이 전혀 다르게 되어 있다. 즉, 금성산 동쪽에서는 조방제와 관련된 어떠한 흔적도 찾아볼 수 없지만 적어도 금성산 서쪽으로는 조방제와 관련지을 만한 종횡(縱橫)으로 직교하는 도로가 확인되기 때문이다.

물론, 이러한 도로들이 곧바로 백제시대 때 만들어진 것인가에 대해서는 자신있게 대답할 만한 자료가 발견되지 않는다. 다만 조방제가 실시되었던 평양과 경주, 남원의 경우 각각『신증동국여지승람(新增東國輿地勝覽)』에 '정전(井田)'의 유지(遺址)라는 형태로 조방제의 존재가 인식되고 있는 것[181]을 볼 때 부여지역에 남아 있는 직교하는 도로망 역시 백제 당시의 것일 가능성이 커 보인다.

최근에 조사된 백제시대 도로유적은 이러한 추측이 무리가 아님을 방증해 주는 것으로 생각된다. 백제의 도로유적이 발견된 곳은 그 동안 백제 왕궁지로 알려져 왔던 관북리(官北里) 일대인데, 남북 방향으로 폭 8.9m(양쪽에 있는 암거(暗渠)까지 포함하면 10.9m)의 도로가 확인되었다.[182] 아울러 이 남북대로의 석축에서 남쪽으로 약 103m 가량 떨어진 지점에서는 노폭(路

---

180) 成周鐸, 앞의 주 3)의 論文, 1982, 36쪽.
　　田中俊明, 앞의 주 3)의 論文, 1990, 191~192쪽.
181) 田中俊明, 앞의 주 3)의 論文, 1990, 192쪽.
182) 尹武炳, 앞의 주 65)의 報告書, 忠南大博物館, 1985.
　　尹武炳, 앞의 주 65)의 報告書, 忠南大博物館, 1999.
　　이하 官北里 일대에 대한 조사 결과는 이 두 보고서를 참고하였다.

幅) 3.9m에 이르는 동서 방향의 도로가 새로이 발견되었다. 그런가 하면 이 남북대로에서 동쪽으로 약 86m 정도 떨어진 지점에서는 남북방향으로 개설된 또 다른 도로의 흔적이 확인되었다. 이 도로의 폭은 앞서 소개한 동서 도로의 폭과 같은 크기였다.

결국 지금까지 발굴조사된 자료에 의하면 적어도 관북리 일대에는 종횡 (縱橫)의 도로에 의해 동서 86m, 남북 103m 크기로 장방형의 공간이 구획되어 있었음을 알 수 있다.[183] 실제로 이러한 구획은 1918년에 발행된 1 : 50,000지도를 통해서도 확인되는데,[184] 이것이 백제 당시의 것인지는 확인할 길이 없지만 1918년에 제작된 지도에 표시되어 있다는 점에서 그 가능성은 높다고 생각된다. 더구나 이 지도에 나타나는 구획이 앞서 발굴조사를 통해 확인된 도로 구획과 일치하고 있어 가능성을 한층 높여주고 있다. 그렇다면 적어도 도성 내의 일정 공간은 이렇게 구획이 이루어졌다고 보아야 할 것이다.

그런데 이 남북대로가 현재의 정림사지(定林寺址) 서쪽을 지나는 남북 관통 도로와 연결된다는 사실이 새롭게 밝혀졌다.[185] 그렇다면 더더욱 부여 시내의 일정 공간은 이렇게 종횡으로 구획된 도로에 의해 편제되어 있었을 가능성이 높아 보인다.

그럼 구체적으로 어느 지역까지 이렇게 종횡으로 연결되는 도로에 의해 구획되어 있었을까. 이것을 명확히 밝혀줄 만한 자료는 눈에 띄지 않지만 적어도 동남리(東南里) 현 부여군청 앞 로타리에서 현 부여박물관까지 동서로 이어지는 도로까지는 백제 당시의 것일 가능성이 높다고 판단된다. 도로망으로 연결된 곳이 금성산 서쪽 전체에 해당되는 셈이다.

이 지역 일대에 백제시대 사지(寺址)가 집중 분포하는 것도 그런 점에서 새롭게 주목해 볼 필요가 있다. 사찰은 앞서 천도 목적에서도 살펴보았듯이

---

183) 朴淳發, 앞의 주 67)의 論文, 2000, 119쪽.
184) 朴淳發, 위의 주 183)의 논문, 2000, 119쪽.
185) 尹武炳, 앞의 주 3)의 論文, 1994, 112쪽.

백제 왕실과 귀족들만이 세울 수 있는 것이기 때문이다.

금성산 서쪽에만 집중해 있는 사찰과 조방제의 흔적을 보여주는 도로망의 존재는 현재의 부여 시가지의 도로가 백제 당시의 도로망과 일정한 관련이 있음을 방증해 주는 것이며, 동시에 이 지역이 사비도성의 핵심지역임을 말해주는 것이라고 생각된다. 그렇다면 적어도 이 지역만큼은 조방제가 실시되었을 가능성이 높다고 보아야 할 것이다.

금성산 서쪽에 조방제가 실시되었을 것이라고 생각하는 또 다른 이유는, 이곳에 남아 있는 도로유적이 방위(方位)를 정확하게 맞추어서 시공되어 있고, 도로뿐 아니라 방형연지(方形蓮池)나 부소산록의 석축(石築), 배수구(排水溝), 각종 건물기단(建物基壇) 등이 모두 동서남북으로 열을 맞추어 정연하게 배열되어 있기[186] 때문이다. 다시 말해서 금성산 서쪽에 있는 모든 도로와 건물지, 사찰 등은 북쪽에서 5~7°정도 동쪽으로 기울어진 채 진북(眞北)을 향해 배치되어 있는데, 이러한 사실은 이 지역이 일정한 계획하에 조성된 시가지임을 말해주는 것에 다름아니다.

이러한 추정이 어느 정도 타당성이 있는 것이라면『한원(翰苑)』에서 설명하는 5부는 이 지역에서 구하지 않으면 안될 것이다.

그럼 이 지역에 구체적으로 어떻게 5부가 분포되어 있었을까. 5부의 분포 위치를 파악하기 위해서는 다음과 같은 두 가지 사실을 염두에 두어야 할 것 같다.

첫째, 5부란 방(坊)과 같은 성격이기 때문에 도로를 중심으로 대칭으로 분포하고 있었으리라는 점이다. 그런데 사비도성의 부는 5개였다. 결국 대칭으로 될 수 없고 한 쪽이 더 많은 것이 될 수밖에 없을 것이다.[187]

---

186) 尹武炳, 앞의 주 3)의 論文, 1994, 145쪽.

187) 成周鐸은 5部 중 中部를 王宮址로 추정되는 官北里 일대에 비정하고 있는데(成周鐸,「百濟泗沘都城研究」,『百濟研究』13, 1982, 41쪽), 이는 5部의 성격이 部에 거주하는 사람의 統制를 목적으로 한 것이라는 점에서 수긍하기 어려운 것이 아닌가 생각된다. 또한 도성 내 5部制는 실은 4部라는 주장도(金英心, 앞의 주 170)의 論文, 2000, 91쪽) 5部의 존재를 입증해 주는 고고학적 자료가 남아 있는 것으로 보아 역시 수긍하기 어렵다.

〈사진 27〉 전부(前部)명 표석

둘째, 무왕(武王) 35년에 대지(大池)를 만들었다는 사실이다.[188] 여기서 말하는 대지가 현재의 궁남지(宮南池)가 틀림없다면 적어도 이 지역은 5부의 편제 대상에서 제외되어야 할 것이다. 이 지역까지 5부로 편제되어 있었다면 결국 5부를 폐하거나 다른 곳으로 옮기고 대지를 만든 것이 되기 때문이다.

이렇게 두 가지 사실을 염두에 두고 볼 때 부여 향교 뒤쪽에서 발견되었다는 '전부(前部)'명(銘) 표석(標石)이 새삼 주목된다. 이 표석은 금성산(錦城山) 서북쪽에 있는 미륵고개의 우측, 즉 부여 향교 뒤쪽에서 발견되었는데, 같은 지점에서 "上阝前阝川自此以□□"명(銘) 표석도 함께 발견되었다고 한다.[189]

내용으로 보아 이들 표석은 상부(上部)와 전부(前部)의 경계지점에 놓여져 있었던 것으로 믿어진다. 다만, 상부와 전부 중 어느 쪽이 북쪽이고, 어느 쪽이 남쪽인지가 분명하지 않은데, 기록에 상부·전부의 순서로 되어 있는 것으로 보아 북쪽이 상부에 해당되고, 남쪽이 전부인 것으로 우선 추정할 수 있을 듯하다.

---

188) 『三國史記』 卷 27, 「百濟本紀」, 武王 35年條에는 "三月 穿池於宮南 引水二十餘里 四岸植以楊柳 水中築島嶼 擬方丈仙山"라고 하여 단순히 '池'라고 되어 있지만 39年條 기사에는 "王與嬪御泛舟大池"라고 되어 있어 '大池'라고 불렀음을 알 수 있다.
189) 洪再善, 앞의 주 3)의 論文, 1982, 27쪽.

상부와 전부를 이렇게 배치하고 보면 나머지 중부(中部) · 하부(下部) · 후부(後部)는 정림사지(定林寺址) 서쪽을 지나는 남북대로의 서쪽에 대칭으로 자리하고 있었을 것으로 추정된다. 상부가 동쪽을 의미하는 만큼 다른 부(部)는 그 서쪽에 자리하고 있어야 하기 때문이다. 다시 말해서 표석의 존재를 고려해 볼 때 5부는 모두 금성산(錦城山) 서쪽에 자리하고 있었던 것으로 판단된다.[190]

상부, 전부와 달리 하부, 중부, 후부는 그 위치를 추정할 만한 근거가 찾아지지 않지만 명칭에서 느껴지는 대로 대칭이 되도록 배치해 보면 상부의 반대쪽에 하부가 놓이고, 중부를 명칭 그대로 중간에 배치하면 현 부여군청에서 부여박물관에 이르는 동서 관통도로에 이르게 된다. 자연히 나머지 후부는 이 동서 관통도로의 남쪽에 위치시킬 수밖에 없게 된다.

후부의 위치에 대해서는 다시 두 가지 정도를 생각해 볼 수 있다. 하나는 부여군청~부여박물관의 동서 관통도로와 궁남지(宮南池) 사이이고, 다른 하나는 궁남지를 비켜선 그 서쪽지역이다. 어느 쪽이 되었든 궁남지의 위치를 피해야 함은 앞서 설명한 바와 같은데, 두 가지 방법 중 궁남지 서쪽이 후부의 위치가 아닐까 생각된다. 왜냐하면 이 지역에는 백제 사찰로 알려진 군수리사지(軍守里寺址)가 자리하고 있기 때문이다.[191] 따라서 군수리사지를 포함한 궁남지의 서쪽이 일단 후부의 위치로 생각된다.

이상에서 설명한 5부의 위치를 도면으로 표시해 보면 〈도면 21〉과 같이 된다. 도면에서 보듯이 금성산 서쪽이 5부에 해당되는 만큼 그 동쪽은 자연히 항(巷)으로 편제되었을 것이다. 그러나 항(巷)의 편제 방식에 대해서는 전혀 짐작해 볼 만한 자료가 없기 때문에 그 구체적인 실상을 알 수 없다.

---

190) 그런 점에서 泗沘都城 전체를 대상으로 5部가 編制되어 있었다는 田中俊明의 5部 推定圖(田中俊明, 앞의 주 3)의 論文, 1990, 213쪽, 圖 10)은 수긍하기 어려운 것이 아닌가 생각된다.

191) 後部의 위치를 이렇게 비정하면 扶蘇山城(王城)에서 가장 먼 것이 後部가 되겠는데, 部에도 힘의 우열이 있었다면 部勢라는 것이 가장 미약했던 곳이 이 後部가 아니었나 싶고, 『日本書紀』에 後部 출신 인명이 기록되지 않은 것도 그와 관련이 있는지도 모르겠다.

〈사진 28〉
궁남지 출토 목간

　한편 궁남지에서 출토된 목간(木簡)의 내용이나 『수서(隋書)』, 『북사(北史)』의 기록을 보면 종래의 인식처럼 부(部) 안에 5항이 있었던 것이 된다. 더구나 이렇게 부(部) 안에 5항이 있었다 하더라도 〈도면 22〉와 같이 편제하면 앞서 설명한 대로 부(部) 안에 귀족들이 거주하는 배타적인 공간이 있었다는 원칙과 『한원(翰苑)』의 기록에도 배치되지 않는 것처럼 보인다. 즉, 〈도면 22〉처럼 부(部)와 항(巷)을 배치하면 일견 모든 문제가 없는 것처럼 자연스러워 보인다. 다만 〈도면 22〉와 같이 부(部)와 항(巷)을 배치하면 결국 금성산 서쪽지역만 부(部) – 항(巷)으로 편제되고 그 동쪽지역은 별다른 편제방식 없이 그대로 놓여져 있었던 것이 되어 일말의 주저되는 바가 없지 않다.

　이상에서 살펴본 바와 같이 사비도성 내의 5부, 5항은 종래의 인식처럼 부(部) 밑에 항(巷)이 있었던 것으로 볼 수도 있고, 5부와 5항이 각각 다른 공간에 배치되어 있었을 가능성도 있다. 부(部)와 항(巷)에 대한 관련 기록이 서로 상충되고 있어 어느 것이 좀더 실상에 가까운 것인지 쉽게 판단할 수 없다. 따라서, 현재로서는 도면에 제시된 것처럼 두 가지 방법을 모두 생각해 볼 수 있을 듯하다. 다만 어느 쪽이 되었든 종래에 전중준명(田中俊明)이 제시한 도면처럼 될 수는 없다. 앞서 소개한 대로 "전부(前部)"명 표석(標石)이나 "상부전부(上部前部)"명 표석으로 보아 5부의 분포 범위는 금성산 서쪽이 분명하기 때문이다.

그럼 5부는 각각 어떻게 구분되어 있었을까. 물론 앞서 설명한 대로 종횡(縱橫)으로 달리는 도로에 의해 구획되어 있었겠지만 그와 함께 '천(川)'의 존재를 상정할 수 있을 듯하다. 앞서 소개한 표석에도 이러한 설명은 되어 있거니와 실제로 관북리(官北里) 일대에서 조사된 도로의 양쪽에 배수로(排水路)가 개설되어 있었던 만큼 시내를 관통하는 종횡의 도로 좌우에도 이러한 배수로가 있었던 것으로 추정된다.[192]

'부'와 '항'의 경계표시를 추정하는 데 있어 간과할 수 없는 것이 바로 표석의 존재다. 앞서 소개한 "전부(前部)"명 표석(標石)은 화강암을 38.5×34cm의 크기로 치석(治石)한 것으로, 종단면(縱斷面)은 길쭉한 제형(梯形)을 하고 있다.[193] "상부전부(上部前部)…"명의 표석(標石) 또한 44×20cm 크기로 치석한 화강암으로 역시 같은 제형을 하고 있다.[194] 고구려 장안성(長安城)의 성벽 석각(石刻)과 매우 유사한 형태를 하고 있는 셈이다.[195] 그런 점에서 이 표석은 성벽 같은 곳에 끼워져 있었을 가능성이 높아 보인다.

사실 이렇게 표석처럼 다듬은 석재를 이용하여 성벽을 축성한 경우가 있

---

192) 洪再善은 '川'을 '내(개울)'로 보았고(洪再善, 앞의 주 3)의 論文, 1982, 27쪽), 田中은 土地, 平野로 보고 있다(田中俊明, 앞의 주 3)의 論文, 1990, 187쪽).

193) 洪再善, 앞의 주 3)의 論文, 1982, 27쪽.

194) 金英心, 「4. 標石」, 『譯註 韓國古代金石文』, 1997, 160쪽.

195) 田中俊明, 앞의 주 3)의 論文, 1990, 187~188쪽.

다. 예를 들어 부여 나성의 동벽,[196] 성흥산성(聖興山城),[197] 대전 보문산성(寶文山城),[198] 논산 노성산성(魯城山城),[199] 아산 학성산성(鶴城山城)[200] 등이 그것이다. 다시 말해서 백제산성, 내지는 통일신라시대에 축성된 백제계 산성에서 보여지는 특징인 셈이다. 그런 점에서 이 표석은 성벽 같은 곳에 끼워져 있었을 가능성이 커 보인다.

원래 중국의 방(坊)이라고 하는 것도 담장이었다. 처음에는 쉽게 넘어 다닐 정도의 것이었지만 이것이 북위대(北魏代)에 가면 넘나들 수 없는 형태로 변모한다.[201] 주민 통제를 위한 조치였던 것이다. 실제로 최근 수(隋) 대 흥성(大興城)의 방(坊) 유적이 조사 되었는데, 방벽(坊壁)이 2.5~3m 너비의 판축토루(版築土壘)로 이루어진 것이 확인되었다.[202] 그렇다면 현재로서는 별다른 증거 자료가 없지만 사비도성 역시 이러한 형태의 부벽(部壁)이 있어 부(部)와 부(部)를 구별했을 가능성이 높다고 판단된다. 적어도 부(部)의 존재를 확인시켜 준 표석이 놓일 수 있는 곳은 부벽 이외에 다른 방법이 없다고 생각되기 때문이다.

3) 관서구(官署區)의 위치

도성 내에는 왕성 이외에 황성(皇城)이란 것이 있다. 황성(皇城)이란 원래 수(隋) 문제(文帝) 양견(楊堅)이 내외(內外) 존비(尊卑)를 엄격히 구별하고 일반인이 잡거(雜居)하지 못하도록 하기 위해 궁성 밖에 또 다른 성벽을 쌓아 궁성의 울타리로 삼은 것이 효시다.[203]

---

196) 忠淸南道, 『文化財大觀』, 1997, 243쪽.
197) 安承周·徐程錫, 『聖興山城 門址 發掘調査 報告書』, 忠南發展研究院, 1996, 38~44쪽.
198) 李達勳 外, 『寶文山城發掘調查報告書』, 大田廣域市, 1994, 23~27쪽.
199) 李南奭·徐程錫, 『魯城山城』, 公州大博物館, 1995.
　　徐程錫, 「論山 魯城山城에 대한 考察」, 『先史와 古代』 11號, 1998, 253~254쪽.
200) 徐程錫, 「牙山地域의 山城 - 鶴城山城을 中心으로 -」, 『滄海朴秉國教授停年紀念史學論叢』, 1994, 229~261쪽.
201) 宮崎市定, 「漢代의 里制와 唐代의 坊制」, 『東洋史研究』 21-3, 1962.
202) 宿白, 「隋唐長安城和洛陽城」, 『考古』 6期, 1978, 409쪽.

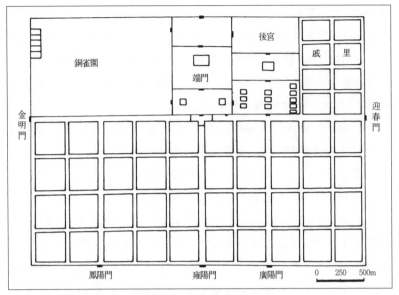

<도면 20> 조위(曹魏)의 업성(鄴城) 복원 상상도(주 204)에서)

　이러한 황성의 안쪽에는 종묘와 사직, 관서(官署) 등이 자리하고 있는 것
이 보통이다. 그런 점에서 시기상으로 중국의 황성과 백제의 사비도성은 직
접 연결될 수 없다. 사비도성이 축조된 이후에 황성이 등장하기 때문이다.
다만 비슷한 개념의 도시 구획은 이미 조위(曹魏)의 업성(鄴城)에서부터 나
타난다.

　후한 말년의 혼란으로 장안과 낙양이 크게 파괴되자 조조(曹操)는 새로
운 도성으로 업성을 건설하기에 이른다. 이 때 건설된 업성은 종전의 남북
양궁체제(兩宮體制)를 버리고 북쪽에만 궁전을 두는 북궁체제(北宮體制)를
갖춘다. 아울러 도성 중앙에는 동서(東西)로 관통하는 도로를 개설하여 통
치자들은 그 북쪽만을 전용지구로 사용한다.[204]

203) 賀業鉅 著 · 尹正淑 譯, 『중국 도성제도의 이론』, 이회, 1995, 22쪽.
204) 董鑒泓 等 編 · 成周鐸 譯註, 『中國都城發達史』, 學研文化社, 1993, 55쪽.

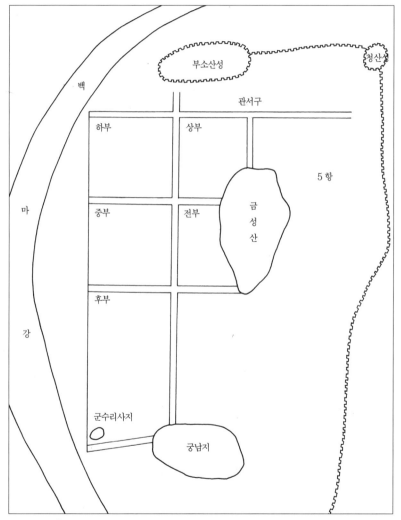

〈도면 21〉『한원(翰苑)』을 통해 본 사비도성의 편제 추정도

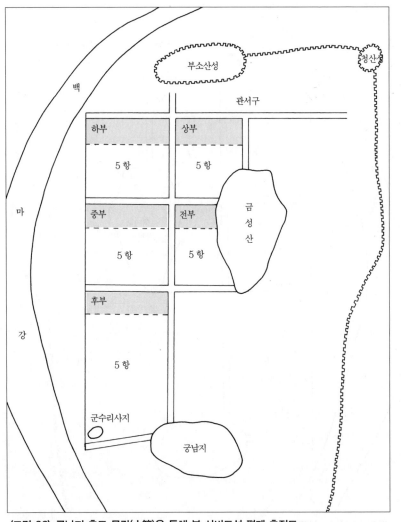

〈도면 22〉 궁남지 출토 목간(木簡)을 통해 본 사비도성 편제 추정도

업성의 시가지 구조는 종전까지 왕궁이 일반민들과 잡거하던 것과는 근본적으로 다른 것으로 중국 도성사(都城史)에 있어서 커다란 변화의 시작이 된다. 실제로 업성을 뒤이어 등장하는 북위(北魏)의 낙양성(洛陽城)이나 수(隋)의 대흥성(大興城), 당(唐)의 장안성(長安城) 등은 왕성(王城)이 도성(都城)의 북쪽에 자리하되 일반민과 엄격히 구별되는 별도의 공간을 마련하고 있는 것이 하나의 특징이다.

이러한 조위(曹魏)의 업성(鄴城)은 북위의 낙양성(洛陽城)에도 영향을 주었다. 따라서 북위의 관서(官署)들은 궁성 앞 동타가(銅馱街)의 좌우에 배치되었다. 일반민과 통치자들의 공간을 엄격히 구별하는 것은 동일하지만 하나는 황성, 혹은 궁성이라는 것을 만들어 그 안에 관서와 종묘(宗廟)를 배치하고, 다른 하나는 동서로 관통하는 도로를 중심으로 통치자와 일반민들의 활동 공간을 구별하는 등 약간의 차이도 있었던 것이다.

이러한 차이를 염두에 두고 보면 사비도성은 낙양성(洛陽城)이나 대흥성(大興城), 장안성(長安城) 보다는 조위의 업성에 가까운 구조를 하고 있음을 알 수 있다. 왕성 밖에 돌려져 있는 황성의 존재를 사비도성에서는 찾아볼 수 없기 때문이다.

이렇게 황성이라고 할 만한 존재는 찾아지지 않지만 사비도성에도 통치자와 일반민들의 활동 공간을 구별할 수 있는 특별 공간은 마련되어 있었던 것으로 생각된다. 이 특별 공간을 황성의 개념과 비슷한 성격을 띠고 있다는 점에서 편의상 '관서구(官署區)'라고 부르고자 한다. '관서구'란 말 그대로 일반민들의 활동 공간과 구별되는 관서가 자리한 지역이다. 아울러 그 위치는 당연한 이야기가 되겠지만 왕성(王城; 왕궁(王宮))과 일반민이 거주하는 공간 사이에 해당된다.

이러한 사실을 염두에 두고 부여 시가지의 도로망을 살펴보면 쌍북리(雙北里)에서 관북리(官北里)로 통하는 동서 관통도로가 새삼 주목된다. 이 도로는 종전에 왕궁지로 알려진 관북리 일대의 건물지 남쪽에서 동쪽으로 일직선으로 이어지고 있다. 그런 점에서 이 동서 관통도로는 바로 조위(曹魏)

의 업성에서 보이는 동서 관통도로와 같은 의미로 생각된다. 그렇다면 이 도로의 북쪽은 사비도성의 통치자들의 전용 공간, 즉 각종 관공서가 자리하는 공간이 되는 것이고, 자연히 5부와 5항은 이 도로의 남쪽에 자리하게 된다. 따라서 사비도성의 관서들은 모두가 이 도로의 북쪽, 부소산(扶蘇山) 남쪽에 자리하고 있었을 것으로 생각된다.

종래에 이 관북리 일대에서는 많은 양의 유물이 출토된 바 있고, 건물지와 초석(礎石)도 다량으로 발견되었다. 이 일대를 사비시대 백제 왕궁지로 추정해 왔던 것도 그 때문이다. 그러나 기록을 믿는 한 사비도성의 왕성은 부소산성일 가능성이 크다. 그런 점에서 종래에 왕궁지로 추정해 왔던 지역은 오히려 각종 관서(官署)가 자리했던 곳으로 보는 것이 옳지 않을까 생각된다. 이 일대를 관서구역(官署區域)으로 부르고자 하는 것도 그 때문이다.

이러한 추정이 크게 잘못된 것이 아니라면 관서와 함께 이곳에는 매년 왕이 4번 제사하였다는 시조묘(始祖廟)도 있었을 것이다. 사비도성 안에 시조묘가 있었다는 것은 "立其始祖仇台廟於國城"[205]이라는 기록을 통해 확인되는데, 그렇다면 그 위치는 당연히 관북리 일대의 관서구역이 될 것이다.

중국에서도 황성이 있는 경우에는 그 안에 종묘(宗廟)와 사직(社稷)이 자리하고, 없을 때에는 왕성 앞쪽의 황성구(皇城區)라고 할 수 있는 곳에 자리하는 것이 통례이다. 원래 종묘와 사직의 위치는 '좌조우사(左祖右社)'였던 것이다. 그렇다면 사비도성 역시 정림사지(定林寺址) 옆을 지나는 도로의 좌우측에 종묘와 사직이라고 할 수 있는 것이 자리하고 있었을 가능성이 높아 보인다.

이러한 사실은 종래에 남북대로의 동쪽에서 발견된 "북사(北舍)"명(銘) 토기 출토 건물지를 통해 어느 정도 방증될 수 있지 않을까 생각된다. 이 건물지는 와적기단(瓦積基壇) 위에 세워진 것인데, 다음과 같은 중요한 사실을 담고 있었다.[206]

---

205) 『隋書』 卷 81, 「列傳」 46, 東夷, 百濟.
206) 尹武炳, 앞의 주 65)의 報告書, 1999, 22쪽.

첫째, 소형의 독립가옥인데도 불구하고 수막새기와를 사용하였다.

둘째, 불과 1.5m의 거리를 두고 인공의 전용 샘이 있다.

셋째, 제기(祭器)로 사용된 것으로 보이는 특수한 형태의 토기들이 다수 발견되었다.

이러한 발굴 결과만 가지고 당장 이 건물지의 성격을 단정할 수는 없지만 종래에 생각했던 것처럼 왕궁지에 딸린 물자를 보관 · 관리하는 건물[207]이라든가 왕궁이나 관아(官衙) 건물지에 소속된 한 건물[208]이라기보다는 '좌조(左祖)'에 해당되는 건물로 보는 것이 좀 더 타당하지 않을까 생각된다.

5. 사비도성의 의의

사비도성은 한성시대나 웅진시대와 달리 왕도전체를 둘러싼 나성을 갖추고 있다. 아울러 나성 내부는 다시 왕궁이 자리한 왕성과 관서(官署)가 자리한 관서구(官署區), 귀족과 일반민들의 거주지인 5부 · 5항 등으로 정연하게 편제되어 있었던 것으로 여겨진다. 따라서 이러한 도성구조가 출현하게 된 배경에 대해 많은 관심을 기울여 왔다. 그 결과 지금까지 제기된 견해를 보면 백제 자생적으로 만들어졌다는 주장[209]과 중국 남조(南朝) 건강성(建康城)을 모방했다는 주장,[210] 고구려 평양성을 모방했다는 주장,[211] 그리고 북위(北魏) 낙양성(洛陽城)과의 관련성을 지적한 견해[212] 등으로 나누어 볼

---

207) 朴淳發, 앞의 주 67)의 論文, 2000, 122쪽.

208) 成周鐸, 「百濟 泗沘都城 三齣」, 『百濟研究』 28, 忠南大百濟研究所, 1998, 259쪽.

209) 尹武炳, 앞의 주 3)의 論文, 1994, 125~151쪽.
　　朴淳發, 앞의 주 3)의 論文, 1996, 143~146쪽.
　　車勇杰, 「泗沘都城의 築城史的 位置」, 『사비도성과 백제의 성곽』, 서경문화사, 2000, 63~68쪽.

210) 秋山日出雄, 앞의 주 138)의 論文, 1984, 24~25쪽.
　　田中俊明, 앞의 주 3)의 論文, 1990, 198쪽.

211) 成周鐸, 앞의 주 3)의 論文, 1993, 121~125쪽.

212) 矢守一彦, 「朝鮮の都城と邑城」, 『都市プレンノ研究』 6, 1970, 220~225쪽.

수 있다.

그러나 최근 들어 사비도성에 대한 조사가 진행되고, 이해가 깊어지면서 자생설을 주장하는 입장에서도 중국 도성의 영향을 완전히 부정하지는 못하고 있고,[213] 또한 중국 남조 건강성의 영향을 받았다고 하는 쪽에서도 북조(北朝) 낙양성의 모방 가능성을 완전히 배제하지는 않고 있다.[214] 그런가 하면 비록 고구려와의 문화적인 친연성을 강조하면서도 역시 북위 낙양성과의 관련성을 배제하지 않는 견해도 있다.[215] 어느 면에서는 의견이 점차 접근되는 것처럼 보이기도 하지만 반대로 생각하면 그만큼 간단한 주제가 아니라는 반증도 된다.

사비도성의 원류(源流)에 대해 서로 다른 의견들이 제시되고 있는 것은 그 동안의 작업이 너무 단편적으로 추진되어 온 것도 한 원인이라고 생각된다. 예를 들어 도성 내 지형이 중국 도성과 같은 평지가 아니라 자연구릉을 포함하고 있고, 따라서 조방제(條坊制)도 이루어지지 않았을 것으로 보아 결국 자생설을 주장한다거나, 사비도성의 나성이 남조 건강성처럼 평야와 구릉을 지나고 있고, 또한 도성 내에 항(巷)의 존재가 확인된다 하여 남조 건강성의 영향을 주장한다거나, 혹은 도성의 구조가 평지성(平地城; 내성(왕궁) + 외성(나성)) + 산성(구릉성산성(부소산성과 청마산청))으로 구성되어 있고, 성내에 5부제(部制)가 실시되었다는 사실에서 고구려의 영향을 강조하였던 것이다.

사비도성의 입지가 웅진도성(熊津都城)이나 한성(漢城)과 유사하고 중국 도성과는 일정한 차이가 있는 것이 사실이지만, 도성 내의 편제 방식은 반대로 그 이전 도성에서는 전혀 찾아볼 수 없던 것이다. 또한, 도성 내에 있었다는 항(巷)의 존재는 남조(南朝)에서만 확인되는 것이 아니라 북조(北朝)에서도 확인된다.[216] 그런가 하면 고구려 도성제의 특징으로 알려진 평지성(平地城) + 산성(山城)의 구조와 사비도성의 구조는 많은 차이가 있다.

---

213) 尹武炳, 앞의 주 3)의 論文, 1994, 151쪽.
214) 田中俊明, 앞의 주 3)의 論文, 1990, 199쪽.
215) 成周鐸, 앞의 주 208)의 論文, 1998, 263쪽.

무엇보다도 중요한 평지성의 존재가 사비도성에서는 확인되지 않기 때문이다. 따라서 기존의 주장은 쉽게 수긍하기 어려운 것이 사실이다.

사비도성의 원류(源流)를 이해하기 위해서는 무엇보다도 자생적으로 출현한 것인지, 아니면 다른 도성의 영향을 받은 것인지가 밝혀져야 한다. 그리고, 그것을 판단하기 위해서는 사비도성의 여러 요소들을 하나 하나 비교해 볼 필요가 있다.

그런데 고구려 장안성(長安城)을 모방했다는 주장은 이러한 비교 대상에서 일단 제외하고자 한다. 장안성은 552년에 착공되어[217] 586년에 천도가 이루어지고,[218] 593년에 마지막으로 북성(北城)이 축조되어 42년간의 작업이 완료되었다.[219] 장안성이 사비도성보다 늦게 축성된 셈이다. 그런데도 장안성 모방설이 나오게 된 것은 사비도성이 천도 무렵에 완성된 것이 아니라 무왕(武王) 6년, 즉 605년에 각산성(角山城)을 축성함으로써[220] 완성되었다고 보았기 때문이다.[221] 그러나, 각산성(角山城)이 청산성(靑山城)인지가 분명하지 않은 이상[222] 사비도성이 고구려 장안성(長安城)을 모방했다는 주장은 선뜻 따르기에 주저된다.

사비도성을 다른 지역의 도성과 비교하기 위해서는 우선 입지와 구조로 나누어 살펴볼 필요가 있다. 입지는 해당 유적의 계통(系統)을 분명하게 특

---

216) 이 때문에 南北朝 양쪽에서 모두 영향을 받았을 가능성을 제시하는 견해도 있다(金英心, 「泗沘都城의 행정구역편제」,『사비도성과 백제의 성곽』, 서경문화사, 2000, 88쪽의 주 25)).

217)『三國史記』卷 19,「高句麗本紀」, 陽原王 8年條. "築長安城"

218)『三國史記』卷 19,「高句麗本紀」, 平原王 28年條. "移都長安城"

219) 정찬영,「평양성에 대하여」,『고고민속』 2기, 1966, 13~20쪽.
　　　최희림,「평양성을 쌓은 연대와 규모」,『고고민속』 2기, 1967, 27~35쪽.
　　　최희림,『고구려 평양성』, 과학백과사전출판사, 1978, 13~35쪽.
　　　閔德植,「高句麗 平壤城의 築城過程에 관한 硏究」,『國史館論叢』 39輯, 1992, 38~48쪽.

220)『三國史記』卷 27,「百濟本紀」, 武王 6年條. "春二月 築角山城"

221) 成周鐸, 앞의 주 3)의 論文, 1982, 36~39쪽.

222) 田中俊明, 앞의 주 3)의 論文, 1990, 174~175쪽.
　　　尹武炳, 앞의 주 3)의 論文, 1994, 110쪽.

징지어 주는 요소이고,[223] 구조는 해당 유적의 성격을 뚜렷하게 나타내 주기 때문이다.

우선 사비도성의 입지를 살펴보면 중국처럼 평지가 아닌 산과 구릉을 끼고 있는 것이 특징이다. 따라서 남조(南朝) 건강성(建康城)에서 영향받았을 것이라는 주장이 제기되었던 것이다.[224]

그러나 남조 건강성은 중국의 삼국시대인 오(吳)나라 때부터 건설된 도성이기 때문에 건강성과 백제 도성을 관련지으려면 사비도성보다 오히려 웅진도성과 관련시키는 것이 타당할 것으로 생각된다.[225] 실제로 웅진도성은 그 위치나 방비체제에서 유사점이 발견되기도 한다.[226]

또한 나성(羅城) 역시 그것이 실제로 존재했는지에 대해 의심하는 견해가 대부분인 만큼[227] 나성의 존재만 가지고 사비도성이 건강성의 영향을 받았을 것이라는 주장은 건강성(建康城)의 나성(羅城)이 확인될 때까지 좀더 기다려야 할 것 같다.

사실 사비도성이 갖고 있는 입지조건, 즉 왕성이 시가지의 북쪽에 있는 나지막한 구릉에 자리하고 있고, 그 남쪽으로 전개된 구릉과 평지를 이용하여 시가지를 조성하는 전통은 이미 웅진시대부터 있어온 것이다. 따라서 그 연원(淵源)은 멀리 한성시대 몽촌토성(夢村土城)에까지 연결시켜 볼 수 있

---

223) 姜仁求, 『三國時代 墳丘墓研究』, 嶺南大出版部, 1984, 13쪽.

　　姜仁求, 「三國時代 古墳의 墓地에 관한 一考察」, 『韓國古代國家 形成 時期의 考古學的 硏究』, 韓國精神文化硏究院, 1990, 21~41쪽.

　　成洛俊, 「三國時代」, 『한국의 옹관묘』(특별전도록), 국립광주박물관, 1992, 28쪽.

224) 秋山日出雄, 앞의 주 138)의 論文, 1984, 24~25쪽.

225) 姜仁求, 「中國墓制가 武寧王陵에 미친 影響」, 『百濟硏究』 10, 忠南大百濟硏究所, 1979, 101~104쪽.

226) 이에 대해서는 1절 참조.

227) 中村圭爾, 「建康의 「都城」에 대하여」, 『中國都市의 歷史的 硏究』, 刀水書房, 1988.

　　田中俊明, 앞의 주 3)의 論文, 1990, 198쪽.

　　尹武炳, 앞의 주 3)의 論文, 1994, 128~134쪽.

　　朴淳發, 앞의 주 3)의 論文, 1996, 144~145쪽.

다. 다만 한성시대와 웅진시대에는 나성이 존재하지 않는 것이 차이점이다.

물론 한성시대와 웅진시대 왕도의 구조에 차이점이 전혀 없는 것은 아니다. 가령, 한성시대 때에는 왕도의 중심이 대체로 남쪽에 자리하고 있는데 비해 웅진 천도와 더불어 북쪽으로 옮겨진다. 다시 말해서 백제 전기의 도성이 왕성인 몽촌토성과 거민성(居民城)인 풍납동토성(風納洞土城)으로 이루어져 있었다는 견해[228]나 풍납동토성에서 몽촌토성으로 왕성이 옮겨졌을 것이라는 견해[229]를 따른다면 한성시대에는 왕도의 중심이 남쪽에 있었다고 할 수 있는데, 웅진으로 천도하면서 왕도의 북쪽에 왕성이 자리하게 된다. 이러한 차이점은 있지만 왕성을 포함한 왕도의 입지조건은 동일한 것으로 판단된다.

이렇게 사비도성의 입지조건은 웅진도성의 입지조건의 연속선상에서 이해할 수 있다. 왕도를 구성하는 가장 중요한 요소인 왕성의 입지조건이 매우 흡사하기 때문이다. 그런 점에서 왕성을 포함한 사비도성의 입지조건은 외부의 영향이라기보다는 웅진시대 이래로 확립된 백제의 전통을 고수하고 있는 것으로 보고 싶다.

웅진도성과 건강성이 서로 비슷한 면이 있고, 사비도성이 웅진도성의 연속선상에 있는 것이라면 사비도성 역시 건강성과 비슷한 것으로 이해할 수도 있다. 그러나 도성을 구성하는 요소 중에서 가장 중요한 왕성의 위치가 전혀 다르고, 오히려 웅진도성의 그것과 같은 면을 보여주고 있다는 점에서 백제의 전통으로 보고 싶다. 앞에서 설명한 것처럼 부소산성이 사비시대 백제 왕성이 될 수 있다면 몽촌토성, 공산성, 부소산성으로 이어지는 백제 왕성의 전통을 살펴볼 수 있기 때문이다. 나지막한 구릉 위에 왕성이 자리하는 것은 중국에서는 찾아볼 수 없는 백제만의 전통이었던 셈이다.

다음으로 사비도성의 시가지 구조를 살펴볼 필요가 있다. 사비도성의 구

---

228) 金起燮, 「百濟 前期 都城에 관한 一考察」, 『淸溪史學』 7, 1990, 58~65쪽.
229) 姜仁求, 「百濟 初期 都城問題 新考」, 『韓國史研究』 81輯, 1993 ; 『考古學으로 본 韓國古代史』, 1997, 201~231쪽.

조는 앞서 설명한 대로 왕성, 관서구(官署區), 5부(部)와 5항(巷), 기타 시가지의 도로망 등으로 나누어 볼 수 있다.

왕성은 도성의 입지조건에서 설명한 대로 한성시대부터 이어지는 백제의 전통이라고 할 수 있다. 사실 백제는 도성이 모두 강남(江南)에 자리하고 있는 것이 하나의 특징인데, 종래에는 이러한 위치를 단순히 고구려에 대한 방비의 결과로만 풀이하였다. 그런데 고구려의 국내성(國內城)이나 평양성(平壤城)이 강북(江北)에 자리하고 있는 사실에 비추어 볼 때 반드시 그렇게만 해석할 필요는 없을 것 같다. 고구려, 백제에 각각 도성을 선정하는 전통이 있었던 것이 아닌가 생각되기 때문이다.[230] 그런 점에서도 사비도성의 왕성은 그 위치나 입지조건이 한성시대, 웅진시대를 잇는 백제의 전통을 고수하고 있다고 믿어진다.

왕성 남쪽에 자리한 관서구(官署區)는 그 이전 시기에는 찾아볼 수 없던 것이다. 따라서 이러한 요소는 외부의 영향일 가능성이 크다고 생각된다. 그런 점에서 도성 내의 절반을 동서로 관통하는 도로에 의해 남북으로 나눈 다음, 그 북쪽을 통치자의 전용구역으로 사용한 조위(曹魏)의 업성(鄴城)이나 북위의 낙양성을 주목하지 않을 수 없다. 더구나 이러한 관서구와 5부·5항이 도로를 경계로 하여 남북으로 자리하고 있다는 사실은 업성이나 낙양성에서 발견되는 도성 내 시가지 구조의 가장 큰 특징이다.[231]

사비도성과 곧잘 비교되던 남조의 건강성은 사실 그 이전부터 있었던 성곽 유적을 그대로 답습한 것이기 때문에 이러한 정연한 구조를 갖추지 못하였다. 그런 점에서 사비도성의 관서구와 그 남쪽에 있는 동서 횡단도로의 존재는 건강성보다는 북조의 업성이나 낙양성과 관련성이 큰 것으로 생각된다.

왕도를 구성하였던 5부와 5항의 존재는 사비도성의 성격을 좀더 분명하

---

230) 그런 점에서 종래에 河北慰禮城의 존재를 상정하고, 그 위치를 한강 북쪽에서 찾았던 것에 반대하는 견해는 새롭게 경청할 필요가 있을 것이다(姜仁求, 위의 주 229)의 책, 1997, 208쪽).

231) 王仲殊,「中國古代都城槪論」,『考古』5期, 1982, 509~510쪽.

게 특징지우는 것들이다. 종래에 5항의 존재에 주목하여 사비도성과 남조 건강성과의 관련성을 지적한 견해가 있었지만[232] 그렇다고 해서 북위와의 관련성을 전적으로 배제한 것은 아니었다.[233]

사실, 남조의 5부와 5항은 백제에서처럼 성격이 완전히 구별되는 존재는 아니었다. 북조도 이 점에 있어서는 마찬가지다. 그런 점에서 도성 내 5부의 존재는 확실히 백제적인 요소이다. 다만 그 5부가 앞서 살펴본 대로 귀족들의 거주처를 마련하여 통치를 효율적으로 하기 위한 것이라면 북위의 방 (坊)과 비슷한 성격임을 알 수 있다.

웅진시대에서 사비시대에 이르는 시기는 백제가 천도 후 새롭게 남방을 경략해 나가던 시기였다.[234] 따라서 이 과정에서 새롭게 백제 영토로 재편된 지역의 수장층(首長層)들을 통치하기 위해서는 그들에게 관등(官等)을 부여하고, 일부는 수도로 옮겨와서 살도록 할 필요가 있었다.[235] 이러한 분위기는 평성(平城)에서 성장한 북위(北魏)가 낙양(洛陽)으로 진출하는 모습과 흡사하다. 그런 점에서 사비도성의 수도 5부라는 것은 북위의 '방(坊)'과 실은 같은 성격임을 짐작케 한다.

수도 5부 자체는 이미 웅진시대부터 보이지만 사비시대의 수도 5부는 웅진시대의 수도 5부와 근본적으로 성격이 달랐던 것이다. 그것이 웅진도성과 사비도성의 가장 큰 차이이자 천도의 목적이기도 했던 것으로 생각된다.

5부와 같이 등장하는 5항은 중국 남조와 북조에서 모두 확인된다. 따라서 항(巷)의 존재만을 가지고 어느 쪽의 영향이라고 단정할 수는 없다.[236] 웅진시대까지 보이지 않던 존재라는 점에서 백제의 5항이 중국에서 영향받은

232) 田中俊明, 앞의 주 3)의 論文, 1990, 190쪽.
233) 田中俊明, 앞의 주 3)의 論文, 1990, 198~199쪽.
234) 金泰植, 「百濟의 加耶地域 關係史 : 交涉과 征服」, 『百濟의 中央과 地方』(百濟研究論叢 5輯), 忠南大百濟研究所, 43~84쪽.
　　　白承忠, 「6세기 전반 백제의 가야진출 과정」, 『百濟研究』 31, 忠南大百濟研究所, 2000, 57~88쪽.
235) 金英心, 「百濟 官等制의 成立과 運營」, 『國史館論叢』 82, 國史編纂委員會, 1998, 99~124쪽.
236) 金英心, 앞의 주 216)의 論文, 2000, 88쪽.

것으로 볼 수도 있지만 그 실제적인 운영원리(運營原理)나 편제방식(編制方式)은 중국의 그것과는 다른, 백제 독자적인 것이었다고 생각된다.

왕도를 에워싸면서 축성한 나성 역시 낙양성(洛陽城)에 더 가까운 것이 아닌가 싶다. 건강성(建康城)에도 나성(羅城)이 돌려져 있었는지는 확실하지 않지만 북위의 나성은 동쪽과 북쪽에 돌려져 있었던 것으로 알려져 있다.[237] 서쪽은 하천에 의해 경계가 분명한 만큼 북쪽과 동쪽을 나성으로 돌려 구획을 명확하게 하였다고 한다.

사비도성의 나성에 대해서는 서쪽과 남쪽에도 나성이 있었다는 주장[238]이 있어 왔지만 최근의 조사에 따르면 서나성(西羅城)은 존재하지 않았을 가능성이 높다.[239] 만약 동나성(東羅城)과 북나성(北羅城)이 나성의 전부라고 한다면 그러한 구조는 공교롭게도 북위 낙양성의 그것과 일치함을 알 수 있다. 서쪽으로는 하천이 있어 경계가 확실하기 때문에 나성을 축조할 필요가 없었던 것도 양자가 일치한다.

또한 왕도 내(王都內)에 자리하고 있는 사찰 중 정림사지(定林寺址)와 왕성과의 관계는 낙양성의 왕성과 영령사(永寧寺)의 관계와 흡사하다.

사비시대 이후 백제의 국가 운영에서 가장 중요한 원리 중의 하나가 불교였다. 따라서 도성 내 사찰의 위치는 곧 도성의 운영원리(運營原理)와도 관계가 있는 것으로 이해된다. 그런 점에서 사비도성의 한가운데 자리하고 있는 정림사지의 위치는 북위 낙양성에 있는 영령사와 왕궁과의 관계와 흡사한 것이 주목된다. 양자 모두 왕성에서 남북으로 관통하는 간선도로 옆에 자리하고 있기 때문이다. 정림사지 발굴시 다량으로 출토된 도용(陶俑)이 북위 계열이라는 지적[240]은 그런 점에서 자못 주목할 필요가 있다.

정림사지와 영령사의 위치는 단순히 일개 사찰의 위치가 비슷하다는 것

237) 森麓三,「北魏洛陽城の規模について」,『東洋史研究』11卷 4號, 1952.
　　　朴漢濟, 앞의 주 165)의 論文, 1990, 54쪽.
238) 洪再善, 앞의 주 3)의 論文, 1981, 15~27쪽.
239) 朴淳發, 앞의 주 183)의 論文, 2000, 29쪽.

에 그치지 않고 도성의 운영원리가 비슷했다는 것을 의미하는 것이다. 그런 점에서 사비도성과 낙양성은 종래의 인식과 달리 깊은 관련을 맺고 있는 것으로 판단된다.

이상과 같이 사비도성은 백제의 전통을 유지하고 있으면서도 한편으로는 중국 도성과 비교할 수 있는 부분도 있다. 그것도 중국 북조의 도성들 - 북위의 낙양성, 조위(曹魏)의 업성(鄴城) - 과의 관계가 부분적으로 엿보인다. 이러한 사실은 사비 천도 당시 백제 불교의 성격이 종전의 남조 불교에서 북조 불교, 즉 '왕즉불(王卽佛)' 사상으로 바뀐 것과 맥을 같이 하는 것으로 판단된다. 아울러, 백제지역에서 사비 천도 후에 급격히 불상(佛像)의 조상(造像) 예가 많아지며, 이들이 한결같이 중국 북조와 양식상 이어지진다는 사실과도 맥을 같이하는 것으로 풀이된다.[241]

결국 사비 천도는 새로운 사상의 변화, 새로운 도성제(都城制)의 도입을 가져왔다. 도성에 동서 관통도로를 두어 통치자들의 전용구역과 5부, 5항으로 편제된 지역을 구분하고, 신분에 따라 부(部)와 항(巷)에 각각 따로 거주처를 마련하였다. 왕성과 관서(官署), 일반민의 거주구역을 구분한 것 역시 마찬가지다. 엄격한 신분 질서에 입각한 예치 질서를 꾀하였던 것이다. 그런 점에서 사비 천도와 더불어 백제가 '주례(周禮)'주의적인 정치이념을 표방하였다는 지적[242]은 새삼 의미심장한 것으로 이해된다. 이것이야말로 사비 천도의 목적이었다고 생각되기 때문이다.

---

240) 文明大, 「扶餘 定林寺터에서 나온 佛像과 陶俑」, 『季刊 美術』, 1981, 겨울호.

241) 百濟의 불상 양식이 중국 北魏佛, 내지는 北齊佛 양식을 띠고 있다는 사실은 이미 여러 차례 지적된 바 있다.

黃壽永, 『韓國佛像의 硏究』, 삼화출판사, 1973.

文明大, 「百濟彫刻의 樣式變遷」, 『百濟의 彫刻과 美術』, 公州大博物館, 1991, 11~128쪽.

金元龍·安輝濬, 『韓國美術史』, 서울大學校出版部, 1993, 81~85쪽.

姜友邦, 「傳扶餘出土 蠟石製 佛菩薩立立像考 - 韓國佛敎에 끼친 北齊佛의 一影響 -」, 『考古美術』 138·139合輯, 1978, 5~13쪽.

242) 李基東, 「百濟國의 政治 理念에 대한 一考察 - 특히 '周禮' 主義的 정치이념과 관련하여 -」, 『震檀學報』 69, 1990 ; 『百濟史硏究』, 一潮閣, 1996, 161~181쪽.

3장
산성의 입지와 구조

한반도의 한가운데에 자리하고 있던 백제는 건국 초기부터 낙랑(樂浪)과 말갈(靺鞨), 마한(馬韓) 등에 둘러싸여 있었다. 백제가 일찍부터 '設險守國'을 '古今常道'로 알 수밖에 없었던 것도[1] 바로 그러한 이유 때문이었다. 실제로 백제는 삼국 중 가장 많은 축성(築城) 기록을 남기고 있다.[2] 그런 점에서 백제 성곽, 특히 산성에 대한 연구는 문헌기록에 나타나 있지 않는 여러 가지 사실들을 보완해 줄 수 있을 것으로 기대된다.

그러나 이러한 중요성에도 불구하고 아직까지 백제 산성에 대한 연구는 부진을 면치 못하고 있다. 일반적으로 백제 성곽에는 테뫼식산성과 포곡식 산성(包谷式山城), 평산성(平山城), 평원성(平原城) 등 여러 종류가 있는 것으로 알려져 왔고,[3] 이 외에도 구릉성(丘陵城), 장성(長城) 등이 더 있다고 보는 견해도 있다.[4] 그러나 실제로 이렇게 다양한 종류의 성곽이 존재하는지는 확실하지 않다. 종래 막연히 백제 성곽으로 믿어왔던 유적이 실제 조사해 보면 백제 것이 아닌 경우가 많아지고 있기 때문이다.

사정이 이렇다 보니 백제 성곽의 종류는 물론이고, 입지조건과 구조적 특

---

1) 『三國史記』卷 13,「百濟本紀」, 溫祚王 8年條. "王報曰 設險守國 古今常道…"

2) 兪元載,「百濟 築城關係 記事의 分析」, 『湖西史學』12輯, 1984, 1∼27쪽.

3) 全榮來,「古代山城의 發生과 變遷」, 『馬韓·百濟文化』11, 圓光大馬韓百濟文化研究所, 1985, 32∼33쪽.

4) 孔錫龜,「百濟 테뫼식山城의 型式分類」, 『百濟研究』24, 忠南大百濟研究所, 1994, 6∼13쪽.

징이 아직 혼란스러운 상황이다.

성곽은 고분이나 사찰, 요지(窯址) 등과 달리 지상에 드러나 있기 때문에 입지와 구조적 특징만 정확히 파악되면 지표조사만으로도 충분히 자료로 활용할 수 있는 장점이 있다. 더구나 시간의 흐름에 따라 이러한 입지와 구조가 어떻게 변화해 갔는지가 밝혀지면, 사료에 등장하는 성곽의 위치 비정시 매우 요긴하게 활용될 수 있다. 여기에서 백제 성곽이 갖는 특징을 입지와 구조의 측면에서 살펴보고자 하는 것도 그 때문이다. 이러한 작업을 통해 백제 산성의 모델이 구해진다면 자연히 백제의 군현성(郡縣城)과 5방성(方城)의 실상이 한결 객관적으로 드러나게 될 것이다.

1. 백제 산성의 현황

백제 산성에 대한 발굴조사는 1980년대에 들어서면서 시작되었다. 초기에는 부소산성(扶蘇山城)과 공산성(公山城) 등 충남지역의 성곽들이 대상이되었지만, 1990년대에 들어서서는 백제 고지(故地) 전역(全域)으로 확대되고 있다.

이러한 발굴조사의 증가로 백제 산성에 대한 지식이 넓어진 것은 사실이지만 자료 부족으로 인한 축성 시기의 편년에 재검토의 여지를 남기고 있는 것도 있다. 부소산성의 테뫼식산성 같은 것이 대표적인 예가 될 것이다.[5]

부소산성 외에도 종래에 백제 산성으로 알려진 산성 중에는 실제로 백제산성으로 판단하기 어려운 것들이 섞여 있다.[6] 따라서 백제 산성이 갖는 입지와 구조적인 특징을 확인하기 위해서는 먼저 기존에 알려진 유적 중에서

---

5) 金容民,「扶蘇山城의 城壁 築造 技法 및 變遷에 대한 考察」,『韓國上古史學報』26, 1997, 107쪽.

6) 李康承·朴淳發·成正鏞,『神衿城發掘調査報告書』, 忠南大博物館, 1996.

　(財)忠淸埋藏文化財硏究院,『乾芝山城』, 1998.

　忠南大博物館,「鷄足山城 發掘調査 略報告」, 1998.

실제로 백제 산성만을 가려내는 작업이 선행되어야 한다.

여기에서는 일단 보고서를 기준으로 백제 산성으로 보고된 산성들을 소개하고, 해당 유적이 실제로 백제 산성으로 볼 수 있는지를 검토해 보고자 한다. 이러한 작업을 거쳐 백제 산성이라고 판단되는 유적들에 대해서는 입지와 구조적 특징을 살펴 보고자 한다. 입지와 구조적 특징은 지표상으로 드러나는 가장 두드러진 특징이자, 백제 산성을 다른 유적과 구별하기 위해 비교할 수 있는 가장 손쉬운 요소라고 생각되기 때문이다.

(1) 망이산성(望夷山城)[7]

망이산성은 경기도 안성시 일죽면 금산리와 이천시 율면 산장리, 그리고 충북 음성군 삼성면 양덕리 · 대야리 사이에 위치한 표고 472m의 마이산(馬耳山) 정상부에 축조된 석성(石城)이다.

이 산성은 내성(內城)과 외성(外城)으로 이루어진 특이한 형태의 산성인데, 내성은 토성으로 되어 있는 데 비해 외성은 석성으로 이루어져 있다. '성곽(城郭)'이라는 용어에 적합한 구조를 하고 있는 셈이다.

내성은 표고 450m의 매우 높은 지점에 축조되어 있다. 전체 둘레는 250m로 비교적 소규모에 해당된다. 성벽은 동쪽과 서쪽, 북쪽 등지에서 확인되지만 정확한 것은 북쪽뿐이며, 남쪽은 제대로 남아 있지 않아 성벽의 흔적을 거의 찾기 어렵다. 특히 남쪽과 동쪽이 연결되는 부분은 확인되지 않았다. 북벽의 중간 쯤에는 성벽이 절단된 부분이 있는데, 이곳이 문지(門址)였던 것으로 추정된다.

외성은 둘레가 2km에 이르는 비교적 큰 규모이다. 성벽은 자연지형을 적

---

7) 단국대학교박물관, 『망이산성 발굴 보고서(1)』, 1996.
　손보기 외, 『안성 망이산성 2차 발굴조사 보고서』, 단국대학교 중앙박물관, 1999.
　정영호, 「음성 망이성에 대한 소고」, 『월간 문화재』 8월호, 1980.
　단국대학교 중앙박물관, 『망이산성 학술조사보고서』, 1992.

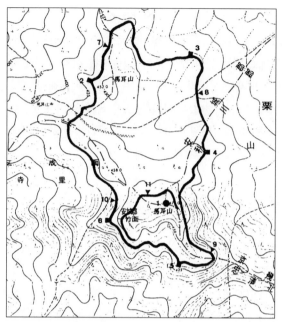

〈도면 23〉 망이산성 평면도

절히 이용하면서 포곡식으로 축성되었는데, 길이와 모양이 일정하게 다듬
어진 성돌을 이용하여 한단 한단 바른층쌓기 방식으로 성벽을 쌓아 올리고
있다.

부대시설로는 문지(門址)와 치성(雉城), 건물지, 우물지 등을 들 수 있다.
문지는 4방에 각각 1개소씩 있었던 것으로 추정된다. 치성은 모두 5개가
남아 있는데, 크게 파괴된 채 남아 있는 것으로 보아 앞으로 조사 여하에
따라 그 수효는 더 늘어날 가능성이 있다. 치성은 모두가 능선 부분에 자
리하고 있어 능선을 타고 올라오는 적을 방어하거나 산 아래쪽에 있는 적
을 감시하기에 매우 용이하게 되어 있다. 건물지는 성내 곳곳에 평탄대지
(平坦台地)의 형태로 남아 있으며, 우물터는 추정 동문지 부근에서 발견되
었다.

1차 조사는 봉수대(烽燧臺) 주변과 남문지, 그리고 2호 치성 및 서문지 위

쪽에 있는 건물지 등을 대상으로 이루어졌다.

그 중 봉수대 주변에서 백제시대에 축조된 것으로 보이는 토성이 확인되어 망이산성이 이미 백제시대에 축성된 것임을 알게 되었다. 다만 외성인 석성은 남문지를 조사해 본 결과 통일신라시대에 축조된 것임이 밝혀졌다. 또한 성벽과 달리 2호 치성은 고려시대에 축조된 것으로 추정되었다. 따라서 내성인 토성과 외성인 석성, 그리고 2호 치성 등은 서로 축성 시기가 다른 것으로 보고 있다.

2차 조사는 여러 가지 사정상 서문지와 그 주변을 한정적으로 조사하였다. 서문지가 자리한 곳은 계곡부분인데, 성벽이 계곡을 지나면서 그 안쪽 면을 인위적으로 메워 평탄면을 조성하였다. 아울러 이곳이 계곡인 만큼 주변에서 흘러드는 물을 배출하기 위해 따로 배수시설을 마련한 것을 확인하였다. 배수구(排水溝)는 사다리꼴 형태를 하고 있었는데, 길이 1.2m, 너비 0.6m, 깊이 0.7m의 크기를 하고 있었다.

한편 서문지는 개거식(開据式)의 성문형태를 하고 있는 것으로, 처음 만든 이후 두 차례의 개축(改築)이 있었음을 알 수 있었다. 즉, 처음에는 너비 4.8m, 길이 5.6m의 크기로 성문을 개설하였으나 후대에는 문폭을 좁혀 길이 3.5m, 너비 3.9m 크기로 1차 개축을 하였으며, 다시 2차 개축 때에는 문폭을 더욱 좁혀 길이 3.5m에 너비 1.8~2.4m가 되게 하였다.

출토유물로 보아 1차 개축은 통일신라시대 말기로 추정되며, 2차 개축은 출토된 '준풍(峻豊)4년'명 기와편의 존재로 보아 고려 광종(光宗) 14년(963)으로 추정하고 있다.

(2) 사산성(蛇山城)[8]

사산성은 충남 천안시 직산면 군동리 성산(城山)에 자리하고 있는 산성이

---

8) 成周鐸・車勇杰, 『稷山 蛇山城』, 百濟文化開發研究院, 1994.

權兌遠, 「蛇山城考」, 『馬韓・百濟文化』 11輯, 圓光大馬韓百濟文化研究所, 1988, 64~86쪽.

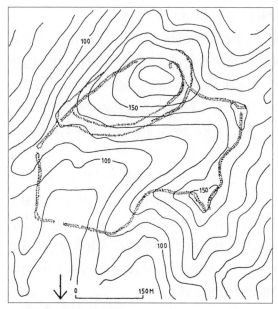

〈도면 24〉 사산성 평면도

다. 성산은 표고 176m의 그다지 높지 않은 야산이지만 주변지역이 넓은 평
야지로 되어 있어 성곽 주변을 한눈에 조망할 수 있다.

이 산성에 대해서는 이미 70년대 후반에 지표조사를 통해 테뫼식산성과
포곡식산성이 결합된 복합식산성(複合式山城)이라는 견해가 발표된 바 있
는데,[9] 당시의 이러한 견해는 지표조사를 토대로 한 추론에 불과했기 때문
에 그러한 추론을 입증하기 위해 발굴조사가 이루어졌다. 조사는 1985~
1987년까지 모두 3차례에 걸쳐 이루어졌다. 그 결과 성벽과 문지, 옹성(甕
城), 치성(雉城), 수구(水口), 저장혈 등이 확인되었다.

사산성은 이미 알려진 대로 성산(城山)의 정상부에 약 750m 크기의 테뫼
식산성이 자리하고 있고, 이 테뫼식산성의 동서 양쪽 끝단에서 북쪽으로 연
장해 둘레 1030m의 포곡식산성을 축조하고 있다. 따라서 테뫼식산성과 포

---

9) 尹武炳·成周鐸,「百濟山城의 新類型」,『百濟研究』8, 忠南大百濟研究所, 1977, 12~13쪽.

곡식산성이 결합된 이른바 복합식산성의 형태로 보아왔다.

테뫼식산성은 동벽과 북벽의 두 지점에서 석축 성벽이 확인되었다. 이들 석축성벽은 원형(圓形) 주혈(柱穴)의 존재와 내외(內外) 이중기단(二重基壇), 그리고 석축 외면석(外面石)의 2차 가공석(加功石) 이용과 수평고임쌓기, 성벽 단면의 계단식축조와 수직성벽 등으로 특징지울 수 있는데, 이러한 특징으로 보아 포곡식산성이 축조되기 이전에 축성된 것으로 보았다. 좀더 구체적으로는 백제지역에서 많이 나타나는 기단구조를 보이고 있다는 점에서 백제시대에 축성된 것으로 판단하였다. 다만 그러면서도 주혈이 보이는 것은 또 다른 특징이다.

포곡식산성의 성벽은 판축토루(版築土壘)로 밝혀졌는데, 판축이 조사된 부분은 공통적으로 다음과 같은 특징이 있다. 판축의 외측면 하단에 계단형태의 석축기단석렬이 돌려지고, 이 석축기단석렬은 주간(柱間)에서 사직선(斜直線)을 이루고 있다. 다시 판축 외측면에는 판축용으로 보이는 주혈이 일정 간격을 두고 남아 있고, 적갈색 점질토와 석비레, 그리고 점질토가 교대로 판축되었다. 판축 구간은 위치에 따라 약간씩 차이가 있는데, 대체로 340~460cm에 이르고 있어 비교적 넓은 편이다. 성벽의 너비는 650~750cm에 이르고 있다.

한편 문지로는 동문지가 조사되었다. 동문지가 자리한 곳은 산능선이 거의 평탄하게 낮아진 곳이면서 능선이 갈라지는 곳이어서 산성에 오르기가 매우 편리한 곳에 해당된다. 문지 주변은 조사가 이루어지기 전에 이미 심하게 파괴된 상태였는데, 4.8m×4.8m 크기의 1칸×1칸의 성문이 있었던 것으로 추측된다.

동문지의 좌우측으로는 옹성(甕城)이 남아 있었다. 바깥쪽을 향하여 성문과 직교한 형태로 남아 있기 때문에 마치 치성과 같은 형태를 하고 있었다. 그 중 보존상태가 양호한 북쪽의 것은 길이 9.8m, 너비 7.4m로 장방형의 형태를 하고 있다. 그런데 이러한 옹성은 그 기단부의 형태라든가 판축방법의 차이로 볼 때 성벽이 축조될 때 동시에 이루어진 것이 아니라 후대에 축조

〈사진 29〉
사산성 성벽

된 것으로 생각된다.

치성(雉城)은 동북우(東北隅)에서 확인되었는데, 북벽의 동단부(東端部)에 직교하는 형태로 밖으로 돌출되어 있다. 치성은 판축의 단위 구간이 4.3m인 2간의 판축으로 되어 있다. 판축을 위한 주혈(柱穴)은 원형(圓形)이며, 판축을 하기 전에 경사가 심한 지면을 고려하여 기단석렬(基壇石列)을 마련함으로써 판축이 이루어질 상면을 수평으로 만든 다음 판축이 이루어졌다.

이 밖에 성내에서는 저장혈이 조사되었다. 이 저장혈은 대상(袋狀)의 형태를 하고 있는데, 그 안에서는 주로 토기편이 출토되었다. 이러한 저장혈은 내성과 외성 등 성 내 곳곳에서 확인되었지만, 다른 지역에서는 유물이 전혀 포함되어 있지 않았다.

(3) 목천토성(木川土城)[10]

목천토성은 천안시 목천면 남화리에 자리하고 있다. 1983년에 독립기념관이 들어설 때 부지내(敷地內)에 토성이 자리하고 있는 것이 발견되어 조

---

10) 尹武炳,『木川土城發掘調查報告書』, 忠南大博物館, 1984.
　　尹武炳,「木川土城の版築工法」,『東アジアと日本』(考古美術編), 1987.

〈사진 30〉 목천토성 성벽

사가 이루어진 것이다. 조사는 1983년과 1984년 등 모두 두 차례에 걸쳐 이루어졌다.

목천토성은 충적평야에 면한 대지(台地) 위에 자리하고 있는데, 성 내의 지형 중 가장 높은 곳이 표고 97m에 불과한 매우 나즈막한 구릉이다. 따라서 성벽의 일부는 구릉의 대지를 벗어나 평지에까지 연장되었던 것으로 짐작되지만, 이 부분의 성벽은 조사가 이루어지기 전에 완전히 파괴되어 흔적을 찾지 못하였다.

현재 남아 있는 성벽은 200m에 불과하다. 그러나 지형적으로 볼 때 원래 구릉 위에 축조된 부분은 450m 정도였던 것으로 복원된다. 물론, 평지로 연장된 부분까지 고려하면 원래 성벽의 둘레는 이 보다 훨씬 컸을 것으로 짐작된다.

성벽은 전체를 판축기법에 의해 축조하였다. 완성된 성벽의 기저부(基底部) 폭은 5.6m이며, 높이는 약 4.5m로 추정 복원된다. 성벽은 전체를 한번에

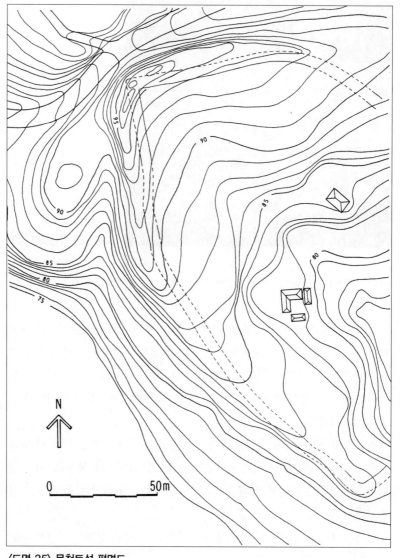

〈도면 25〉 목천토성 평면도

판축한 것이 아니라 일정 구간으로 나누어서 단계적으로 판축이 이루어졌는데, 이 때 약 3.8m를 하나의 시공단위로 하였음이 확인되었다. 이러한 사실은 판축용 입주(立柱)의 흔적이 3.8m 단위로 남아 있는 것을 통해 알 수 있었다.

또한 성벽의 기저부에는 내외면에 석렬이 놓여져 있었는데, 이러한 석렬을 통해 성벽이 통과할 지점을 미리 정해 놓고 그 안에 판축하여 토루(土壘)를 축조하였던 것도 알 수 있었다.

성 내에서는 많은 양의 유물이 출토되었는데, 통일신라시대 이후에 제작된 것으로 판단되는 토기편과 기와편뿐이었다. 그렇지만 이 토성은 백제시대에 축성된 것으로 믿어 왔다. 그 이유는 성벽을 축조한 판축기법이 백제적인 특징을 보이고 있고, 목천토성 주변의 역사지리적 사정을 감안한 결과였다. 즉, 토성이 자리한 목천지역이 역사적으로 중요성을 띠는 것은 6세기 중엽부터라고 할 수 있는데, 그런 점에서 그 비슷한 시기에 축성되었을 것으로 보았던 것이다.

아울러 토성이 나지막한 구릉에서 평지로 이어지고 있다는 사실과 토성이 위치한 곳이 백제의 대목악군(大木岳郡)지역이었음을 들어 대목악군의 치소(治所)일 가능성이 점쳐지기도 하였다. 따라서 백제시대에 출현한 읍성(邑城)의 기원형식(起源型式)으로까지 설명되기도 하였다.

그러나 앞서 설명한 대로 정작 목천토성의 성 내에서는 백제시대 유물이 전혀 출토되지 않았다. 또한 입지나 축성법에서도 다른 백제 산성과 차이를 보이고 있어 이것이 실제로 백제 대목악군의 치소였는지는 재검토의 여지가 있다고 생각된다.

한편 축성 시기와 관계없이 목천토성에서 발견되는 판축층(版築層), 입주, 그리고 석렬의 존재는 일본의 신롱석유적(神籠石遺蹟)에서도 공통적으로 확인되는 세 가지 요소라는 점에서 앞으로 양자의 관련성이 기대된다.

(4) 백석동토성(白石洞土城)[11]

 이 토성은 천안시 백석동에서 발견된 것인데, 천안 제 3공단이 들어설 부지 내에 자리하고 있어 구제발굴(救濟發掘)이 이루어진 것이다. 이 토성은

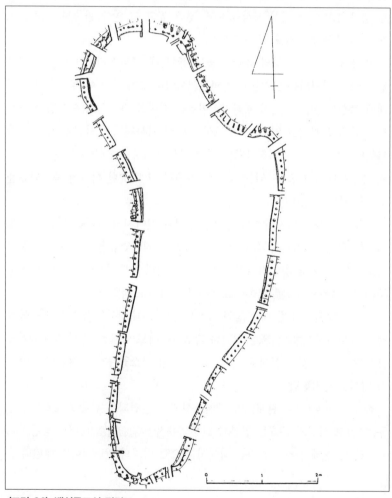

〈도면 26〉 백석동토성 평면도

196 백제의 성곽

천안지역에 남아 있는 대부분의 산성과 달리 발굴조사가 이루어지기 전에는 지표상에 흔적이 전혀 남아 있지 않았다. 주민들조차 산성의 존재를 전혀 알지 못했던 것으로, 발굴조사가 이루어지지 않았더라면 확인하지 못했을 가능성이 크다.

토성은 표고 122m의 야산 정상부에 자리하고 있다. 남북으로 이어지고 있는 능선 정상부에 테뫼식으로 자리하고 있다. 따라서 전체적인 평면 형태는 남북으로 길쭉한 타원형에 가까운 형태를 하고 있다.

토성의 전체 둘레는 260m로 매우 규모가 작은 것이 특징이다. 성 내에서는 청동기시대 주거지 2기와 원형 저수시설 1개소, 그리고 방형(方形) 수혈주거지(竪穴住居址) 3기가 각각 확인되었다.

성벽은 판축으로 조성하였다. 먼저 경사면을 L자식으로 약 1m 정도 굴착(掘鑿)한 다음 바닥면에 다시 90~100cm 크기로 구시설(溝施設)을 마련하였다. 그리고 다시 이 구시설의 바깥쪽에는 10~25cm 높이로 단을 조성하여 성벽이 밀려나지 않게 한 다음, 그 안쪽에 성벽을 판축으로 축조하였다. 구시설의 바깥쪽에는 판축용 영정주(永定柱)의 흔적이 남아 있었는데, 직경 약 50cm 정도의 원형(圓形)으로 조성되었으며, 깊이는 지형에 따라 20~70cm로 다양하게 남아 있다. 영정주간의 간격은 1.3~1.5m였다. 이렇게 해서 완성된 성벽의 높이는 210cm 정도가 남아 있는데, 경사면에 성벽을 조성한 관계로 하단은 너비가 160cm인데 비해 상단은 300cm 정도에 이르고 있다.

부대시설로는 앞서 소개한 건물지와 저수시설이 있을 뿐이다. 저수시설은 성내 중앙에 원형으로 조성되어 있는데, 직경 340cm, 깊이 160cm의 크기를 하고 있다. 벽면에 약 1m 정도의 두께로 점토를 다져 누수(漏水)를 방지하고 있는 것이 특징이다. 저수시설 내부에서 토기편과 벼루편이 출토되었다.

성 내에서 발견된 수혈 주거지는 평면 방형(方形)에 가까운 형태를 하고

---

11) 李南奭,「天安 白石洞遺蹟(山城)」,『歷史와 都市』(제40회 전국역사학대회발표요지), 1997, 353~365쪽.
李南奭,「天安 白石洞土城의 檢討」,『韓國上古史學報』 28號, 1998, 75~93쪽.

있다. 길이 412cm에 너비 318cm, 깊이 43cm의 크기이다. 주거지 내부에 아궁이 시설이 남아 있는 것이 공통적인 특징이다.

한편, 성벽에서 약 5m 정도의 거리를 두고 성벽 바깥쪽으로 외호(外濠)가 돌려져 있는 것이 확인되었다. 외호의 너비는 1.3∼2m이며, 깊이는 가장 양호한 곳이 약 1m 정도이다.

(5) 보문산성(寶文山城)[12]

보문산성은 대전시 남단에 솟아 있는 표고 406m의 보문산(寶文山) 정상부에 자리하고 있는 테뫼식 석성이다. 전체적인 평면형태는 장타원형의 형태를 하고 있으며, 둘레는 수평 길이로 280m에 달한다.

성벽은 조사가 이루어지기 전에 대부분이 완전히 붕괴되어 2∼3단 내지는 3∼4단 정도의 성벽만 지표상에 드러나 있었다.

조사 결과 성벽은 대부분을 편축식(片築式)으로 축성하되 산능선과 이어지고 있는 동남벽 45m 정도는 협축식(夾築式)으로 축성하였고, 그 밖으로

〈사진 31〉
보문산성 성벽

12) 李達勳·李康承·沈正輔·兪元載, 『寶文山城發掘調査報告書』, 大田直轄市, 1994.

는 다시 외호시설(外濠施設)을 돌렸던 것이 확인되었다.

성벽의 축조에 사용된 성돌은 장방형으로 일정하게 다듬은 화강암을 사용하였다. 기저부에서 성벽 상부에 이르기까지 성돌의 크기는 큰 차이가 없었으며, 한단 한단 바른층쌓기 방식으로 쌓아 올리고 있다.

성벽을 축조하기 위한 기초공사에는 별다른 특별한 시설물의 흔적이 확인되지 않는다. 다만 최하단의 성돌이 다른 성돌보다 약간 큰 것이 차이라

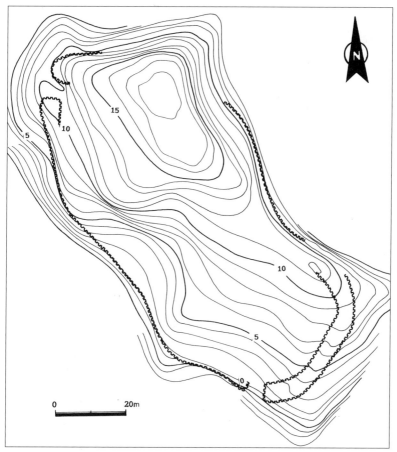

〈도면 27〉 보문산성 평면도

면 차이라고 할 수 있다. 그런데 성벽 기저층(基底層)에 성벽 외면에 덧붙여 포도(鋪道)처럼 폭 30~80cm 정도의 너비로 납작한 판석(板石)을 깔아놓은 흔적이 확인되었다. 이것은 성벽의 기초시설이라고 볼 수 있는 것은 아니고, 성벽 위를 흘러내리는 우수(雨水)로 인해 기저부가 훼손되는 것을 방지하기 위한 시설물로 판단된다.

성벽은 하단에서 1~2단까지는 수직으로 쌓아올리다가 그 위쪽으로는 안으로 약간씩 내경(內傾)시켜 전체 성벽 단면이 홀형(笏形), 내지는 궁형(弓形)을 이루도록 하였다. 이러한 형태의 성벽 축조 방법은 백제 산성에서 확인되는 것으로, 성벽이 쉽게 붕괴되는 것을 방지하기 위한 것이다.

보문산성에서는 서문지와 남문지가 발견되었다. 주된 출입구로 생각되는 서문지는 평문식(平門式)의 형태를 하고 있으며, 너비는 4.5~5.5m에 이르고 있다. 특별한 장치는 없지만 진입로의 평면이 역 "ㄱ"자형을 이루고 있어 취약한 방어력을 극복하기 위한 방안으로 이해된다. 남문지는 원래 출입구 폭이 5.8m에 달하였던 평문식 성문이었으나, 고려시대에 다시 1.4m 폭으로 축소시키고 있다.

성 내에서는 백제시대에서 조선시대에 이르는 각종 유물이 발견되었다. 와편(瓦片)을 제외하면 백제 토기편이 가장 많이 출토되었으며, 그 다음으로는 청자편(靑磁片)이 많았다. 출토유물로 보아 보문산성은 백제시대에서 조선시대에 이르기까지 계속해서 사용된 것으로 짐작된다.

(6) 성흥산성(聖興山城)[13]

성흥산성은 부여군 임천면 군사리와 장암면 지토리 사이에 솟아 있는 표고 250m의 성흥산(聖興山) 정상부에 축조되어 있는 석성이다. 이 산성은 이미 조선 초기 기록에 석성으로 나와 있어[14] 고려시대 이전에 축성된 것으로

---

13) 安承周·徐程錫, 『聖興山城門址發掘調查報告書』, 忠南發展硏究院, 1996.
   兪元載, 「百濟 加林城硏究」, 『百濟論叢』 5輯, 百濟文化開發硏究院, 1996, 77~97쪽.

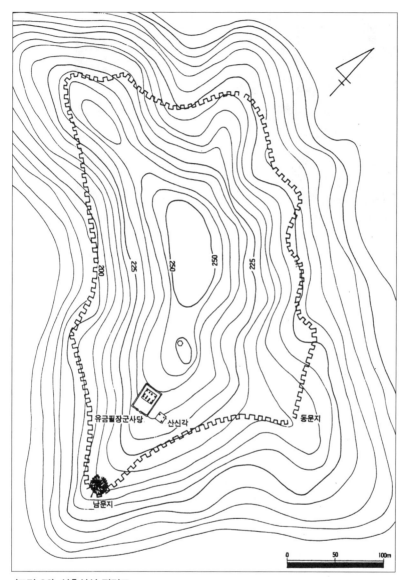

<도면 28> 성흥산성 평면도

---

14) 『世宗實錄地理志』, 忠淸道, 林川郡條.

여겨진다. 전체 둘레 는 1200m로, 고대 산성으로서는 매우 큰 규모에 해당
된다.

성흥산성은 아직 지표조사가 이루어지지 않아 정확한 현황은 알 수 없지
만 문지 3개소와 우물 1개소, 샘 3개소, 저수시설 1개소, 그리고 다수의 건물
지가 존재하는 것으로 알려져 있다.

발굴 조사는 동문지와 남문지를 대상으로 이루어졌다. 그 결과 모두 평문
식(平門式)의 형태를 하고 있는 것이 확인되었다. 다만 동문지는 출입구에
다시 계단형태로 된 2단의 석축시설을 마련한 것이 특징인데, 조선시대 때
성문을 개수하면서 일부가 파괴된 상태였다.

동문지의 너비는 약 4.8m, 출입구 안쪽 길이 7.5m다. 성문이 있는 곳은
협축식(夾築式)의 형태를 하고 있는데, 성문 주변만 특별히 협축으로 축성
하고 나머지 구간은 편축식(片築式)으로 축성한 것으로 판단된다.

성문이 출입이 편리한 능선상에 자리하고 있어서 그런지 출입구에는 2열
의 석렬(石列)이 마치 계단처럼 남아 있다. 석렬 사이의 간격은 80~85㎝이
다. 외면을 성벽 축성에 사용된 석재와 같은 석재로 쌓고, 그 안쪽은 할석으
로 채운 다음, 다시 그 위를 다짐토로 정리하고 있다. 성문의 출입을 차단하
는 기능이 있었던 것으로 보인다. 동문지에는 조선시대에 정면 3칸, 측면 2

칸 규모의 문루(門樓)가 세워져 있었던 것으로 확인되었다.

성벽은 동문지에서만 확인되었는데, 보축(補築)과 같은 특별한 시설은 없었다. 다만 기저부를 쌓기에 앞서 생토면을 L자식으로 굴착(掘鑿)하여 밖으로 턱을 만든 다음, 이 턱에 잇대어 성벽을 쌓아 올림으로써 성벽이 밖으로 밀려나지 않도록 배려하였다. 백석동토성(白石洞土城)에서 확인된 기초시설과 맥을 같이하는 것이다. 그러나 이러한 형태의 축성법이 성벽 전구간에 적용되었던 것인지, 아니면 성문 주변에만 남아 있는 것인지는 확실하지 않다.

또한 성벽 기저부 바깥쪽으로는 성벽에 잇대어 생토면 위에 판석을 부석하였다. 마치 대전 보문산성에서 확인되었던 포도(鋪道)와 같은 것인데, 역시 성벽 기저부가 훼손되는 것을 방지하기 위해 마련한 것으로 생각된다.

성돌은 장방형의 형태로 일정하게 다듬은 화강암을 이용하여 쌓아 올리고 있다. 기저부에서 2~3단까지는 수직으로 쌓고, 그 위쪽은 안으로 들여 쌓다가 다시 1.5m 정도의 높이에서는 수직에 가깝게 쌓아 올려 성벽의 단면이 마치 홀형(笏形)처럼 되도록 하였다.

성벽과 이어진 면에서 백제 와편(瓦片)이 다량으로 출토되었다. 이 성흥산성은 백제의 가림군(加林郡) 관내에 자리하고 있어 가림성(加林城)으로 추정되고 있다.

(7) 오금산성(五金山城)[15]

전북 익산시 금마면 서고도리의 오금산(五金山) 정상에서 중복(中腹)에 걸쳐 축조되어 있는 전형적인 포곡식산성(包谷式山城)이다. 그러나, 물이 흐르는 계곡이 아니라 계곡의 상단을 에워싸고 있는 만큼 포곡식이라기보

---

15) 全榮來,『益山 五金山城發掘調査報告書』, 圓光大馬韓 · 百濟文化研究所, 1985.
　　全榮來,「古代山城의 發生과 變遷」,『馬韓 · 百濟文化』 11輯, 圓光大馬韓 · 百濟文化研究所, 1985, 31~61쪽.

〈사진 33〉
오금산성 성문

다는 삼태기식산성으로 보는 것이 좋을 듯하다.

이 산성은 일찍이 보덕성(報德城)으로 전해져 왔었는데,[16] 1980년과 1984
년 등 두 차례에 걸쳐 발굴조사가 이루어짐으로써 성의 규모 및 축성 방법
을 확인할 수 있게 되었다.

오금산은 표고 125m에 불과하지만 주변지역이 평야로 되어 있어 전망이
좋은 편이다. 대부분의 포곡식산성이 험산(險山)에 자리하는 것과 달리 오
금산성은 산기슭에서 수구(水口)까지의 비고(比高)가 40m, 정상까지는 75m
에 불과하여 백제 산성으로서는 특이한 예라고 생각된다.

성벽의 축성법은 다음과 같다. 산릉(山稜) 외사면(外斜面)의 경우 외연하
(外緣下) 약 4m 정도 내려선 곳을 깎아내어 폭 2m 내외의 회랑도(回廊道)를
두르고, 그 안쪽면에 의지하여 높이 0.7~1.2m 정도의 석원(石垣)을 쌓은 다
음 회랑(回廊)의 바깥쪽에는 다시 공호(空濠)를 돌리고 있다. 전면 좌우 경
사면에는 산사면(山斜面)에 의지하여 판축하고 외피(外皮)를 복토(覆土)하
고 있다. 이때 외변(外邊) 기저에는 높이 1.2m의 호석(護石)을 돌렸다. 적심
부의 높이는 4m 정도가 남아 있다.

16) 『新增東國輿地勝覽』, 卷 33, 「益山郡」, 古跡條. "報德城 在郡 西一里 遺址僅存"

수구(水口)내에는 외면 기저에서 5~8m 높이의 테라스상(狀) 광장(廣場)을 마련하고, 외면 기저에서 높이 1m 이상의 석원(石垣)을 쌓아올리고 있다. 석재는 장방형으로 다듬은 성돌을 이용하였다. 수구 내 테라스장 광장

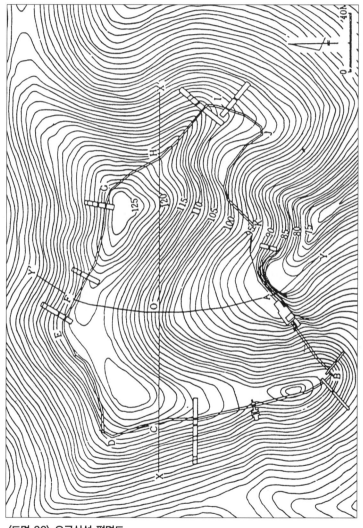

〈도면 29〉 오금산성 평면도

을 조사한 결과 토루(土壘)의 안쪽에서도 역시 호석렬(護石列)이 나타났는데, 토루 내외 양쪽에서 발견된 호석렬이 곧 성벽의 기단에 해당된다.

출토된 유물은 토기편과 기와편으로 나누어 볼 수 있는데, 각각 백제 말기와 통일신라시대, 그리고 고려시대에 제작된 것으로 편년하였다. 이러한 유물의 존재로 보아 이 산성은 7세기 초 이후에 축성된 것으로 생각된다.

한편 이 오금산성의 토루 폭은 6m인데, 이는 당척(唐尺)으로 20척에 해당되는 것으로, 당척 사용 후에 축성된 성임을 말해주는 것으로 이해된다.

(8) 회진토성(會津土城)[17]

회진토성은 나주시 다시면 신풍리 산 8 - 1번지 일대에 자리하고 있다. 복암리 3호분과는 불과 2㎞ 정도의 거리를 두고 있다.

이 토성 역시 표고 120m의 구릉 정상부에서 평지에 걸쳐 평산성(平山城)의 형태로 축조된 전형적인 삼태기식(包谷式)산성이다. 전체 성벽의 둘레는 2400m로 고대 산성으로서는 대단히 큰 규모를 하고 있다. 성 내의 지형은 북고남저형(北高南低形)을 하고 있어 산의 능선을 따라 구축된 동벽과 서벽, 북벽은 능선의 외면을 깎아 급경사가 되도록 한 반면에 평지를 지나는 남벽은 판축으로 축성하였다.

급경사를 이루고 있는 세 벽면은 비교적 보존 상태가 양호한 편이나 남벽쪽은 민가(民家)가 들어서고 경작지가 확대되면서 대부분이 파괴된 상태다. 특히 남벽의 중앙으로 계곡이 지나고 있어 이 부분이 가장 크게 파괴되었다. 일부 구간은 성벽이 완전히 유실된 곳도 있다.

성벽은 판축식(版築式)으로 정연하게 축조된 것이 확인되었다. 먼저 성 안쪽 성벽의 기저부(基底部)에는 2단으로 조성된 석렬(石列)이 남아 있었고, 판축용 영정주(永定柱)의 흔적도 확인되었다. 흔적으로 보아 영정주는

---

17) 林永珍 · 趙鎭先, 『會津土城』 I, 百濟文化開發研究院, 1995.
　　徐程錫, 「羅州 會津土城에 대한 檢討」, 『百濟文化』 28輯, 公州大百濟文化研究所, 1999, 43~75쪽.

길이 170cm에 너비와 두께가 20cm 정도 되는 각목(角木)이었던 것으로 확인되었다. 판축은 기저부에서 2m 높이까지는 매우 정교하게 이루어졌지만 그 위쪽은 거칠게 남아 있었다. 성벽의 중심부도 양단(兩端)에 비해 정교하지 못한 상태였다.

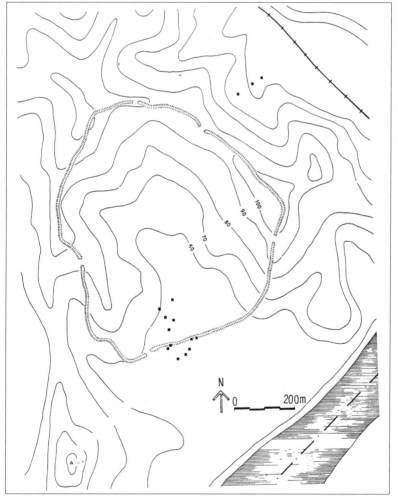

〈도면 30〉 회진토성 평면도

완성된 성벽은 기저부의 폭이 6m이고, 남아 있는 높이는 4.6m이며, 벽면의 기울기는 약 80°이다. 성벽은 일정 구간을 단위로 판축이 이루어진 것으로 보이는데, 3.3~3.8m 정도가 하나의 구간이었던 것으로 판단된다. 이러한 판축 구간은 성벽의 축성 시기를 판단할 수 있는 중요한 요소 중의 하나다.

남문은 평문식의 형태를 하고 있다. 출입구 양단에는 석축시설(石築施設)이 있고, 이 석축의 기저면에 초석이 각각 3개씩 2열을 이루면서 배치되어 있으며, 그 중 두 번째 초석에 잇대어서는 양쪽렬 모두 문둔테가 놓여 있어 이곳에 문루(門樓)가 있었음을 알 수 있었다.

성 내에는 지석묘(支石墓)가 자리하고 있으며, 실제로 청동기시대에서 통일신라시대에 이르기까지 다양한 유물이 출토되었다. 특히 성벽에 백제 토기편이 끼여 있는 것이 발견되어 6세기 후반 이전에 축조된 백제 성곽으로 판단하게 되었다.

(9) 검단산성(劍丹山城)[18]

검단산성은 전남 순천시 해룡면 성산리 산 48번지의 검단산 정상부에서 중복(中腹)에 걸쳐 삼태기식으로 축성된 석성이다. 산성이 자리한 검단산은 표고 138m에 불과하며, 성벽의 전체 둘레는 430m에 이른다.

1998년과 1999년 등 두 차례에 걸친 조사 결과 문지(門址) 3개소, 지상 건물지 4기, 수혈(竪穴) 건물지 4기, 저장공 3개소, 대형 우물 1개소, 팔각 집수정(集水井) 1개소, 장방형 수혈유구(竪穴遺構) 1기, 기타 옹관(甕棺) 2기 등이 확인되었다.

성벽 전체를 협축식(夾築式)으로 축성한 것이 하나의 특징인데, 석비레층을 L자식으로 굴착한 다음 별도의 기단을 두지 않고 거의 수직에 가깝게 쌓

---

18) 崔仁善,「順天 劍丹山城 發掘調査」,『고고학을 통해 본 가야』(제23회 한국고고학 전국대회발표요지), 1999, 209~232쪽.
崔仁善,「順天 劍丹山城 硏究(1)」,『文化史學』11 · 12 · 13호, 1999, 249~273쪽.

아 올렸다. 벽석은 20~80㎝ 크기의 할석을 이용하여 외면만을 맞추어 쌓아 올렸는데, 성돌의 크기에 차이가 거의 없다. 할석을 그대로 사용하여 축성한 관계로 성돌과 성돌 사이의 틈새는 보다 작은 쐐기돌로 채워서 완성하였다.

이렇게 해서 완성된 성벽의 높이는 50~270㎝이며, 두께는 500~510㎝로 거의 일정하게 남아 있다. 다만 남쪽 급경사 부분만은 특별히 550㎝에 이르

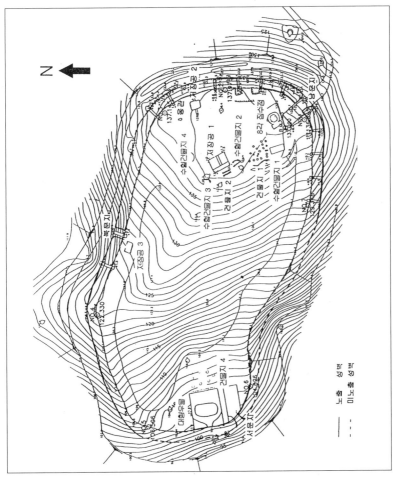

〈도면 31〉 검단산성 평면도

고 있다. 아울러 외벽을 보호하기 위해 점토와 기와, 잡석을 이용하여 2m 너비로 다짐한 것이 확인되었다.

서문지와 남문지는 거의 능선 정상부에 자리하고 있는 데 비해 북문지는 능선의 정상부에서 계곡쪽으로 약간 치우친 곳에 위치하고 있다. 남문지는 안쪽 너비 440cm, 바깥쪽 너비 380cm이며, 길이는 성벽의 너비와 동일한 500 cm이다. 서문지는 안쪽 너비 340cm, 바깥쪽 너비 240cm로 역시 안쪽보다 바깥쪽이 좁으며, 길이는 성벽의 너비와 동일한 500cm다. 북문지는 안쪽 너비 390cm, 바깥쪽 너비 360cm, 길이 510cm다.

성 내에서 발견된 지상 건물지 중 눈에 띄는 것은 남문지 가까운 정상부에서 발견된 12각건물지다. 이러한 형태의 건물지는 매우 특이한 것이라고 볼 수 있는데, 이미 이성산성(二聖山城)[19]과 공산성(公山城)[20]에서 비슷한 형태의 건물지가 발견되어 통일신라시대에 조성된 것으로 확인된 바 있다.

대형우물은 서쪽에서 발견되었는데, 성 내의 우수(雨水)가 모두 모이게 되어 있는 곳이다. 이곳에 길이 11m, 너비 7m, 깊이 6m 내외로 장타원형 형태의 큰 토광을 파고, 바닥에는 1m 정도의 두께로 점토를 간 다음 바닥석을 놓은 후 벽석을 쌓으면서 다시 뒤쪽에 점토를 채우는 순서로 축조하였다.

성 내에서는 목제 삽과 목제 바가지, 목제 물동이, 삼족토기(三足土器)를 비롯한 각종 토기, 보습, 도끼, 창, 칼, 화살촉 등 철기류와 많은 양의 기와가 출토되었다.

2. 유적에 대한 검토

앞서 살펴본 대로 지금까지 발굴조사를 통해 백제 산성으로 알려져 있는 유적은 모두 9개소에 이른다. 이외에 경기도 이천의 설봉산성이 최근에 조

---

19) 金秉模 · 沈光注, 『二聖山城』(3次發掘調査報告書), 漢陽大博物館, 1991.
20) 安承周 · 李南奭, 『公山城 建物址』, 公州大博物館, 1992.

사된 바 있다.[21] 그러나 이러한 산성들이 모두 백제 산성인지에 대해서는 의문이 없지 않다.

사실 산성은 다른 유적과 달리 한번 축성된 후 누대에 걸쳐 계속 사용되는 것이 특징이다. 또한 입지면(立地面)에서 볼 때 청동기시대나 원삼국시대의 주거지와 겹쳐질 가능성이 대단히 많다. 그런가 하면 앞선 시기의 축성법이 뒷 시기에 완전히 사라지는 것도 아니다. 성 내의 출토유물과 실제 성곽의 축성 시기가 다른 이유가 여기에 있다.[22] 예를 들어 천안 백석동토성(白石洞土城)에서는 무문토기가 출토된 바 있고,[23] 회진토성(會津土城)에서도 청동기시대 유물과 유적이 발견된 바 있다.[24]

그런가 하면 종래에 백제산성으로 알려져 왔던 부소산성(扶蘇山城)의 테뫼식산성은 통일신라시대 이후에 축성된 것이 확인되었고[25] 목천토성(木川土城) 역시 통일신라시대에 축성된 것으로 편년이 재조정되었다.[26] 나주의 회진토성(會津土城) 역시 입지나 출토유물, 규모, 그리고 회진지역의 역사적 배경 등을 고려해 볼 때 백제시대에 축성되었다기보다는 통일신라시대에 축성되었을 가능성이 높아 보인다.[27]

이처럼 기존에 백제 산성으로 알려진 유적이라 하더라도 입지와 구조, 축조 기법, 그리고 출토유물 등을 종합적으로 검토해 볼 필요가 있다. 백제 산

---

21) 손보기 외, 『이천 설봉산성 1차 발굴조사 보고서』, 단국대박물관, 1999.
　　단국대학교 매장문화재연구소, 「이천 설봉산성 2차발굴조사 지도위원회의자료」, 1999.
　　그러나 이 설봉산성에 대해서는 2차 보고서가 간행되지 않아 정확한 유적의 내용을 살펴볼 수 없기 때문에 여기에서는 제외하기로 한다.
22) 朴淳發, 「鷄足山城 國籍 : 新羅인가 百濟인가」, 『충청학연구』 1집, 한남대 충청학연구센터, 2000, 283쪽.
　　徐程錫, 「羅州 會津土城에 대한 檢討」, 『百濟文化』 28輯, 公州大百濟文化研究所, 1999, 64쪽.
23) 李南奭, 앞의 주 11)의 論文, 1998, 83~87쪽.
24) 林永珍・趙鎭先, 앞의 주 17)의 報告書, 1995.
25) 扶餘文化財研究所, 『扶蘇山城發掘調查中間報告』(Ⅱ), 1997, 286~295쪽.
　　金容民, 「扶蘇山城의 城壁 築造技法 및 變遷에 대한 考察」, 『韓國上古史學報』 26, 1997, 107쪽.
26) 李康承・朴淳發・成正鏞, 앞의 주 6)의 報告書, 1996, 277쪽.
27) 徐程錫, 앞의 주 22)의 論文, 1999, 64~73쪽.

성이 갖는 특징을 정확히 이해하기 위해서는 대상으로 한 유적이 실제로
백제 산성이어야 하기 때문이다.

먼저 망이산성(望夷山城)은 산성이 자리한 산의 높이가 다른 백제 산성
에 비해 지나치게 높다는 사실이 눈에 띈다. 보고자는 내성에 해당되는 토
성을 백제시대에 축성된 것으로 보고 있는데, 외성이 통일신라시대에 축성
된 것이 확실한 만큼 결국 내성은 통일신라시대 산성이 갖는 입지와 동일
한 입지를 선택하고 있음을 알 수 있다. 이러한 점에서 볼 때 망이산성의 내
성은 입지면에서 한성시대에 축성된 백제 산성으로 보기에 주저되는 바가
없지 않다. 따라서 이 내성이 실제로 백제 토성인가를 살펴볼 필요가 있을
것 같다.

사실 내성의 축성 시기를 살펴보기 위해서는 외성과의 관계를 함께 고려
해 볼 필요가 있는데, 외성과의 관계를 살펴볼 만한 자료가 많지 않다. 즉,
내성의 규모나 외관상으로 보이는 성벽의 특징, 그리고 외성 성벽과 내성
성벽과의 관계 등이 불분명한 실정이다.

망이산성(望夷山城)처럼 축조 시기를 달리하는 두 산성이 결합된 예는
앞서 소개한 사산성(蛇山城)이나, 석성산성(石城山城), 건지산성(乾芝山城),
그리고 화성의 당성(唐城) 등이 있다.[28] 그런데 이런 경우 성벽이 서로 엇갈
려 있는 경우가 대부분이며, 큰 성곽 내에 작은 성곽이 위치할 때에는 부소
산성(扶蘇山城)에서 보는 바와 같이 원래 크게 축성한 산성을 후대에 규모
를 줄여 개축하는 경우가 일반적이다.[29] 그런 점에서 망이산성처럼 처음에
작은 규모로 성을 축성하였다가 후대에 크게 개축하는 것으로 볼 경우에는
일단 주의할 필요가 있다.

실제로 남문지 주변의 성벽를 보면 이 부분은 원래 외성과 내성의 성벽
이 겹쳐지는 부분인데, 이에 대한 별다른 설명이 없다. 즉, 내성이 먼저 축

---

28) 尹武炳 · 成周鐸, 「百濟山城의 新類型」, 『百濟研究』 8, 忠南大百濟研究所, 1977, 12~18쪽.
29) 扶餘文化財研究所, 「'93 扶蘇山城發掘調查指導委員會議資料」, 1993.

성되고 후대에 외성이 축성되었다면, 먼저 축성한 내성벽을 그대로 이용하든가, 아니면 내성벽을 제거하고 새롭게 외성벽을 축성하였을 터인데, 이에 대한 설명이 분명하지 않다. 물론 조사된 면적이 매우 좁기 때문에 이러한 것들을 모두 밝히기는 어려웠을 수도 있지만 남문지가 조사된 이상 이 남문지의 조사를 통해 기왕에 있었던 내성벽과의 관련성이 밝혀져야 할 터인데도 별다른 설명이 없어 아쉽다.[30]

이러한 사실은 내성과 외성이 동시에 축조된 것이 아닌가 하는 생각을 갖게 한다. 실제로 제시된 도면에 의하면 내성벽과 외성벽은 평행하게 돌아가고 있다(도면 18). 물론 내성벽 전체가 그려진 것이 아니고 북벽과 동·서벽의 일부만 그려진 것이기는 하지만 나타난 부분만을 보면 외성과 평행하게 돌아가고 있는 것이 확인된다.

앞에서도 설명하였듯이 시기를 달리하는 두 성벽이 한 곳에 있을 때 성벽을 이렇게 평행하게 돌리는 경우는 거의 찾아보기 어렵다. 따라서 이렇게 내성과 외성이 평행하게 성벽을 돌리는 경우는 충남 연기의 운주산성(雲住山城)에서 보듯이[31] 동일 시기에 조성된 것일 가능성이 크다고 생각된다.

이러한 사실은 성벽의 축성법에서도 엿볼 수 있다. 조사에 따르면 내성의 성벽은 내고외저형(內高外低形)의 자연지형을 이용하여 성벽의 바깥쪽만 쌓아 올리는 판축식의 형태로 축성되었다. 그런데 이러한 성벽의 축성법은 지금까지 오금산성(五金山城)과 목천토성(木川土城)에서만 확인되는 축성법이다. 따라서 이러한 축성법은 역시 통일신라시대 이후에 유행하는 것으로 볼 수 있지 않을까 생각된다.

그런 점에서 출토된 백제시대 유물은 함께 출토된 청동기시대 유물과 더

---

30) 물론, 南門址 안쪽 台地에서 용도 미상의 기둥구멍 1개가 발견되었는데, 이것을 백제시대에 만들어진 것으로 보고 있다. 그러나 이 기둥구멍의 용도라든가 성벽과의 관계에 대한 설명은 없다. 오히려 위치로 보아서는 성벽과는 무관한 것이 아닌가 판단된다.

31) 李南奭·徐程錫, 『雲住山城』, 公州大學校博物館, 1996.
   公州大學校博物館, 『燕岐 雲住山城』, 1998.
   徐程錫, 「燕岐 雲住山城에 대한 一考察」, 『박물관연보』 5, 公州大學校博物館, 1999.

불어 성곽이 축조되기 이전에 이곳에 자리하고 있었던 유적과 관련된 것이 아닌가 생각된다. 청동기시대의 유물이 이렇게 높은 곳에 자리하고 있는 것은 충남 보령(保寧) 교성리(校城里)의 주거지와 마찬가지로 당시의 사회변화와 밀접한 관련이 있을 것이다.[32] 그리고 그러한 상황은 백제시대에까지 이어졌던 것으로 생각된다.

출토된 백제 유물을 근거로 내성을 4~5세기의 한성시대에 축성된 것으로 보고 있으나[33] 유물이 출토된 유적이 명확하지 않은 이상 앞으로 자료의 증가를 기다리는 것이 타당할 것 같다. 홍성 신금성(神衿城)의 예에서 보듯이 통일신라시기에 축성된 성곽에서도 얼마든지 백제토기가 출토될 수 있기 때문이다.[34] 따라서 앞으로 더 많은 조사가 이루어져 백제시대에 축성된 것이 확실해질 때까지 망이산성은 일단 분석대상에서 제외하고자 한다.

직산 사산성(蛇山城) 역시 축성법이나 성의 규모, 구조 등으로 미루어 볼 때 백제 산성으로 판단하기에 주저되는 바가 있다.

먼저, 성벽의 둘레가 1.3㎞에 이르는데, 이러한 크기는 뒤에서 다시 살펴보겠지만 백제 산성으로서는 대단히 큰 규모다. 대체로 백제 산성은 둘레가 800m 이하일 것으로 믿어지기 때문이다.

성벽을 축성하는데 있어 판축토루(版築土壘)의 구간이 340~366cm에 이르는 등 300cm 이상이 되는 것도 눈에 띈다. 지금까지 조사된 백제 산성의 경우 몽촌토성(夢村土城)[35]이나 공산성(公山城)[36]에서 보듯이 영정주간(永定柱間)의 거리가 1.8m로 나타나는 등 판축 구간이 2m 이하로 좁은 것이 특징이다.[37]

---

32) 扶餘博物館,『保寧 校城里住居址發掘報告』, 1986.

33) 단국대중앙박물관, 앞의 주 7)의 報告書, 1996, 500~501쪽.

34) 李康承 · 朴淳發 · 成正鏞, 앞의 주 6)의 報告書, 1996.

35) 夢村土城發掘調査團,『整備 · 復元을 위한 夢村土城 發掘調査報告書』, 1984.

36) 安承周 · 李南奭,『公山城 城址發掘調査報告書』, 公州大博物館, 1990,

37) 車勇杰 · 洪成杓,「百濟 城郭의 比較 研究 試論」,『百濟論叢』 5輯, 百濟文化開發研究院, 1996, 294쪽.

그에 비해 목천토성(木川土城)처럼 통일신라시대에 축성된 성벽의 판축 구간은 3m 이상으로 길어지고 있다.[38] 이러한 사실은 신금성(神衿城)이나 회진토성(會津土城)처럼 통일신라시대에 축성된 다른 유적에서도 공통적으로 확인되는 사실이다.[39] 따라서 사산성의 판축 구간이 340∼366cm라는 것은 사산성이 통일신라시기에 축성되었을 가능성이 높다는 사실을 의미하는 것으로 이해된다.

성 내에서 뚜렷한 백제 유물이 출토되지 않은 것도 축성 시기를 판단할 때 참고해야 할 사항이다. 아울러 사산성에서 발견된 치성의 존재 역시 다른 백제 산성에서는 발견된 바 없고 오직 사산성에서만 확인된 것이다.[40] 그에 비해 신라 산성에서는 이러한 치성이 이미 삼국시대부터 등장하고 있다.[41] 따라서 이런 치성의 존재로 보아도 사산성은 오히려 신라 산성으로 보는 것이 타당해 보인다.

익산의 오금산성(五金山城)은 성내에서 많은 백제 유물이 출토되어 백제시대에 축성되었을 가능성을 배제할 수 없다. 그러나 여기에서도 이렇게 성내에서 출토된 유물과 성벽과의 관련성에 대해서는 별다른 설명이 없다. 즉, 백제 산성임을 뚜렷하게 입증하지 못하고 있는 셈이다.

오금산성을 백제 산성으로 판단한 것은 오히려 그 축성법에 있었던 것 같다. 오금산성은 약 6m 너비의 토루(土壘)를 쌓고, 또 그 기단에는 호석렬(護石列)을 돌리고 있는데, 이러한 토루와 호석렬의 존재를 통해 부소산성의 성벽과 마찬가지로 백제 말기에 축성된 것으로 보았던 것이다.[42]

---

38) 崔孟植, 「百濟 版築工法에 관한 硏究」, 『碩晤尹容鎭教授停年退任紀念論叢』, 1996, 545쪽.

39) 徐程錫, 앞의 주 22)의 論文, 1999, 67∼69쪽

40) 최근에 扶蘇山城에서 2기의 雉城이 발견되었는데, 처음에는 통일신라시대제 축조된 것으로 판단하였으나 최근에는 다시 백제시대에 만든 것으로 보고 있다(崔孟植, 「泗沘都城과 扶蘇山城의 最近 成果」, 『사비도성과 백제의 성곽』, 서경문화사, 2000, 174쪽의 주 101). 報告書가 나오면 다시 검토가 있겠지만 扶蘇山城의 雉城이 백제시대에 축조된 것이라 하더라도 다른 유적에서는 아직 확인된 예가 없는 만큼 역시 일반적인 형태로 보기는 어려울 것 같다.

41) 成周鐸, 「新羅 三年山城 硏究」, 『百濟硏究』 7, 忠南大百濟硏究所, 1976, 142∼143쪽.

그러나 앞서 설명한 것처럼 비교 대상이었던 부소산성(扶蘇山城)의 테뫼식 성벽은 조사 결과 백제 산성이 아니라 통일신라시대 이후에 축성된 것으로 확인되었다.[43] 따라서 이러한 축성법에 의한 편년은 재고되어야 할 것이다.

실제로 다음에 백제 산성의 입지에서 살펴보겠지만 오금산성의 입지조건은 사비시대 백제 산성의 일반적인 입지 조건보다는 지나치게 낮다. 그런데 오금산성과 같이 낮은 지역에 입지하는 성곽들은 실제로 통일신라시대 이후에나 등장하고 있다.

토루의 폭이 6m로 20척(尺)의 크기이며, 높이 또한 2.7m로 9척(尺)의 크기므로 성곽 축조에 당척(唐尺)을 사용한 것이 확실하다. 따라서 축조 시기는 당척을 사용하기 시작한 이후라는 주장[44]을 주목할 필요가 있다. 뒤에서 다시 보겠지만 아직까지 백제 유적에서 당척을 사용한 것이 확인된 유적은 오금산성뿐이기 때문이다. 한척(漢尺)[45]이나 동위척(東魏尺),[46] 고려척(高麗尺)[47]의 사용은 인정된 바 있으나 당척을 사용한 예는 아직까지 확인되지 않고 있다.

이에 비해 통일신라시기가 되면 당척을 사용하는 예가 증가한다. 석굴암,[48] 망덕사(望德寺)와 사천왕사(四天王寺)[49] 등이 그것이다. 그런 점에서 오금산성의 토루와 성벽의 높이는 통일 이후에 축성되었을 가능성이 더 높은 것으로 이해된다.[50]

---

42) 全榮來, 앞의 주 15)의 報告書, 1985, 79쪽.

43) 扶餘文化財硏究所, 「'93 扶蘇山城發掘調查指導委員會議資料」, 1993.
　　金容民, 앞의 주 25)의 論文, 1997, 107쪽.

44) 全榮來, 앞의 주 15)의 報告書, 1985, 106쪽.

45) 金容雲·金容局, 『韓國數學史』, 1977, 75~77쪽.

46) 米田美代治·申榮勳 譯, 『韓國上代建築의 硏究』, 東山文化社, 1976, 128쪽.

47) 張慶浩, 『百濟寺刹建築硏究』, 藝耕出版社, 1996.

48) 申榮勳, 「石窟庵의 建築的인 造營計劃」, 『考古美術』 7卷 7號, 1966.

49) 藤島亥治郎, 『朝鮮建築史論』, 92쪽.

50) 최근 부여 쌍북리유적에서 7세기 전반 경에 전래된 것으로 보이는 唐尺이 발견된 바가 있기

이와 관련하여 『신증동국여지승람(新增東國輿地勝覽)』권 33, 「익산군(益山郡)」고적조(古跡條)에 보이는 보덕성설(報德城說)을 주목해 볼 필요가 있다. 보덕국(報德國)은 문무왕(文武王)에서 신문왕(神文王) 사이, 즉 670년에서 684년 사이에 존속했던 만큼 성곽의 축성 시기와 정확하게 일치한다고 믿어지기 때문이다.

물론 그렇다고 오금산성을 곧바로 보덕성(報德城)으로 연결시킬 수는 없다. 오금산성과 가까운 거리에 있는 왕궁리토성(王宮里土城) 역시 이 시기에 축조된 것인 만큼[51] 보덕성의 위치에 대해서는 앞으로 더 많은 자료가 있어야 할 것으로 생각되기 때문이다. 다만 그렇다고 하더라도 이 오금산성의 입지나 축조 방법으로 볼 때 왕궁리토성이 축조되는 시기와 같은 시기에 함께 축조된 것만은 분명해 보인다. 적어도 토루의 외면에 장식된 호석렬은 치석 수법이 신라계 석성에서 볼 수 있는 것과 동일한 것이기 때문이다. 산성 내에서 출토된 많은 양의 백제 유물 역시 통일 직후라는 산성의 축조 시기와 관련이 있는 것으로 판단된다.

3. 백제 산성의 입지

위에서 살펴본 바와 같이 지금까지 별다른 의심 없이 백제 산성으로 인식되어 온 유적 중에는 실제로 백제 산성으로 보기에 주저되는 것도 포함되어 있다. 따라서 이러한 유적들은 앞으로 더 많은 조사를 통하여 백제 산성임이 분명히 입증될 때까지 일단 분석 대상에서 제외하고, 나머지 다른 백제 산성들을 대상으로 일반적인 특징을 확인해 보고자 한다. 이러한 작업

는 하다(이강승, 「백제시대의 자에 대한 연구」, 『韓國考古學報』43, 2000, 205~223쪽).
51) 扶餘文化財研究所, 『王宮里』, 1997.
　崔孟植, 「王宮里遺蹟의 最近成果」, 『馬韓百濟文化』14輯, 圓光大馬韓·百濟文化研究所, 1999, 99쪽.

을 통해 일반적인 백제 산성의 모델을 구할 수 있다고 보기 때문이다.

백제 산성의 모델을 구하기 위해서는 우선적으로 산성이 갖는 입지조건을 살펴볼 필요가 있다. 일반적으로 역사시대의 유적을 이해하기 위해서는 해당 유적의 입지조건을 우선적으로 살펴보는 것이 유용한 방법 중의 하나이기 때문이다. 예를 들어 고분의 경우 그 입지조건을 통해 해당 유적을 만든 사람들의 사유체계(思惟體系)와 내세관(來世觀), 축조시기, 축조기술, 그리고 피장자의 정치·사회적인 지위 등을 알 수 있다.[52] 성곽 역시 해당 유적이 갖는 입지조건을 통해 그 축성 시기와 목적, 그리고 성곽의 변천 과정을 살펴볼 수 있는 것으로 알려져 있다.[53]

그런데 이러한 산성의 입지조건에는 크게 보아 두 가지 조건이 있다. 하나는 성곽이 축성된 산과 주변 지형과의 관계이고, 다른 하나는 성곽이 축성된 산의 실제 높이다.

먼저, 산성이 축성된 산과 주변 지형과의 관계를 보면 백제 산성은 주변에 넓은 뜰이나 하천을 끼고 있으며, 이러한 뜰이나 하천을 향해 돌출된 지맥의 맨 끝단 산봉우리에 자리하고 있는 것이 일반적인 특징이다. 따라서 산성에 오르면 주변지역을 한눈에 굽어볼 수 있고, 반대로 성 밖의 주변지역에서도 쉽게 산성을 찾을 수 있다. 이러한 입지조건은 산성이 단순히 유사시 도피해 들어가 농성(籠城)하는 장소로서의 의미만 있는 것이 아니라 외부의 침입을 사전에 차단시키고, 경우에 따라서는 직접 산성 밖으로 나아가 공격을 감행하기도 하는 전투방식에 기인하는 것으로 보인다.[54]

이러한 현상은 비단 백제 산성에서만 확인되는 것이 아니라 단양 적성

---

52) 姜仁求, 『三國時代墳丘墓研究』, 嶺南大出版部, 1984, 13쪽.

　　成洛俊, 「삼국시대」, 『한국의 옹관묘』(특별전도록), 광주박물관, 1992, 28쪽.

53) 徐程錫, 「牙山地域의 山城」, 『滄海朴秉國敎授停年紀念史學論叢』, 1994, 240~241쪽.

　　李南奭, 「禮山 鳳首山城의 現況과 特徵」, 『百濟文化』 28輯, 公州大百濟文化研究所, 1999, 221~224쪽.

54) 『三國史記』 卷 23, 「百濟本紀」, 溫祚王 11年條에는 "秋七月設禿山狗川兩柵 以塞樂浪之路"라는 기록이 있다.

(赤城)[55]과 같은 신라 산성에서도 마찬가지다. 그런 점에서 이러한 입지조 건은 삼국시대 산성이 갖는 일반적인 특징으로 보아도 별 무리가 없는 것 으로 생각된다.

이에 비해 통일신라시대 이후에 축성된 산성들은 높고 깊은 산 속에 축 성하는 것이 일반적이다. 이것은 성곽이 갖는 농성 장소로서의 기능이 더욱 커진 결과로 이해된다.

입지조건과 관련하여 산성이 축성된 산의 높이도 주목할 필요가 있다. 전 투방식이나 동원되는 군사력에 따라 산성의 높낮이는 변화를 거쳤을 것으 로 믿어지기 때문이다. 실제로 백제 산성이 갖는 입지조건의 변화는 어느 정도 그 윤곽이 확인되고 있다.[56] 즉, 백제 산성은 시간이 지남에 따라 점점 높은 산의 정상부에 축성되는 경향이 있다.

사실 산성을 축조할 때 높고 고립된 곳은 가급적 피하는 것이 원칙이 다.[57] 높고 고립된 곳에 산성이 있을 경우 방어에는 유리한 점이 있을지 모 르지만 산성 아래에 있는 적을 공격하기 위해 산 아래로 내려오는 동안 오 히려 반격할 수 있는 시간적인 여유를 줄 수 있고, 또 전투에서 패할 경우 안전하게 후퇴할 곳이 없기 때문이다.[58]

그런 점에서 백제 초기의 산성은 그다지 높지 않은 곳에 자리하고 있었 을 것으로 짐작된다. 일반적으로 생각하듯이 저지(低地)의 목장형(牧場形) 원책(圓柵)을 고지(高地)에 이건(移建)한 것이 산성의 발생이라고 한다면[59]

---

55) 車勇杰 · 趙詳紀, 『丹陽赤城地表調査報告書』, 忠北大博物館, 1991, 18쪽.

56) 徐程錫, 「論山 魯城山城에 대한 考察」, 『先史와 古代』11, 1998, 251~252쪽.

57) 丁若鏞, 『民堡議』, 「民堡擇地之法」, "孤高上天 邈遠塵界者 不可用也, 窮深萬疊 有如桃源者 不可 用也"

58) 國防部戰史編纂委員會, 『民堡議 · 民堡輯說』, 1989, 17~18쪽.

59) 全榮來, 「古代山城의 發生과 變遷」, 『馬韓 · 百濟文化』11輯, 圓光大馬韓百濟文化研究所, 1988, 53쪽.
車勇杰 · 洪成杓, 「百濟 城郭의 比較 研究 試論」, 『百濟論叢』5輯, 百濟文化開發研究院, 1996, 263~269쪽.

초창기 산성의 입지는 그다지 높지 않은 지점에 자리하고 있을 것으로 판단되기 때문이다. 실제로 송국리유적(松菊里遺蹟)이나 검단리유적(檢丹里遺蹟)에서 보이는 목책이나 환호가 초창기의 방어시설이라고 한다면[60] 당시 주거지의 입지조건과 큰 차이가 없음을 알 수 있다.

물론 청동기시대 이래로 집단간의 갈등이 야기되면서 주거지의 입지에 약간의 변화가 감지되는 것도 사실이지만 성곽이 출현하면서 이러한 고지성(高地性)취락들은 보다 활동하기 편리한 낮은 지역으로 이동하였을 것이다. 그런 점에서도 일단 초창기의 산성은 그다지 높지 않은 나지막한 야산의 정상부에 축성되었을 것으로 판단된다.[61] 아울러 축조재료 역시 토성이나 책성(柵城)이 대부분이었던 것으로 생각된다. 석성으로서 백제 초기 혹은 전기로 편년되는 유적은 아직 발견된 바 없지만 토성 중에는 그러한 예가 있으며, 책성에 대한 기록이 온조왕(溫祚王) 때에 집중적으로 나타나기 때문이다.[62]

그러나 백제 후기가 되면 이러한 산성의 입지조건에 커다란 변화가 나타난다. 백제 후기에 산성의 입지조건을 보여주는 직접적인 자료는 없지만 다음과 같은 기록은 참고해 볼 필요가 있을 것 같다.

---

60) 崔鍾圭, 「한국 원시의 방어집락의 출현과 전망」, 『韓國古代史論叢』 8, 駕洛國史蹟開發研究院, 1996, 19~29쪽.
　　權五榮, 『三韓의 「國」에 대한 研究』, 서울大大學院博士學位論文, 1996, 16~41쪽.
61) 물론 초기의 山城이 청동기시대의 高地性聚落과 관련된 것인지, 아니면 삼국의 건국 무렵 새롭게 출현한 것인지는 분명하지 않다. 초기 성곽의 예가 좀처럼 확인되지 않는다는 점에서 후자일 가능성을 배제할 수 없다고 생각한다. 그렇다면 초기 山城이 반드시 나지막한 야산 정상부에 자리하지 않을 수도 있다. 그러나 지금까지는 뚜렷한 유적이 발견된 바 없기 때문에 이에 대해서는 자료를 기다릴 수밖에 없을 것 같다.
62) 『三國史記』 卷 23, 「百濟本紀」, 溫祚王條에 보이는 柵에 대한 기사는 다음과 같다.
　　① "8年 秋七月 築馬首城 竪甁山柵"
　　② "11年 秋七月 設禿山狗川兩柵"
　　③ "13年 秋七月 就漢山下立柵"
　　④ "24年 秋七月 王作熊川柵"

가. 百濟王城 方一里半 北面累石爲之 … 其諸方之城 皆憑山 險爲之 亦有
　　累石者(『翰苑』 卷 30, 「蕃夷部」, 百濟條)

여기에서 보면 적어도 백제의 방성(方城)은 모두가 험한 산에 자리하고
있었고, 아울러 석성으로 축성된 것도 있었음을 알 수 있다. 백제 부흥운동
시에 핵심적인 거성(據城)으로서의 역할을 담당하였던 주류성(周留城) 역
시 "험한 것을 방패 삼으니 산이 높고 꼴짜기가 좁아 지키기는 쉽고 치기는
어렵다"[63]라고 기록되어 있는 것으로 보아 백제 후기의 산성들은 일반적인
주거지의 입지와는 달리 높고 험한 산에 축성되어 있었음을 알 수 있다.

그럼 『한원(翰苑)』에서 말하는 험산(險山)은 어느 정도 높이의 산을 의미
하는 것일까. 이에 대해서는 다음과 같은 기록이 참고가 될 것 같다. 즉, 나
당연합군이 가림성(加林城)을 공격할 때 성곽이 험한 곳에 자리하고 있어
공격을 해도 많은 사상자가 발생할 것이라는 유인궤(劉仁軌)의 반대에 따
라 결국 가림성 공격을 포기한 일이 그것이다.[64] 그렇다면 가림성이 중국인
들의 눈에는 험산으로 비쳐졌음을 알 수 있다.

여기서 말하는 가림성은 부여의 성흥산성을 가리키는 것으로 알려져 있
다.[65] 성흥산이 표고 250m에 해당되는 만큼 백제 후기의 산성들은 이 정도
높이에 자리하고 있었던 것으로 보아도 크게 잘못된 것은 아닐 것이다. 실
제로 백제 후기에 축조된 것으로 알려진 덕진산성(德津山城)은 표고 255m
의 적오산(赤鰲山)에 자리하고 있고,[66] 보문산성(寶文山城)은 표고 400m의
보문산 정상부에 자리하고 있다.[67]

63) 『日本書紀』 卷 27, 天智天皇 元年 冬 12月條. "州柔設置山險…守易而攻難之故也"
64) 『三國史記』 卷 28, 「百濟本紀」, 義慈王 20年條. "或曰 加林城 水陸之衝 合先擊之 仁軌曰 兵法避
　　實擊虛 加林而固…"
65) 兪元載, 앞의 주 13)의 論文, 1996, 77~90쪽.
66) 成周鐸, 「百濟 所比浦縣城址(一名 德津山城) 調査報告」, 『百濟研究』 22, 忠南大百濟研究所,
　　1991, 111쪽.
67) 李達勳·李康承·沈正輔·兪元載, 『寶文山城發掘調査報告書』, 大田直轄市, 1994.

이러한 입지상의 변화는 비단 백제에서만 확인되는 것이 아니고 신라에
서도 이성산성(二聖山城)(209m), 대모산성(大母山城)(212m) 등지에서 보듯
이 역시 비슷한 높이에 산성이 축성되고 있다. 이러한 산성의 입지는 웅진
시대에 축성된 것으로 믿어지는 웅진성 주변의 산성들이 대체로 표고 100
~150m 정도 높이에 자리하고 있는 것과 구별되는 것이고,[68] 금성산성(金
城山城)(600m),[69] 독용산성(禿用山城)(955m),[70] 무진고성(武珍古城)(500m),[71]
운주산성(雲住山城)(460m)[72]의 입지조건과도 다른 것이다.

이렇게 볼 때 아직 확실한 한성시대 산성이 조사되지 않아 한성시대 백
제 산성의 입지조건에 대해서는 잘 알 수 없지만, 적어도 웅진시대와 사비
시대를 거치면서 백제 산성은 점점 높은 산의 정상부에 축조되었던 것으로
추측된다. 그리고 이러한 전통은 통일신라와 고려, 조선을 거치면서 그대로
답습되어져 시간이 지남에 따라 좀더 높은 산에 축성이 이루어졌던 것으로
믿어진다. 아울러, 규모도 점점 커져 마침내는 조선시대 산성으로 이어진다.

물론 시간이 지남에 따라 모든 산성이 이렇게 높은 산에 자리하게 되는
것만은 아니다. 한편에서는 점점 더 높은 산의 정상부에 산성이 축조되고
있는 반면에 다른 한편에서는 산자락쪽으로 내려오는 경향을 보인다. 앞
서 소개한 목천토성(木川土城)이나 신금성(神衿城)이 대표적인 예가 될 것
이다.

이러한 현상은 통일신라시대부터 나타나기 시작하는데, 통일 이후 이렇
게 입지조건의 변화가 일어나는 것은 산성의 기능 및 역할의 변화와 관련
이 있는 것으로 보인다.

앞서 『한원(翰苑)』의 예를 통해서도 알 수 있듯이 삼국시대의 지방통치

---

68) 이에 대해서는 2장 1절 참조.
69) 全南大博物館, 『金城山城地表調査報告書』, 1989, 4쪽.
70) 大邱大博物館, 『星州 禿用山城 地表調査報告書』, 1992, 11쪽.
71) 林永珍, 『武珍古城』 I, 全南大博物館, 1989.
    ──, 『武珍古城』 II, 全南大博物館, 1990.
72) 公州大博物館, 『燕岐 雲住山城』, 1998.

는 군사와 행정을 겸하고 있었다. 그 중에서도 상대적으로 군사적인 측면의 비중이 높았던 것으로 이해되고 있다.[73] 지방관의 명칭이 방령(方領), 군장(郡將), 도사(道使) 등으로 군사 책임자의 의미를 다분히 내포하고 있는 것도 그러한 이유 때문인 것으로 생각된다. 따라서 삼국시대의 치소(治所)는 산성에 있었던 것으로 여겨진다.

그런데, 통일과 더불어 행정적 기능과 군사적인 기능이 분리되면서 군사적인 측면의 기능은 산성이 담당하고, 행정적인 기능은 낮은 평지성이 담당하였던 것으로 생각된다. 즉, 산성은 점점 높고 험한 곳을 택하게 되고, 규모도 전보다 더 커진 반면에 행정적 기능을 담당하게 된 성곽은 점점 평지로 내려와 고려시대와 조선시대에 축성되는 읍성의 시원형(始原形)을 이루게 되는 것이다. 목천토성(木川土城)이나 신금성(神衿城), 회진토성(會津土城) 등과 같이 평지 가까운 낮은 구릉에 자리하고 있는 성곽들은 모두가 이러한 배경 속에서 출현하는 것으로 이해된다.

결국, 통일 이후 산성이 서로 다른 두 방향으로 변화의 길을 걷게 되었으며, 그러한 변화의 이면에는 '통일'이라는 사회적인 변화가 숨어 있었던 것이다. 또한, '통일'이라는 사회변화와 짝하여 나타난 산성의 입지 변화에는 필연적으로 지방관(地方官)의 명칭과 성격의 변화를 수반하고 있었다.

4. 백제 산성의 구조적 특징

(1) 산성의 규모

산성의 구조적인 특징을 살펴볼 경우 가장 먼저 주목할 필요가 있는 것이 해당 산성의 규모이다. 산성의 규모는 지표조사만으로도 쉽게 파악할 수

---

73) 山尾幸久, 「朝鮮三國の軍區組織」, 『古代日本と朝鮮』, 1974, 167~168쪽.

있고, 또한 성곽을 구성하는 여러 요소 중 가장 객관화하기 쉬운 것이기 때문이다. 그러나 백제 성곽의 크기가 정확하게 얼마만한 것인지를 알 수 있는 자료는 없다. 그런 점에서 다음과 같은 자료는 눈여겨 볼 필요가 있을 듯하다.

> 나. 百濟王城 方一里半 … 北方城 方一里半 … 東方城 方一里 … 西方城 方二百步 … 中方城 方一百五十步 … 南方城 方一百三十步(『翰苑』卷 30, 「蕃夷部」 所引 『括地志』)

여기에서 보면 북방성은 둘레가 '方一里半'이고, 동방성은 '方一里', 서방성은 '方二百步', 중방성은 '方一百五十步', 남방성은 '方一百三十步'였다고 한다. 따라서 여기서 말하는 리(里)와 보(步)의 크기를 알면 자연히 방성(方城)의 크기를 확인할 수 있게 될 것이다.

리와 보의 관계에 있어서 일반적으로 1리는 300보, 혹은 360보라고 한다. 이러한 차이가 나는 이유는 1보가 5척이냐 6척이냐의 차이 때문인데, 어느 쪽이 되었든 1리가 1800척인 것은 동일하다.[74] 따라서 이 당시 1보가 5척이냐 6척이냐에 관계없이 1척의 크기를 확인하는 작업이 중요하다.

고대의 도량형(度量衡)은 시기에 따라, 또한 지역에 따라 하나로 통일되어 있었던 것이 아니기 때문에 그 정확한 크기를 알기란 대단히 어렵다.[75] 같은 1척이라 하더라도 실제 크기가 얼마든지 다르기 때문이다. 같은 척이면서도 주척(周尺)이나 한척(漢尺), 당척(唐尺) 등이 있는 것도 그런 이유 때문이다. 다만 하나의 경향이 있다면 시간이 지날수록 같은 1척이라도 크기가 커진다는 사실이다.[76] 예를 들어 주척은 대략 20㎝ 정도이나[77] 한 척은

---

74) 李宇泰, 「韓國 古代의 尺度」, 『泰東古典研究』 創刊號, 1984, 21쪽.

75) 朴興秀, 「李朝 尺度標準에 관한 考察」, 『素岩李東植先生華甲紀念論文集』, 1981.

李宇泰, 「韓國古代의 尺度」, 『泰東古典研究』 創刊號, 1984.

박성래, 「한국도량형사」, 『한국의 도량형』, 국립민속박물관, 1997, 168~179쪽.

23.5cm 전후가 되고, 다시 당척은 약 30cm가 된다.

한때 익산 미륵사지 석탑과 왕궁리탑(王宮里塔), 부여 서복사지(西腹寺址)를 조사한 결과 백제에서는 35.04cm 크기의 동위척(東魏尺)이 사용되었다는 주장이 제기된 바 있다.[78] 그런가 하면 궁남지(宮南池)에서 출토된 목간(木簡)의 크기를 기준으로 하여 1척(尺)이 35cm를 전후한 크기가 아니었을까 조심스럽게 전망한 견해도 있다.[79]

그러나 이 크기를 그대로 위의 기록에 대입하기는 어려워 보인다. 예를 들어 '方一里半'이었다는 북방성의 경우 그 크기나 위치로 보아 그것이 현재의 공주 공산성을 가리키는 것이 분명한데, 위에서 제시한 1척 35.04cm를 대입하면 한변의 길이가 945m 정도가 되어 결국 전체 둘레가 3780m에 이르게 된다. 이러한 수치는 기존에 2450m나[80] 2660m로[81] 알려진 공산성의 실제 크기와 너무 큰 차이가 있음을 알 수 있다. 같은 크기로 되어 있는 부소산성(扶蘇山城)의 2200m²[82]나 2495m²[83]와 비교하여도 마찬가지다. 따라서 이러한 척의 크기는 미륵사지 석탑이나 서복사지(西腹寺址)와 같은 백제사지(百濟寺址) 건축, 그리고 목간(木簡)과 같은 행정문서에 실제로 적용되었는 지는 모르지만 적어도 『한원(翰苑)』에 보이는 백제 산성 관련 기록과는 무관해 보인다.

이와 관련하여 주목되는 것이 『삼국사기』와 『삼국유사』에 실려 있는 왕과 왕비의 키에 대한 기록이다. 기록에 의하면 7척이 5명, 7.5척이 3명, 8척이 1명, 9척이 5명, 11척이 1명이어서 평균 8.1척이 된다. 그 중 11척으로 기

76) 國家計量總局主編, 山田慶兒 · 淺原達郎 譯, 『中國古代度量衡圖集』, みすず書房, 1985, 383～386쪽.

77) 국립민속박물관, 『한국의 도량형』, 1997, 14～15쪽.

78) 米田美代治, 申榮勳 譯, 『韓國上代建築의 硏究』, 東山文化社, 1976, 128쪽.

79) 李鎔賢, 「扶餘 宮南池 出土 木簡의 年代와 性格」, 『宮南池』, 扶餘文化財硏究所, 1999, 344쪽.

80) 成周鐸, 「百濟 熊津城과 泗沘城 硏究」, 『百濟硏究』 11, 忠南大百濟硏究所, 1980, 172쪽.

81) 安承周, 『公山城』, 公州大百濟文化硏究所, 1982, 27쪽.

82) 成周鐸, 「百濟 泗沘都城 硏究」, 『百濟硏究』 13, 忠南大百濟硏究所, 1982, 29쪽.

83) 扶餘文化財硏究所, 『扶蘇山城發掘調査中間報告書』, 1995, 260쪽.

록된 진평왕(眞平王)의 기록을 빼면 7.9척이 되는데, 이러한 척수에 적합한 길이는 전한척(前漢尺) 23.04㎝나 후한척(後漢尺) 23.7㎝뿐이라고 하다.[84] 즉, 삼국이 모두 동일한 척도를 사용한 것은 아니겠지만 대체로 23㎝ 정도 크기의 척도를 사용한 일이 있음은 공통적이라고 할 수 있다.[85]

이러한 사실은 무령왕릉(武寧王陵)에서 출토된 목관(木棺)의 크기를 통해서도 확인할 수 있다. 무령왕릉에서 출토된 목관의 안쪽에는 1.5～2㎝ 깊이로 요자형(凹字形)의 홈이 파져 있는데, 이를 기준으로 하였을 때 왕비 목관의 내부 길이는 226㎝이고, 왕의 것은 232㎝가 된다.[86]『삼국사기』기록에 의하면 무령왕은 신장이 8척이었으므로,[87] 만약 이 시기에 사용한 척도가 동위척(東魏尺)이라면 무령왕의 신장은 280㎝가 되므로 목관의 크기와 맞지 않음을 알 수 있다.

결국 백제에서는 한척(漢尺)을 사용한 시기가 있었음을 알 수 있고, 성곽의 길이를 표시하는 데에도 이러한 한척이 사용된 것으로 여겨진다. 실제로 한척의 크기를 위의 기록에 대비해 보면 1리(里)는 결국 414m가 되고, 북방성은 전체 둘레가 2480m가 되어 전체적인 크기도 현재의 규모와 흡사함을 알 수 있다. 다시 말해서 위에 든『한원(翰苑)』에 나와 있는 백제 성곽의 크기는 1척 = 23㎝ 정도의 한척을 기준으로 한 것임을 알 수 있다. 따라서 이러한 크기를 가지고 성곽의 크기를 계산해 보면 북방성은 2480m가 되고, 동방성(東方城)은 1650m가 된다.

그런데 서방성과 중방성, 남방성 등은 둘레가 보(步)로 표기되어 있어 보의 크기도 확인해 볼 필요가 있다. 1보(步)의 크기가 5척인지, 아니면 6척인지를 알 수 있는 백제쪽 기록은 찾기 어렵다. 다만, 신라쪽 기록이기는 하지만『삼국유사』에 관문성(關門城)의 크기가 6천9백92보(步) 5척으로 되어 있

---

84) 金容雲,『韓國數學史』, 1977, 75～77쪽.

85) 李宇泰, 앞의 주 75)의 論文, 1984, 30쪽.

86) 尹武炳,「Ⅳ. 木棺」,『百濟武寧王陵』, 公州大學校 百濟文化硏究所, 1991, 326쪽 및 330쪽.

87)『三國史記』卷 26,「百濟本紀」, 武寧王 卽位年條. "武寧王 諱斯摩…身長八尺"

는 것으로 보아 당시 1보(步)는 6척이 아니었을까 생각된다.[88]

1보(步) = 6척이 어느 정도 받아들여질 수 있는 것이라면 '方二百步'로 되어 있는 서방성은 방 1200척, '方一百五十步'로 표기된 중방성은 방 900척, '方一百三十步'로 기록된 남방성은 방 780척이 된다. 이것을 앞서 살펴본 1척 = 23㎝ 크기에 대비하면 서방성은 1104m, 중방성은 828m, 남방성은 약 720m에 해당된다. 1척 = 23.04㎝가 아닌 후한척(後漢尺) 23.75㎝를 대입하면 가장 작은 남방성의 크기는 741m가 된다.

백제 방성(方城)의 크기가 720m에서 2480m 사이라고 한다면 다른 일반 산성은 방성 중 가장 작은 남방성보다 작았던 것으로 보아야 하지 않을까 생각된다. 다시 말해서 백제 군현(郡縣)의 중심지에 축성되어 지방통치의 거점으로 기능하였던 대부분의 백제 산성들은 그 규모가 800m 이하일 것으로 보는 것이 자연스러워 보인다. 따라서 앞으로 각종 기록에 보이는 백제 산성의 위치비정을 시도할 경우에는 이러한 규모의 산성을 대상으로 하여야 할 것이다.[89]

(2) 성문의 위치 및 종류

성곽은 크게 보아 성벽과 그에 딸린 부대시설로 나누어 볼 수 있다. 부대시설로 중요한 것을 꼽는 다면 성문과 치성(雉城), 옹성(甕城), 건물지, 여장(女墻) 등을 들 수 있다.

---

88) 李宇泰, 앞의 주 75)의 論文, 1984, 21쪽.

89) 다만 한 가지, 이러한 산성 축조의 원칙은 백제에서 方－郡－城體制가 확립되는 泗沘時代 이후에 지켜졌을 것이다. 따라서 그 이전 시기에도 이러한 엄격한 규칙이 있었는지는 알 수 없다. 예를 들어 方－郡－城體制가 갖추어지기 이전의 檐魯體制下에서는 子弟宗族이 지방에 파견되었고, 어떤 경우에는 佐平이 파견되는 경우도 있었기 때문에 이러한 檐魯體制下에서 축성된 山城은 어쩌면 위와 같은 원칙이 지켜지지 않았을 수도 있다. 가령, 加林城으로 비정되는 扶餘의 聖興山城은 둘레가 1200m로 南方城, 中方城, 西方城보다 크다. 이러한 문제는 다시 郡縣城을 살펴보는 자리에서 논의하고자 한다.

성벽은 방어력을 가늠하는 중요한 요소가 되기 때문에 성곽에서 가장 큰 비중을 차지하고 있다. 특히 산성은 성벽이 단곽(單郭)으로 이루어졌기 때문에 더더욱 성벽에서의 방어력이 요구된다.[90]

성문은 산성의 내외를 연결하는 통로로서 산성에서 필요한 물자를 조달하는 곳이기도 하다. 따라서 성문은 보통 출입하기에 편리한 곳에 개설하는 것이 원칙이며, 그 때문에 산성에 접근하기에 가장 용이한 곳이기도 하다. 이러한 사실은 반대로 유사시에는 적의 공격을 가장 먼저, 그리고 가장 쉽게 받을 수 있는 곳이 성문이라는 뜻도 된다.[91] 성문 주변에 적대(敵臺)라든가 옹성(甕城)과 같은 방어시설이 특히 밀집되어 있는 것도 바로 그런 이유 때문이다.

성문이 갖는 이러한 방어상의 취약점은 백제 산성도 마찬가지였다. 따라서 백제시대에 축성된 산성은 출입이 쉬운 곳을 피하고 성문으로 접근하기가 용이하지 않은 곳을 택해서 성문을 개설하였다. 예를 들어 보문산성 (寶文山城)의 성문은 능선에서 약간 벗어난 지점에 자리하고 있다. 뿐만 아니라 직접 성 내로 들어오지 못하고 일단 한번 꺾어진 다음 진입할 수 있도록 역 'ㄱ'자 형태를 하고 있어 고식(古式)의 옹성과 같은 구조를 이루고 있다.[92]

아산 학성산성(鶴城山城) 역시 평지와 경사면이 만나는 부분이나 계곡의 안쪽 등 출입하기 쉽지 않은 곳에 성문이 자리하고 있고,[93] 논산 노성산성 (魯城山城) 또한 계곡의 안쪽으로 경사면과 평탄면이 만나는 부분이나 능선에서 약간 빗겨난 부분에 성문이 자리하고 있다.[94]

이러한 사실은 백제 산성에서만 나타나는 것이 아니고 신라쪽 산성도 마

90) 孫永植, 『韓國 城郭의 硏究』, 文化財管理局, 1987, 163쪽.
91) 孫永植, 위의 주 90)의 책, 1987, 117쪽.
92) 李達勳 · 李康承 · 沈正輔 · 兪元載, 앞의 주 12)의 報告書, 大田直轄市, 1994, 28쪽.
93) 徐程錫, 앞의 주 53)의 論文, 1994, 236~237쪽.
    忠南發展硏究院, 『牙山 鶴城山城 精密 地表調査 報告書』, 1999.
94) 李南奭 · 徐程錫, 『魯城山城』, 公州大學校博物館, 1995, 78쪽.

〈도면 32〉 대전 계족산성 평면도

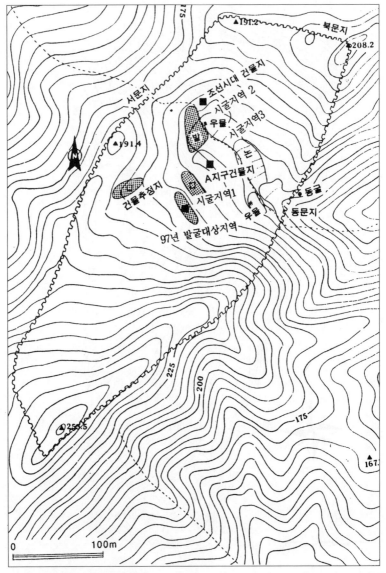

〈도면 33〉 홍성 석성산성 평면도

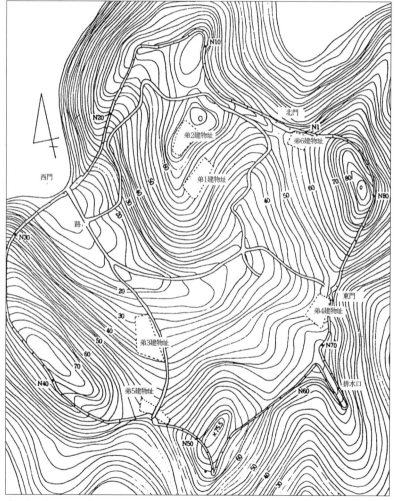

〈도면 34〉 태안 안흥진성 평면도

찬가지다. 대전에 있는 계족산성(鷄足山城)은 능선에서 비켜선 곳에 성문을 개설하여 "S"형으로 우회해야만 성 내로 진입할 수 있도록 하였으며, 성문 자체를 다락문형식(懸門式)으로 만들어 놓기도 하였다.[95] 양주 대모산성(大母山城)의 북문지 역시 현문식(懸門式) 성문의 형태를 하고 있다.[96]

이렇게 볼 때 백제 산성을 포함한 삼국시대 산성은 출입의 편리함보다는 방어에 유리한 곳을 택해 성문을 개설하고 있음을 알 수 있다. 따라서 대체로 성문은 계곡으로 연결되든가 적어도 능선에서 얼마간 비켜선 곳에 자리하고 있어 외부에서 성문을 직접 공격하는 것을 피하도록 만들어 놓은 것이 하나의 특징이다.[97]

이에 비해 통일신라 이후에 축조된 산성들은 반대로 방어보다는 출입이 편리한 곳을 택해 성문을 개설하는 것이 하나의 특징이다. 예를 들어, 통일신라 시기에 축성한 것이 확실한 연기 운주산성(雲住山城)의 경우 두 봉우리 사이의 마안부(馬鞍部)에 북문지가 자리하고 있으며,[98] 홍성 석성산성(石城山城) 서문지 역시 마안부와 정상부 평탄면 등 출입이 편리한 곳에 성문을 개설하고 있다.[99] 이러한 사실은 안흥진성(安興鎭城),[100] 소근진성(所斤鎭城),[101] 그리고 각종 읍성 등과 같은 조선시대의 성곽들을 보면 좀더 확연히 드러난다. 그런 점에서 성문의 위치는 통일신라시대 이후와 그 이전 시기 산성을 구분하는 기준이 됨을 알 수 있다.

아울러 성문과 관련하여 또 한 가지 지적하고 싶은 것은 삼국시대 산성

---

95) 沈正輔·孔錫龜, 『鷄足山城 精密 地表調査 報告書』, 大田産業大鄕土文化硏究所, 1992, 84~86쪽.
96) 文化財硏究所·翰林大博物館, 『楊州 大母山城 發掘調査 報告書』, 1990, 225쪽.
97) 聖興山城의 門址는 능선을 택해서 開設하였다는 점에서 차이를 보이지만 성문 출입구 바닥에 계단시설을 별도로 마련하고 있는 것으로 보아 역시 출입의 편리함보다는 방어의 유리함을 꾀하고 있다는 점에서 예외가 아니라고 생각된다(安承周·徐程錫, 『聖興山城門址發掘調査報告書』, 忠南發展研究院, 1996, 33~38쪽).
98) 李南奭·徐程錫, 『雲住山城』, 1996, 102쪽.
99) 祥明大博物館, 『洪城 石城山城 建物址 發掘調査 報告書』, 1998, 50쪽의 圖面 6.
100) 李南奭·徐程錫, 『安興鎭城』, 公州大博物館, 1995, 119쪽.
101) 李海濬·李南奭·徐程錫, 『所斤鎭城』, 公州大博物館, 1996, 62쪽.

에서 발견된 성문 중에는 평문식(平門式)뿐만 아니라 현문식(懸門式)의 성문도 있다는 사실이다. 그런데 이러한 현문식의 성문은 계족산성(鷄足山城) 동문지,[102] 삼년산성(三年山城),[103] 충주산성(忠州山城) 동문지,[104] 양주산성(楊州山城) 북문지[105] 등지에서만 발견되고 있어 신라 산성의 특징처럼 되어 있다. 적어도 지금까지 조사된 자료에 의하면 백제 산성은 모두가 평문식이고 현문식 구조를 한 예는 발견된 바 없다.

(3) 성석(城石)

산성은 다른 유적과 달리 축성된 후 필요에 따라 계속해서 수·개축(修·改築)이 이루어지는 것이 특징이다. 따라서 현재 남아 있는 성벽이 시축(始築) 당시의 모습을 얼마나 간직하고 있는가는 앞으로 검증되어야 할 과제이기도 하다. 다만 여러 번에 걸쳐 수·개축(修·改築)이 이루어졌다 하더라도 전체를 개축하기 보다는 필요한 부분만 보수하는 것이 일반적인 현상이었던 것으로 생각된다. 그런 점에서 현재 남아 있는 성벽은 시축 당시 모습을 어느 정도 간직하고 있는 것으로 보여진다. 현재 남아 있는 성벽의 성돌이나 축성법(築城法)이 산성의 축조(築造) 시기를 살펴볼 수 있는 또 다른 유용한 자료가 될 수 있다고 생각하는 것도 그 때문이다.

지금까지의 연구에 의하면 삼국시대 성벽의 축성에 사용된 성돌은 크게 보아 판석형(板石形)과 할석형(割石形), 그리고 다듬은 성돌 등 모두 세 가지의 종류가 있다.[106] 그런데 그 중에서 판석형(板石形)의 석재는 삼년산성(三年山城), 충주산성(忠州山城), 온달산성(溫達山城), 적성(赤城), 계족산성

---

102) 沈正輔·孔錫龜, 앞의 주 95)의 報告書, 1992, 85쪽.
103) 報恩郡, 『報恩 三年山城基礎調査報告書』, 1979.
104) 忠州工大博物館, 『忠州山城綜合地表調査報告書』, 1984.
105) 文化財研究所·翰林大博物館, 『楊州 大母山城 發掘調査 報告書』, 1990, 225쪽.
106) 閔德植, 「三國時代 築城法에 관한 몇 가지 試考」, 『白山學報』 38호, 1991, 23~42쪽.

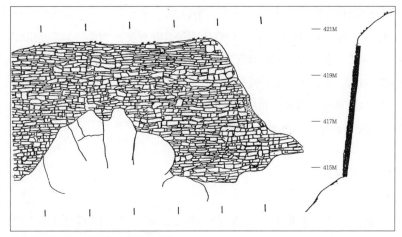

〈도면 35〉 대전 계족산성 성벽 입면도

(鷄足山城) 등과 같이 신라 산성, 혹은 신라계 산성에서만 확인되고 있는 것이 하나의 특징이다.

그에 비해 다듬은 성돌을 이용하여 축성한 산성들은 청마산성(靑馬山城),[107] 성흥산성(聖興山城),[108] 보문산성(寶文山城),[109] 부여(扶餘) 나성(羅城),[110] 망이산성(望夷山城) 외성벽(外城壁),[111] 설봉산성,[112] 등 백제, 혹은 백제계 산성이라고 할 만한 유적에서만 확인되고 있어 백제 산성의 특징으로 이해되고 있다.[113]

물론 그렇다고 해서 신라 산성에 다듬은 성돌을 이용한 축성법이 전혀 없는 것은 아니다. 다만 신라 산성의 경우 성돌을 다듬어 축성한다 하더라

107) 百濟文化開發硏究院,『忠南地域의 文化遺蹟』3輯(扶餘郡篇), 1989, 288쪽.
108) 安承周 · 徐程錫, 앞의 주 13)의 報告書, 1996, 38~44쪽.
109) 李達勳 · 李康承 · 沈正輔 · 兪元載, 앞의 주 12)의 報告書, 1994, 23~27쪽.
110) 忠淸南道,『文化財大觀』, 1996, 243쪽.
111) 단국대학교박물관, 앞의 주 7)의 보고서, 1996.
    손보기 외, 앞의 주 7)의 보고서, 1999.
112) 단국대학교 매장문화재연구소,「이천 설봉산성 2차 발굴조사 지도위원회의자료」, 1999.
113) 徐程錫, 앞의 주 53)의 論文, 1994, 242~243쪽.

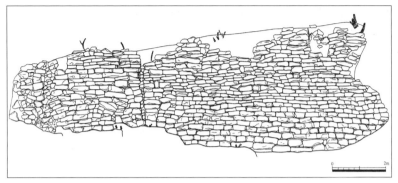

〈도면 36〉 충주 대림산성(大林山城) 성벽 입면도

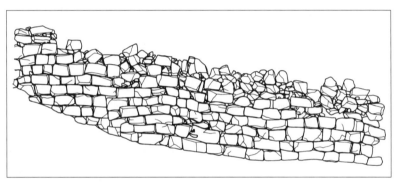

〈도면 37〉 대전 보문산성(寶文山城) 성벽 입면도

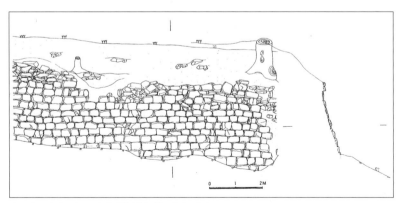

〈도면 38〉 논산 노성산성(魯城山城) 성벽 입면도

도 모전석(模塼石)처럼 매끈하고, 가로 : 세로의 비가 3 : 1 이상 되도록 길쭉하게 세장형(細長形)으로 다듬은 성돌을 이용하여 축성하는 것이 특징이다. 그에 비해 백제 산성은 가로 : 세로의 비가 3 : 2 내지는 2 : 1이 되도록 장방형으로 다듬은 성돌을 이용하여 성벽을 축성하고 있다.

세장형으로 다음은 성돌을 이용한 예는 단양 적성(赤城), 양주 대모산성(大母山城), 경주 남산성(南山城) 등지에서 찾아볼 수 있고, 충주 대림산성(大林山城) 역시 축성 시기는 통일신라시기에 해당되지만 신라식 축성법을 그대로 간직하고 있다는 점에서 신라계 산성(新羅系山城)으로 보고 싶다.

물론 그렇다고 해서 모든 백제 산성이 다듬은 성돌을 이용하여 성벽을 축성한 것은 아니다.[114] 다만 막돌로 축성한 산성의 경우 그 이전의 성곽이나 고려시대 이후의 산성과 구별하기가 무척 어려운 데 비해 이렇게 다듬은 성돌을 이용한 산성은 일단 지표조사만으로도 쉽게 축성 시기를 짐작해 볼 수 있다는 의미다. 모든 백제 산성이 이렇게 다듬은 성돌로 축성된 것은 아니지만 적어도 이렇게 다듬은 성돌로 축성된 산성은 백제 산성, 혹은 백제계 산성으로 볼 수 있는 셈이다.

여기에서 백제 산성이라 하지 않고 군이 백제계 산성이라고 하여 백제 산성과 구별하는 것은 축성기법은 동일하지만 축성 시기가 다르기 때문이다. 즉, 백제계 산성이라고 하는 것은 축성된 시기가 통일신라시대에 해당되는 것으로, 비록 시간적으로는 백제시대가 아니지만 축성법만큼은 백제 산성의 기법을 그대로 이어받고 있다는 의미이다. 연기(燕岐)의 운주산성(雲住山城)이나 안성의 망이산성(望夷山城), 이천 설봉산성(雪峰山城) 등이 그 대표적인 예다.

그럼 백제에서 이렇게 다듬은 성돌을 이용하여 성벽을 축성 하는 방법은 언제부터 등장하게 되는 것일까. 이러한 의문에 명확히 답변해 줄 자료는 찾기 어렵지만, 다음과 같은 몇 가지 방증자료를 통해 그 시기를 짐작해 보

---

114) 尹武炳, 「맺음말」, 『寶文山城發掘調査報告書』, 1994, 50~51쪽.

고자 한다.

먼저, 다듬은 성돌을 이용하여 성벽을 축성하기 위해서는 돌 다루는 솜씨가 능숙하게 된 다음이라야 할 것이다. 백제에서 돌 다루는 솜씨가 능숙하게 되는 것은 일단 사비시대(泗沘時代)부터가 아닐까 생각된다.[115] 같은 횡혈식석실분이라 하더라도 웅진시대(熊津時代)까지는 할석으로 석실을 구축하고 있었던 것에 비해 사비시대가 되면 곱게 물갈이한 판석(板石)이나 장대석(長大石)을 이용하여 석실을 축조하고 있기 때문이다.

예를 들어 부여 능산리고분군(陵山里古墳群)에 있는 석실분들은 모두가 잘 다듬은 대판석을 이용하여 묘실을 꾸미고 있고, 그 중 일부는 수마(水磨)에 의해 매우 잘 다듬은 판석을 석실로 이용하고 있는데, 이러한 기술은 웅진시대 송산리고분군(宋山里古墳群)에서는 볼 수 없었던 것이다. 그렇다면 백제에서 다듬은 성돌을 이용하여 축성하기 시작한 것은 역시 사비시대 이후라고 보아야 할 것 같다.

이러한 추론은 부여 나성의 성벽을 통해서도 어느 정도 입증될 수 있을 듯하다. 앞서 2장의 사비도성에 대한 설명에서 살펴보았듯이 부여 나성(羅城)은 천도를 전후한 시기, 아마도 천도 직전에 축성된 것으로 생각되는데, 이 나성의 성벽이 다듬은 성돌로 축성되어 있다.[116] 나성의 흔적이 남아 있는 북나성(北羅城)과 동나성(東羅城)은 모두가 이렇게 다듬은 성돌을 이용하여 축성한 것으로 생각되는데,[117] 그렇다면 사비 천도와 더불어 고분과 성곽에서 다듬은 석재를 이용한 새로운 방법의 축조 기법이 등장하였음을 알 수 있다.

그런데 이렇게 건축 재료로서 다듬은 석재를 사용하는 시기는 능산리고

---

115) 姜仁求, 『百濟古墳研究』 一志社, 1977, 41~43쪽.
116) 忠淸南道, 『文化財大觀』, 1996, 243쪽.
117) 최근 羅城에 대한 정밀 조사에 의하면 羅城이 통과하는 北羅城쪽과 東羅城쪽에서는 治石한 성돌이 발견되는 것이 공통적인 특징이다(朴淳發, 「泗沘都城의 構造 - 羅城 構造를 중심으로 - 」, 『사비도성과 백제의 성곽』, 서경문화사, 2000, 24~36쪽).

분군이 조영(造營)되고, 나성이 축조되는 시점보다 약간 더 올라갈 수도 있을 것 같다. 천도와 더불어 이러한 기술이나 공법이 갑자기 나타났다고 볼 수는 없기 때문이다. 천도를 준비하는 과정에서 이러한 축성술이 나타났다면 당연히 그러한 축성 기법은 그 이전으로 얼마간 더 소급해 볼 수 있을 것이다. 그런 점에서 주목되는 것이 공산성 내에 있는 백제 연지다.

이 연지(蓮池)는 공산성 쌍수정(雙樹亭) 앞에 있는 추정왕궁지에서 왕궁지와 함께 조사되어[118] 왕궁을 구성하였던 요소 중의 하나로 이해되고 있다. 연지의 평면은 원형을 이루고 있으며, 바닥은 4.78m인 반면 윗면의 직경이 7.3m에 이르고 있어 위로 올라오면서 점점 넓어지는 구조를 하고 있는데, 벽면과 바닥면을 모두 석재로 축조하고 있다. 그런데 이 연지를 축조한 석재를 자세히 관찰해 보면 성벽을 축조한 성돌과 큰 차이가 없음을 알 수 있다. 즉, 가로 세로의 비가 3 : 2~2 : 1의 크기가 되도록 장방형으로 다듬은 석재들을 이용하여 빈틈없이 벽면과 바닥면을 축조하고 있다.

연지 이전의 건축물에서는 이렇게 다듬은 석재를 이용한 기단이나 축대(築臺)를 찾아볼 수 없다. 그런 점에서 이 연지를 축조한 시기부터 백제에서는 각종 건축물에 이렇게 다듬은 석재를 이용할 수 있었던 것으로 일단 추정된다.

그런데 이 연지는 『삼국사기』 권 26, 동성왕(東城王) 22년조 보이는 "春起臨流閣於宮東 高五丈 又鑿池養奇禽"과 관련이 있을 가능성이 높다고 생각된다. 이 연지에서 출토된 삼족토기(三足土器) 중에서 가장 연대가 빠른 것은 5세기 후반까지 소급되고 있기 때문이다.[119]

이렇게 볼 때 백제에서 다듬은 성돌을 이용하여 축성하는 것은 웅진시대

---

118) 安承周 · 李南奭, 『百濟推定王宮址發掘調查報告書』, 公州師大博物館, 1987, 96쪽.

119) 趙由典, 「宋山里 方壇階段形 무덤에 대하여」, 『百濟文化』 21輯, 公州大百濟文化硏究所, 1991, 52~53쪽.
한편, 이와 관련하여 이 시기에 東城王이 衛士佐平 苩加를 시켜 축성하였다는 加林城으로 비정되는 林川의 聖興山城이 백제시대에 축성된 것으로 밝혀지고, 역시 다듬은 성돌을 이용하여 성벽이 축성된 것도 흥미롭다.

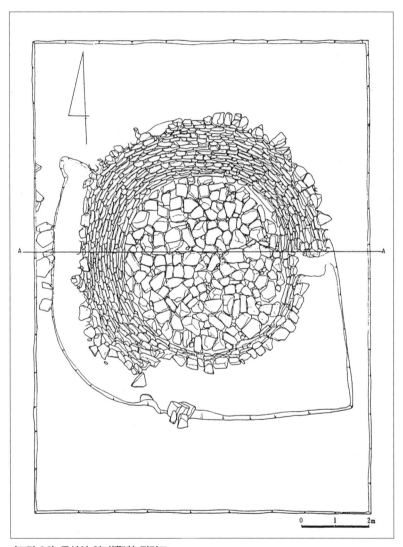

〈도면 39〉 공산성 연지(蓮池) 평면도

말기부터이며, 이러한 축성법(築城法)이 사비시대에 크게 유행하였던 것으로 보여진다. 특히 이렇게 다듬은 성돌로 축성한 산성들은 그 이전의 막돌로 축성한 성곽보다 높은 곳에 자리하고 있는 것이 특징인데, 이로써 축성법의 변화와 함께 입지의 변화가 일어났던 것으로 이해된다.

물론 그렇다고 해서 이렇게 다듬은 성돌을 이용하여 축성한 산성이 모두 백제 산성인 것은 아니다. 앞서 설명한 대로 연기 운주산성(雲住山城)[120]이나 망이산성(望夷山城)[121]에서 보듯이 삼국이 통일된 이후에도 백제 고지(故地)에서는 이러한 형식의 산성이 계속해서 축성되고 있기 때문이다.

이러한 현상은 충주 대림산성(大林山城)이 신라 산성과 같은 방식으로 성돌을 다듬어 축성하고 있는 것과 같은 현상이라고 할 수 있다. 그런 점에서 전자를 백제 산성의 전통을 이은 백제계 산성이라고 한다면 후자는 신라계 산성이라고 보아야 할 것이다. 다만 이 경우 백제 산성, 혹은 신라 산성과 다른 점은 산성이 축성된 산의 높이에 차이가 있고, 규모가 다르고, 성문(城門)의 위치가 다르게 나타난다.

(4) 축성법(築城法)

1) 축성방식

성벽은 성곽을 구성하는 가장 중요한 요소다. 특히 중국처럼 '내성(內城)'과 '외곽성(外郭城)'이 갖추어진 이른바 '성곽(城郭)'이 아닌 외곽성만으로 이루어진 삼국시대 산성의 경우, 성벽은 방어력을 좌우하는 가장 중요한 요소가 된다. 따라서 삼국시대의 모든 성벽들은 견고성을 높이기 위해 당시로서는 최고로 발전된 기술을 선보이고 있다.[122] 그런 점에서 성벽 축조 기법

---

120) 公州大博物館, 『燕岐 雲住山城』, 1998.
121) 단국대학교박물관, 앞의 주 7)의 보고서, 1996.
122) 김기웅, 「고구려산성의 특성에 관한 연구」, 『고고민속론문집』 9, 과학백과사전출판사, 1984, 141쪽.

이 해당 산성의 축성 시기를 가늠할 수 있는 중요한 단서가 되기도 한다.

그러나 아직 백제 산성의 축성 방법에 대해서는 이렇다 할 연구가 이루어지지 않고 있다. 축성법을 확인할 수 있는 발굴자료가 부족할 뿐만 아니라 대부분의 산성 조사가 성벽의 축조기법을 확인하기보다는 성 내에 있는 건물지를 조사하는 데 치중하였기 때문이다.

백제 성곽의 경우, 석성보다 토성이 먼저 조사되었기 때문에 토성의 축조기법에 다음과 같은 세 가지 방식이 있는 것으로 알려진 바 있다. 첫째는 기단에 석축렬(石築列) 없이 그대로 판축하여 토루(土壘)를 만드는 방식이고, 둘째는 성벽이 통과하는 내외지점에 석축렬을 놓고 그 위에 판축하는 방식이며, 셋째는 성벽 외측면의 하단에만 석축렬을 놓고 일정구간을 직선화하여 판축하는 방식이다.[123]

그러나 이러한 결론을 도출하게 된 부소산성(扶蘇山城)의 테뫼식산성, 목천토성(木川土城), 사산성(蛇山城), 오금산성(五金山城) 등은 축성시기에 다소 의문이 있기 때문에 위에서 제시한 세 가지 축성법이 모두 백제 토성의 축성법인지는 재검토의 여지가 있는 것으로 생각된다.

석성의 경우, 앞서 설명한 대로 백제 산성은 3 : 2~2 : 1의 형태로 다듬은 장방형 성돌을 이용하여 축성하는 것이 하나의 특징이다. 그런데 한 마디로 석성이라고 하지만 거기에는 성돌을 쌓아 올리는 방법에 따라 크게 두 가지 방식이 있다. 하나는 직선형으로 쌓아 올리는 방식이고, 다른 하나는 곡선형으로 쌓아 올리는 방식이다.[124]

직선형은 말 그대로 성벽의 기저부에서 성벽 상단에 이르기까지 성벽을 같은 경사로 축조하여 전체적으로 성벽의 단면선이 일직선이 되도록 축성하는 방식을 말한다. 당연한 이야기겠지만 이 단면선이 급경사를 이룰수록 방어력이 좋은 대신에 붕괴 위험이 높고, 완경사를 이룰수록 방어력은 떨어

---

123) 車勇杰,「百濟의 築城技法 - 版築土壘의 調査를 中心으로 - 」,『百濟研究』19, 忠南大百濟研究所, 1988, 45~48쪽.

124) 孫永植, 앞의 주 90)의 책, 1987, 176~187쪽.

지지만 붕괴 위험은 줄어든다. 따라서 방어력과 안정성을 동시에 만족시킬
수 있도록 조치하는 것이 직선형 성벽의 관건이다.

이러한 직선형의 성벽은 현재까지의 자료로 보는 한 고구려 산성과 신라
산성에서 쉽게 찾아볼 수 있는 방식이다.

곡선형은 성벽의 기저부에서 상부에 이르기까지 성벽의 축조에 일정한
곡률을 주어 단면이 곡선 형식으로 나타나도록 축성하는 방식이다. 이러한
축조 방식은 반대로 백제 산성에서 주로 나타나고 있다. 그런 점에서 곡선
형 성벽은 일단 백제 산성의 특징으로 꼽을 수 있을 듯하다.

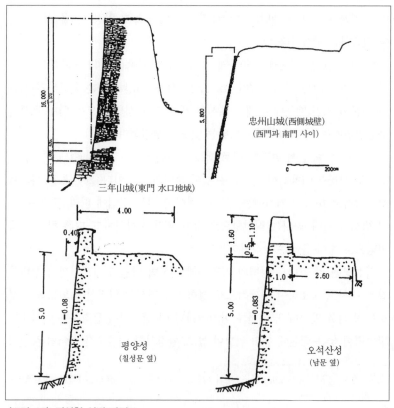

〈도면 40〉 직선형 성벽 단면도

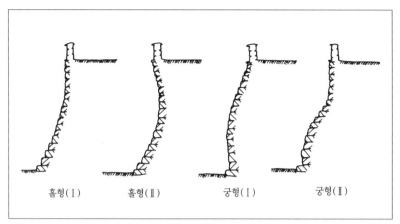

| 홀형(Ⅰ) | 홀형(Ⅱ) | 궁형(Ⅰ) | 궁형(Ⅱ) |

〈도판 41〉 곡선형 성벽 단면도

그런데 곡선형 성벽은 다시 홀형(圭形)과 궁형(弓形)으로 나누어 볼 수 있다. 홀형은 성벽의 기초석에서 일정 높이까지는 성돌을 안으로 들여쌓기 한 다음 그 이상은 다시 밖으로 약간 뻗은 듯하게 수직에 가깝게 쌓아 올리는 방식이다. 따라서 측면에서 보면 성벽의 단면선이 마치 홀(圭)처럼 허리가 약간 잘록하도록 되어 있어 홀형이라고 한다.

궁형은 홀형과 반대로 성벽의 바깥쪽으로 배가 부른 형태를 말한다. 즉, 성벽의 하단은 급경사를 이루고 상단은 완경사를 이루는데, 측면에서 보면 마치 활처럼 휘어지게 보여 궁형이라고 부르는 것이다. 경주에 있는 첨성대와 같은 것을 대표적인 예로 들 수 있다.

일반적으로 이러한 곡선형 성벽은 직선형 성벽보다 견고하고, 또 높게 쌓을 수 있다는 장점이 있다. 다만 궁형의 경우에는 토압에 의해 성벽이 밖으로 밀려서 나타날 수도 있기 때문에 면밀한 검토가 요구된다.

이 두 가지 방식 중 백제 석성에서는 홀형(Ⅰ), 혹은 궁형(Ⅱ)과 같은 형식을 취하고 있는 예를 찾아 볼 수 있다. 백제 석성 중 처음으로 발굴조사 되어 백제 산성 연구에 중요한 전기(轉機)를 마련한 보문산성(寶文山城)의 경우 궁형 축성법의 전형을 보여주고 있다.[125]

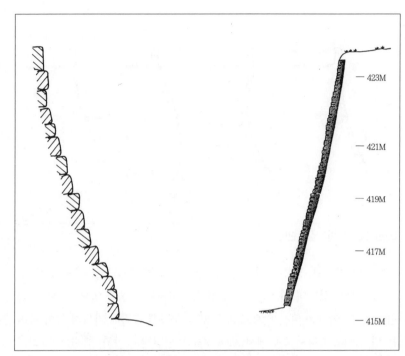

<도면 42> 보문산성 성벽 단면도(좌) 및 계족산성 성벽 단면도(우)

그런데 이러한 축성법은 백제 산성으로 확인된 성흥산성(聖興山城)의 동문지 부근에서도 확인된다.[126] 그런 점에서 이러한 축성법이 나타나는 것은 우연의 일치라기보다는 축성법의 한 형식임을 짐작케 한다.

이에 비해 삼년산성(三年山城)과 평양성(平壤城)의 성벽은 직선형 성벽의 전형을 잘 보여주고 있다. 다만 경사를 한 번 주느냐, 두 번 주느냐의 차이는 있지만 이들의 축성 방식은 근본적으로 백제 산성의 축성 방식과는 다른 것이다.

그런 점에서 앞으로 홀형이나 궁형 성벽은 백제 산성 내지는 백제계 산성

125) 李達勳 · 李康承 · 沈正輔 · 兪元載, 앞의 주 12)의 報告書, 1994, 23쪽 및 25쪽.
126) 安承周 · 徐程錫, 앞의 주 13)의 報告書, 1996, 37쪽.

의 특징으로 불러도 좋을 듯하다. 다만 이러한 궁형 성벽은 고구려산성의 성벽 밑부분에서 보이는 굽도리식 축성법[127]과 맥을 같이하고 있어 앞으로 양자의 관계가 주목된다.

2) 성벽의 기초시설

다음에는 성벽의 기초시설을 살펴볼 필요가 있다. 기초시설은 지면 위에다 성벽을 축성할 때 성벽의 붕괴를 방지하기 위해 그 앞쪽면에 추가로 시설하는 별도의 보조시설물을 말한다. 또한 이러한 별도의 시설물이 없을 경우에는 지면 바로 위쪽에 오는 성돌을 처리하는 방법까지를 포함한다.

일반적으로 신라 산성은 성벽의 바깥쪽에 다시 보조 석축을 덧붙이는 것이 하나의 특징이다.[128] 예를 들어 이러한 보조 석축의 존재가 확인된 것으로는 삼년산성(三年山城)과 명활산성(明活山城),[129] 양주 대모산성(大母山城),[130] 함안 성산산성(城山山城),[131] 대전 계족산성(鷄足山城)[132] 등이 있다. 충주산성(忠州山城) 역시 보조 석축의 존재가 확인되었다. 그렇다면 이러한 보조 석축의 존재는 신라 산성만의 특징이라고 해도 큰 잘못이 아닐 듯하다.

그에 비해 백제 산성의 성벽에는 기초 부분에 이렇다 할 별다른 시설을 가하지 않는 것이 특징이다. 그대로 생토면을 정지하고 그 위에서부터 성돌을 축성하고 있다. 다만 한 가지 특징적인 것을 지적한다면 백제 산성은 이렇게 보조석축을 따로 축조하지 않는 대신 최하단부의 기초석이 놓일 곳을

---

127) 김기웅, 앞의 주 122)의 논문, 1984, 144쪽.

128) 차용걸, 「나. 城壁의 規模와 構造」, 『양주 대모산성 발굴조사 보고서』, 문화재연구소 · 한림대박물관, 1990, 33~53쪽.
朴鍾益, 「古代山城의 築造技法에 대한 硏究」, 『嶺南考古學』 15, 1994, 139~142쪽.

129) 慶州古蹟發掘調査團, 『明活山城』, 1991.

130) 文化財研究所 · 翰林大博物館, 앞의 주 104)의 報告書, 1990.

131) 洪性彬 · 朴鍾益 · 趙喜卿, 「咸安 城山山城 發掘調査概報(第1次)」, 『韓國上古史學報』 10, 韓國上古史學會, 1992.
國立昌原文化財研究所, 『咸安 城山山城』, 1999.

132) 沈正輔 · 孔錫龜, 앞의 주 94)의 報告書, 1992.

역 L자식으로 굴착(掘鑿)한 다음 생토면에 의지하여 성벽을 쌓아 올리는 예가 있다.[133]

또 하나는 기초 성돌의 외면(外面)에 30~80㎝ 정도의 넓적한 판석을 부석(敷石)하는 경우도 있다. 이러한 부석의 존재는 현재 성흥산성과 보문산성에서 확인되고 있다. 판석의 크기와 위치로 보아 이들은 보조 석축이라기보다는 성벽을 타고 흘러내리는 우수(雨水)에 성벽의 기저부가 파괴되는 것을 방지하기 위해 부석해 놓은 것임을 알 수 있다. 현재까지의 자료로는 성벽의 기저부에 부석시설(敷石施設)을 하는 것은 백제 산성에서만 확인되는 특징이다.

성벽의 기초시설과 관련하여 또 한 가지 주목할 점은 성벽의 최하단에서 상단까지의 성돌이 일정한 크기인가, 아닌가 하는 점이다. 하단에서 상부까지 일정한 크기의 성돌로 축성하는 방법이 있는가 하면, 하단에는 큰 성돌을 사용하고 그 위쪽은 보다 작은 성돌을 사용하는 방법이 있기 때문이다.

성흥산성이나 보문산성의 경우, 성벽의 최하단에서 상부까지의 성돌이

〈사진 34〉
운주산성 성벽 기초

---

133) 安承周・徐程錫, 앞의 주 13)의 報告書, 1996, 147쪽 사진 54.

거의 일정한 크기로 되어 있다. 반면에 운주산성의 경우 최하단에 놓여지는 성돌이 그 위쪽의 성돌보다 2∼3배 정도 크다.[134] 뿐만 아니라 최하단에 놓여지는 성돌이 밖으로 15∼20cm 정도 크게 돌출되어 있는 것이 특징이다. 역학적인 안정감을 꾀하기 위해 일반적인 성돌보다 큰 성돌을 기초석으로 사용한 것으로 생각된다. 이러한 축성법은 호암산성(虎岩山城)내에서 발견된 한우물지,[135] 망이산성(望夷山城)의 남문지(南門址) · 2호 치성(雉城)[136] 등지에서도 확인되는 것으로 통일신라시대에 축성된 산성의 한 특징을 이루고 있다.

---

134) 公州大博物館, 앞의 주 120)의 報告書, 1998, 86∼87쪽.

135) 任孝宰 · 崔鍾澤, 『한우물』, 서울大博物館, 1990, 49∼50쪽.

136) 단국대박물관, 앞의 주 7)報告書, 1996, 323∼494쪽.

4장

5방성의 위치와 군현성(郡縣城)

1절 5방성(方城)의 위치

방성은 백제 지방통치제도를 해명하는 데 가장 핵심적인 관건(關鍵)으로 이해되고 있다. 따라서 지금까지 5방성의 위치를 해명하기 위한 노력이 다각도로 이루어져 왔다. 그리고 그 과정에서 몇몇 지역은 실제로 의견이 일치하고 있는 곳도 있다.

그러나 여전히 의견이 일치하지 않는 곳도 있고, 의견이 일치하는 곳이라 하더라도 그 지역 내에서 구체적으로 어떤 성곽이 방성이었는지에 대해서는 아직 만족할 만한 수준에 이르지 못하고 있다. 여기에서 방성의 위치를 새삼 검토해 보고자 하는 것도 그 때문이다.

다른 유적과 마찬가지로 성곽의 위치 비정은 성곽 연구의 결론을 의미하는 것이다.[1] 그런 점에서 초보적인 연구 수준을 벗어나지 못하고 있는 현재의 성곽 연구 현황에 비추어 볼 때 백제 5방성의 위치 비정 작업은 다소 무리일 수도 있다. 그러나 단기간 내에 성곽 연구의 수준이 만족할 만큼 향상될 수도 없는 것이고, 또 어찌 보면 이러한 위치 비정 작업이 성곽 연구의 결론인 동시에 새로운 출발점이 될 수도 있기 때문에 5방성의 위치를 추적

---

1) 姜仁求,「新羅王陵의 再檢討(2) - 脫解王陵 -」,『尹武炳博士回甲紀念論叢』, 1984, 299쪽.

하여 이 분야 연구의 기초자료로 삼고자 한다.

주지하다시피 백제 5방성의 위치를 확인하고자 할 때 먼저『주서(周書)』
나『한원(翰苑)』의 관련 기록을 검토해 볼 필요가 있다. 방성의 위치 및 규
모에 대해 비교적 자세히 설명하고 있기 때문이다. 특히『한원』의 기록은
방성의 모습을 가장 구체적으로 설명하고 있을 뿐만 아니라 정확한 사실을
담고 있어 위치 추정에 가장 중요한 사료(史料)가 된다.

그런데 위의 두 사료 이외에 백제 부흥운동시 거점 성(據點城) 역할을 했
던 임존성(任存城)이나 주류성(周留城)에 대해서도 주목해 볼 필요가 있을
듯하다. 멸망 당시 백제가 5방(方)－37군(郡)－200성(城)으로 잘 짜여진 지
방통치체제를 갖추고 있었다면,[2] 사비도성(泗沘都城)이 함락된 직후부터
전개되는 부흥운동 역시 이러한 지방통치체제와 관련시켜 이해하는 것이
순리라고 생각되기 때문이다. 다시 말해서 부흥운동을 위해 새로이 축성한
것이 아니라면 임존성이나 주류성의 존재도 당연히 백제의 방군성(方郡城)
체제와 무관할 수 없을 것이다.

1. 사료(史料)에 대한 검토

다소의 이견이 있기는 하지만 백제가 지방을 방(方)－군(郡)－성(城)으로
나누어 통치했던 것은 사비로 천도한 이후로 알려져 있다. 이러한 사비시대
의 백제 지방통치의 실상을 보여주는 것으로 다음과 같은 기록이 있다.

A. 東西四百五十里 南北九百餘里 治固麻城 其外更有五方中方曰古沙城 東
   方曰得安城 南方曰久知下城 西方曰刀先城 北方曰熊津城 (中略) 五方各
   有方領一人 以達率爲之 郡將三人 以德率爲之 方統兵一千二百人以下

---

2) 盧重國,『百濟 政治史研究』, 一潮閣, 1988, 250쪽.

七百人以上 城之內外民庶及餘小城 咸分隸焉(『周書』卷 49,「列傳」, 異域
上, 百濟)

B. 括地志曰 百濟王城 方一里半 北面累石爲之 城水可方餘家 卽五部之所
也 (中略) 又國南二百六十里 有古沙城 城方百五十(里)步 此其中方也 方
繞兵千二百人 國東南百里有得安城 城方一里 此其東方也 國南三百六十
里 有卞城城方一百三十步 此其南方也 國西三百五十里 有力光城
城方二百步 此其西(方)也 國東北六十里 有熊津城 一名 固麻城 城方一
里半 此其北方也 其諸方之城 皆憑山險爲之 亦有累石者 其兵多者千人
小者七八百人 城中戶多者千人 小者七八百人 城中戶多者至五百家 諸城
左右亦各小城 皆統諸方(『翰苑』卷 30,「蕃夷部」, 百濟條)

여기에서 보면 우선 웅진시대와 달리 5방성의 존재가 뚜렷하게 확인된
다. 따라서 종래에 5방성 연구자들은 이 자료를 이용하여 5방성의 성립 시
기와 구조, 그리고 그 위치를 비정하려는 노력을 경주해 왔다.[3] 그 결과 〈표
5〉에서 보는 바와 같이 5방성의 위치에 대해서는 어느 정도 의견의 접근을
보고 있는 느낌이다. 즉, 동방성(得安城)과 북방성(熊津城), 그리고 중방성
(古沙城)의 위치는 의견이 거의 일치하고 있다. 다만 서방성(西方城)과 남방
성(南方城)은 견해가 서로 엇갈려 있고, 특히 서방성의 경우 위치조차 제대
로 확인할 수 없는 실정이다.

방성의 위치를 확인하기 위해서는 먼저 사료 A, B에서 설명하고 있는 내

---

3) 今西龍,「百濟五方五部考」,『百濟史研究』, 近澤書店, 1934.
　　末松保和,『任那興亡史』, 吉川弘文館, 1961.
　　千寬宇,「馬韓諸國의 位置試論」,『東洋學』9, 1979.
　　全榮來,「百濟地方制度와 城郭」,『百濟研究』19, 忠南大百濟研究所, 1988.
　　朴賢淑,『百濟地方統治體制研究』, 高麗大學校大學院 博士學位論文, 1996.
　　金英心,『百濟地方統治體制研究 - 5~7세기를 중심으로 - 』, 서울大學校大學院博士學位論文, 1997.
　　전준현,「백제의 5부 5방제에 대하여」,『력사과학』제 2호, 1993.

〈표 5〉 5방성의 위치에 대한 제견해[4]

	동방 (得安城)	서방 (刀先城)	중방 (古沙城)	남방 (久知下城)	북방	出 典
今西龍	충남 은진	충남 서북단	전북 고부	전북 금구(?)	공주	주 3)
末松保和	충남 은진	(?)	전북 고부	전남구례(?)	공주	주 3)
李丙燾	충남 은진	(?)	전북 옥구	전남 장성	공주	『國譯 三國 史記』,1977
千寬宇	충남 은진	서산·당진 예산·대흥	전북 고부	(?)	공주	주 3)
全榮來	충남 은진	나주·영암	전북 고부	전북 남원	공주	주 3)
朴賢淑	충남 은진	예산·대흥	전북 고부	전남 광주	공주	주 3)
金英心	충남 은진	충남 서산	전북 고부	전북 남원	공주	주 3)
전준현	충남 은진	(?)	전북 고부	전남 장성	공주	주 3)

용을 바탕으로 방성의 모델을 구해볼 필요가 있다. 그렇지 않고 사비도성과의 거리나 방성의 규모에만 집착할 경우 방성의 위치는 물론이고 방향 조차 짐작해 볼 수 없게 될 우려가 있기 때문이다. 예를 들어, 서방성의 경우 전남지역에 비정하는 견해가 있는가 하면 충남지역에 비정하는 견해도 있어 방향조차 짐작하기 어려운 실정이다.

방성의 모델을 구하기 위해 사료 A와 B를 좀더 구체적으로 살펴보면 방성의 규모와 입지조건이 눈에 띈다.

먼저 방성의 규모를 보면 동방성은 '方一里', 서방성은 '方二百步', 중방성은 '方百五十步', 남방성은 '方百三十步', 북방성은 '方一里半'으로 되어 있다. 이러한 방성의 크기는 방성을 객관화할 수 있는 대단히 중요한 요소이다. 이들이 각각 얼마만한 크기인지에 대해서는 앞에서 밝힌 바 있는데,[5] 이들을 표로 정리하면 〈표6〉과 같다.

---

4) 金英心, 위의 주 3)을 약간 보완하여 작성함.
5) 이에 대해서는 3장 참조.

〈표 6〉 백제 5방성의 크기(城周)

	1步 = 5尺일 경우	1步 = 6尺일 경우
東方城(方一里)	1656m	1656m
西方城(方二百步)	920m	1104m
中方城(方百五十步)	690m	828m
南方城(方百三十步)	598m	720m
北方城(方一里半)	2480m	2480m

결국 앞으로는 표에 제시된 크기의 둘레를 갖고 있는 성곽을 대상으로 5 방성에 대한 위치 비정이 이루어져야 할 것이다.[6] 그렇지 않고 방성이라는 사실을 지나치게 의식하여 해당지역의 산성 중 가장 큰 규모의 것을 주목 하다 보면 자칫 후대의 산성을 백제 산성으로 오인할 우려가 있다.

방성의 입지조건을 살펴보는 것도 중요하다. 방성의 입지조건에 대해 『한원(翰苑)』에는 "皆憑山險爲之"라고 하여 모두 험산(險山)에 자리하고 있 다고 되어 있다. 여기서 말하는 험산이란 표고 250m를 전후한 높이의 산을 의미하는 것으로 이해된다.[7] 이러한 사실은 백제 소비포현성지(所比浦縣城 址)로 알려진 적오산성(赤鰲山城(255m))이나[8] 같은 시기의 신라 산성인 이 성산성(二聖山城(209m)),[9] 그리고 양주 대모산성(大母山城(212m))[10]의 존재 에 의해서도 방증될 수 있을 것이다.

그런데 방성의 입지가 그렇게 간단한 것 같지는 않다. 『한원(翰苑)』의 "皆 憑山險爲之"가 말하는 '山險'을 '險山'이라고 해석할 수도 있지만 말 그대로

---

6) 孔錫龜 역시 백제의 方城이 수백 미터 정도 되는 그다지 크지 않은 성일 것으로 본 바 있다(孔 錫龜, 「高句麗 · 百濟城郭의 比較研究」, 『白山學報』 54號, 2000, 65쪽).

7) 이에 대해서는 3장 참조.

8) 成周鐸, 「百濟 所比浦縣城址(一名德津山城) 調查報告」, 『百濟研究』 22, 忠南大百濟研究所, 1991, 111쪽.

9) 金秉模 · 沈光注, 『二聖山城發掘調查中間報告書』, 漢陽大學校博物館, 1987, 33쪽.

10) 文化財研究所 · 翰林大博物館, 『楊州 大母山城 發掘調查 報告書』, 1990, 15쪽.

'산의 험함'이라고 한다면 산성이 자리한 산이 높다는 의미라기 보다는 산성이 자리한 지역 자체가 '험산(險山)'으로 둘러싸여진 곳', 다시 말해 산지 지형을 이루고 있다는 의미로도 볼 수 있기 때문이다. 따라서 앞으로 5방성의 위치를 확인할 때에는 그 입지조건에 해당되는 '山險'의 의미를 잘 살펴볼 필요가 있을 듯하다.

규모와 입지조건 이외에 방성이 될 수 있는 조건을 좀더 찾아본다면, 방성이라는 것도 백제 산성의 하나임에 틀림없는 이상 백제 산성이 갖고 있는 일반적인 요소들을 또한 갖추고 있어야 할 것이다. 예를 들어 방성 역시 해당지역의 치소(治所) 역할을 하는 것이므로 평면형태는 한쪽이 높고 다른 한쪽이 낮은 삼태기형(紗帽峰形)으로 되어 있을 가능성이 크다.[11]

또한 험산에 입지하되 운주산성(雲住山城(460m))[12]이나 무진고성(武珍古城(500m)),[13] 금성산성(金城山城(600m)),[14] 독용산성(禿用山城(955m))[15]처럼 지나치게 높지 않아야 한다. 성벽은 장방형의 일정한 크기로 다듬은 성돌로 축성되어야 하며,[16] 성문은 출입이 용이한 곳보다는 계곡 등과 같이 방어에

---

11) 徐程錫, 「忠南地域의 百濟山城에 關한 一研究」, 『百濟文化』 22輯, 公州大百濟文化研究所, 1992, 136~138쪽.
   사실 이러한 삼태기형의 산성은 丁若鏞의 산성 분류에 따르면 내부 공간을 넓게 활용하기 위한 紗帽峰形山城에 속한다고 볼 수 있는데, 최근에는 이러한 형태의 산성을 山腹式山城으로 부르면서 명칭은 다르지만 이러한 형태의 산성이 해당지역의 治所 역할을 했을 것이라는 사실에 대해서는 의견을 같이하는 견해도 있다(孔錫龜, 「百濟테뫼式山城의 型式分類」, 『百濟研究』 24, 忠南大百濟研究所, 1994, 35~36쪽).
12) 李南奭·徐程錫, 『雲住山城』, 公州大學校博物館, 1996.
   公州大博物館, 『燕岐 雲住山城』, 1998.
   徐程錫, 「燕岐 雲住山城에 대한 考察 - 統一新羅時代山城의 一例 -」, 『박물관연보』(5), 공주대박물관, 2000, 31~42쪽.
13) 林永珍, 『武珍古城』Ⅰ, 全南大學校博物館, 1989.
   ──, 『武珍古城』Ⅱ, 全南大學校博物館, 1990.
14) 全南大博物館, 『金城山城地表調査報告書』, 1989, 4쪽.
15) 大邱大學校博物館, 『星州 禿用山城 地表調査報告書』, 1992, 11쪽.
16) 사실 이 부분은 최근에 조사된 順天 劍丹山城의 예로 보아 반드시 그러한가는 더 검토해 보아야 할 것이나 기본적으로 方城과 같은 중요한 城郭은 다듬은 성돌을 이용하여 축성한 것

유리한 지점을 택하여 자리하고 있어야 할 것이다. 성문의 경우 신라 산성에서는 현문식성문(懸門式城門)이 확인되는 데 비해[17] 백제 산성에서는 현문식성문이 전혀 확인되지 않는 만큼 현문식보다는 평문식성문의 구조를 하고 있어야 한다. 또한 치성(雉城)이나 적대(敵臺), 여장시설(女墻施設) 등이 뚜렷하게 확인된 바 없는 것도 주의해야 할 것이다.[18]

이 밖에 산성 주변에 있는 유적과의 관계, 특히 고분군과의 관계도 고려해 볼 필요가 있다.[19] 다만 이 경우 아직까지 산성과 고분군과의 상관관계가 명확하게 밝혀지지 않고 있기 때문에 신중을 기할 필요가 있다.

2. 5방성의 위치

(1) 동방성의 위치

앞에서 살펴본 바와 같이 동방성(東方城)이 충남 논산의 은진지역(恩津地域)이라는 데에는 제 견해가 일치하고 있다. 따라서 북방성(北方城)과 더불어 동방성의 위치는 은진지역이 분명한 셈이다.

으로 판단된다. 다만 城郭을 축성하는 지역에서 재료를 구하기 어려운 경우에는 정연하게 治石한 성돌을 사용하지 못하고 다른 방법으로 축성했을 가능성도 전혀 배제할 수는 없다. 예를 들어 이렇게 治石한 성돌은 모두가 화강암 석재인데, 이러한 화강암을 구하기 어려운 지역에서는 석재의 성질상 治石하기가 어려운 경우도 있었을 것이다. 이러한 현상은 비단 백제만의 경우는 아니었다(김기웅, 「고구려산성의 특성에 관한 연구」, 『고고민속론문집』 9, 과학 백과사전출판사, 1984, 142쪽).

17) 지금까지 懸門式 城門의 형태는 楊州 大母山城 北門址, 大田 鷄足山城 東門址, 忠州山城 東門址, 三年山城 등지에서만 확인되고 있다.

18) 이러한 百濟 山城의 특징에 대해서는 3장 참조.

19) 姜仁求, 『百濟古墳研究』, 一志社, 1977, 27~29쪽.

尹武炳, 「連山地方 百濟土器의 研究」, 『百濟研究』 特輯號, 忠南大百濟研究所, 1982 ; 『百濟考古學研究』, 學研文化社, 1992, 230쪽.

실제로 『삼국사기』 기록에 의하면 사비도성이 함락된 후 당(唐)이 설치한 5도독부(都督府)에 웅진 · 마한 · 동명(東明) · 금련(金漣) 등과 더불어 덕안도독부(德安都督府)의 존재가 보인다.[20] 또한 신라가 문무왕(文武王) 3년에 거열성(居列城), 거물성(居勿城), 사평성(沙平城)에 이어 덕안성(德安城)을 공격하는 장면이 나오는 것[21]으로 보아 백제 득안성(得安城)의 존재는 분명해 보인다.[22] 아울러 당시에는 '득안(得安)', 혹은 '덕안(德安)'으로도 표기되고 있었음을 알 수 있다.

덕안성의 위치에 대해 『삼국사기』 권 36, 「잡지(雜志)」 지리(地理) 3에는 "德殷郡 本百濟德近郡 景德王改名 今德恩郡"이라고 하였고, 『신증동국여지승람(新增東國輿地勝覽)』 권 18, 은진현(恩津縣) 건치연혁조(建置沿革條)에는 "德恩郡 本百濟德近郡 新羅景德王改德殷 高麗初改德恩郡…"이라 하여 백제의 덕근군(德近郡)이 곧 은진(恩津)지역임을 확인시켜 주고 있다. 그렇다면 동방성(東方城)은 결국 이 덕근군(德近郡)지역 내에서 찾아야 할 것이다.

백제 당시 덕근군이 논산지역의 어느 곳에, 어느 정도의 면적을 차지하고 있었는지는 정확히 알기 어렵지만 대동여지도(大東輿地圖)에 표시된 조선시대의 군현(郡縣) 관계를 참고하면 현재의 논산지역에는 열야산현(熱也山縣(魯城)), 황등야산군(黃等也山郡(連山)), 동방성(東方城(恩津)), 가지내현(加知奈縣(論山 · 江景)) 등이 자리하고 있었던 것으로 추정된다. 이렇게 볼 때 동방성(東方城) 관할 구역이라고 생각되는 지역에서 확인되는 산성은 매화산성(梅花山城)과 달이산성(達伊山城)뿐이다.[23]

---

20) 『三國史記』 卷 28, 「百濟本紀」, 義慈王 20年條. "國本有五部三十七郡二百城七十六萬戶 至是 析置熊津馬韓東明金漣德安五都督府 各統州縣…."

21) 『三國史記』 卷 6, 「新羅本紀」, 文武王 3年條. "攻取百濟居列城 斬首七百餘級 又攻居勿城 沙平城降之 又攻德安城 斬首一千七十級…."

22) 唐軍이 泗沘都城을 함락시킨 직후에 百濟故地에 德安都督府를 설치했음에도 불구하고 文武王 3년에 德安城이 함락되는 것으로 보아 唐軍이 설치한 5都督府는 실질적인 기능을 하지는 못했던 것으로 판단된다.

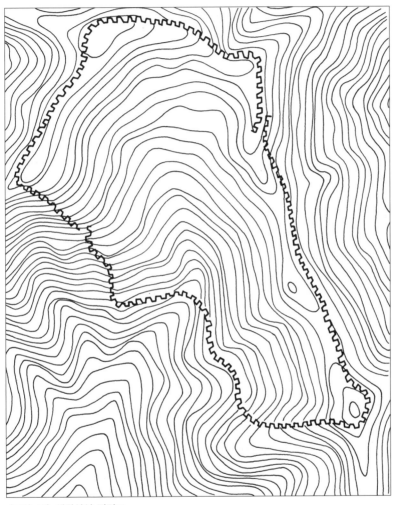

〈도면 43〉 매화산성 평면도

---

23) 忠南大百濟研究所,「論山郡管內 古代山城址 分布調査」,『百濟研究』11, 忠南大百濟研究所,
    1980, 284쪽 및 286쪽.

매화산성은 은진의 진산(鎭山)인 매화산(梅花山(摩耶山, 표고 355m)) 정상부에 축성되어 있는 석성으로, 조선 초기에는 이미 폐성(廢城)된 상태였다고 한다.[24] 그렇다면 이 산성은 적어도 고려시대 이전에 축성되었다고 보아도 큰 무리는 아닐 것이다.

산성은 삼태기형(紗帽峰形)의 평면형태를 하고 있는데, 성문은 동벽쪽에서 1개소, 서벽쪽에서 1개소 등 모두 2곳에서 확인되었다. 이 밖에 계곡을 형성하고 있는 서남쪽에서도 수구(水口)를 겸한 성문이 존재했을 것으로 믿어진다.

대부분의 성벽은 이미 완전히 붕괴되어 통과선만을 겨우 확인할 수 있을 정도이다. 다행히 극히 일부의 성벽이 원래의 모습 그대로 남아 있다. 남아 있는 성벽을 통해서 보면 성돌은 다듬은 화강암을 이용하여 한단 한단 바른층쌓기 방식으로 쌓아 올리고 있다.

성 내에는 많은 건물지가 남아 있어 산성임에도 불구하고 성 내의 면적이 넓게 생각된다. 그 중에는 왕궁지(王宮址)로 전해오는 곳도 있는데, 면적도 넓고 성 내의 가장 중심적인 위치에 자리하고 있어 실제로 중요한 건물이 있었을 것으로 여겨진다. 전체 성벽의 둘레는 1550m다.[25]

달이산성(達伊山城)은 표고 600m의 험준한 산 위에 역시 삼태기식(紗帽峰形)으로 축성된 석성이다. 매화산성과 달리 치석(治石)하지 않은 자연할석을 사용하여 성벽을 쌓아 올리고 있는데, 대부분의 성벽이 붕괴되어 통과선만을 겨우 확인할 수 있는 정도이다. 전체 성벽의 둘레는 1800m에 이른다.[26]

성벽은 자연지형을 최대한으로 이용하면서 축성하였다. 따라서 동벽과 서벽의 일부는 자연암반으로 된 절벽을 그대로 성벽으로 이용하고 있다.

---

24) 『新增東國輿地勝覽』卷18,「恩津縣」, 山川條 및 古跡條. "摩耶山在縣南二十四里鎭山" 및 "摩耶山古城 石築周五千七百十尺內有二井 今廢"
25) 서정석, 『충남지역 백제유적의 조사현황과 과제』, 충남발전연구원, 1999, 49쪽 및 62쪽.
26) 忠南大百濟研究所, 앞의 주 23)의 報告文, 1980, 286쪽.

현재 통행로로 사용하고 있는 곳이 성문으로 짐작되며, 특히 성 내에서 가장 낮은 지점을 통과하는 남벽에는 폭 1.6m 크기의 수구지(水口址)가 남아 있기도 하다. 또한 서문지 밖에는 석재를 원형으로 쌓아 만든 직경 1.8m 크기의 우물이 1개소 남아 있다.

산성으로서는 작지 않은 규모를 하고 있지만 건물지의 흔적은 그다지 발견되지 않는다. 다만 서북우(西北隅) 안쪽에 평탄한 부분이 있어 이곳에서 다수의 와편(瓦片)을 수습하였다. 수습된 기와편은 어골문(魚骨文)이 시문(施文)되든가 사립(砂粒)이 섞인 매우 거친 태토를 사용하고 있어 그다지 오래된 것으로는 생각되지 않는다.

이상과 같이 당시 동방성 관내(管內)로 추정되는 지역에는 2개소의 산성이 남아 있어 결국 이 두 산성 중의 하나가 동방성(東方城)이 될 가능성이 크다고 생각된다. 그렇다면 결론적으로 말해서 매화산성쪽이 동방성의 조건에 좀더 부합되는 것으로 판단된다.

먼저 매화산성은 전체 성의 둘레가 1550m로 『한원(翰苑)』에 나와 있는 1656m와 큰 차이가 없음을 알 수 있다. 또한 입지조건에 있어서도 표고 355m에 산성이 자리하고 있어 그 자체 험산을 이루고 있다. 그런가 하면 이 매화산성은 다듬은 성돌을 이용하여 성벽을 쌓아 올리고 있고, 성문은 출입이 편리한 곳보다는 방어에 유리한 곳에 자리하고 있으며, 성의 평면 형태 역시 삼태기식(紗帽峰形)의 형태를 하고 있어 앞서 제시한 『한원(翰苑)』에 보이는 백제 방성(方城)의 조건과 잘 부합됨을 알 수 있다. 그런 점에서 이 매화산성이야 말로 백제 동방성에 해당되는 득안성(得安城)으로 판단된다.[27]

그에 비하면 달이산성은 규모가 『한원(翰苑)』의 기록보다 클 뿐만 아니라 입지조건에 있어서도 해발 600m에 해당되는 곳에 자리하고 있어 일단

---

27) 朴賢淑도 이 梅花山城을 주목한 바 있으며(朴賢淑, 『百濟地方統治體制研究』, 高麗大博士學位論文, 1996, 125쪽), 金英心도 최근 險山에 자리하고 있다는 이유를 들어 이 梅花山城을 東方城으로 보았다(金英心, 「忠南地域의 百濟城郭 研究」, 『百濟研究』30, 1999, 98쪽).

백제 산성으로 보기 어렵다고 생각된다. 이러한 입지는 앞서 본 운주산성(雲住山城)이나 무진고성(武珍古城), 금성산성(金城山城), 그리고 공주에 있는 무성산성(茂盛山城)과 더불어 통일신라시대 이후에 축성된 산성의 입지와 흡사한 모습을 하고 있기 때문이다. 그런 점에서 이 달이산성은 규모의 차이 외에도 입지조건으로 보아 축성 시기 자체가 백제시대가 아닌 것으로 판단된다.[28]

(2) 서방성의 위치

서방성은 동방성과 달리 그 위치 조차 분명하지 않다. 『한원(翰苑)』의 기록대로 부여에서 서쪽으로 350리(里)를 가면 바다에 닿게 되어 실질적으로 방성의 위치를 찾기가 곤란하기 때문이다.[29] 종래에 서방성의 위치를 나주·영암지역이나[30] 충남 서산지역[31]에다 비정하려 한 것도 바로 이러한 『한원(翰苑)』의 기록을 지나치게 의식한 결과였다. 그런 점에서 일단 백제의 서방이 어느 지역인지를 확인해 볼 필요가 있을 듯하다.

백제 서방성 내지는 서방의 위치를 알려주는 직접적인 자료는 없지만, 다음과 같은 자료들을 참고할 필요가 있다.

C. 黑齒常之 百濟西部人 長七尺餘 驍毅有謀略 爲百濟達率兼風達郡將 猶

---

28) 한편, 成周鐸은 黃山城에서 출토된 瓦片에 '黃山寅方'이라는 銘文이 있는 것을 근거로 黃山城을 得安城으로 추정하고 있다(成周鐸, 「百濟山城研究」, 『百濟研究』 6, 1975, 79쪽). 黃山城의 둘레는 830m다.

29) 전준현, 「백제의 5부 5방제에 대하여」, 『력사과학』 제2호, 1993, 56쪽.

30) 全榮來, 「百濟 地方制度와 城郭」, 『百濟研究』 19, 忠南大百濟研究所, 1988, 32쪽 및 38쪽 第2圖.

31) 金英心, 「忠南地域의 百濟城郭研究」, 『百濟研究』 30, 忠南大百濟研究所, 1999, 84~86쪽.
　　金英心은 좀더 구체적으로 서산시의 北主山城 일대를 들고 있으나 이곳은 백제의 基郡에 해당되는 지역이고, 北主山城은 둘레가 760m 정도에 불과하기 때문에 『翰苑』의 기록에 나와 있는 西方城의 크기와도 차이가 있다.

唐刺史云 蘇定方平百濟 常之以所部降 而定方囚老王 縱兵大掠 常之懼 與左右酋長十餘人遯去 嘯合逋亡 依任存山自固(『三國史記』卷 44,「列傳」, 黑齒常之傳)

D. 道琛乃釋府城之圍 退保任存城 任存城在百濟西部任存山(『資治通鑑』卷 200, 唐紀 16, 高宗龍朔元年條)

E. 任城郡 本百濟任存城 … 今大興郡 領縣二 青正縣 本百濟古良夫里縣 景 德王改名 今青陽縣 孤山縣 本百濟烏山縣 … 今禮山縣(『三國史記』卷 36, 「雜志」5, 地理 3)

F. 潔城郡 本百濟結己郡 … 今因之 領縣二 新邑縣 本百濟新村縣 … 今保寧 縣 新良縣 本百濟沙尸良縣 … 今黎陽縣(『三國史記』卷 36,「雜志」5, 地理 3)

G. 扶餘郡 本百濟所夫里郡 唐將蘇定方與庚信平之 文武王 十二年 置總管 景德王改名 今因之領縣二 石山縣 本百濟珍惡山縣 景德王改名 今石城 縣 悅城縣 本百濟悅己縣 景德王改名今定山縣(『三國史記』卷 36,「雜志」5, 地理 3)

먼저 사료 C에서 보면 흑치상지(黑齒常之)가 백제 서부인(西部人)으로 되어 있다. 여기서 말하는 '부(部)'가 '방(方)'과 같은 것이라면[32] 흑치상지 가 활약하던 곳은 백제의 서방성 지역이었음을 알 수 있다.[33] 그것은 사료

---

32) 盧重國, 앞의 주 2)의 책, 1988, 249쪽.

33) 李宇泰,「百濟의 部體制」,『百濟史의 比較研究』, 忠南大百濟研究所, 1993, 99~104쪽.
이와 달리 여기서 말하는 西部를 王都 5部制의 西部로 파악하는 견해도 있으나(朴賢淑,「宮 南池出土 百濟 木簡과 王都 5部制」,『韓國史研究』92, 1995) 이 기록이『新唐書』의 내용을 그 대로 옮겨적은 것인 만큼 木簡에서 보이는 5部와는 달리 보아야 할 것이다.

D의 기사를 통해서도 충분히 입증된다. 따라서 일단 흑치상지가 활약했던 임존성(任存城)과 그 주변지역이 백제의 서방성 지역에 해당됨을 확인할 수 있다.

그런데 사료 E에 의하면 백제 임존성지역은 현재의 예산군 대흥면 일대임을 알 수 있다. 현재의 대흥지역이 결국 백제의 서방성에 해당되는 셈이다. 이와 더불어 한 가지 주목되는 점은 대흥지역에 있던 이 임존성이 현재의 예산 읍내(禮山邑內)에 해당되는 오산현(烏山縣)을 영현(領縣)으로 두고 있었다는 사실이다. 오산현이 임존성의 영현이고, 임존성이 백제의 서방성 지역이므로, 당연히 오산현도 백제의 서방성에 속해 있었다고 보아야 할 것이다.

그런데 공교롭게도 이 임존성지역이나 오산현지역의 동쪽에 해당되는 현재의 공주시 신풍면지역은 웅진성의 영현으로 되어 있다.[34] 신풍·유구지역(維鳩地城)이 웅진성의 영현으로 되어 있고, 웅진성은 북방성이 분명한 만큼 결국 신풍면은 백제의 북방성지역에 속해 있었다고 보아야 할 것이다.

이러한 추정이 어느 정도 인정된다면 백제의 북방성과 서방성은 차령산맥을 중심으로 그 동쪽과 서쪽으로 나누어져 있었음을 알 수 있다. 다시 말해서 차령산맥 이동(以東)지역이 백제의 북방성지역이고, 그 이서(以西)지역은 서방성지역이었음을 확인할 수 있다.

이러한 사실은 사료 E와 G를 통해서 다시 한번 확인된다. 사료 E에서 보면 오늘날의 청양읍(靑陽邑)에 해당되는 백제 고량부리현(古良夫里縣)은 임존성의 영현으로 되어 있다. 이에 비해 정산면(定山面)에 해당되는 열기현(悅已縣)은 부여군의 영현으로 나온다. 결국 청양지역과 정산지역은 현재는 청양군이라는 하나의 군지역으로 묶여 있지만, 백제시대에는 차령산맥의 이서지역(以西地城)인 청양 읍내는 임존성의 관할구역이었고, 그 이동

---

34) 『三國史記』卷 36, 「雜志」 5, 地理 3. "熊州 本百濟舊都 … 領縣二 尼山縣 本百濟熱也山縣 景德王改名 今因之淸音縣 本百濟伐音支縣 景德王改名 今新豊縣"

(以東)인 정산지역은 부여군의 관할구역이었던 것이다.

청양과 정산처럼 하나로 묶여 있어야 할 지역이 서로 다른 군(郡)에 속해 있었던 이유는 확실하지 않지만 대체로 다음과 같은 두 가지 이유를 생각해 볼 수 있지 않을까 한다.

하나는 이 지역이 저항을 심하게 한 지역이기 때문에 원래 하나였던 지역을 통치를 위해 분리했을 가능성이다. 즉, 원래는 고량부리현(古良夫里縣)과 열기현(悅己縣)이 다 같이 임존성 관할하에 있었는데, 통일 후에 이 지역의 지역적 기반을 해체하기 위해 인위적으로 두 지역으로 나누어 각각 관할구역을 달리했을 가능성이다. 이러한 방법은 정복지(征服地)를 효율적으로 관리하기 위해 행해지는 정복지 정책 중의 하나다.

두 번째는 처음부터 두 지역을 관리하는 방성(方城)이 다른 결과일 가능성이다. 다시 말해서 백제 당시부터 실제로 관할구역을 달리했을 가능성이다. 고량부리현(古良夫里縣)과 열기현(悅己縣)은 차령산맥을 사이에 두고 있기 때문에 공주의 신풍·유구지역과 예산지역처럼 지리적인 이유로 관할구역이 달랐을 가능성을 배제할 수 없다.

이렇게 두 가지 이유 중 어느 것이 더 타당한지 지금으로서는 확실하지 않지만 일단 후자일 가능성이 높다고 판단된다. 만약 이것이 전자의 결과라면, 원래는 군(郡)이나 방(方)이었지만 저항이 진압되고 난 후 읍격(邑格)이 현(縣)으로 강등(降等)되는 조치가 있어야 할 터인데, 그러한 조치의 흔적을 전혀 찾아볼 수 없기 때문이다. 다시 말해서 청양지역은 서방성 관할구역이고, 정산지역은 북방성 관할구역이었기 때문에 위에서와 같이 서로 다른 방성 소속으로 나타났다고 믿어진다.

마찬가지로 앞서 본 오산현(烏山縣) 및 벌음지현(伐音支縣)도 차령산맥을 경계로 각각의 관할구역이 나누어져 있었던 것으로 생각된다. 차령산맥 동쪽은 북방성(熊津城) 관할구역이고, 서쪽은 서방성(刀先城) 관할구역이었던 것이다.[35]

이러한 추정이 무리가 아니라면 대체로 마시산군(馬尸山郡(덕산)), 혜군

(槥郡(당진)), 결기군(結己郡(홍성)), 기군(基郡(서산)), 탕정군(湯井郡(아산)), 그리고 풍달군(風達郡) 정도가 당시 백제의 서방성을 구성하고 있었던 것으로 생각된다. 그렇다면 결국 서방성에 해당되는 도선성(刀先城)도 이곳 일대에서 찾아야 할 것이다.

　백제 서방성의 위치를 좀더 구체적으로 확인해 보기 위해서는 다음과 같은 사료를 주목할 필요가 있다.

> H. 黑齒常之 百濟西部人 長七尺餘 驍勇有謀略 初在本蕃 仕爲達率兼郡將 猶中國之剌史也 顯慶五年 蘇定方討平 百濟 常之率所部 隨例送降款 … 其保任存山 築柵以自固 旬日而歸附者 三萬餘人(『舊唐書』卷 109,「列傳」, 黑齒常之傳)

　사료 H에서 보면 흑치상지(黑齒常之)는 달솔(達率)로 군장(郡將)을 겸하고 있었으며,[36] '소부(所部)'를 들어서 항복하고 있다. 그런데 사료 A에서 보듯이 달솔은 방령(方領)이 될 수 있다. 그런 점에서 볼 때 흑치상지는 서방(西方)의 방령이었던 것으로 생각된다.[37] 흑치상지를 서방성의 방령이라고 해야 비로소 흑지상지 열전이 자연스럽게 해석되기 때문이다.

---

35) 金英心은 任存城이 소재한 任存山이 西部로 나오고, 『三國遺事』에 修德寺가 北部로 기록되어 있는 것을 근거로 예산지역이 백제 西方과 北方의 경계가 됨을 알 수 있다고 하였으나(金英心, 앞의 주 31)의 논문, 1999, 86쪽) 그렇게 되면 北方에 속한다는 修德寺가 西方에 속하는 任存城보다 더 서쪽에 자리하게 되어 실제 사실과 맞지 않음을 알 수 있다. 『三國遺事』의 기록이 착오가 아니라면 기록에 보이는 修德寺와 현재의 修德寺는 관계가 없는 것으로 판단된다. 앞서 본 바와 같이 차령산맥 以西에 해당되는 예산지역은 그 전체가 西方城에 해당되는 것으로 믿어지기 때문이다. 실제로 修德寺 주변에서는 백제시대 사찰로 볼 만한 유물이 발견되지 않고 있고(洪思俊,「修德寺舊基와 白石寺考」, 『百濟研究』4, 1973), 사찰의 입지로 보아도 현재의 修德寺와 같은 山地伽藍은 백제 사찰의 일반적인 입지조건과는 큰 차이가 있다(趙源昌,「公州地域寺址研究」, 『百濟文化』28輯, 1999, 135~136쪽).
36) 『新唐書』와 『三國史記』에는 구체적으로 風達郡將을 겸한 것으로 되어 있다.
37) 姜鍾元,「2. 階伯의 政治的 性格과 황산벌전투」, 『論山 黃山벌 戰蹟地』, 忠南大百濟研究所, 2000, 27쪽.

먼저 사료 H에 의하면 흑치상지는 군장(郡將(風達郡將))을 겸하고 있었다고 한다. 이 말은 바로 흑치상지가 방령(方領)이면서 군장(郡將)을 겸하고 있었음을 의미하는 것으로 이해된다. 방령이 아니고 단순히 군장이었다면 굳이 겸했다는 말을 할 필요는 없었을 것이다.

또한 겸(兼)이라는 말로 보아 군장(郡將)보다 높은 관직을 맡으면서 군장(郡將)도 맡은 것으로 보아야 할 것이다.[38] 군장보다 높은 관직은 당연히 방령(方領)이다. 흑치상지가 방령이었음이 또 한번 입증되는 셈이다.

흑치상지가 '소부(所部)', 다시 말해서 서방(西方)을 들어서 항복하였던 것도 방령(方領)이었기 때문에 가능했을 것이다.[39] 다 아는 바와 같이 백제의 방(方)은 방(方)에 딸린 제소성(諸小城)을 관리하고 있었기 때문이다.

흑치상지가 부흥운동을 시작한지 열흘도 안되어 귀부하는 자가 3만에 이를 수 있었던 것 역시 그가 서방성(西方城) 방령(方領)이었기 때문이 아니었을까 생각된다. 그렇지 않고 단순히 군장(郡將)의 신분이었다면 주변에 있었던 다른 군장들이 왜 하필 흑치상지에 귀부하였는지를 설명하기 어렵다.

이러한 추론이 어느 정도 받아들여질 수 있는 것이라면 그가 근거지로 삼았던 임존성(任存城)지역이야말로 바로 서방성이었던 것으로 판단된다. 방령(方領)이 방성(方城)이 아닌 다른 군현지역(郡縣地域)을 근거지로 하여 부흥운동을 일으켰다는 것은 어딘가 자연스럽지 못하기 때문이다.

사료 C나 H에서 보듯이 사비도성이 함락된 후 흑치상지 역시 웅진방령군(熊津方領軍)이 의자왕(義慈王)을 따라 그랬던 것처럼 서방성(西方城)의

---

38) 盧重國은 達率로서 德率이 맡아야 할 郡將을 맡은 것으로 보고 階高職卑의 현상으로 파악하였다(盧重國, 「『三國史記』의 百濟 地理關係 記事 檢討」, 『三國史記의 原典 檢討』, 韓國精神文化硏究院, 1995, 171쪽). 이에 비해 金周成은 聖王 이후 「百濟本紀」 전투기사에 나오는 병력수와 지휘관의 상관관계를 통해 將軍·左將·達率 등의 명칭으로 전투에 참여하였던 지휘관들을 方領을 역임했던 사람들로 보고 있다(金周成, 「백제 지방통치조직의 변화와 지방사회의 재편」, 『國史館論叢』 35輯, 1992, 43쪽).

39) 姜鍾元, 앞의 주 37)의 論文, 2000, 29쪽.

대표로서 연합군에게 항복하고자 하였으나 연합군이 의자왕을 가두고, 만행이 심해지자 두려움을 느껴 다시 서방성(西方城)지역으로 도망쳐 들어가게 된다.[40] 이 때 그가 들어간 곳이 바로 임존성(任存城)지역이다. 그리고는 이 임존성을 근거로 부흥운동을 시작한다. 그렇다면 방령(方領), 적어도 서방(西方)의 대표자격이었던 흑치상지가 자기의 관할구역인 서방성지역으로 도망가서 거점으로 삼았던 이 임존성(任存城)이야말로 백제 서방성이라고 보는 것이 자연스러워 보인다.[41] 방령(方領)이 방성(方城) 이외의 다른 지역을 근거로 삼아 부흥운동을 전개했다고는 믿어지지 않기 때문이다.[42]

흑치상지가 도망해 들어가서 거점으로 삼았던 임존성(任存城)을 서방성 (西方城)으로 보는 이유는 사료 A에서 보듯이 백제의 방성(方城)에는 700인 이상 1200인 이하의 병력을 보유하고 있었고, 또한 방성(方城)에 딸린 제소성(諸小城)을 관리하고 있었기 때문이다. 흑치상지가 '소부(所部)'를 들어 항복한 이유도 그가 '소부(所部)'의 관리자, 다시 말해서 자기 관할하의 제소성(諸小城)을 두고 있었기 때문일 것이다. 그렇다면 그런 흑치상지가 서

---

40) 李道學,「百濟 復興運動의 시작과 끝, 任存城」,『百濟文化』28輯, 公州大百濟文化硏究所, 1999, 195~197쪽.

41) 千寬宇 역시 西方城을 晉相似, 그리고 당에 의해 설치된 支浸州가 禮山 · 大興에 해당된다는 김정호설을 좇아 禮山大興으로 보고 있으며(千寬宇,「馬韓諸國의 位置試論」,『東洋學』9, 1979, 212 쪽 및 227쪽), 朴賢淑도 復興運動의 거점이었다는 점에서 任存城을 西方城으로 보고 있다(朴賢淑,『百濟地方統治體制硏究』. 高麗大博士學位論文, 1996, 127쪽).

42) 姜鍾元은 黑齒常之가 風達郡의 郡將을 겸했다는 사실을 들어 西方의 중심 治所가 風達郡에 있었을 것으로 보고 있으나(姜鍾元, 앞의 주 37)의 論文, 2000, 28쪽), 백제의 方과 郡은 병렬적인 위치에 놓여 있었기 때문에(盧重國, 앞의 주 2)의 책, 1988, 256쪽) 각자 따로 직할지가 있어서 西方의 중심 治所가 風達郡에 있을 수는 없다고 생각한다. 오히려 風達郡은 西方城인 任存城과 가까운 곳에 있었고, 任存城에 거주하였던 黑齒常之가 郡將을 겸하고 있었기 때문에 風達郡에는 治所로서의 城郭은 따로 존재하지 않았을 가능성이 크다고 여겨진다. 風達郡의 위치가 미상으로 남아 있는 것도 任存城이 함락된 다음 郡縣이 재편되는 과정에서 任存城이나 주변에 있는 다른 郡縣과 합쳐졌기 때문이 아닌가 싶다. 이러한 사실은 所夫里郡 역시 마찬가지일 것이다. 王都 泗沘가 所夫里郡에 위치했던 것이 아니라 王都는 羅城을 포함한 일정 공간, 즉 王畿라는 것으로 구성되어 있고, 이것이 곧 넓은 의미의 都城인데, 백제가 멸망한 뒤 郡縣이 재편될 때 이러한 王畿 전체가 所夫里郡으로 編制 되었을 것이다.

방성지역으로 돌아갔을 때 군성(郡城)이나 현성(縣城)으로 들어가 항전(抗戰)했다기보다는 서방성을 근거로 하여 부흥운동을 전개했을 것이라는 추론은 한결 자연스러워 보인다.

임존성(任存城)을 백제의 서방성(西方城)으로 보면『삼국사기』「지리지」기록에 나와 있는 임존성에 대한 기록이 다른 기록과 다른 점이 있음을 발견하게 된다. 앞서 사료 E에서 소개한 바와 같이 "任城郡 本百濟任存城"이라고 되어 있는 것이 그것이다.

사실『삼국사기』「지리지」에 보이는 백제 군현명(郡縣名)은 백제 당시의 것이 아니라 통일신라시대의 것이다.[43] 그러한 사실은 사료 A와 B에서 보듯이 실존했던 것이 분명한 방성의 존재를 말해주는 기록이 어디에도 없다는 점을 통해서 입증될 수 있다. 방성 대신 한결같이 "本百濟○○郡", 혹은 "本百濟○○縣"으로 나타나고 있기 때문이다. 앞에서 살펴본 동방성 역시 득안성(得安城)이나 덕안성(德安城)으로 되어 있지 않고 "本百濟德近郡"으로 되어 있다.

그런데 이렇게 백제 5방성의 존재를 짐작해 볼 만한 기록이 거의 남아 있지 않는데도 불구하고 유독 임존성만은 다른 군현과 달리 "임존성(任存城)"으로 남아 있다. 그 이유는 알 수 없지만 적어도 임존성지역이 백제의 군(郡)이나 현(縣)이 아니었음을 의미하는 것이 아닐까 생각된다. 다시 말해서 임존성이 곧 백제의 방성이었음을 의미하는 것으로 여겨진다.[44] 백제는 방(方) - 군(郡) - 성(城)체제로 되어 있었기 때문에 군이나 현이 아니면 당연

---

43) 盧重國,「『三國史記』의 百濟 地理關係 記事 檢討」,『三國史記의 原典 檢討』, 韓國精神文化研究院, 1995, 153쪽.

44) 여기서 말하는 任存城은 사료 D에서 보듯이 任存山 위에 축성되어 있는 방어시설로서의 城郭을 의미하는 것이기도 하고, 또한 이러한 방어시설로서의 任存城이 축성된 그 주변의 일정 공간, 즉 西方城의 直轄地를 의미하는 것이기도 하다. 이와 같이 기록에 보이는 城이 방어시설물로서의 城郭 이외에 그러한 城郭이 자리하고 있는 주변의 聚落을 포함한 일정 공간을 가리키는 의미라는 사실에 대해서는 이미 설명된 바 있다(李宇泰,「新羅의 村과 村主」,『韓國史論』 7, 서울大國史學科, 1981, 83쪽).

히 방(方)이 될 수밖에 없기 때문이다.

이러한 추론이 어느 정도 받아들여질 수 있는 것이라면 『삼국사기』권 36, 「잡지(雜志)」5, 지리(地理) 3에 나와 있는 임존성, 혹은 임성군(任城郡) 기사는 부흥운동의 핵심적인 거성(據城)이었던 임존성이 곧 백제의 서방성(西方城)이었음을 말해주는 또 다른 방증자료 중의 하나로 여겨진다.

이렇게 임존성이 백제의 서방성이라면 구체적으로 방어시설로서의 임존성은 어느 것일까.

이에 대해서는 대흥면(大興面) 상중리(上中里)에 있는 봉수산성(鳳首山城)을 임존성으로 보는 견해가 일찍부터 제시되어 왔다.[45] 『신증동국여지승람』과 『대동지지(大東地志)』의 기록이 이러한 주장을 뒷받침해 주었던 것이다.

사실 『신증동국여지승람』권 20, 대흥현(大興縣) 고적조(古跡條)에는 이 봉수산성에 대해서 "임존성은 즉 백제의 복신(福信)과 지수신(遲受信), 혹 치상지(黑齒常之) 등이 유인궤(劉仁軌)와 맞서 싸운 곳인데, 현재의 현(縣)에서 서쪽으로 13리(里) 되는 지점에 석성(石城)이 하나 있어 둘레가 5천 1백 94척(尺)이고, 성 내에 우물이 3곳 있다"[46]라고 기록되어 있다.

『대동지지』대흥현 성지조(城池條)에도 "임존성은 봉수산(鳳首山)에 있는데, 둘레가 5천 1백 94尺이고 우물이 3개 있다. 백제의 고복신(高福信)과 흑치상지가 이곳에서 유인궤와 맞서 싸웠다"[47]라고 되어 있어 임존성의 위치와 백제 부흥운동의 내력을 좀더 구체적으로 설명하고 있다.

이렇게 『신증동국여지승람』과 『대동지지』에 임존성의 존재가 명쾌하게 설명되어 있기 때문에 그 동안 임존성의 존재에 대해서는 아무런 의심없이 받아들여져 왔다. 임존성과 더불어 부흥운동의 중심 거성(據城) 중 하나였

---

45) 沈正輔,「百濟 復興軍의 主要 據點에 關한 研究」,『百濟研究』14, 忠南大百濟研究所, 1983, 160
~162쪽.
46) 『新增東國輿地勝覽』卷 20,「大興縣」, 古跡條. "任存城 卽百濟福信 … 周五千一百九十四尺 內有
三井"
47) 『大東地志』卷 3,「大興縣」, 城池條. "任存城 在鳳首山 … 百濟高福信黑齒常之 拒劉仁軌于此"

〈사진 35〉
임존성으로 추정되어 온
예산 봉수산성 전경

던 주류성(周留城)의 위치를 둘러싸고 서로 다른 많은 의견들이 제시되었
지만 임존성만큼은 별다른 의심없이 봉수산성으로 믿어왔던 것이다.

물론 그렇다고 해서 조선시대의 모든 기록이 봉수산성을 임존성으로 이
했했던 것은 아니다. 예를 들어 18세기 전반에 제작된 군현지도집(郡縣地
圖集)인『해동지도(海東地圖)』에 나와 있는 대흥군(大興郡)의 옛 모습을 보
면〈도면 44〉에서와 같이 봉수산성과 임존성이 엄연히 구별되어 나타나고
있다.[48]

이러한 사실은 적어도『해동지도』를 작성할 당시에는 임존성과 봉수산
성의 위치를 서로 달리 생각하고 있었음을 말해주는 것이다. 물론 임존성과
봉수산성을 별개로 파악한 근거가 무엇인지에 대해서는 정확히 알 수 없지
만 임존성의 위치를 확인할 수 있는 중요한 단서가 되는 것만은 분명해 보
인다.

사실『해동지도』가 아니더라도 종래에 별 의심 없이 받아들여 왔던 봉수
산성 = 임존성 설(說)은 수긍하기 어려운 점이 몇 가지 있다. 그러한 의문점

---

48) 서울大學校奎章閣,『海東地圖』(上), 1995, 123쪽.

〈도면 44〉「해동지도(海東地圖)」의 대흥군도(大興郡圖)

에 대해서는 이미 봉수산성이 갖고 있는 입지조건, 방향, 출토유물의 측면에서 제시된 바 있는데,[49] 성곽의 규모와 입지, 구조 등에 있어서도 의문이 있기는 마찬가지다.

현재 표고 480m의 봉수산(鳳首山) 정상부에 축성되어 봉수산성은 둘레가 2426m에 이른다.[50] 이러한 크기는 앞에서 살펴본 대로 "方 200步", 다시 말해서 약 1100m로 되어 있는 『한원(翰苑)』의 기록과 비교하면 두 배가 넘는 크기다. 따라서 현재의 봉수산성을 곧바로 백제 임존성으로 보기에는 주저되는 바가 없지 않다.

입지 면에서 볼 때도 봉수산성은 대체로 무진고성(武珍古城)이나[51] 운주산성(雲住山城)[52]과 비교될 수 있어 그 자체 삼국시대 산성으로 보기에 다소 무리가 있어 보인다.

성문의 위치나 축성법, 기타 성곽과 관련된 부대시설의 존재 역시 지금까지 확인된 다른 백제 산성과는 부합되지 않는 측면이 많다. 즉, 성문이 출입하기 편리한 곳에 자리하고 있다든지 세장형(細長形)으로 다듬은 성돌을 사용하여 축성한 것이 그것이다. 특히 봉수산성에는 치성(雉城)이나 여장시설(女墻施設)과 같은 것이 남아 있는데,[53] 이는 앞서 백제 산성의 모델로 제시했던 요건과는 맞지 않는 부분이다. 따라서 발굴조사가 이루어진 바는 없지만 일반적인 인식과는 달리 봉수산성을 백제의 임존성으로 보기에는 다소 무리가 있는 것으로 생각된다.

봉수산성을 백제시대 임존성으로 보기에 무리가 있다 하더라도 봉수산성 주변, 다시 말해서 조선시대의 대흥현(大興縣)지역 일대에 임존성이 자리하고 있었던 것은 물론이다. 그런 점에서 봉수산성과 임존성이 별개로 그

---

49) 李南奭, 「禮山 鳳首山城(任存城)의 現況과 特徵」, 『百濟文化』 28輯, 公州大百濟文化研究所, 1999, 205~230쪽.

50) 忠南發展研究院, 『禮山 任存城』, 2000, 21쪽.

51) 林永珍, 앞의 주 13)의 報告書, 1989.

52) 公州大學校博物館, 주 28)의 報告書, 1998.

53) 李南奭, 앞의 주 49)의 論文, 1999, 216~217쪽.

려져 있는 『해동지도(海東地圖)』를 참고할 경우, 1차적으로는 봉수산성과 인접한 그 서쪽지역을 주목해 볼 필요가 있다.

그러나 현재 『해동지도』에 표시되어 있는 임존성의 위치에서는 전혀 성곽 유적이 확인되지 않고 있다. 사실 이 『해동지도』는 이른바 '비경위선표식 군현지도집(非經緯線表式 郡縣地圖集)'이다. 이러한 형태의 지도집에 수록된 군현지도들은 각 군현의 크기에 상관없이 지도의 크기가 같으므로 결국 군현마다 축척이 다를 수밖에 없다. 자연히 지도 안에 표시된 현상들의 방위, 거리, 면적, 위치 등이 정확하지 않은 경우가 많아 '경위선표식 군현지도집(經緯線表式 郡縣地圖集)'보다 정확성이 떨어지는 것이 일반적인 특징이다.[54] 그런 점에서 『해동지도』는 임존성과 봉수산성이 별개의 것임을 확인시켜 주는 정도에 불과한 것으로 보아야 할 것이다.

대흥지역과 그 주변지역에서 지금까지 확인된 산성을 정리해 보면 〈표7〉과 같다. 여기에서 일차적으로 『한원(翰苑)』의 기록에 보이는 1100m 정도의 둘레를 갖고 있는 산성을 찾아 보면 천태리산성(天台里山城 = 소구니성)과 학성산성(鶴城山城)이 눈에 띈다. 석성산성(石城山城) 역시 후보지 중의 하나로 될 수 있지만 발굴 결과를 통해서 볼 때 통일신라 때 설치된 신량현(新良縣)의 치소(治所)가 분명한 만큼[55] 자연 제외될 수밖에 없다. 결국 천태리산성(소구니성)과 학성산성이 가장 유력한 후보가 되는 셈이다.

두 유적 중 천태리산성(소구니성)은 산성으로 보기 어려운 유적이다. 이 곳은 탄광으로 개발되었던 곳이기 때문에 주변지역 곳곳이 파헤쳐져 있고,

---

54) 楊普景, 「郡縣地圖의 發達과 『海東地圖』」, 『海東地圖』(解說 · 索引編), 서울大學校奎章閣, 1995, 66쪽 및 68쪽.

55) 祥明大學校博物館, 『洪城 石城山城 建物址發掘調査報告書』, 1998. 보고서에는 石城山城의 축성 시기가 서로 다르게 나타나고 있는데, 중심연대를 10세기경으로 보고자 하는 견해도 있지만(190쪽), 성의 구조나 유물로 보아 統一新羅時期의 石城으로 판단된다.

한편, 『三國史記』 卷 36, 「雜志」, 地理 3, 熊州의 기록에 의하면 新良縣은 潔城郡의 領縣으로 백제의 沙尸良縣인데, 景德王 때 新良縣으로 改名되었으며, 고려시대에는 黎陽縣으로 되었다고 한다.

〈표 7〉 대흥 주변지역 산성 현황표[56]

번호	유적명	위 치	특 징	비 고	참고문헌
1	上中里山城	예산군 대흥면 상중리	둘레 200m. 표고 120m 산에 위치	사직단터라고 전해지고 있음	주 56)의 ②
2	長田里土城	예산군 대흥면 장전리	표고 30m의 구릉에 위치. 둘레 약 300m	토성 흔적 거의 없음	주 56)의 ②, ④
3	新束里山城	예산군 대흥면 신속리 백암산	표고 120m의 산 정상부 둘레 660m	백제계 유물이 다수 출토	주 56)의 ②, ④
4	乾芝化里山城	예산군 응봉면 건지화리	표고 200m의 산 정상부 둘레 180m	토성	주 56)의 ①, ②
5	天台里山城	홍성군 장곡면 천태리	표고 250m의 산 정상부 둘레 1400m	소구니성이라고 도 함	주 56)의 ①, ③
6	孝鶴里山城	홍성군 홍동면 효학리 성산	표고 130m의 구릉 정상 둘레 약 150m	토성	주 56)의 ①
7	鶴城山城	홍성군 장곡면 산성리	표고 212m의 산 정상부 둘레 1156m	둘레가 1174m라 고도 함	주 56)의 ①, ③
8	石城山城	홍성군 장곡면 산성리	표고 240m의 산 정상부 둘레 1352m	여양산성(驪陽山城)이라고도 함	주 56)의 ①, ③
9	胎峰山城	홍성군 장곡면 천태리	표고 193m의 산 정상부 둘레 150m	석성	주 56)의 ①

도로개설을 위한 축대도 남아 있는데, 이 축대를 성벽으로 오인했기 때문
이다.

반면에 학성산성은 장곡면 산성리에 있는 석축산성으로 전체 둘레는
1156m에 이르고 있다.[57] 남고북저형(南高北低形)의 전형적인 삼태기식(紗

---

56) 표의 작성에는 다음과 같은 보고서를 참고하였다.
　① 忠淸南道,『文化遺蹟總覽』(城郭·官衙篇), 1991, 228~239쪽.
　② 百濟文化開發硏究院,『忠南地域의 文化遺蹟』第9輯(禮山郡 編), 1995, 203~245쪽.
　③ 祥明大學校博物館,『洪城郡 長谷面一帶 山城 地表調査報告書』, 1995.
　④ 鄭海濬,「禮山地域 百濟山城의 특징」,『역사와 역사교육』5호, 熊津史學會, 2000, 31~47쪽.
57) 祥明大學校 보고서에는 이 성의 둘레가 1174.7m로 되어 있어 약 20m 정도의 차이를 보이고
　있는데, 큰 차이는 아니다.

〈사진 36〉 홍성 학성산성 성벽 1

〈사진 37〉 홍성 학성산성 성벽 2

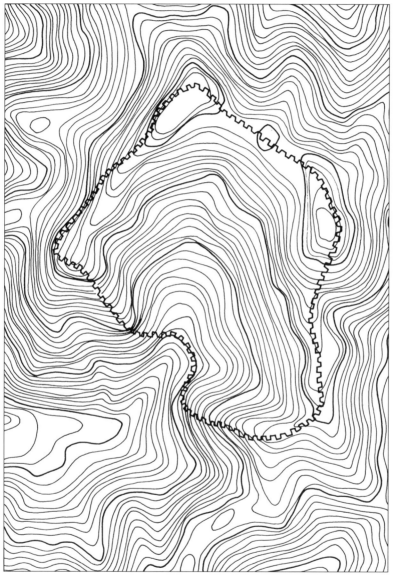

〈도면 45〉 학성산성 평면도(祥明大 報告書에서)

帽峰式) 형태를 하고 있으며, 성문은 동벽과 서벽, 남벽에 남아 있다. 그러나 여장(女墻)이나 치성(雉城)의 흔적은 전혀 확인되지 않았다. 즉, 규모가 『한원(翰苑)』에 나와 있는 서방성(西方城)의 크기(方200步 = 1104m. 1尺 = 23.75cm를 정확히 대입하면 1140m)와 비슷하고, 입지조건 역시 212m의 성재산 정상부에 자리하고 있어 처음에 제시한 모델과 잘 부합된다.[58] 기타 평면형태나 성문의 위치 등도 백제 산성의 일반적인 특징과 큰 차이가 없다. 다만 이 학성산성은 너비 : 두께가 2 : 1~3 : 2 정도가 되도록 잘 다듬은 화강암으로 축성된 것이 아니고, 할석을 외면만 맞추어 쌓아 올리고 있다. 이러한 사실은 앞서 5방성의 모델로 제시했던 것과는 약간 다른 점인데, 그것은 재료를 구하기 어려운 현지 사정 때문이 아닌가 한다.[59]

이러한 몇 가지 사실에 비추어 볼 때 학성산성이야 말로 백제 서방성의 치소(治所)이자, 백제 부흥운동의 중심성이었던 임존성으로 판단된다.

그런데 이렇게 되면 한 가지 의문이 생길 수 있다. 학성산성이 자리하고 있는 곳이 예산군 대흥면 관내가 아니라 홍성군 장곡면에 속하는 곳이기 때문이다. 다시 말해서 이 학성산성이 백제의 임존성 관내를 벗어난 곳에 자리하고 있어 임존성이 아닌 다른 군현의 치소(治所)에 해당되는 산성이 아닌가 하는 의문이 들 수 있다. 그런 점에서 『신증동국여지승람』의 기록을 다시 검토해 볼 필요가 있다.

『신증동국여지승람』권 20, 「대흥현」고적조(古跡條)에는 "任存城 卽百濟福信遲受信黑齒常之等拒劉仁軌處 今縣西十三里 有古石城 周五千一百九十四尺 內有三井 疑此城"라고 되어 있다. 따라서 앞서 소개한 대로 이 기록과

---

58) 鶴城山城이 자리하고 있는 표고 212m의 성재산이 그다지 높지 않은 것이라고 볼 수도 있다. 그러나 성재산 주변으로는 표고 200m 내외의 산들이 돌려져 있어 山地地形을 이루고 있다. 그런 면에서 볼 때 기록에 보이는 '憑山險'이라는 것은 성곽이 자리하고 있는 산 자체도 險山이겠지만 그 주변 역시 여러 봉우리로 둘러싸인 山地地形을 이루고 있었음을 의미하는 것인지도 모른다.

59) 김기웅, 「고구려산성의 특성에 관한 연구」, 『고고민속론문집』, 과학 백과사전출판사, 1984, 142쪽.

『대동지지(大東地志)』의 기록을 근거로 별다른 의심 없이 봉수산성을 임존성으로 보아왔던 것이다.[60]

그런데 이 기록을 자세히 검토해 보면 여기서 말하는 임존성이 봉수산성을 가리키고 있는 것이 아님을 알 수 있다. 먼저 같은 「대흥현」의 산천조(山川條)에 보면 "鳳首山 在縣西二里 鎭山"라고 기록되어 있다. 여기서 말하는 봉수산(鳳首山)이 현재의 봉수산이라는 사실은 현(縣)과의 거리나 대흥의 진산(鎭山)이라는 표현, 그리고 이 봉수산에 대련사(大連寺)가 있다는 기록을 통해 확인할 수 있다.

그런데 앞서 본 바와 같이 임존성은 대흥현의 서쪽 13리 지점에 있는 것으로 되어 있다. 봉수산과는 무려 11리나 차이가 있는 셈이다. 따라서 여기에서 보이는 임존성과 현재의 봉수산성과는 별개의 존재임을 알 수 있다.

공교롭게도 그 거리는 오히려 현재의 학성산성의 위치와 비슷하다. 이와 관련하여 또 한 가지 주목되는 점은 임존성이 서쪽으로 13리 떨어진 지점에 있는데도 불구하고 대흥에서 서쪽으로 홍성 경계까지의 거리는 9리라는 사실이다.[61] 다시 말해서 『신증동국여지승람』에서 말하고 있는 임존성은 홍주목(洪州牧) 관내에 있는 성곽, 좀더 구체적으로는 학성산성을 가리키고 있는 것이 분명해 보인다.

『신증동국여지승람』에서 말하는 임존성이 봉수산성이 아니라 학성산성이라는 사실은 산성의 크기를 통해서도 확인해 볼 수 있다. 『신증동국여지승람』에는 임존성의 둘레가 5194척으로 나와 있다. 이러한 크기는 학성산성에서 남서쪽으로 1.2㎞의 거리를 두고 있는 석성산성(6040척)[62]보다도 작은 것이다. 그런데 실측결과 석성산성의 둘레가 1352.6m인 만큼 여기에서 보이는 1척은 곧 21.1㎝ 정도가 되고, 이는 1척의 길이가 20.81㎝였던 주척

60) 沈正輔, 앞의 주 45)의 論文, 1983, 161~162쪽.

61) 『新增東國輿地勝覽』 卷 20, 「大興縣」 條. "大興縣 東至公州界三十里 南至靑陽縣界二十二里 西至洪州界九里 北至禮山縣界十九里 距京都三百二十三里"

62) 『新增東國輿地勝覽』 卷 19, 「洪州牧」, 古跡條. "驪陽山城 石築周六千四十尺 內有二井今廢"

(周尺)을 단위로 하였음을 알 수 있다.[63] 그렇다면 임존성의 둘레인 5194척은 곧 1080m가 되어 1156m와는 76m, 그리고『한원(翰苑)』의 기록에 나와 있는 1104m와는 불과 24m의 오차를 보이고 있을 뿐이다.[64] 따라서 여기에서 말하는 임존성이 둘레 2426m의 봉수산성이 결코 될 수 없음은 너무나도 자명하다.

그럼 이러한 임존성에 관한 기록을『신증동국여지승람』찬자(撰者)는 왜 「홍주목(洪州牧)」조에 넣지 않고「대흥현」의 고적조(古跡條)에 넣었을까. 이것을 확인할 만한 자료는 없지만 건치연혁(建置沿革)에서 밝히듯이 임존성지역의 대부분이 나중에 대흥현으로 되었기 때문이 아닌가 생각된다. 즉, 대흥현의 모태(母胎)가 임존성이기 때문에 대흥현에 관한 기록내용 중에 임존성을 포함시킨 것이 아닐까 일단 추측해 본다.[65]

이러한 추론이 어느 정도 받아들여질 수 있는 것이라면 고고학적으로 보나 남겨진 기록을 통해서 보나 학성산성(鶴城山城)을 백제의 임존성(任存城)으로 보는 것이 자연스러워 보인다.

물론 그렇다고 해서 봉수산성(鳳首山城)을 임존성으로 부른 일이 전혀 없는 것은 아닌 것 같다. 이미 봉수산성에 대한 지표조사시 '임존(任存)' 내지는 '임존관(任存官)'이라고 새겨진 것으로 판단되는 통일신라시대 명문와(銘文瓦)가 발견된 바 있다.[66] 따라서 이 봉수산성도 임존성으로 불려졌을

---

63) 祥明大學校博物館,『洪城 石城山城 建物址發掘調査報告書』, 1998, 180쪽. 그런데 보고서에서는 석성산성의 둘레를 6400척이라고 보고 계산하였으나 실제로『新增東國輿地勝覽』에는 6040척으로 나온다. 둘 중 어느 것이 옳은지는 당장 판단하기 곤란하지만 어느 쪽이 되었든 城周 계산에 周尺을 사용한 것은 분명해 보인다.

64) 조선시대 때 邑城의 길이는 布帛尺이 기준이 되고 있으면서도 營造尺과 周尺이 같이 사용되었다고 한다(沈正輔,『韓國 邑城의 硏究』, 學硏文化社, 1995, 348쪽). 그렇다면 山城의 길이를 재는 데도 마찬가지였을 것이다.

65)『海東地圖』「大興郡」지도에는 大興과 洪州의 경계지점에 任存城이 절반 정도만 그려져 있는데, 같은 책「洪州牧」지도에는 任存城의 존재가 전혀 나타나지 않고 있다. 그림대로라면「洪州牧」지도에도 절반 정도는 나와 있어야 할 터인데, 이렇게 되어 있는 것은 역시 任存城은 위치와 상관없이 大興과 관련이 있다고 보았던 때문이 아닐까 생각된다.

가능성을 배제할 수 없다.

이러한 사실은 『대동지지(大東地志)』의 기록을 통해서도 확인된다. "任存城 在鳳首山"이라고 명확하게 설명하고 있기 때문이다. 아울러 봉수산(鳳首山)의 위치도 "西五里"라고 하였다. 따라서 『대동지지』의 찬주(撰者)는 봉수산성을 임존성으로 이해하였던 것이 분명해 보인다.

그럼 왜 『대동지지』는 서로 다른 유적을 동일한 유적으로 파악하게 되었을까.

학성산성이 백제의 임존성이고, 봉수산성이 통일신라시대의 산성이라는 사실을 염두에 두고 볼 때 『대동지지』, 「홍주목」 조에 있는 "洪州牧 本百濟 周留城 唐改支浸州"라고 한 기록을 재음미할 필요가 있을 것 같다. 홍성지역이 백제의 주류성(周留城)이 될 수 없음은 너무나도 분명하거니와[67] 그렇다면 여기에서 얘기하는 주류성이 혹 임존성의 착오는 아닐까. 그것은 뒤에 이어지는 당(唐)이 설치했다는 지침주(支浸州)의 기록을 통해서도 짐작된다.[68] 앞서 본 학성산성이 홍성군 관내에 있는 것도 하나의 근거가 될 것이다. 그렇다면 이 기록은 학성산성이 백제 임존성임을 방증해 주는 자료가 될 뿐만 아니라 다음과 같은 사실을 암시해 주기도 한다.

홍성지역이 하나의 행정구역으로 편제되는 것은 고려시대부터다.[69] 따라서 백제시대의 홍성지역은 이웃에 있던 임존성(大興), 사시량현(沙尸良縣(黎陽)), 결기군(結己郡(結城)), 마시산군(馬尸山郡(德山)) 등에 각각 분할되어 있었을 것이다. 당연히 백제의 임존성지역은 지금처럼 예산군 대흥면 관내로 한정될 것이 아니라 현재의 홍성군 관내 일정부분까지를 그 권역으로

---

66) 李南奭, 앞의 주 47)의 論文, 1999, 218~220쪽.

충남발전연구원, 앞의 주 50)의 報告書, 2000, 202~204쪽.

67) 나당연합군이 周留城을 함락시키고 최후로 남아 있던 任存城을 공격하려 나서던 모습을 "南方已征 廻軍北伐"이라고 묘사하고 있거니와 이로써 볼 때 周留城은 任存城과 반대되는 금강 남쪽, 백제의 지방편제로는 中方城 이남지역에 있었음을 알 수 있다.

68) 千寬宇, 「馬韓 諸國의 位置 試論」, 『東洋學』 9, 1979, 221쪽.

69) 『新增東國輿地勝覽』 卷 19, 「洪州牧」, 建置沿革條. "本高麗運州 成宗十四年置都團練使 …"

하고 있었을 것이다.

그런데 임존성이 함락되고 난 다음에 나당연합군, 혹은 신라의 백제 고지(故地) 지배정책에 따라 백제 부흥운동의 거점지였던, 그래서 통치하기에 상당히 부담감을 느낄 수 밖에 없었던 임존성(鶴城山城)을 폐성(廢城)시키고 새로이 현재의 봉수산(鳳首山)에 산성을 쌓고 이곳으로 임존성의 중심을 옮긴 것이 아닐까 한다. 당연히 봉수산에 새로이 축성한 성곽도 임존성으로 불려졌을 것이다. 봉수산성에서 '任存'이라고 새겨진 통일신라시대 명문와(銘文瓦)가 발견되고, 『대동지지』에서 봉수산성을 백제 임존성으로 기록하고 있는 것도 바로 이러한 치소(治所)의 이동을 입증하는 자료이자 그에 따르는 위치의 혼동을 반영하는 것으로 생각된다. 다시 말해서 통일 이후 임존성을 학성산성으로 보기도 하고 봉수산성으로 보기도 하였던 것이다.

이러한 치소(治所)의 변화에는 단순히 명칭의 이동만이 아닌 임존성(鶴城山城) 주변에 있던 민호(民戶)의 사민(徙民)과 행정구역의 변화를 초래하였을 것으로 믿어진다. 임존성의 후신으로서의 대흥지역이 현재와 같이 구역이 정해진 것은 이렇게 백제 임존성(서방성)의 구역이 축소된 다음의 일이었다. 뿐만 아니라 전혀 관계없는 것처럼 보이는 주류성(周留城)이나 지침주(支浸州)의 위치가 홍성지역이라고 하는 『대동지지』의 기록이 등장할 수 있었던 것도 그 때문인 것으로 생각된다.

백제의 5방성(方城)이던 임존성(任存城)이 임성군(任城郡)으로 읍격(邑格)이 강등되는 조치도 이 때 뒤따랐을 것이다. 아울러 이 때 새로이 변경된 임성군 관내는 크게 변하지 않고 조선 후기까지 이어져 결국 『대동여지도(大東輿地圖)』에 대흥지역(大興地域)의 관내가 현재와 같이 표시되고, 그것이 오늘날까지 예산과 홍성의 경계선으로 나타난 것이 아닌가 한다.[70] 즉,

---

70) 물론 통일신라시대에도 얼마간의 행정구역의 변화와 治所의 이동이 있었을 것이다(李文基, 「統一新羅의 地方官制 研究」, 『國史館論叢』 20, 1991, 4~13쪽). 그러나 백제에서 통일신라로 바뀌는 시기 만큼의 변화는 아닌 것으로 생각된다.

지금의 예산과 홍성, 그리고 백제 임존성의 후신인 대흥지역의 강역은 백제 때의 그것이 아니라 대체로 통일신라 때의 그것임을 짐작해 볼 수 있다. 현재의 대흥지역이 임존성의 후신(後身)이라고 하여 임존성의 위치를 지금의 대흥지역 내에서만 찾아서는 안되는 이유가 여기에 있다. 그리고 이러한 사정은 비단 임존성만이 아니라 다른 백제 고지(故地)에 대해서도 마찬가지일 것이다.

결국『대동지지』「홍주목」조의 기록과 고고학적인 자료를 통해서 볼 때 학성산성이 위치한 곳이 현재는 홍성지역으로 되어 있지만 백제 때에는 임존지역임을 확인하였다. 그런 점에서 이 학성산성이야말로 백제의 임존성(서방성)이라고 판단된다. 아울러 통일이 된 후에 백제 고지(故地)에 대한 지배정책의 일환으로 부흥운동의 거점이었던 임존성(鶴城山城)을 현재의 예산 대흥에 있는 봉수산성으로 옮김으로써 임존성의 위치에 대한 착오와 혼란을 초래하게 되었고, 동시에 학성산성이 현재처럼 홍성군 관내에 남게 된 것으로 판단된다.

(3) 중방성의 위치

백제의 중방성은 수도에서 남쪽으로 260리 떨어진 지점에 있었다고 『주서(周書)』와 『한원(翰苑)』에는 기록되어 있다. 이 중방성이 현재의 전북 고부라는 사실에 대해서는 모든 연구자들의 견해가 일치하고 있다.

사실『삼국사기』권 36, 「잡지」 5, 지리 3에는 "古阜郡 本百濟古眇夫里郡"이라고 되어 있다. 여기서 말하는 고묘부리군(古眇夫里郡)이 고사부리군(古沙夫里郡)의 오기(誤記)라면 당연히 중방성은 고부(古阜)가 되는 셈이다. 또한,『고려사(高麗史)』권 57, 「지(志)」 11, 지리 2에도 "古阜郡 本百濟古沙夫里郡 新羅景德王改今名"이라고 설명되어 있고,『신증동국여지승람』「고부군」 연혁에도 같은 설명이 남아 있다. 이렇게 백제 중방성을 고부지역(古阜地域)으로 보는 데에는 제사서(諸史書)가 서로 일치하고 있어 별다른 의문이 없는 듯하다.

그럼 구체적으로 고부지역의 어느 성곽의 백제의 중방성이었을까.

고부지역에 있는 중방성을 확인하기 위해서는 다음과 같은 자료들이 주목된다.

I. 三月五日 至中路 品日分麾下軍 先行往豆良尹(一作伊)城南相營地 百濟人 望陣不整 猝出急擊不意 我軍驚駭潰北 十二日 大軍來屯古沙比城外 進攻豆 良尹城 一朔有六日不克(『三國史記』卷 5, 「新羅本紀」, 太宗武烈王 8年條)

J. 武王從子福信嘗將兵 乃與浮屠道琛據周留城叛 迎古王子扶餘豊 嘗質於 倭國者 立之爲王 西北部皆應 引兵圍仁願於都城 … 福信等乃釋都城之圍 退保任存城 新羅人以糧盡引還 時龍朔元年三月也 於是 … 仁軌以衆小 與 仁願合軍休息士卒 上表請合 新羅圖之 羅王春秋奉詔 … 至古泗 福信邀擊 敗之(『三國史記』卷 28, 「百濟本紀」, 義慈王 20年條)

K. 大王報書云 先王 貞觀二十二年立朝 … 至(顯慶)六年 福信徒黨漸多 侵 取江東之地 熊津漢 兵一千 往打賊徒 被賊破 一人不歸 自敗已來 熊津請 兵 日夕相繼 … 遂發兵衆往圍周留城 賊知兵小 遂卽來打 大損兵馬失利 而歸 南方諸城 一時摠叛並 屬福信(『三國史記』卷 7, 「新羅本紀」, 文武王 下 11年條)

L. 百濟僧道琛舊將福信率衆據周留城以叛 遣使往倭國 迎故王子扶餘豊立爲 王 其西部 北部城應之 時郞將劉仁願留鎭於百濟府城 道琛等引兵圍之 帶方州刺史劉仁軌 代文度統衆 便道發新羅兵合契 以救仁願 … 道琛等乃 釋仁願之圍 退保任存城 新羅兵士以糧盡引還 時龍朔元年三月也(『舊唐 書』卷 199, 「列傳」, 東夷 百濟)

이 기록은 백제 부흥운동의 중심 거성(據城) 중 하나였던 주류성(周留城)의 위치를 확인할 때 곧잘 인용하던 사료들이다. 나당연합군에 의해 사비도성이 함락되었음에도 복신(福信)과 도침(道琛)을 중심으로 한 백제 부흥군(復興軍)이 저항을 계속하여 유인원(劉仁願)이 지키고 있던 사비성을 포위하는 사태가 벌어진다. 이에 당(唐)에서는 왕문도(王文度)를 보내 돕게 했으나 그가 부임하자마자 급사하자 다시 대방주자사(帶方州刺史) 유인궤(劉仁軌)로 하여금 유인원을 돕게 하였다. 이 때 당의 요청으로 신라에서도 구원병을 보내오지만 두량윤성(豆良尹城)에서 패한 후 본국으로 철수하고 만다. 위의 기록은 대체로 이러한 사정을 전하고 있는 것이다.

사비도성의 포위를 풀기 위해 출동한 신라군사는 사료 I에서 보듯이 두량윤성을 공격하고 있다. 이 첫 전투에서 백제군의 기습공격으로 패배한 신라군은 1주일 뒤 대군(大軍)이 오자 고사비성(古沙比城) 밖에 진을 쳤다가 두량윤성(豆良尹城)으로 공격하고 있다. 그런데 같은 장소가 사료 K에서는 주류성으로 표기되어 있다. 사료 L이나 『자치통감(資治通鑑)』과 같은 중국측 기록에도 당시 백제 부흥군의 중심 거성(據城)은 주류성으로 나온다.

그럼 여기에서 보이는 두량윤성과 고사비성, 주류성은 각각 어떤 관계일까.

먼저 사료 I에서 보면 고사비성(古沙比城)의 밖에 와 있다가 두량윤성(豆良尹城)을 공격하는 것으로 보아 두량윤성과 고사비성은 서로 다른 존재처럼 보인다. 그런데 자세히 검토해 보면 '고사비성외(古沙比城外)'는 '두량윤성남(豆良尹城南)'과 대응되고 '내둔(來屯)'은 '상영지(相營地)'와 대응됨을 알 수 있다.

처음에 두량윤성을 공격하기 위해 그 '성남(城南)'에 진영을 차리려고 하였듯이 대규모 지원병이 왔을 때 고사비성 밖에 주둔하였다가 고사비성(豆良尹城)을 공격한 것임을 알 수 있다. 고사비성과 두량윤성은 명칭만 다르고 실체는 같은 성곽인 셈이다. 지원병(大軍)이 고사비성으로 온 것으로 보아 두량윤성은 고사비성 근처에 있는 것이 분명한데, 이 고사비성이 고사부

리성(古沙夫里城), 즉 고사성(古沙城)이 분명하다면 방성(方城)을 버리고 부
흥군(復興軍)이 굳이 방성 근처에 있는 두량윤성(豆良尹城)이라고 하는 작
은 규모의 군성(郡城)이나 현성(縣城)에 들어가 저항하였을 까닭이 없기 때
문이다. 더구나 고사비성 외에 신라군대가 주둔하고 있는 데에서 알 수 있
듯이 고사비성은 당시 신라측의 수중에 있었던 것도 아니다.

그런데 이 두량윤성은 사료 K에서 보듯이 주류성(周留城)으로도 불렸던
것을 알 수 있다. 결국 두량윤성과 고사비성, 주류성은 서로 같은 성곽임을
알 수 있다. 그런데도 종래에는 주류성이나 두량윤성의 위치를 비정할 때
그것을 당시의 백제 지방통치와 연계시키지 않고 단순히 기록에 보이는 사
실들을 연결시키기에 급급하여 이들을 서로 다른 성곽으로 오해하였다.[71]
오히려 문제를 더 복잡하게 만든 셈이다.

백제유민들이 주류성을 중심으로 부흥운동을 전개하다 사비도성을 포위
하자 당과 신라에서는 다시 구원병을 보내게 된다. 이 때 주류성(周留城) 본
진에는 복신(福信)이 남아서 지키고 도침(道琛)은 병사 일부를 이끌고 유인
궤(劉仁軌)를 저지하러 웅진강(熊津江)으로 간다. 따라서 신라에서는 당군
(唐軍)과 연합하여 웅진강구(熊津江口)를 막고 있는 백제 부흥군을 토벌하

---

71) 李丙燾는 여기에서 보이는 豆良尹城을 錦山郡 富利面에 비정하고, 古沙比城은 全北 臨陂에
비정하고 있다(李丙燾, 『國譯 三國史記』, 乙酉文化社, 1977, 88쪽). 그런데, 이렇게 되면 왜 錦
山에 있는 豆良尹城을 공격하기 위해 臨陂로 大軍이 와서 모이게 되었는지가 설명되지 않는
다. 또한 沈正輔 역시 이 豆良尹城을 충남 定山에 비정하고 있는데, 豆良尹城을 공격하러 大
軍이 古沙比城에 온 이유를 설명하기 위해 이 '古沙比城'을 옛 泗沘城이란 뜻의 '古泗沘城'의
誤記일 가능성이 크다고 보고 있다(沈正輔, 「百濟 周留城考」, 『百濟文化』 28輯, 1999, 14쪽).
그러나 泗沘都城이라든가 府城이라는 표현은 있어도 古泗沘城이라는 표현은 찾아보기 어렵
고,「百濟本紀」와『資治通鑑』에는 '至古泗'로 되어 있는 만큼 여기서 보이는 古沙比城은 古沙
夫里城, 古四州, 곧 古沙城임에 틀림없다.
물론 이럴 경우「地理」4, 百濟에 보이는 '悅己縣 一云 豆陵尹城'이 문제가 될 수 있다. 이에
대해서는 앞으로 충분한 보완 설명이 있어야겠지만 우선 完山을 '一云 比斯伐'이라고 한 데
서 알 수 있듯이 '一云'에 대해서는 새로운 검토가 필요한 것으로 생각된다. 실제로「三國有
名未詳地分」에는 '支羅城 一云 周留城'이라고 기록하고 있는데, 여기서 말하는 支羅城은 龍朔
2년에 함락되기 때문에 周留城이 될 수 없음이 너무나도 自明하다.

러 가고, 그중 일부는 사료 I에서 보듯이 부흥군의 본진이라고 할 수 있는 두량윤성(豆良尹城)을 공격하러 갔던 것이다.

결국 웅진강구를 막고 있던 백제 부흥군은 크게 패하여 도침(道琛)이 임존성(任存城)으로 물러나고 부성(府城)의 포위도 자연 풀리게 된다. 그러나 두량윤성(고사비성(古沙比城) = 주류성(周留城))을 공격하러 갔던 신라군사는 오히려 백제군의 기습을 받아 대패하고 만다. 이어서 웅진강 전투가 끝난 후 합류한 대군(大軍) 역시 한달 6일 동안의 전투를 벌였으나 결국 두량윤성을 함락시키지 못하고 철수하여 두 번 다시 나오지 못하게 되었다. 복신(福信)은 이러한 승세를 타고 재차 사비도성을 포위하게 되는 것이다.

이처럼 방성(方城)과 부흥운동시의 거점성(據點城)에 대한 기록은 서로를 보완해 줄 수 있는 자료들이다. 그런데도 양자를 연계시키지 못하고 음상사(音相似)에 의존하여 그 위치를 구하다 보니 혼란만 가중되고, 백제의 지방통치나 군사 방어체계에 대한 이해에도 별다른 도움이 되지 못했던 것이다.

물론 방성과 부흥운동시의 거점성이 동일 장소라는 사실을 알 수 없었던 데에는 위에서 인용한 사료들에서 보듯이 동일 장소에 대한 명칭이 서로 다르게 나타나는 것이 1차적인 원인이기는 하다. 즉,『삼국사기』의 부흥운동에 관한 기록은 대부분이 중국측 기록을 참고로 하면서도 백제측에서 부르는 용어와 신라측에서 부르는 용어들이 뒤섞여 있다. 따라서 중국측 기록에는 주류성(周留城)으로 되어 있는데 비해 백제쪽에서는 고사비성(古沙比城)으로 되어 있고, 신라측에서는 두량윤성, 두릉윤성(豆陵尹城), 혹은 두솔성(豆率城)[72] 등으로 나타나고 있다. 그런가 하면『일본서기』에는 주유성(州柔城)으로도 나온다.[73] 두량윤성과 고사비성, 주류성 등은 명칭은 다르지만 실은 동일지명이었던 것이다.[74]

---

72)『三國史記』卷 42,「列傳」, 金庾信 中. "龍朔三年癸亥 百濟諸城潛圖興復其渠帥 據豆率城乞師於 倭爲援助 … 八月十三日 至于豆率城 百濟人與倭人出陣 我軍力戰大敗之"

73)『日本書紀』,「天智紀」. "天智二年八月甲午 新羅以百濟王斬己良將 謀直入國先取州柔 …"

실제로 주류성이 단순히 하나의 방어시설물이 아니라 임존성과 같이 백제의 방성(中方城)이었음을 알게 하는 것으로 다음과 같은 기록이 있다.

M. 至龍朔三年 摠管孫仁師 領兵來救府城 新羅兵馬 亦發同征 行至周留城下 此時倭國船兵來助百濟 倭船千艘 停在白沙 百濟精騎 岸上守船 新羅驍騎爲漢前鋒 先破岸陣周留失膽遂卽降下 南方已定 廻軍北伐(『三國史記』卷 7,「新羅本紀」, 文武王 下 11年條)

N. 大王報書云 先王 貞觀二十二年 入朝 … 至六年福信徒黨漸多 侵取江東之地 … 遂發兵衆 往圍周留城 賊知兵小 遂卽來打 大損兵馬 失利而歸 南方諸城 一時總叛 並屬福信(『三國史記』卷 7,「新羅本紀」, 文武王 下

---

74) 沈正輔는 사료 I와 사료 K가 서로 다른 시기의 내용이라는 점을 들어 豆良尹城과 周留城이 동일한 유적이 아니라고 보았다. 아마도 그것은 豆良尹城을 定山으로 비정하고, 周留城을 舒川에 비정하고 있기 때문이 아닌가 싶은데, 시간적으로 서로 다르다고 하여 豆良尹城을 周留城과 다른 존재로 볼 필요는 없다고 생각한다. 예를 들어 위의 기록보다 늦은 시기에 해당되는 龍朔 3년의 기록에 豆率城의 존재가 보이거니와 이 豆率城이 周留城이 분명한 이상 명칭은 달라질 수 있다고 보기 때문이다. 그렇지 않고 豆良尹城과 周留城이 서로 다른 성곽이고, 위의 기록도 서로 시기를 달리하는 것이라면 豆良尹城을 공격하기 위해 간 군대가 왜 古沙比城에 도착하게 되었는지, 그리고 처음에는 唐軍의 요청을 받아 출동한 신라군이 豆良尹城을 공격하였는데, 두 번째 출동한 군대는 적은 군사로도 왜 부흥운동의 최대 거점성인 周留城을 포위하였다가 크게 패하게 되었는지가 설명되어야 할 것이다.

또한 定山은 『三國史記』에서도 보이듯이 백제 悅已縣지역이거니와 이러한 縣에까지 백제에서 모두 성곽을 축성하였는지도 의심스럽지만 縣城이 있었다고 하더라도 縣城까지 나당연합군이 공격하였을까는 더욱 의심스럽다. 眞峴城은 饋道를 끊고 있어 공격한 것이지만 나머지 郡城이나 縣城은 개별적으로는 위협적인 존재가 되지 못했던 것 같다. 예를 들어 周留城을 함락시킬 때 "若克之諸城自下"라고 한 劉仁軌의 말이 시사하듯이 당시에는 方城이 함락되면 그 주변에 있는 성곽들은 저절로 항복할 수밖에 없었다. 이것은 백제 성곽체제의 한 특징이기도 하다(金周成,「백제 지방통치조직의 변화와 지방사회의 재편」, 『國史館論叢』35, 1992, 38쪽). 실제로 周留城이 함락되었을 때 "南方已定 廻軍北伐"이라고 표현하고 있다. 따라서 나당연합군의 공격은 부흥운동의 거점지라고 할 수 있는 任存城(서방성)과 周留城(중방성)에 집중될 수밖에 없었다고 판단된다.

11年條)

O. 仁師旣與仁軌等相合 兵士大振 於是諸將會議 或曰 加林城水陸之衝 請
　先擊之 仁軌曰 加林險固 急攻則傷損戰士 … 不如先攻周留城 周留賊之
　巢穴 群兇所聚 … 須拔其源 若剋周留則諸城自下(『舊唐書』 卷 84, 「列傳」,
　劉仁軌傳)

P. 自熊津江往白江 以會陸軍 同趨周留城 仁軌遇扶餘豊之 衆於白江之口
　四戰皆捷 焚其舟四百腹 賊衆大潰 扶餘豊脫身而走 僞王子扶餘忠勝 忠
　志等 率士女及倭衆並降 百濟諸城皆復歸順(『舊唐書』 卷199, 「列傳」, 東夷
　百濟傳)

먼저 사료 M에서 보면 주류성(周留城)이 함락되자 "南方已定 廻軍北伐"
이라고 표현하고 있다. 주류성이 함락되자 백제 남방(南方)이 더 이상 부흥
운동을 전개할 수 없게 되었던 것이다. 이것은 주류성이 백제 남방의 대표
적인 중심 성곽이자, 백제 남방이 주류성을 중심으로 부흥운동을 전개하고
있었음을 의미하는 것이다.[75] 이것은 마치 서방성(西方城)이 임존성(任存

---

75) 이것으로 보아 周留城이 백제 南方城이 아닌가 하는 의심이 들기도 한다. 일찍이 千寬宇는
丁若鏞의 설을 인용하면서 백제의 中方은 金堤 金溝이고 井邑 古阜는 南方이 아닐까 하는 견
해를 피력한 바 있는데(千寬宇, 앞의 주 64)의 論文, 212쪽), 언뜻 보아서는 터무니없는 주장
처럼 보일지 모르지만 深思熟考한 결과가 아닌가 생각된다. 물론 이렇게 되기 위해서는 『翰
苑』이 誤記임을 먼저 증명하여야겠지만 王都에서 각각 350里와 360里 떨어진 비슷한 거리의
西方城과 南方城이 부흥운동의 중심이 되었다는 점만은 흥미로운 사실이 아닐 수 없다. 다만
任存城이 西方城이 분명하다면 『翰苑』의 里數로는 대략 200里 정도가 되므로 『翰苑』의 기록
대로 中方城은 260里 정도가 되어 200~260里 정도 떨어진 西方城과 中方城이 당시 부흥운
동의 핵심적인 據城이었다고 보아야 할 것이다. 실제로 위에서 예로 든 사료에서 보이는 '南
方'도 5方城의 南方을 의미하는 것이 아니라 '廻軍北伐'의 '北伐'에 대응되는 단순히 泗沘都城
남쪽을 의미하는 것이다. 그것은 '廻軍北伐'의 대상이 西方城임에도 분명한데도 불구하고 '北
伐'이라는 표현을 쓰고 있는 것으로 보아서도 짐작할 수 있다.

城)을 중심으로 부흥운동을 전개하였던 것과 흡사한 모습이다.

이러한 사실은 사료 N을 통해서도 확인된다. 나당연합군의 공격을 효과적으로 방어하자 백제 남방의 제성(諸城)이 일시에 '총반(總叛)'하여 복신(福信)에 속하고 있는 것이다. 이는 마치 흑치상지(黑齒常之)가 임존성을 중심으로 부흥운동을 일으키자 '不旬日歸者三萬'이라고 한 기사를 연상시킨다.

유인궤(劉仁軌) 역시 사료 O에서 보듯이 이러한 주류성이 부흥운동에서 차지하는 위치를 정확히 파악하고 있었던 듯 주류성이 함락되면 나머지 제성(諸城)들은 저절로 항복할 것으로 보고 있다. 실제로 사료 P에서 보듯이 주류성이 함락되자 주변에 있던 제성(諸城)들은 더 이상 전의를 상실하고 모두 항복하고 있다. 그것은 마치 흑치상지가 '소부(所部)'의 모든 성을 들어 항복하려고 했던 것과 같은 모습이다. 흑치상지가 제성을 통제하였듯이 주류성 역시 주변에 있는 제성을 통제하는 위치에 있었음을 알 수 있다.

그런데 백제에서 주변에 있는 제성(諸城)을 통제할 수 있는 성은 방성(方城)밖에 없다.[76] 그런 점에서 주류성은 곧 백제의 방성, 즉 중방성으로 생각된다. 그런 점에서 주류성과 두량윤성(豆良尹城), 고사비성(古沙比城)은 다 같이 백제 중방성(中方城)의 이칭(異稱)이라고 믿어진다.[77]

---

76) 金周成, 「백제 지방통치조직의 변화와 지방사회의 재편」, 『國史館論叢』 35輯, 1992, 44쪽.

77) 全榮來는 周留城과 豆良尹城, 豆率城을 같은 것으로 보고 있지만 이들과 中方城 古沙夫里城, 혹은 古沙比城과는 다른 것으로 보고 있다(全榮來, 「周留城‧白江 位置比定에 관한 新硏究」, 『우금(周留)山城 關聯遺蹟 地表調査 報告書』, 圓光大馬韓百濟文化硏究所, 1995, 127쪽). 뿐만 아니라 『日本書紀』, 「天智紀」에 보이는 疎留城이나 「齊明紀」에 보이는 都都岐留城 역시 周留城과 같은 것으로 보고 있다(全榮來, 위의 보고서, 144~145쪽). 실제로 疎留城과 都都岐留城은 周留城과 같은 것으로 판단되는데, 「齊明紀」에는 이 都都岐留城이 中部 久麻怒利城으로 나온다. 都都岐留城과 久麻怒利城이 같은 것이므로 都都岐留城이 周留城이라면 당연히 久麻怒利城 = 中部城 = 中方城도 周留城이 되어야 할 터인데, 都都岐留城이 周留城임을 인정하고, 여기서 보이는 中部가 곧 中方임을 인정하면서도 久麻怒利城 = 都都岐留城, 다시 말해서 周留城과 中方城은 다른 것으로 보고 있다. 그러나 실은 「齊明紀」에 久麻怒利城이 中部로 나와 있듯이 久麻怒利城, 都都岐留城, 疎留城은 豆率城, 豆良尹城, 周留城, 古沙比城, 古沙城, 古沙夫里城과 더불어 다 같이 백제 中方城을 의미하는 것으로 보아야 할 것이다.

그럼 이러한 백제의 중방성은 구체적으로 어떤 성곽일까.

중방성이 고부지역인 것에 대해서는 의견이 일치하지만 구체적으로 어느 성곽이 중방성인가에 대해서는 별다른 논의가 없었다. 다만 부흥운동과 관련하여 주류성의 위치에 대해서는 다양한 논의가 있어 왔다. 그런데 앞서 설명한 대로 중방성이 주류성일 가능성이 있다면 주류성의 위치를 통해 중방성의 위치를 확인할 수 있을 것이다.

종래에 주류성의 위치를 비정할 때 중요한 관건(關鍵)으로 생각했던 것이 백강(白江)이다. 기록에 의하면 이 주류성은 백강 근처에 있는 것으로 되어 있기 때문이다. 이에 대한 기록을 보면 다음과 같은 것이 있다.

Q. ① 孫仁師中路迎擊破之 遂與仁願之衆相合兵勢大振 於是仁師仁願及新羅王金法敏 帥陸軍 進劉仁軌及別帥杜爽扶餘隆 率水軍及糧船 自熊津江往白江以會陸軍 同趨周留城 仁軌遇扶餘豊之衆於白江之口 四戰皆捷(『舊唐書』卷 199, 「列傳」, 東夷 百濟)

② 於是仁師仁願與新羅王法敏 將陸軍以進 仁軌與別將杜爽扶餘隆 將水軍及糧船 自熊津入 白江 以會陸軍 同趨周留城 遇倭兵於白江口 四戰皆捷(『資治通鑑』卷 201, 「唐紀」, 高宗中之上)

위의 기록에서 보듯이 확실히 백강은 주류성의 위치를 파악할 수 있는 중요한 관건이 되는 것이 틀림없다. 주류성으로 가기 위해 웅진강에서 백강으로 나아가 육군과 해군이 함께 만나서 주류성으로 간 것으로 되어 있거니와 결국 주류성은 백강 근처에 있는 것이 분명하기 때문이다.

그럼 이러한 백강의 위치는 어디일까.

백강이 주류성의 위치를 가늠하는 관건이 되므로 주류성의 위치에 대한 견해만큼이나 백강의 위치에 대한 견해도 다양하다. 그러나 크게 보면 부여 부근의 금강(錦江)이라는 설과 전북의 동진강(東津江)이라는 설로 압축해 볼 수 있다.

부여 부근의 금강이라는 설은 주류성을 서천지역(舒川地域)에다 비정하고 있고, 그에 따라 웅진(熊津)에서 서천(舒川)에 이르기 전에 해당되는 부여 부근의 금강을 자연스럽게 백강으로 파악하고 있다. 그에 비해 동진강이라는 설은 주류성이 동진강 주변에 자리하고 있다고 보고, 실제로 동진강 주변의 부안(扶安)쪽에서 그 위치를 구하고 있다.

이렇게 두 견해가 서로 맞서게 된 것은 주류성의 위치 문제와 연계되어 있기도 하지만 '백강'이 등장하는 사료(史料)의 기본 성격을 간과한 때문이 아닌가 한다.

백강의 위치를 확인하기 위해 사료에 등장하는 백강 기사를 정리해 보면 다음과 같은 것이 더 있다.

S. ① 佐平苩加據加林城叛　王帥兵馬至牛頭城　命扞率解明討之　苩加出降 王斬之　投於白江(『三國史記』卷 26,「百濟本紀」, 武寧王 元年條)

② 成忠瘦死　臨終　上書曰…若異國兵來　陸路不使過沈峴　水軍不使入伎 伐浦之岸　據其險隘　以禦之　然後可也(『三國史記』卷 28,「百濟本紀」義慈 王 16年條)

③ 興首曰　唐兵旣衆　師律嚴明　況與新羅　共謀掎角　若對陣於平原廣野　勝 敗未可知也　白江(或云 伎伐浦)炭峴(或云 沈峴) 我國之要路也…又聞 唐羅兵已過白江炭峴遣將軍堦伯　帥死五千　出黃山　與羅兵戰　四合皆 勝之兵寡力屈　竟敗　堦伯死之　於是合兵禦熊津口(『三國史記』卷 28,「百 濟本紀」, 義慈王 20年條)

④ 七月九日　庾信等進軍於黃山之原　百濟將軍堦伯擁兵而至…百濟衆大 敗　堦伯死之　虜佐平忠常永等二十餘人是日　定方與副摠管金仁問等

到伎伐浦 遇百濟兵 逆擊大敗之(『三國史記』 卷 5,「新羅本紀」, 太宗武烈
王 7年條)

⑤ 佐平成忠極諫 不聽 囚於獄中 … 若異國兵來 陸路不使過炭峴(一云 沈
峴 百濟要害之地) 水軍不使入伎伐浦(卽 長岩 又孫梁 一作只火浦 又
白江) 據其險隘以禦之 然後可也 王不省(『三國遺事』 卷 2,「紀異」, 太宗
春秋公條)

T. 於是 仁師仁願及羅王金法敏 帥陸軍進 劉仁軌及別帥杜爽扶餘隆 帥水軍
及糧船 自熊津江往白江 以會陸軍 同趨周留城 又倭人白江口 四戰皆克
(『三國史記』 卷 28,「百濟本紀」, 義慈王 20年條(龍朔3年))

여기에서 보면 S-②와 S-④는 백강이란 말 대신 기벌포(伎伐浦)가 나오
고 있지만 S-③과 S-⑤에서 보듯이 이 기벌포는 결국 백강을 의미하는 것
이기 때문에 소개하였다.

사료 S는 국내쪽 자료를 바탕으로 쓰여진 것이 분명한데, 여기서 보이는
백강은 지금의 금강이라고 보는 것이 옳을 듯하다. S-①에서 보듯이 가림
성(加林城)은 현재의 부여 임천(林川)이라고 믿어지고, S-③에서는 실제로
'웅진구(熊津口)'가 보이기 때문이다. 이 '웅진구'는 실은 '웅진강구(熊津江
口)'가 되겠지만, 그렇다면 이 웅진구가 곧 기벌포요, 백강이라고 보아야 할
것이다. 실제로 S-③에서 보듯이 백강은 웅진강이라고도 불렸다.

동일한 강의 명칭이 서로 다르게 나타난 것은 '백강'이란 명칭이 백제 사
람들의 명칭인데 비해 웅진강은 중국의 호칭이기 때문이다. 즉, 현재의 금
강을 백제인들은 백강으로 부른 반면에 중국인들은 웅진강으로 불렀던 것
이다. 따라서 백제 멸망 이전에 나오는 사료 S의 백강은 모두가 현재의 금
강임에 틀림없다.

그런데 문제는 사비도성이 함락된 이후에 등장하는 백강이 그 이전과 동

일한 것인가 하는 것이다. 다 아는 바와 같이 당군(唐軍)이 백제에 상륙한 다음부터의 『삼국사기』 기록은 중국측 기록을 전사(轉寫)해 놓은 것에 불과하다. 오히려 이 과정에서 주류성의 명칭에서도 보듯이 여러 가지 다른 명칭들이 덧붙여져 혼란을 가중시키고 있다. 따라서 이 부분에 대한 사실(史實)은 『삼국사기』보다 중국측 기록을 참고하는 것이 주류성이나 백강의 위치를 이해하는 데 훨씬 타당한 것으로 생각된다. 그런 점에서 다음의 사료를 보자.

U. ① 顯慶五年 從幸太原 制授熊津道大總管 率師討百濟 定方自城山濟海 至熊津江口 賊屯兵 據江 定方升東岸(『舊唐書』卷 83,「列傳」, 蘇定方)

② 顯慶五年 乃詔左衛大將軍蘇定方 爲神丘道行軍大總管 … 發新羅兵討 之 自城山 濟海 百濟守熊津口 定方縱擊 虜大敗(『新唐書』卷 220,「列 傳」, 東夷 百濟)

③ 八月蘇定方引兵自成山濟海 百濟據熊津江口以拒之 定方進擊破之 百 濟死者數千人(『資治通鑑』卷 200,「唐紀」, 高宗上之下)

④ 帶方州刺史劉仁軌代文度統衆 便道發新羅兵合契 以救仁願 轉鬪而前 所向皆下 道琛等 於熊津江口立兩柵 以拒官軍(『舊唐書』, 卷 199,「列 傳」, 東夷百濟)

⑤ 文度濟海卒 以劉仁軌代之 … 仁軌發新羅兵往救 道琛立二壁熊津江 仁軌與新羅兵(『新唐書』卷 220,「列傳」, 東夷百濟)

사료 U는 주류성을 함락시키기 위해 웅진강에서 백강으로 나오기 이전에 나타나는 웅진강 관련 기사다. 위의 기록에서 보듯이 중국측 기록에는 당군이 처음에 상륙한 지점, 뒤이어 구원병으로 오는 유인궤의 상륙지점이 모두 일관되게 웅진강구로 나온다. 다시 말해서 금강을 백제에서는 백강으로 부른 것이 분명하지만 중국에서는 반대로 백강으로 부른 적이 없음을 알 수 있다. 적어도 사료 U에서 보는 한 주류성을 공격하던 용삭(龍朔) 3년 (663) 이전에는 없다. 그런 점에서 볼 때 사료 S에 나오는 백강과 사료 T에 나오는 백강은 명칭은 같지만 실체는 전혀 다른 것임을 알 수 있다. 사료 S 는 국내측 자료에 근거한 백강이고, 사료 T는 사료 Q에 보이는 중국측 자료에 근거한 백강이기 때문이다.

종래의 백강 연구자들은 이렇게 백강의 존재를 알려주는 사료에 두 계통이 있음을 간과하였다. 따라서 '백강(白江)'이라는 명칭에만 집착하여 당군이 처음 상륙한 지점부터 663년에 주류성 공격시에 나오는 백강을 동일시하여 둘 다 금강으로 보든가 동진강에 비정하였던 것이다.

그럼 어찌하여 이러한 혼란이 야기되었을까. 여기에는 대체로 다음과 같은 이유를 들 수 있을 것 같다.

먼저, 백제에서 말하는 '백강'이란 말 그대로 '왕성의 서쪽에 있는 강' 내지는 '왕성의 서쪽을 흐르는 강'이 아닌가 싶다.[78] 따라서 백제가 멸망하기 이전의 백강은 금강밖에 없었다. 사료 S에서 보이는 백강은 그런 점에서도 금강을 가리키고 있는 것이 분명하다.

그런데 이 백강을 중국에서는 웅진강으로 불렀다. 그 이유는 분명하지 않지만 왕도(王都) 옆에 있는 강이기 때문에 왕도의 명칭을 따서 부른 것이 아닌가 생각된다.

물론 사료 U가 대상으로 하는 시기는 사비시대다. 그러나 중국에서는 사

---

78) 都守熙는 '白江'의 '白'이 '히-'와 '숣-', '大, 長' 등으로 풀이될 수 있다고 보고 그 중 '숣-'을 택하여 숣(강) - 술비(강) - 스비(강)으로 풀어 泗沘, 所夫里와 같은 뜻으로 해석하고 있다. 이렇게 되면 부여 일원의 江名을 백제시대에는 所夫里(河) = 泗沘(河) = 白(江)이라고 불렀고, 그 중 白江은 보다 이른 시기의 고유명 泗沘河를 漢語化한 改名表記에 불과하다고 보고 있다(都守熙,「百濟語의「白·熊·泗沘·伐伐」에 對하여」,『百濟研究』14, 1983, 26~27쪽).

비로 천도한 이후에도 백제의 도읍지를 웅진으로 알고 있었다. 부여가 고마
성(固麻城)으로 혼동된 과정은 이미 지적된 바가 있다.[79] 즉, 『양서(梁書)』에
서 "號所治城曰固麻"라 하여 웅진시대 백제의 도읍지가 고마(固麻)라고 하
였는데, 『주서(周書)』에서 5방성(方城)을 설명하면서도 "治固麻城"이라 하
여 혼동을 보이고 있다. 그 후 『수서(隋書)』에서는 "其都曰居拔城"이라고
하였으나 『북사(北史)』에서는 "百濟都俱拔城 亦曰 固麻城"이라 하여 공주
와 부여의 혼동이 '역왈(亦曰)'로 처리되어 있고, 다시 『구당서(舊唐書)』에
서는 "其王所居有東西兩城"이라 하고, 『신당서(新唐書)』에서는 "王居東西二
城"이라 하여 동서양성설(東西兩城說)로 자리잡게 된다.

이렇게 중국에서는 사비 천도 후에도 도읍지를 여전히 고마(固麻)＝웅진
으로 잘못 알고 있었던 것이다. 그렇기 때문에 중국에서는 왕성(王城)의 이
름을 따서 백강을 웅진강으로 불렀던 것이 아닌가 추측된다.[80]

그런데 사비도성이 함락된 후 부흥운동이 전개되자 주류성에 있던 복신
(福信)과 도침(道琛)은 일본에 가 있던 왕자 풍(豊)을 모셔와 왕통을 잇게
하였다. 주류성이 왕성이 되었던 것이다.[81] 따라서 이 때 주류성 옆에 있던
강, 그것도 서쪽으로 흐르는 강은 다시 백강으로 불렸을 가능성이 높아 보
인다. 위의 사료 Q에 보이는 "自熊津江往白江"의 백강(白江)은 바로 이렇게
주류성 근처에 있는 강(東津江)을 의미하는 것이다.

---

79) 李弘稙, 「梁職貢圖論考」, 『韓國古代史의 硏究』, 1971, 404~405쪽.
　　千寬宇, 「馬韓諸國의 位置 試論」, 『東洋學』 9輯, 1979, 13쪽의 註 15).

80) 沈正輔는 중국에서 강을 호칭할 때 발원지에서 江 河口까지를 총칭한다고 보고, 그 때문에
　　白江을 熊津江으로 불렀다고 하였다(沈正輔, 「中國側史料를 통해 본 白江의 位置問題」, 『震檀
　　學報』 66號, 1988). 그런데 이렇게 되면 龍朔 3년의 周留城 공격시 나오는 白江은 더더욱 현재
　　의 錦江이 될 수 없다. 이미 唐軍이 최초로 상륙한 곳을 熊津口라고 하였듯이 錦江을 熊津
　　江으로 보았던 것이 분명한 만큼 龍朔 3년에 이르러 새로이 白江으로 부를 수는 없는 것이
　　다. 한발 양보하여 부여 근처만을 따로 떼어 白江으로 불렀다 하여도 周留城을 구원하기 위
　　해 왔던 倭兵과 전투하는 곳이 '白江之口'로 나와 있는 만큼 종전에 '熊津口', 혹은 '熊津江口'
　　로 부르던 곳을 이 때 와서 갑자기 '白江之口'로 부른 이유가 설명되지 않는다.

81) 『日本書紀』, 「天智紀」, 2年 8月條. "戊戌 賊將至於州柔 繞其王城 大唐軍將…"

이 경우 주류성 옆의 백강을 웅진강과 마찬가지로 중국에서 주류강(周留江), 혹은 고사강(古沙江) 등으로 부르지 않은 것에 대해 의아해할 수도 있다. 그러나 그것은 백제 유민들만이 주류성을 왕성(王城)으로 불렀기 때문이다. 백제유민들만 부흥운동을 좀더 조직적으로 전개하기 위해서 왕자 풍(豊)을 백제 왕으로 모시고, 그 성곽 또한 왕성으로 부른 것이지 그것이 다른 백제 왕처럼, 그리고 주류성이 웅진성처럼 왕이나 왕성으로 인정 받은 것은 아니었다. 즉, 중국측에서 보면 풍왕(豊王)은 왕이라 볼 수 없는 존재이고, 그러한 풍왕(豊王)이 있는 주류성 또한 백제의 왕성으로 인정할 수 없는 것이었다. 따라서 금강을 웅진강으로 부른 것과 달리 동진강은 그저 백제 사람들이 부르듯이 백강으로 기록할 수밖에 없었을 것이다.

결국, 백강의 위치를 통해서도 주류성이 곧 중방성임을 다시 한번 확인할 수 있게 되었다. 아울러 그곳이 곧 오늘날의 동진강 근처에 해당되는 정읍, 고부일대라는 사실도 알게 되었다.

그래서 그런지 동진강 주변의 고부 일대에 중방성과 주류성을 비정하는 견해가 일찍부터 있어 왔다. 정읍시 영원면에 있는 금사동산성(金寺洞山城)을 백제 중방성으로 보기도 하고,[82] 정읍과 이웃한 부안의 두승산성(斗升山城)[83]이나 위금암산성(位金岩山城)을 주류성에 비정하기도 하였다.[84]

그러나 이러한 산성들은 앞서 제시한 중방성의 모델과는 차이가 크다. 무엇보다도 이들 산성은 그 입지나 규모, 축성법(築城法) 등으로 볼 때 삼국시대 산성으로 보기 어려운 것들이다. 그런 점에서 앞으로 동진강(東津江) 주변에 대한 조사를 통해 새롭게 위치 비정이 이루어져야 할 것이다.[85]

---

82) 全榮來, 앞의 주 77)의 報告書, 1995, 111쪽.

83) 今西龍,『百濟史硏究』, 1934, 346~348쪽.

84) 全榮來, 앞의 주 77)의 報告書, 1995, 140~142쪽.
　　盧道陽,「百濟周留城考」,『明知大論文集』12輯, 1980, 23~32쪽.

85) 기왕에 이 지역의 산성에 대한 지표조사는『文化遺蹟總覽』下(文化財管理局)와『韓國의 城郭과 烽燧』中(한국보이스카우트연맹),『井邑地方文化財地表調査報告書』(井邑市) 등으로 나와 있는데, 내용이 서로 다르고 동일한 산성인데도 둘레도 다르게 기록되어 있어 결국 현장 답

〈사진 38〉 부안 위금암산성 성벽 1

〈사진 39〉 부안 위금암산성 성벽 2

사를 통해 요건과 부합되는 산성을 찾아야 할 것 같다.

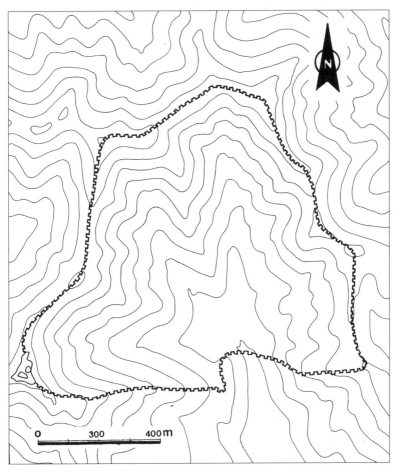

〈도면 46〉 우금산성 평면도

한 가지 지적해 두고 싶은 것은 현재의 고부면 일대에서는 백제 성곽(城郭)이 확인되지 않는다는 사실이다. 고부읍성(古阜邑城)으로 전해오는 성곽은[86] 통일신라 때에 축성된 것으로 판단된다. 그런 점에서 고사부리(古沙夫里)=고부(古阜)는 임존성(任存城)과 마찬가지로 삼국통일 이후 행정구역이

---

86) 『新增東國興地勝覽』 卷 21, 「古阜郡」, 城郭條. "邑城 石築 周二千三百六十九 …"

재조정된 결과가 아닌가 생각된다. 따라서 고사성(古沙城)이 고부라 하여 그 근처에서만 중방성을 찾을 것이 아니라 주변지역으로 좀 더 범위를 확대해 볼 필요가 있는 것으로 생각된다.

이와 관련하여 『일본서기』 권 27, 「천지기(天智紀)」 원년조에 보이는 "山峻高而谿隘"와 "遠隔田畝 土地磽确"은 시사하는 바가 크다고 생각된다. 이러한 표현은 "繞以周田"하였던 피성(避城 ; 이 때의 避城은 방어시설로서의 성곽이 아니라 지역을 의미하는 것이다)과 대비되는 표현인 만큼 지금처럼 고부라는 지명에 집착하여 정읍의 서쪽에서 구하기 보다는 옹동면(甕東面), 산내면(山內面), 산외면(山外面), 칠보면(七寶面) 등과 같이 그 지역 자체가 산지지형(山地地形)을 이루고 있는 곳을 설명하는 것이라고 생각되기 때문이다.

(4) 남방성의 위치

백제 남방성은 다른 방성에 비해 그 위치를 알 수 있는 자료가 극히 적다. 앞서 소개한 대로 사료 A에서는 남방성이 구지하성(久知下城)임을 밝히고 있고, 사료 B에서는 좀더 부연하여 국남(國南) 360리에 있으며, 둘레가 방(方) 130보(步)이고, 변성(卞城)이라고 한다고 전하고 있다. 그러나 이 이외에 남방성의 위치를 추정할 만한 기록은 어디에서도 찾아볼 수 없다.

서방성(任存城)과 중방성(周留城)이 부흥운동시에 중심 거성으로 기능함으로써 그 위치를 확인하는 데 적지않은 중요한 단서를 제공하고 있지만 남방성은 부흥운동시에도 별다른 움직임이 확인되지 않는다. 북방성의 경우 의자왕(義慈王)과 더불어 항복하였기 때문에 별다른 움직임이 있을 수 없고, 동방성 역시 황산벌전투에 참전한 관계로 이렇다 할 활약이 보이지 않는 것으로 생각된다.

그렇다면 이 남방성은 나당연합군과 별다른 전투를 벌이지 않은 만큼 일정 수의 병력을 그대로 갖추고 있었을 것이 분명한데도 부흥운동시에 별다른 움직임이 확인되지 않는다.[87] 그 만큼 남방성의 위치를 알 수 있는 자료가 없는 셈이다. 따라서 〈표 5〉에서 보듯이 전북 금구(金溝), 전남 구례, 전남 장성, 전북 남원, 전남 광주 등 남방성의 위치는 각양각색으로 나타나고 있다. 여기에서는 고고학적인 자료를 통해 일단 남방성이 어느 지역에 해당되는지를 확인해 보고자 한다.

고고학적인 자료를 통해 남방성의 위치를 확인하고자 한다면 당연히 성곽을 대상으로 해야 할 터이지만 백제 산성의 현황이 제대로 파악되지 않은 현재로서는 이러한 작업이 쉽지 않은 실정이다. 성곽 이외의 자료로 방성의 위치를 확인하기 위해서는 우선 고분(古墳)을 주목할 필요가 있다. 고분과 성곽과의 관계에 대해서는 이미 그 중요성이 지적된 바 있지만,[88] 특히 고분에서 출토된 유물 중 은제관식(銀製冠飾)에 주목하고자 한다. 은제관식은 솔급(率級) 이상의 관등(官等) 소지자만 착용할 수 있는 것이고,[89]

---

87) 南方城이 이렇게 별다른 움직임이 없었던 이유 중의 하나가 혹시 南方城의 병력이 中方城과 합쳐진 때문이 아닌가 생각된다. 泗沘에서 360里 떨어진 南方城으로서는 효과적으로 나당연합군에게 대처하기가 불가능하였는지도 모른다. 아울러 中方城이 王城이 될 수 있었던 것도 바로 이렇게 남방성의 병력을 中方城으로 흡수한 때문이 아닌가 한다. 方城의 규모로 보면 東方城이 제일 크고, 西方城, 中方城, 南方城의 순서인데, 이러한 方城의 크기는 어쩌면 方城의 서열하고도 관련이 있었을 것이다. 예를 들어 중국에서는 王城은 方 9里, 諸侯城 가운데 公의 城郭은 方 7里, 侯伯의 城郭은 方 5里, 子男의 城郭은 方 3里 등으로 그 크기가 정해져 있었다(賀業鉅 著 尹正淑 譯, 『중국도성제의 이론』, 이회, 1995, 73쪽). 이러한 사정은 삼국시대 때에도 마찬가지가 아니었나 싶다. 城郭의 규모야말로 해당 성곽의 格을 나타내 주는 객관적인 標識가 아니었나 생각되기 때문이다. 그렇다면 당연히 西方城이 王城이 되어야 하겠지만 中方城이 王城이 된 것도 바로 그 때문이 아닌가 한다. 그렇게 볼 때 任存城은 대체로 침공해 오는 연합군 방어에 주력하고 있는 데 비해 中方城(周留城)은 방어에 머물지 않고 府城을 포위한다든지, 구원병을 熊津江口에서 저지한다든지 하는 적극적인 공세 작전을 펼치는 것도 어느 정도 이해될 수 있을 것이다. "南方已定 廻軍北伐"이나 "南方諸城一時總叛"도 어쩌면 이러한 사정을 반영하는 것인지도 모르겠다. 즉, 中方城의 함락으로 中方과 그 이남의 南方城 地域까지 모두 평정한 것처럼 묘사된 것이나 中方城에서의 抗戰이 中方과 그 이남지역의 一時總叛으로 비쳐졌던 결과가 아닌가 한다.

88) 姜仁求, 『百濟古墳研究』, 一志社, 1977, 25~27쪽.

89) 『三國史記』 卷 24, 「百濟本紀」, 古爾王 27年條.

방성에는 달솔(達率)이 파견되어 있었기 때문에 이러한 관식(冠飾)을 통해 달솔(達率)이 파견된 지역을 확인해 봄으로써 남방성의 위치를 추정해 볼 수 있을 것으로 생각되기 때문이다.

지금까지 백제 고지(故地)에서는 모두 10점의 은제관식이 출토되었다.[90] 부여 능산리(陵山里),[91] 하황리(下黃里),[92] 논산 육곡리(六谷里),[93] 남원 척문리(尺門里),[94] 나주 복암리(伏岩里),[95] 홍덕리(興德里)[96] 등지가 그곳이다. 이러한 은제관식의 존재는 백제 관제(冠制) 시행의 실례가 되며, 지방통치의 실상을 확인해 볼 수 있는 증거이기도 하다. 은제관식의 소유자들이야말로 중앙에서 파견된 지방관이라고 판단되기 때문이다.[97]

『周書』卷 49,「列傳」, 異域上 百濟.

90) 朴普鉉,「銀製冠飾으로 본 百濟의 地方支配에 대한 몇 가지 問題」,『科技考古研究』5號, 아주대박물관, 1999, 13쪽.

91) 扶餘文化財研究所,『陵山里』, 1998, 186~188쪽 및 251쪽.
   崔孟植,「陵山里 百濟古墳 出土 裝飾具에 관한 一考」,『百濟文化』27輯, 公州大百濟文化研究所, 1998, 153~179쪽.

92) 洪思俊,「부여 하황리 백제고분 출토의 유물」,『百濟史論集』, 향지, 1995, 54~64쪽.

93) 安承周・李南奭,『論山 六谷里百濟古墳 發掘調査報告書』, 百濟文化開發研究院, 1988, 34쪽 및 113쪽.

94) 洪思俊,「南原出土百濟飾具」,『考古美術』9-1, 1968, 363쪽.

95) 金洛中,「出土遺物로 본 羅州 伏岩里 3號墳의 性格」, 충남대백제연구소 공개강좌, 1999.
   國立文化財研究所,『羅州 伏岩里 3號墳』, 2000.

96) 朝鮮古蹟研究會,『昭和十三年度古蹟調査報告』, 1940.

97) 李南奭,「古墳出土 冠飾의 政治史的 意味」,『百濟 石室墳 研究』, 學研文化社, 1995, 488~496쪽.
   한편, 이와 달리 이 銀製冠飾을 재지세력이 副葬한 것으로 보는 견해도 있다(朴普鉉, 앞의 주 90)의 論文, 1999). 사실, 백제에서 지방세력을 어떻게 編制해 나갔는가 하는 것에 대해서는 명확하게 밝혀진 바 없다. 게다가『三國史記』에는 文周王 2년 4월에 耽羅國이 方物을 바치니 왕이 기뻐하여 使者에게 恩率의 벼슬을 내린 것이 기록되어 있다. 앞서 설명한 대로 백제에서는 率級 이상이면 銀製冠飾을 소지할 수 있었기 때문에 기록대로라면 지방의 재지세력들도 銀製冠飾을 소지하고 있었을 가능성을 배제할 수는 없다. 그러나 지금까지 銀製冠飾이 출토된 고분은 모두가 백제 중앙의 지배층들이 사용하던 것이고, 딱히 재지세력이라고 볼 만한 것이 없다. 그런 점에서 冠飾을 소지한 사람들은 중앙에서 지방으로 파견된 地方官으로 판단된다. 물론 黑齒常之의 예에서 보듯이 백제에는 대대로 일정지역에서 벼슬하는 사람도 있었다고 생각된다. 그러나 그렇다고 하더라도 이들 역시 지방의 재지세력이라고 보기는 어

그런데 이러한 은제관식의 출토지가 곧 방성의 위치를 확인시켜 주는 것은 아니다. 은제관식은 6품 이상의 관품(官品)을 소지한 사람이 착용하던 것이고, 그 중 달솔(達率), 은솔(恩率), 덕솔(德率)은 다 같이 지방관으로 파견될 수 있는 사람들이기 때문이다. 즉, 은제관식을 통해 방령(方領)과 군장(郡將)을 구별할 수 있을 때에만 비로소 방성의 위치를 추정하는 자료로 활용될 수 있다.

지금까지 출토된 은제관식을 살펴보면 거기에는 크게 보아 4가지 종류가 있다. 즉, 기본적으로는 삽입부(挿入部), 정화(頂花), 주간(主幹), 화지(花枝), 화좌(花座), 화뢰(花蕾) 등으로 구성되어 있지만[98] 주간과 정화만 있고 화지가 없는 것이 있는가 하면, 화지가 있는 것 중에는 다시 상단과 하단으로 2단에 걸쳐 화지가 있는 것이 있고, 1단만 있는 것도 있다. 그리고 2단으로 화지가 있는 경우에도 다시 주간에서 화뢰 사이에 또 다른 화지가 있는 것이 있는가 하면, 없는 것도 있다. 이상을 정리하면 다음과 같다.

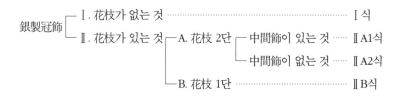

그럼, 이러한 차이가 의미하는 것은 무엇일까. 그것을 분명하게 설명해 줄 만한 자료는 눈에 띄지 않지만 은제관식(銀製冠飾)이 신분을 상징하는 것이고, 장식의 화려함과 크기에 나타나는 차이라는 점을 염두해 두고 볼 때 피장자의 신분의 차이를 반영하는 것이 아닐까 추정된다.[99]

렵지 않을까 생각된다.

98) 崔鍾圭, 「百濟 銀製冠飾에 關한 考察 - 百濟金工(1) - 」, 『美術資料』 47, 1991, 88~93쪽.

99) 이러한 추정을 뒷받침하기 위해서는 冠飾이 출토된 개별 유구가 정확히 밝혀져야 하는데, 기왕에 발견된 冠飾 중에는 관련 유구가 정확하지 않은 것이 대부분이다.

우선 화지(花枝)가 없는 Ⅰ식의 관식(冠飾)은 치아와 인골을 통하여 여성인 것으로 판명되었다.[100] 따라서 Ⅰ식 형태의 관식은 일단 여성용 관식으로 보고자 한다.

화지가 있는 Ⅱ식의 관식 중에서 ⅡA2식은 달솔(達率)의 관품을 갖고 있던 사람의 관식이 아닐까 생각된다. 이와 같은 형태의 관식은 일찍이 논산 육곡리 7호분에서 조사된 바 있는데,[101] 앞서 동방성의 위치를 통해 확인했듯이 7호분이 위치한 가야곡면(可也谷面) 일대가 백제 동방성지역이 분명하다면 방령(方領)이 될 수 있는 사람은 달솔(達率) 밖에 없기 때문이다. 더구나 이 은제관식이 출토된 고분은 구조로 보아 백제에서 방(方) - 군(郡) - 성(城) 체제가 완비된 시기 이후에 해당되는 것이며,[102] 동방성(東方城)으로 편제된 후 이 지역은 군이나 현으로 강등된 바 없기 때문에 그 피장자가 군장(郡將)을 지낼 수 있었던 은솔(恩率)이나 덕솔(德率)이 아니었던 것이 분명해 보인다.

이러한 추론이 크게 잘못된 것이 아니라면 ⅡA2식 보다 화려한 장식으로 되어 있는 ⅡA1식은 좌평(佐平)의 관식(冠飾)이고, ⅡB식의 관식은 달솔 이하의 솔급(率級) 관품을 소지한 사람이 착용하던 것으로 생각된다. 달솔의 관식이 다른 솔급의 그것보다 오히려 좌평의 관식에 가까운 것은 달솔 관품의 소지자는 다른 솔급 관품의 소지자와 달리 정원도 정해져 있고, 또 실질적인 각 부서의 장(長)을 역임하는 등 비록 솔급이라고는 하지만 좌평과 더불어 최고의 관직이었기 때문인 것으로 생각된다.[103]

은제관식에 관한 이러한 추론이 인정될 수 있는 것이라면 ⅡA2식의 관식이 출토된 남원지역을 백제 남방성과 관련하여 주목하고 싶다. 같은 ⅡA2

---

100) 扶餘文化財硏究所, 앞의 주 91)의 報告書, 1998.
　　崔孟植, 앞의 주 91)의 論文, 1998, 170~177쪽.
101) 安承周·李南奭, 앞의 주 93)의 報告書, 1988, 34쪽 및 113쪽 圖面 33.
102) 李南奭, 「百濟 冠制와 冠飾」, 『百濟文化』 20輯, 公州大百濟文化硏究所, 1990, 14쪽.
103) 盧重國, 앞의 주 2)의 책, 1988, 224~225쪽.

식의 관식이 출토된 곳이 동방성지역인 만큼 이곳을 남방성으로 보아 큰 무리가 없을 것으로 믿어지기 때문이다.

한편 종래에 남방성을 남원으로 비정한 견해 중에 남원에 있는 척문리산성(尺門里山城)을 바로 백제의 남방성으로 본 일이 있다.[104] 은제관식이 출토되었다는 척문리 고분군과 가까운 거리에 있는 것으로 보아 개연성이 전혀 없는 것은 아니지만, 둘레가 567m에 불과하여 『한원(翰苑)』에 나와 있는 남방성과는 차이가 있고, 입지 또한 통일신라시대 산성이 갖는 특징을 보이고 있기 때문에 그대로 따르기에는 주저된다.[105]

물론 앞서 말한대로 '험산(險山)'이 지형적으로 산지지형을 가리키는 것이라면 남원지역 자체가 험산으로 에워싸인 지역인 만큼 산성이 자리한 산의 높이에 별다른 의미가 없을 수도 있다. 그러나 동방성이나 서방성이 산지지형에 자리하고 있으면서도 일정 높이의 산 정상부에 축성되어 있는 것을 감안해 볼 때 척문리산성의 입지는 확실히 차이가 있다.

3. 5방성 편제의 의미

중앙통치체제와 지방통치조직은 고대국가가 형성된 후 이를 운영해 나가기 위한 두 바퀴와 같은 것이다. 사비시대 백제의 지방통치조직은 방(方)–군(郡)–성(城) 체제로 알려져 있는데, 그 중 방성(方城)이 가장 핵심적인 위치를 차지하고 있었다. 그에 따라 방성의 위치를 확인하기 위한 노력이 다각도로 전개되어 왔다. 그리고 그 결과로 5방성 중 동방성과 중방성, 북

---

104) 全榮來, 앞의 주 3)의 論文, 1998, 33쪽.
105) 『翰苑』의 기록에 보이는 '方 130步'에서 1步를 5尺으로 보면 598m 정도가 되어 거의 근사치에 해당된다. 그러나 新羅에서처럼 6尺으로 보면 720m가 되어야 한다. 이 역시 큰 차이가 아니라고 볼 수도 있는데, 이에 대해서는 주변지역에 남아 있는 산성을 좀더 검토한 후에 판단하여야 할 것 같다.

방성의 위치에 대해서는 어느 정도 의견의 일치를 보고 있다.

그러나 기존의 연구에서는 음상사(音相似)에 의한 위치 확인에 주력하였을 뿐 백제 부흥운동시 중요 거점성(據點城)으로 활약했던 지역들이나 백제 지방통치조직과 방성을 효과적으로 연결시키지 못하였다. 고고학적 자료를 통한 접근 역시 만족할 만한 결과에는 이르지 못하였다.

물론, 여기에는 그 동안의 성곽 연구라는 것이 유적의 위치 확인과 현황 파악 등 극히 초보적인 단계에 머물러 있었던 데에 가장 큰 원인이 있을 것이다. 백제 고지(故地)에 남아 있는 성곽의 현황 파악도 이루어지지 않고 있고, 발굴조사된 자료가 극히 일부라는 사실도 빼놓을 수 없는 원인 중의 하나였다.

따라서 여기에서는 그 동안 간과되어 왔던 부흥운동시의 거점성을 방성의 위치를 확인하는 보조자료로 활용하여 보았다. 그리고 그에 앞서 『한원(翰苑)』의 기록에 나와 있는 방성 기록을 적극적으로 해석하여 방성의 크기와 입지를 확인해 봄으로써 방성의 위치에 대한 객관적인 자료를 확보하고자 하였다. 여기에 백제 산성이 갖는 일반적인 특징을 곁들여 백제 5방성의 위치와 방어시설로서의 방성을 확인하는 작업을 시도해 보았다.

그 결과 부흥운동시 핵심적인 거성(據城)으로 기능하였던 임존성(任存城)은 다름 아닌 백제의 서방성이고, 주류성(周留城)은 중방성임을 확인하였다. 사비에서 서로 비슷한 거리에 있었던 서방성과 중방성이 부흥운동의 핵심적인 역할을 담당하였던 셈이다.

또한 동방성은 논산의 매화산성(梅花山城), 서방성은 예산의 임존성(홍성 학성산성(鶴城山城)), 중방성은 전북 정읍, 남방성은 남원으로 비정해 보았다. 중방성과 남방성은 방어시설로서의 성곽을 구체적으로 확인하지 못하였지만, 앞으로 정읍지역과 남원지역에 남아 있는 성곽을 대상으로 『한원(翰苑)』에서 설명하고 있는 방성을 찾아보면 그 존재를 확인할 수 있을 것으로 기대한다.

5방성의 위치를 이렇게 비정하고 볼 때 백제는 북쪽에 북방성(공주)과 서

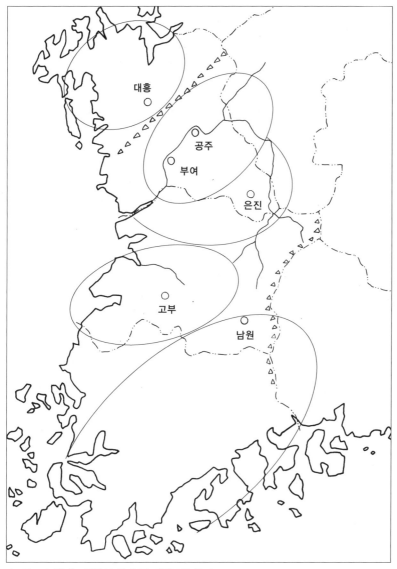

〈도면 47〉 백제 5방성의 위치 및 관할구역 추정도

방성(예산)을 배치하고, 동쪽에는 동방성(논산 은진(恩津))과 남방성(전북 남원)을 배치했음을 알 수 있다. 결국 북방성과 서방성은 대고구려(對高句麗) 방어를 위한, 그리고 동방성과 남방성은 대신라(對新羅) 방어를 위한 전진기지였음을 확인할 수 있다. 이러한 사실은 종래에 백제 5방성의 성격이 군관구적(軍管區的)인 성격을 띠고 있었다는 연구 결과[106]와도 부합되는 것이다. 굳이 이러한 배치관계를 고려하지 않더라도 부흥운동의 전개 과정을 통해 백제 5방성의 성격을 충분히 확인할 수 있을 것으로 생각된다.

사비시대에 이러한 지방통치체제가 필요하였던 것은 국력의 신장을 바탕으로 전국을 일원적인 지배체제하에 놓기 위한 당연한 조치이기도 하겠지만 일정 부분은 사비도성의 방비체제와도 관련이 있다고 생각된다. 지방통치체제와 중앙통치조직이 서로 상보적(相補的)인 존재이듯이 지방에 배치되어 지방통치조직의 핵심적인 역할을 담당하던 산성들은 도성제(都城制)와 상보적(相補的)인 관계를 형성하고 있었다고 판단되기 때문이다.

웅진시대에 위성방비체제(衛星防備體制)로 만족해야 했던 백제의 도성 방비체제는 사비 천도와 더불어 나성(羅城)을 갖추고 전국을 단위로 하는 방위체제로 전환하였던 것이다. 그런 점에서 5방성에 대해 "百濟五府 蓋所以衛其京邑 若今廣州華城之制 皆在扶餘之近畿 今全羅南道羅州南原之等 不在五府之界內也"라고 주장한 정약용(丁若鏞)의 견해는[107] 그 위치에 차이가 있기는 하지만 5방성의 성격을 적절히 설명한 탁견이었다고 생각된다.

106) 山尾幸久,「朝鮮三國の軍區組織」,『古代朝鮮と日本』, 1974, 167~168쪽.
107) 千寬宇,「馬韓 諸國 位置 試論」,『東洋學』 9輯, 1979, 15쪽에서 재인용.

2절 군현(郡縣)과 성곽

　방성(方城)에 대해서는 그 존재가 기록에 보이기 때문에 각 방(方)마다 성곽이 배치되어 있었던 것을 확실하게 알 수 있다. 그렇다면 방(方) 아래에 편제되어 있었다고 하는 군현(郡縣)[1]의 사정은 어떠했을지가 궁금하지 않을 수 없다.

　군현성(郡縣城)에 대한 이해는 방성에 대한 이해보다 훨씬 더 어렵다. 그것은 일차적으로 관련 기록이 없기 때문이다. 앞서 설명한 대로 방성의 경우, 그 위치나 크기 등이 사서(史書)에 전하고 있어 그 실체가 분명하지만 각 군(郡)과 현(縣)에 대해서는 이렇다 할 기록이 남아 있지 않다. 다만 방성의 예로 보아, 그리고 군에 파견되었다는 지방관이 군장(郡將)이고, 현의 지방관은 도사(道使), 혹은 성주(城主)라고 불렸던 것에 기초하여 막연하게 나마 각 군현에도 방과 마찬가지로 방어시설로서의 성곽이 모두 배치되어 있

---

1) 백제의 지방통치체제가 方郡城體制였기 때문에 원래는 郡, 城으로 불러야겠지만 통치단위로써의 城이란 말이 여기서 다루고자 하는 城郭과 비슷하여 자칫 혼란을 일으킬 수 있고, 이 城은 중국 郡縣制의 용어로 대체시켜 볼 때 縣에 해당되기 때문에(金英心, 「百濟의 城, 村과 地方統治」, 『百濟研究』 28, 忠南大百濟研究所, 1998, 200쪽) 이 '縣級의 城'을 여기에서는 특별히 縣이라고 부르고자 한다. 따라서 여기에서 사용하는 城이라는 용어는 곧 방어시설로서의 城郭을 의미하는 것이다. 城이라는 단어가 갖는 이러한 이중적인 성격 때문에 종래에 백제 지방통치 단위로서의 城을 이해하는데 크나큰 혼란이 야기되었던 것으로 생각된다. 결론부터 얘기하자면 각종 史書에 보이는 '○○城'이라는 단어는 방어시설로서의 城郭을 가리키기 보다는 지역단위로서의 城을 의미하는 경우가 더 많다. 그런데도 불구하고 城이라는 단어가 갖는 이러한 이중적인 성격을 이해하지 못하고, 이것들을 모두 방어시설로서의 城郭으로 이해하는 경향이 많았다. 충남지역에 남아 있는 산성의 대부분을 백제시대 城郭으로 이해한 것도 바로 그러한 오해 때문이었다. 史書에 등장하는 城의 위치비정을 시도한 논고 중에도 실제로 지역 단위를 의미하는 城을 방어시설로 오해하여 위치비정을 시도한 것도 있다. 따라서 앞으로는 史書에 등장하는 城이란 단어를 좀더 면밀하게 검토하여 그것이 방어시설을 가리키는 것인지, 아니면 지역단위를 의미하는 것인지를 먼저 확인하는 작업부터 이루어져야 할 것으로 믿는다.

없을 것으로 짐작해 왔다.[2] 따라서 종래에 백제 군현의 치소(治所)에 대한 위치 비정을 시도한 논고(論考)[3]들은 모두가 이러한 전제 위에서 특정 지역을 선택하여 치소(治所)로 비정할 만한 산성을 확인하는 방식으로 논의를 전개시켜 왔다.

물론 관련 기록이 없다하더라도 고고학적으로 군현성을 찾아내서 그것이 갖는 특징을 확인할 수 있다면 별반 어려움이 없을 것이다. 그러나 현재로서는 백제 고지(故地)에 남아 있는 모든 산성의 소재 파악과 현황이 확인된 것도 아니고, 확인된 유적 또한 백제 산성으로 확증할 만한 자료를 찾아내기가 매우 어려운 실정이다. 더구나 발굴조사가 진행되지 않은 산성의 경우 지표조사만으로 축성 시기를 판단하기란 대단히 어렵다.

성곽의 축성 시기를 판단하기가 어려운 것은 발굴조사를 거친 것도 마찬가지다. 예를 들어 천안의 목천토성(木川土城)은 처음 발굴조사시에는 백제시대의 토성일 가능성이 점쳐졌지만[4] 비슷한 유적 조사가 속속 이어짐에 따라 이제는 9세기경에 축조된 것으로 새롭게 밝혀졌다.[5] 백제 옹산성(甕山城)으로 추정되어 왔던 대전 계족산성(鷄足山城) 역시 발굴 조사 결과 신라시대 산성임이 밝혀졌고,[6] 백제 주류성(周留城)으로 거론되던 서천의 건지

2) 成周鐸, 「百濟 城址와 文獻資料－大木岳郡·甘買縣·仇知縣을 중심으로－」, 『百濟研究』 17, 忠南大百濟研究所, 1986, 97～111쪽.

3) 주요 論考로는 다음과 같은 것이 있다.
　成周鐸, 「百濟 新村縣 治所의 位置比定에 關한 研究」, 『百濟論叢』 1輯, 百濟文化開發研究院, 1985, 111～171쪽.
　沈正輔, 「雨述城考」, 『尹武炳博士回甲紀念論叢』, 1984, 463～478쪽.
　兪元載, 「百濟 古良夫里縣 治所의 位置」, 『公州敎大論叢』 23-2, 1988, 337～354쪽.
　成周鐸, 「百濟 所比浦縣城址(一名德津山城) 調査報告」, 『百濟研究』 22, 忠南大百濟研究所, 1991, 111～124쪽.
　徐程錫, 「牙山地域의 山城－鶴城山城을 中心으로－」, 『滄海朴秉國敎授停年紀念史學論叢』, 1994, 229～261쪽.

4) 尹武炳, 『木川土城』, 忠南大博物館, 1984.

5) 李康承·朴淳發·成正鏞, 『神衿城』, 忠南大博物館, 1996, 277쪽.

6) 忠南大博物館, 「鷄足山城發掘調査略報告」, 1998.

산성(乾芝山城) 역시 조사 결과 고려 후기에 축성된 것으로 확인되었다.[7] 나주 회진토성(會津土城) 역시 백제 토성이라기보다는 통일신라시기에 축성되었을 가능성이 커 보인다.[8]

이렇게 백제 군현성의 존재를 확인하는 작업은 대단히 어려운 실정이다. 물론 5방성처럼 그 위치와 규모, 입지조건 등이 제시된 것은 아니지만 사료에 등장하는 몇몇 성(城)은 있다. 그런데 문제는 사료에 등장하는 이들 성이 방어시설로서의 성곽을 가리키는 것인지, 아니면 성곽과는 무관하게 일정한 지역단위를 가리키는 것인지가 분명하지 않다는 사실이다.

성과 성곽을 구별하기 어려운 예로서 임존성(任存城)이 있다. 임존성에 대하여 "任存城在百濟西部任存山"[9]이라는 기록은 방어시설물로서의 산성이 임존산(任存山) 위에 자리하고 있었음을 분명하게 확인시켜 주는 것이다. 그런데 이와 달리 "任城郡 本百濟任存城"[10]이라는 기록도 있다. 여기서 말하는 백제 임존성은 방어시설물이 아니라 그러한 방어시설물이 자리하고 있던 지역을 의미하는 것이 분명하다. 그런가 하면 "5部 37郡 200城"의 '성' 역시 '지역단위의 성'을 의미하는 것이며, 방어시설로서의 성곽을 말하는 것이 아니다. 또한 부흥운동시에 나오는 "遂復本國二百餘城"[11]과 "南方諸城 一時摠叛"[12]의 '성' 역시 지역단위를 의미하는 것이다.

忠南大百濟硏究所,「鷄足山城2次發掘調査略報告書」, 1999.

朴淳發,「鷄足山城의 國籍 : 新羅인가 百濟인가」,『충청학연구』1집, 한남대충청학연구센타, 2000, 277~293쪽.

7) 忠淸埋藏文化財硏究院,『乾芝山城』, 1998.

趙源昌,「韓山 乾芝山城」, 忠淸埋藏文化財硏究院, 2001, 79~81쪽.

8) 徐程錫,「羅州 會津土城에 대한 檢討」,『百濟文化』28輯, 公州大百濟硏究所, 1999, 43~76쪽.

9)『資治通鑑』卷 200,「唐紀」16, 高宗 龍朔 元年條.

10)『三國史記』卷 36,「雜志」5, 地理 3.

11)『舊唐書』卷 109,「列傳」, 黑齒常之. "黑齒常之 百濟西部人 … 官軍敗績 遂復本國二百餘城 定方 不能討而還"

12)『三國史記』卷 7,「新羅本紀」, 文武王 11年 7月條의 文武王 答書. "至六年 … 大損兵馬 失利而歸 南方諸城 一 時摠叛 並屬福信"

물론, 이러한 지역단위로서의 '성(城)' 관내에 방어시설로서의 '성곽(城郭)'이 자리하고 있는 경우도 있다. 앞서 소개한 임존성이 대표적인 예이다. 그러나 그렇다고 해서 모든 '성'에 '성곽'이 축성되어 있었다고 단정할 수는 없다.

이처럼 사료에 보이는 '성(城)'이라는 말에는 방어시설물로서의 성곽과 지역단위로서의 성이란 개념이 뒤섞여 있어 더더욱 군현성을 살펴보기에 어려움이 있다. 그나마 임존성처럼 방어시설물이 있는 지역을 가리키는 것이라면 사료를 면밀히 검토하고, 답사를 통해 그 정확한 뜻을 이해할 수 있겠지만, 실제로는 방어시설물로서의 성곽이 축성되지 않은 지역도 'ㅇㅇ城'이라고 불린 예가 있어 군현성의 위치 확인을 어렵게 한다.

'성(城)'과 '성곽(城郭)'의 혼란은 이미 광개토대왕릉비(廣開土大王陵碑)에 나와 있는 58성(城) 700촌(村)의 존재에까지 거슬러 올라간다.[13] 그런 의미에서 사료에 등장하는 '성'의 의미를 정확히 이해하기 위해서는 '방어시설물로써의 성(城)' 이외에 '지역단위로서의 성(城)'이 있다는 사실을 염두에 두어야 할 것이다.

'성(城)'이라는 단어가 갖는 이러한 이중적인 의미를 염두에 두고 보면 『삼국사기』에 등장하는 많은 '성'들이 사실은 방어시설물을 가리키는 것이 아니라 지역단위를 가리키는 경우가 더 많다는 것을 새삼 확인할 수 있게 된다. 그것은 아마도 백제의 모든 군현에 방어시설물로서의 성곽이 축성되어 있었던 것이 아니기 때문일 것이다.

여기서 살펴보고자 하는 군현성은 방어시설물로서의 '성곽'을 의미하는 것이며, 그런 점에서 각 군현마다 이러한 용도로 '성곽'이 실제로 배치되어 있었는지, 있었다면 어떠한 형태로 배치되어 있었는지를 살펴보고자 한다.

---

13) 盧重國, 『百濟 政治史 研究』, 一潮閣, 1988, 238쪽.

1. 사례의 검토

(1) 군성(郡城)의 예

백제의 각 군현에 성곽이 모두 배치되어 있었는지, 있었다면 어떠한 형태로 배치되어 있었는지를 이해하기 위해서는 먼저 대표적인 군현에 배치된 성곽의 예를 확인해 볼 필요가 있을 듯하다. 그런 점에서 우선 가림성(加林城)과 진현성(眞峴城)을 주목해 보고자 한다.

앞서 설명한 대로 한 마디로 백제 군현성(郡縣城)이라고는 하지만 기존에 알려진 자료 중에는 불확실한 것도 많고, 또한 어떤 것이 실제로 백제 군현성인지를 선별하기란 대단히 어렵다. 그런데 위의 가림성과 진현성은 사서(史書)에 그 존재가 나타나고 있어 방어시설물임이 분명하고, 그 위치도 어느 정도 짐작해 볼 수 있다. 따라서 이 두 지역에 남아 있는 성곽 유적을 통해 백제 군현성의 한 단면을 확인해 보고자 한다.

먼저, 가림성의 경우 다음과 같은 관련 기록이 『삼국사기』「백제본기」와 「잡지」에 남아 있다.

A. ① 東城王 23年 八月 築加林城 以衛士佐平苩加鎭之

② 義慈王 20年, 龍朔 3年 或曰 加林城水陸之衝 合先擊之 仁軌曰 兵法 避實擊虛 加林　而固 攻則傷士

③ 嘉林郡 本百濟加林郡 景德王改加爲嘉 今因之 領縣二 馬山縣 本百濟縣 景德王 改州郡名 及今並因之翰山縣 本百濟大山縣 景德王改名 今鴻山縣(『三國史記』卷 36,「雜志」5, 地理 3)

사료 A에서 보면 가림성은 원래 동성왕(東城王) 23년에 축조된 성곽인데, 수륙(水陸)의 요충에 위치한 관계로 부흥운동이 전개되고 있을 때 먼저 가림성을 공격하자는 건의가 있을 정도였다. 이러한 건의가 있었음에도 가림

성을 공격하지 못하는 것을 보면 대단히 험산(險山)에 위치해 있었음을 짐작해 볼 수 있다. 아울러 A-③의 기록을 통해서 볼 때 대체로 위의 가림성은 백제의 가림군(加林郡), 통일신라 때의 가림군(嘉林郡)지역 위치해 있었음을 알 수 있다. 가림성은 말 그대로 방어시설로서의 성곽이기도 하지만 지방통치 단위이기도 했던 것이다.

그런데 기록에 보이는 가림성지역은 『신증동국여지승람』의 기록을 참고로 해 볼 때 대체로 오늘날 부여군 임천면, 충화면, 장암면지역에 해당되는 것으로 볼 수 있다. 이 지역에는 실제로 성곽이 남아 있는데,[14] 이 지역에 남아 있는 성곽 중에서 위의 기록에 가장 잘 부합하는 것이 성흥산성(聖興山城)이다.[15]

성흥산성은 표고 250m의 성흥산(聖興山) 정상부에 축조되어 있는데, 옛 백제의 가림군(加林郡)지역에 남아 있는 성곽 중에서 가장 크고, 험한 곳에 자리하고 있다.

성의 둘레는 1200m이며, 성벽 전체를 석축에 의한 편축식(片築式) 방법

---

14) 百濟文化開發硏究院, 『忠南地域의 文化遺蹟』(第 3輯 扶餘郡 篇), 1989, 265~298쪽.
　　忠南大博物館, 『文化遺蹟 分布地圖』, 1998, 98~99쪽.
15) 兪元載, 「百濟 加林城 硏究」, 『百濟論叢』 5輯, 百濟文化開發硏究院, 1996, 77~97쪽.

으로 축성하고 있다. 정밀조사가 이루어지지 않아 아직 성 내 현황에 대해서는 자세히 알 수 없지만 문지 3개소와 우물지, 저수시설(貯水施設), 그리고 다수의 건물지 등이 확인된다.

성 내에서는 유물을 쉽게 찾아볼 수 있다. 지표상에서 확인되는 유물은 크게 보아 기와, 토기, 자기 등인데, 삼국시대에서 조선시대에 이르는 각종 유물이 뒤섞여 있어 장기간에 걸쳐 이 지역의 핵심적인 거성(據城)으로 기능했음을 잘 말해 주고 있다.

성흥산성에 대해서는 제한적이기는 하지만 문지에 대한 발굴조사가 이루어진 바 있는데, 그 결과 백제시대에 축성된 것으로 확인되었다.[16] 실제로 성문 주변에서 출토된 많은 양의 유물들은 대부분이 백제시대와 조선시대에 제작된 것이었다.

조선시대 유물은 주로 성문 출입구 안쪽에서만 출토되었는데, 이로써 볼 때 백제시대에 처음 축성된 이후 한 동안 폐기되었다가 조선시대에 다시 문루(門樓)를 세워 사용하였던 것으로 생각된다. 문루는 남아 있는 초석으로 보아 정면 3칸, 측면 2칸 크기였으며, 개거식(開据式) 형태의 성문 출입구 위쪽에 세웠던 것으로 확인되었다. 성문이 폐쇄된 이유는 정확하지 않지만 출입구 안쪽에 화재의 흔적이 남아 있는 것으로 보아 문루에 화재가 나면서 폐쇄된 것으로 여겨진다.

이 성흥산성은 백제 유물이 출토될 뿐만 아니라 축성에 사용된 성돌의 모양이나 크기, 성벽의 기울기, 축성법 등이 백제 산성의 특징을 잘 갖추고 있다.[17] 더구나 입지가 험산(險山)에 해당되어 유인궤(劉仁軌)가 설명한 가림성의 입지와 잘 부합되고 있다. 따라서 백제 산성임이 분명할 뿐만 아니라 사료에 등장하는 가림성이란 바로 이 성흥산성을 가리키는 것으로 믿어진다.[18]

---

16) 安承周·徐程錫, 『聖興山城 門址發掘調査報告書』, 忠南發展硏究院, 1996.
17) 이에 대해서는 3장 참조.
18) 兪元載, 앞의 주 15)의 論文, 1996, 77~97쪽.

그런데 한 가지 주목되는 점은 전체 성곽의 둘레가 1200m에 이르고 있어 일반적인 백제 산성보다 규모가 크다는 사실이다. 가림군(加林郡)의 중심성 곽이면서도 평면형태가 삼태기형(紗帽峰形)이 아니라는 사실(도면 29)도 눈에 띈다. 3장에서 살펴본 바와 같이 백제 5방성 중 가장 작은 남방성(南方城)의 경우 둘레가 약 740m 정도에 불과하기 때문에 다른 군현성들은 이보다 규모가 작을 것으로 짐작된다. 그런데 이 성흥산성은 군성(郡城)임에도 방성(方城)보다 오히려 규모가 크다.

방성과 군성과의 관계는 앞으로 밝혀야 할 과제이지만 군성의 규모가 방성보다 크다는 것은 쉽게 납득이 가지 않는다. 그것은 아마도 백제에서 성곽 축조에 일정한 원칙이 없어서가 아니라 성흥산성이 축조된 시기가 5방성이 확립되기 이전이기 때문이 아닌가 생각된다.

일반적으로 백제에서 방군성체제(方郡城體制)가 확립된 것은 사비시대 이후로 알려져 있다. 그런 점에서 사비시대에 들어와 5방성이 배치된 다음에 등장하는 성곽들은 5방성보다 규모가 더 클 수 없다고 생각된다. 그러나 가림성처럼 5방성이 축조되기 이전에 축성된 산성들은 당연히 이러한 원칙에서 예외일 수밖에 없을 것이다. 따라서 백제 가림성으로 비정되는 성흥산성의 규모가 5방성의 규모보다 크다고 해서 이상할 것은 없다. 다시 말해서 가림성이 군성임에도 방성보다 큰 이유는 바로 축성 시기의 차이 때문인 것으로 생각된다.

또한 각 군현(郡縣)에 치소(治所)로 비정되는 산성들은 평면형태가 5방성과 마찬가지로 삼태기형(紗帽峰形)을 하고 있었을 것으로 생각된다. 이러한 삼태기형(紗帽峰形)의 산성이야말로 각 지방의 중심성 역할을 하던 성곽이 갖는 일반적인 평면형태이기 때문이다.[19]

---

19) 徐程錫, 「忠南地域의 百濟山城에 關한 一研究」, 『百濟文化』 22輯, 公州大百濟文化研究所, 1992, 129~139쪽.

　　종래에 이러한 형태의 산성을 '삼태기형' 산성으로 불렀었는데, 정약용이 설명한 것처럼 이를 '紗帽峰形' 山城으로 부르고자 한다. 일부에서는 이를 山腹式山城으로 부르기도 하는데(孔

그런데, 성흥산성은 삼태기형(紗帽峰形)이 아닌 테뫼식의 형태를 하고 있다. 이 또한 규모와 마찬가지로 성흥산성이 축조된 시기가 웅진시대인 것과 관련이 있는 것이 아닌가 생각된다. 그런 점에서, 아직 해결해야 될 요소가 남아 있는 것은 사실이지만 성흥산성이 백제시대에 축성된 성곽이라는 것은 어느 정도 분명해 보인다.

그런데 기록에 의하면 가림성처럼 몇몇 중요한 성곽의 경우 축조 책임자가 솔급(率級) 이상의 고위직인 경우가 있다. 예를 들어 『삼국사기』 권 26, 「백제본기」, 동성왕(東城王) 20년조에 보이는 "秋七月 築沙井城 以扞率毗陀鎭之"가 그 예이다. 이렇게 고위 관등의 소지자가 축성 책임자로 나가 있는 곳이나 왕(王) · 후(侯) · 태수(太守) · 장군(將軍) 등에 임명된 자들은 바로 담로(檐魯)에 파견된 유력귀족일 것이라고 한다.[20] 이러한 견해를 따른다면 가림성의 존재 역시 백제 담로체제의 실상을 보여주는 것에 다름아니다.

성흥산성이 백제의 가림성이고, 또한 웅진시대에 담로가 파견된 곳[21]이라면 백제의 군(郡)이라는 지방통치 단위는 그 이전의 담로가 변모된 것임을 알 수 있다.[22] 즉, 백제 지방통치 단위의 하나인 군(郡)의 성립에 대해서는 여러 가지 가설이 있을 수 있겠지만 그 중 하나는 기존에 있었던 담로를 군으로 편제된 데에서 찾을 수 있다.

이러한 추론이 어느 정도 인정된다면 백제의 군성이란 것도 가림성의 예에서 보듯이 담로가 설치될 때 축성되었던 성곽을 그대로 사용하였던 것이 아닌가 생각된다. 어쩌면 가림성의 규모나 평면 형태가 방성이 축조된 다음

錫龜, 「百濟 테뫼式山城의 型式分類」, 『百濟研形』 24, 1994), 산성만을 대상으로 하면 이러한 용어도 일면 타당성이 있지만 종래에 '平山城'으로 불러오던 조선시대 邑城 역시 실은 이와 같은 유형의 성곽이다. 삼국시대에 산 정상부에 있던 紗帽峰形山城이 산자락으로 내려온 것이 조선시대 邑城이기 때문이다. 그런 점에서 삼국시대 治城과 조선시대 邑城을 동시에 만족시켜 줄 수 있는 명칭은 '山腹式'보다 '紗帽峰形'이 어울리지 않을까 한다.

20) 盧重國, 앞의 주 13)의 책, 1988, 245쪽.

21) 『三國史記』 卷 26, 「百濟本紀」, 東城王 23年條. "八月 築加林城 以衛士佐平苩加鎭之"

22) 金英心, 『百濟 地方統治體制 研究』, 서울大大學院博士學位論文, 1997, 155쪽.

에 나타나는 일반적인 원칙에서 벗어나 있는 것도 이러한 사정 때문일지 모른다.

(2) 현성(縣城)의 예

백제의 지방통치 단위의 하나인 군(郡)이 종전의 담로를 재현하는 과정에서 출현한 것이라면 위에서 살펴본 가림성 이외에 더 많은 군성(郡城)이 있을 가능성이 있지만 현재로서는 뚜렷한 예를 찾기가 어려운 실정이다. 이러한 사정은 현성(縣城)도 마찬가지다.

백제시대의 현(縣) 단위에 축성된 성곽을 찾기란 군성(郡城)을 찾기보다도 더욱 어렵다. 우선 문헌기록에 보이는 진현성(眞峴城)의 존재를 통해 백제 현성에 대해서 살펴보자. 진현성에 대해서는 다음과 같은 기록이 남아 있다.

B. ① 福信等以眞峴城臨江高峻當衝要 加兵守之 仁軌夜督新羅兵 薄城板堞 比明而入城 斬殺八百人 遂通新羅饟道(『三國史記』卷 28,「百濟本紀」, 義慈王 20年, 唐 龍朔 2年 7月條)

② 福信等以眞峴城臨江高峻 又當衝要 加兵守之 仁軌引新羅之兵 勝夜 薄城 四面攀堞而上 比明而入據其城 斬首八百級 遂通新羅軍糧之路 (『舊唐書』卷 199,「列傳」, 東夷 百濟)

③ 仁願等破之熊津 拔支羅城 夜薄眞峴 比明入之 斬首八百級 新羅餉道 乃開(『新唐書』卷 220,「列傳」, 東夷 百濟)

④ 黃山郡 本百濟黃等也山郡 景德王改名 今連山縣 領縣二 鎭嶺縣 本百 濟眞峴縣 景德王改名 今鎭岑縣 珍同縣 本百濟縣 景德王改州郡名 及 今並因之(『三國史記』卷 36,「雜志」5, 地理 3)

여기에서 보면 진현성은 단순한 지역단위의 명칭이 아니라 그 지역에 자리하고 있었던 방어시설로서의 성곽이기도 했음을 알 수 있다. 이러한 사실은 진현성의 입지가 '임강고준(臨江高峻)' 하였다거나 성곽을 설명한 '박성판첩(薄城板堞)'의 존재를 통해서도 알 수 있다.

앞에서 방성에 대해서 살펴보았듯이 방성은 '皆憑山險爲之'하였던 것으로 되어 있다. 그런 점에서 진현성의 입지는 곧 방성의 입지와 비슷했음을 알 수 있다. 적어도 방성이 축조된 이후에 각 지방에 축조된 주요 거성(據城)들은 다같이 험산에 입지했음을 짐작케 하는 대목이다. 이러한 입지야말로 종래에 지적해 왔던 대로 백제의 지방관이 갖는 군사 책임자로서의 성격을 보다 선명하게 나타내 주는 것이라고 볼 수 있다. 각 지방의 치소(治所)가 평지 가까운 낮은 구릉이나 평지로 내려오는 것은 통일신라시대 이후의 일이고, 적어도 삼국시대에는 이렇게 각 지방의 치소가 험산에 자리하고 있었던 것이다.

그런데 사료 B-④에서 보듯이 진현성이 자리하고 있었던 곳은 진잠현(鎭岑縣)지역이다. 옛 대덕군 진잠면(鎭岑面)지역, 즉 현 대전시 서구 진잠동지역에 해당된다. 실제로 이 지역에는 위에서 설명하는 진현성에 부합되는 산성이 남아 있다. 흑석동산성(黑石洞山城)이 그것이다.[23]

흑석동산성[24]은 대전시 봉곡동(鳳谷洞)과 흑석동(黑石洞) 사이에 솟아 있는 표고 197m의 고무래봉에 자리하고 있다. 산의 정상부에서 중복(中腹)에 걸쳐 삼태기식(紗帽峰形)의 형태를 하고 있다.

이 산성은 속칭 밀암산성(密岩山城)이라고도 하는데, 남쪽을 제외한 3면이 두마천(豆磨川)으로 돌려져 있고 사면이 매우 급경사를 이루고 있어 사서(史書)에 보이는 '臨江高峻'과 잘 어울리고 있다. 성벽은 이미 완전히 붕괴되어 자세한 축성법은 알 수 없지만 경사면을 제외한 대부분의 구간을 편축식 방법으로 축성하고 있다.

---

23) 沈正輔,「百濟 復興軍의 主要 據點에 關한 硏究」,『百濟硏究』14, 忠南大百濟硏究所, 167~169쪽.
24) 沈正輔,「한밭의 城郭」,『大田의 城郭』, 大田直轄市, 1993, 297~303쪽.
　　徐程錫,「鷄龍山周邊의 城址」,『鷄龍山誌』, 忠淸南道, 1993.

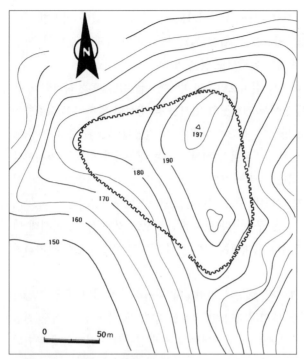

〈도면 48〉 흑석동산성 평면도(주 24)에서)

　전체 성벽의 둘레는 540m에 이른다. 이러한 규모는 방성 보다 작은 것으로, 백제시대 현성이 갖는 일반적인 규모를 말해 주는 것으로 생각된다. 적어도 방성이 축성된 이후에 등장하는 군현성들은 이와 비슷한 규모를 하고 있을 것으로 여겨진다.

　성곽과 관련된 부대시설로는 문지와 건물지 등을 들 수 있다.

　문지는 남벽 가까이에 있는 서문지의 존재가 확인된다. 문지 주변에 별다른 시설 없이 약 10m 정도의 너비로 성벽이 절단되어 있는 것으로 보아 평문식(平門式)의 성문 형태임을 알 수 있다. 그것도 평거식(平据式)이 아닌 개거식(開据式)의 형태였던 것으로 생각된다. 이러한 성문의 구조는 삼국시대 산성에서 흔히 발견되는 특징이다.

〈사진 41〉 흑석동산성 전경

〈사진 42〉 흑석동산성 동벽

〈사진 43〉 흑석동산성 출토 유물

건물지는 성 내 곳곳에 남아 있는 평탄대지(平坦台地)로 추정된다. 특히 동벽쪽과 서벽쪽에 넓은 평탄면이 남아 있으며, 산 정상부에도 평탄면이 있다. 이렇게 곳곳에 평탄면이 있어 실제 성곽의 규모 보다도 크게 느껴진다.

사료(史料) B에 의하면 '판첩(板堞)'의 존재가 보이고 있어 원래는 성벽 위쪽에 여장시설(女墻施設)이 있었던 것으로 짐작되지만 성벽이 완전히 붕괴되었기 때문에 지금은 전혀 확인할 수 없다. 다만 이러한 사실을 통해 백제 산성에 여장시설이 있었던 것을 확인할 수 있을 따름이다.

성 내에서는 백제 토기편과 기와편이 발견된다. 기와편이 특히 많이 남아 있는데, 등쪽의 무늬나 모골(模骨)의 흔적으로 보아[25] 백제시대 기와편으로 보아도 큰 무리가 없어 보인다.

이렇게 흑석동산성(黑石洞山城)은 입지조건이나 규모, 축성법, 그리고 성 내에서 출토되는 유물 등으로 미루어 볼 때 백제 산성으로 보아도 큰 잘못이 없을 듯하다. 더구나 당시 진현성 관내로 추정되는 곳에서는 이 흑석동산성 이외에 다른 산성이 발견되지 않는다. 그런 점에서 흑석동산성은 기록에 보이는 백제 진현성일 가능성이 매우 높다고 판단된다. 그렇다면 백제의 현(縣)에도 군(郡)과 마찬가지로 현성(縣城)이 자리하고 있었음을 알 수 있다.

2. 군현성(郡縣城)의 배치

가림군성(加林郡城)과 진현현성(眞峴縣城)을 통해서 살펴 보았듯이 실제로 백제 군현(郡縣)에도 5방과 마찬가지로 방어시설로서의 성곽이 자리하고 있었음을 알 수 있다. 그럼, 이러한 군현성들은 백제의 모든 군현에 배치되어 있었을까.

사실 군현성에 대한 기록은 더 이상 자세한 것이 없기 때문에 기록으로 그 실상을 확인하기는 불가능하다. 그렇다고 고고학적 자료를 통해 그것을 확인하기 위해서는 백제 고지(故地) 전역(全域)에 남아 있는 산성을 모두 조사해야 하는데, 그것은 현실적으로 많은 어려움이 있다. 따라서 앞서 살펴본 두 예를 통해 군현에도 방어시설로서의 성곽이 배치된 예가 있음을 확인할 수 있는 정도이다. 다만 거기에 덧붙여 〈표8〉을 살펴볼 필요가 있을

---

25) 崔孟植, 『百濟 평기와 新研究』, 學研文化社, 1999, 56쪽.

〈표 8〉 충남 소재 백제 군현(郡縣)과 그 주요 산성

번호	市·郡	百濟의 方·郡	百濟의 縣	主要山城	參考文獻
1	天安市	大木岳郡		木川土城	7)
			甘買縣	斗南里土城	7)
			仇知縣	邑內里土城	7)
2	牙山市	湯井郡		邑內洞山城	9)
			牙述縣	水漢山城	10)
			屈直縣	鶴城山城	10)
3	唐津郡	槥郡			
			伐首只縣		
			餘村縣	田螺山城	
			沙平縣	雲井里山城	
4	瑞山市	基郡		北主山城	14)
			省大兮縣	白華山城	
			知六縣	富城山城	12)
5	洪城郡	結己郡		結城山城	
			新村縣	鑌唐山城	6)
			沙尸良縣	石城山城	15)
6	禮山郡	任存城		鳳首山城	3)
				鶴城山城	16)
			古良夫里縣	牛山城	8)
			烏山縣	山城里山城	
		馬尸山郡		杜洞里山城	
			牛見縣	烽火山城	14)
			今勿縣	侍洞里山城	
7	公州市	熊津城		公山城	
			熱也山縣	魯城山城	13)
			伐音支縣	新豊山城	
8	燕岐郡		豆仍只縣	唐山城	
9	大田市	雨述郡		連丑洞山城	5)
			奴斯只縣	儒城山城	3)
			所比浦縣	赤烏山城	17)
10	扶餘郡	加林郡		聖興山城	11)
			珍惡山縣	石城山城	
			悅己縣	鷄鳳山城	3)
11	論山市	得安城		梅花山城	16)
			加知奈縣	黃華山城	
		黃等也山郡		黃山城	1)
			眞峴縣	黑石洞山城	3)
			珍同縣		
12	舒川郡	舌林郡		南山城	
			寺浦縣		
			比衆縣	城北里山城	

※ 參考文獻

1) 成周鐸, 「百濟山城의 研究 - 論山地域의 黃山城을 中心으로 -」, 『百濟研究』 6, 1975.
2) 成周鐸, 「百濟 新村縣 位置比定에 關한 研究」, 『百濟論叢』 1輯, 百濟文化開發研究院, 1985.
3) 沈正輔, 「百濟 復興軍의 主要 據點에 關한 研究」, 『百濟研究』 14, 1983.
4) 成周鐸, 「大田 甲川流域 百濟城址考」, 『尹武炳博士回甲紀念論叢』, 1984.
5) 沈正輔, 「雨述城考」, 『尹武炳博士回甲紀念論叢』, 1984.
6) 兪元載, 「保寧 鎭唐山城에 對한 研究」, 『公州教大論集』 21, 1985.
7) 成周鐸, 「百濟 城址와 文獻資料」, 『百濟研究』 17, 忠南大百濟研究所, 1986.
8) 兪元載, 「百濟 古良夫里縣 治所의 位置」, 『公州教大論集』 23 - 2, 1987.
9) 兪元載, 「百濟 湯井城 研究」, 『百濟論叢』 3輯, 百濟文化開發研究院, 1992.
10) 徐程錫, 「牙山地域의 山城」, 『滄海朴秉國教授停年紀念史學論叢』, 1994.
11) 兪元載, 「百濟 加林城 研究」, 『百濟論叢』 5輯, 百濟文化開發研究院, 1996.
12) 李南奭, 「瑞山 富城山城의 考察」, 『古文化』 52輯, 1998.
13) 徐程錫, 「論山 魯城山城에 대한 考察」, 『先史와 古代』 11號, 1998.
14) 徐程錫, 『서산시지』 7, 1998.
15) 祥明大博物館, 『洪城 石城山城 建物址 發掘調査報告書』, 1998.
16) 徐程錫, 「百濟 5方城 位置에 대한 試論」, 『湖西考古學』 3輯, 2000.
17) 成周鐸, 「百濟 所比浦縣城址(一名德津山城) 調査報告」, 『百濟研究』 22, 忠南大百濟研究所, 1991.

듯하다.

〈표8〉은 충남지역 소재 백제의 각 군현과 그러한 군현의 관내에 남아 있는 산성 중 치소(治所)로써 유력하다고 판단되는 산성들을 소개한 것이다. 표에서 보는 바와 같이 각 군현마다 치소라고 판단되는 산성들이 하나씩 배치되어 있는 것을 알 수 있다. 따라서 종래에는 백제의 각 군현에 모두 치소로써 기능하던 성곽이 배치되어 있었던 것으로 보았다. 특히 해당 군현에 성곽이 하나밖에 없는 경우에는 그것이 나지막한 구릉에 자리하고 있는 것이든, 높은 산에 자리하고 있는 것이든 무조건 백제시대 산성으로 파악하였다. 따라서 목천토성(木川土城)이나 두남리토성(斗南里土城), 읍내리토성(邑內里土城)과 같이 나지막한 구릉에 자리하고 있는 성곽들이 각 군현의 치소임을 예로 들어 방성이 험산에 위치한다고 한 기록을 의심하기조차 하였다.[26]

그런데 실제로 유적을 확인할 수 있는 방성(方城)이나 앞서 소개한 가림성(加林城), 진현성(眞峴城) 등이 모두 험산(險山)에 자리하고 있는 것이 분명한 만큼 백제시대 방(方) - 군(郡) - 현(縣)에 배치되어 있었던 산성들은 모두가 험산에 자리하고 있었던 것으로 일단 보아야 할 것 같다. 오히려 나지막한 구릉에 자리하고 있는 성곽들은 목천토성이나 신금성(神衿城), 회진토성(會津土城)에서 보듯이 통일신라시대 이후에 축성된 성곽일 가능성이 더 많아 보인다. 즉, 산성에 대한 지금까지의 인식을 전면 재검토해야 할 필요성이 있다고 생각된다.

실제로, 〈표8〉에 소개되어 있는 성곽들은 그것이 해당 군현지역에 하나씩 배치되어 있는 것은 사실이지만 입지조건이나 규모, 축성법, 출토유물 등으로 미루어 볼 때 대부분이 백제시대에 축성된 것이 아닌 것으로 판단된다. 다시 말해서 백제시대에 각 군현에 축성이 이루어진 경우는 거의 찾아보기 어려운 실정이다.

예컨대 백제 사시량현(沙尸良縣)에 자리하고 있는 석성산성(石城山城)의 경우를 보자. 백제 사시량현으로 비정되는 곳은 충남 홍성의 동북부지역에 해당된다. 백제 당시에 군현이 어떻게 구별되어 있었는지 정확하게 알 수는 없지만 대동여지도(大東輿地圖)를 참고해 볼 때 사시량현 관내에는 석성산성 하나만이 자리하고 있었던 것으로 추정된다. 따라서 종래에 별 의심없이 이 석성산성을 백제 사시량현의 치소로 생각해 왔던 것이다. 그런데 유적에 대한 발굴조사를 실시해 본 결과 통일신라시대 때 축성된 것으로 밝혀졌다.[27]

실제로, 석성산성은 겉으로 드러난 특징을 보더라도 백제 산성일 가능성이 매우 희박해 보인다. 우선 규모가 방성 보다 크고, 성문이 출입에 편리한 위치에 개설(開設)되어 있어 통일신라시대 산성이 갖는 특징을 잘 보여주

---

26) 成周鐸, 「百濟 城址와 文獻資料」, 『百濟研究』 17, 忠南大百濟研究所, 1986, 106쪽.

27) 祥明大博物館, 『石城山城 建物址發掘調査報告書』, 1998.

고 있기 때문이다.[28]

석성산성 이외에도 관내에 하나씩만 배치되어 있는 산성의 경우, 특히 그
것이 나지막한 구릉에 자리하고 있을 경우, 백제시대가 아닌 통일신라시대
에 축성된 성곽일 가능성이 대단히 높다. 그런 점에서 반대로 백제의 군현
중에는 실제로 치성(治城)이 배치되어 있지 않는 곳이 상당 수 있음을 알
수 있다. 앞서 제시한 〈표8〉은 산성에 대한 지표조사가 완료되어 도 내(道
內)에 남아 있는 산성의 현황을 어느 정도 살펴볼 수 있는 충남지역을 대상
으로 했을 뿐인데, 백제 고지(故地)의 다른 지역도 산성의 소재지와 현황 파
악이 이루어지지 않아서 그렇지 사정은 마찬가지일 것으로 생각된다.

그럼 왜 이렇게 백제시대의 각 군현 중에 성곽이 배치되지 않은 경우가
많은 것일까. 종래에 백제의 각 군현 마다 성곽이 존재할 것으로 믿었던 것
은 각종 사서에 'ㅇㅇ城'이라는 지명이 나타나는 것이 가장 큰 이유였다. 여
기서 보이는 '城'을 지역단위가 아닌 방어시설로 오해했던 것이다. 또 하나
의 이유를 찾는 다면, 백제가 사비시대의 시작과 더불어 방(方) - 군(郡) - 성
(城) 체제를 확립시켰다고 보았던 것[29]도 하나의 이유가 아니었나 생각된다.

그러나 실제로 백제 방군성체제(方郡城體制)를 전하는 중국측의 『주서
(周書)』, 『한원(翰苑)』, 『수서(隋書)』 등의 기록을 검토해 보면 방군성체제라
는 것이 사비 천도와 더불어, 혹은 천도 이전부터 있었던 것이 천도를 계기
로 일시에 시작된 것이 아니라 점진적으로 형성되어 마침내 방군성체제로
완성된 것임을 알 수 있다.[30] 다시 말해서 『주서』 단계까지는 아직 군(郡)의
존재조차 확실하지 않고, 방(方)과 방에 두어진 군장(郡將) 3인이 확인될 뿐
이다. 방 밑에 군(郡)이 두어지는 것은 『한원』 단계로, 한 개의 방이 6~7개
내지는 10개의 군(郡)을 거느린 것으로 되어 있다.

---

28) 徐程錫, 「燕岐 雲住山城에 대한 一考察」, 『박물관연보』 5, 공주대박물관, 1999.

29) 盧重國, 앞의 주 13)의 책, 1988, 247~250쪽.

30) 李根雨, 「百濟의 方郡城制 관련사료에 대한 재검토」, 『韓國古代의 考古와 歷史』, 學硏文化社,
1997, 339~361쪽.

그러나 이 때에도 지방관이 파견된 군(郡)은 은솔(恩率) 관등의 소지자가 군장(郡將)이 되었지만 지방관이 파견되지 않은 군현은 도사(道使), 즉 성주(城主)가 관리하고 있었다. 그 비율이 어느 정도 되었는지 정확하게는 알 수 없지만 모든 군현에 군장이 파견된 것은 아니라고 생각된다.『한원』단계에서조차 모든 군현에 지방관이 파견된 것은 아니었던 것이다.[31]

백제의 방군성체제가 이렇게 점진적으로 이루어졌다면 모든 군현에 치성으로서의 성곽이 자리할 수는 없는 것은 너무나도 당연하다. 특히 방성이 3개나 배치되어 있었던 충남지역의 경우 각 군현마다 치성이 배치되기는 더욱 어려웠을 것이다. 군(郡)에 조차도 치성이 모두 있었다고 보기 어려운데 현(縣)에까지 치성이 배치되기는 더욱 어려웠을 것이다.

물론 백제의 군(郡)이라는 것이 가림성(加林城)에서 보듯이 앞 시기의 담로(檐魯)가 전환된 것이라고 한다면 그러한 담로 파견시 조성된 산성이 그대로 치성으로 활용되었을 가능성은 높다. 그러나 백제의 37군이 모두 담로와 연결되는 것인지는 확실하지 않고, 모든 담로에 성곽이 축조되었는지도 확실하지 않다. 〈표8〉에서 보듯이 각 군현마다 후보지로 생각되는 성곽은 있지만 실제로 확신할 수 있는 것은 가림성과 진현성뿐이기 때문이다.

군현성들은 가림성에서 보듯이 규모나 축성법, 평면형태 등에서 방성이나 방성 이후에 나타나는 각 지역의 치성들과는 일정한 차이가 있을 수 있다. 따라서 발굴조사를 거치지 않고는 확인할 수 없는 것이 또한 사실이다. 즉, 방성이 축조된 이후에 축성된 군현성들은 진현성의 예에서 보듯이 규모가 700m 이하이고, 평면형태는 삼태기식(紗帽峰形)을 하고 있는 것이 특징이다. 그러나 담로가 파견되던 시기의 성곽들은 이러한 형태, 이러한 규모가 아니었기 때문에 그러한 성곽들을 지표조사만으로 구별해 내기는 대단히 어렵다. 따라서 이러한 지역의 경우 자칫 치성(治城)이 없는 것으로 오해할 수도 있다. 그런 점에서 삼태기식(紗帽峰形)산성이 보이지 않는다고 하

---

31) 李根雨, 위의 주 30)의 論文, 1997, 358쪽.

여 무조건 해당 군현(郡縣)에 백제 당시의 치성이 없다고 단정할 수는 없다.

그러나 그렇다 하더라도 종래에 생각해 왔던 것처럼 모든 군현에 성곽이 배치되어 있었던 것이 아니라는 사실은 분명해졌다. 모든 군현에 백제 성곽이 배치되는 것은 역시 통일신라시대에 들어와서다. 그러한 사실은 백제시대 때 치성이 없던 곳에도 통일신라시기가 되면 성곽이 축성되는 것으로 어느 정도 입증될 수 있을 것이다. 〈표8〉에서 소개한 각 지역별 주요 성곽역시 대부분이 통일신라시대의 성곽이 갖고 있는 특징을 띠고 있다. 백제당시 200~250개 정도 였던 백제의 현(縣)이 통일 후 100여 개 정도로 축소되는 것도 이러한 성곽의 배치와 일정한 관련이 있는지도 모른다.

그렇다면 37군에조차 치성이 모두 자리하고 있었던 것이 아닌데, 어떻게 진현성(眞峴城)과 같이 현 단위에도 치성이 자리하는 경우가 있었을까. 그 것을 명확하게 증명해 줄 만한 자료는 없지만 진현성의 위치가 백제에서 신라로 통하는 '양도(饟道)'였다는 점에 비추어 볼 때 신라나 고구려로 통하는 중요한 교통로 주변에는 비록 현 단위라도 치성이 배치되어 만일에 대비했던 것이 아닌가 생각된다.

5장

결론

성곽은 고분, 사찰 등과 더불어 백제사를 연구하는 핵심적인 고고학 자료다. 따라서 지금까지 성곽에 대해서는 많은 조사와 다양한 연구가 이루어져왔다. 그러나 지금까지의 연구는 백제 성곽에 대한 정확한 이해가 결여된 채 몇몇 단편적인 사실을 자의적으로 해석함으로써 이루어진 것이 대부분이었다. 여기에서 굳이 백제 성곽이 갖는 일반적인 특징을 살펴보고자 했던 것도 그 때문이다.

백제 성곽은 크게 보아 왕도(王都)를 에워싼 도성과 각 지방에 축성되었던 산성으로 나누어 볼 수 있다. 양자는 상호 유기적인 관련성을 갖는 것이지만 입지나 축조 목적에서는 일정한 차이가 있는 것도 사실이다. 도성이 평지나 구릉을 지나면서 축성되는 데 비해 지방성(地方城=山城)들은 험산(險山)에 축성되었다. 지방성을 산성으로 부르는 것도 그 때문이다. 그런가 하면 도성이 성곽 내외의 구별을 엄격히 하기 위한 경계 표시이자 권위를 상징하는 것이라면 산성은 군사적 방어시설물이었다. 따라서 도성과 산성은 같은 백제 성곽이면서도 성격이나 축성 목적을 구별해 볼 필요가 있다.

2장에서는 웅진도성(熊津都城)에 대해 살펴 보았다. 종래 웅진도성에 대해서는 특히 왕궁의 위치에 많은 관심이 쏠려 있었다. 그 결과 왕궁이 공산성(公山城) 안에 있었다는 견해와 밖에 있었다는 견해가 팽팽히 맞서게 되었다. 왕궁이 왕도를 구성하는 여러 요소 중 가장 중요한 요소임에는 틀림없지만, 현재로서는 어떤 유적이 왕궁인지를 분명하게 판단할 수 있는 단서가 마련되어 있지 못한 실정이다. 그런 점에서 결론을 얻기 어려운 왕궁 문제에 지나치게 관심을 갖기보다는 왕성의 위치를 확인하는 것이 웅진시대 왕궁 문제를 해결할 수 있는 좀더 용이한 방법이라고 생각된다.

단편적으로 남아 있는 자료들을 종합해 볼 때 웅진시대 백제 왕성은 공산성이었던 것으로 생각된다. 따라서 왕성이 왕이 평상시에 거주하는 공간을 에워싼 성곽이라고 한다면 웅진시대 백제 왕궁은 공산성 안에서 찾는 것이 순리가 아닌가 생각된다.

공산성은 백제 때 웅진성(熊津城)으로 불리웠다. 웅진성의 축조 시기에 대해서는 천도 이전에 축성된 것으로 보는 견해가 있는가 하면, 반대로 사비시대에 축성된 것으로 보는 견해도 있었다. 그러나 관련기록이나 출토유물로 미루어 볼 때 천도 이후, 좀더 구체적으로는 문주왕(文周王) 3년 경에 축성된 것으로 생각된다.

웅진 왕도에는 수도(首都) 5부가 형성되어 있었다. 그 편제 방식은 정확히 알기 어렵지만 자연 촌락의 형태로 형성되었던 것이 아닌가 짐작된다. 그런데 웅진 왕도는 지형적인 여건상 제민천(濟民川)에 의해 왕도가 동서로 양분될 수밖에 없다. 따라서 동성왕 때에는 왕도를 효율적으로 운영하기 위해 웅진교(熊津橋)를 가설한다. 성왕(聖王) 때 창건되는 대통사(大通寺)도 이러한 웅진교의 가설로 가능했던 듯하다. 그런 점에서 웅진교는 대통사 주변의 제민천에 가설되었던 것으로 믿어진다.

한편, 웅진 왕도는 주변에 환상(環狀)으로 산성을 배치하여 수도방비를 꾀하였다. 이러한 방비체제는 이른바 위성방비체제(衛星防備體制)라고 할 수 있는 것인데, 한성시대(漢城時代)의 남북성체제(南北城體制)를 한 단계 발전시킨 결과로 이해된다. 웅진 왕도에서 볼 수 있는 이러한 방비체제는 이미 남조(南朝)의 건강성(建康城)에서 확인된 바 있어 앞으로 조사 여하에 따라서는 중국과 백제의 교류를 살펴볼 수 있는 또 하나의 자료가 될 것으로 기대된다.

사비도성에 대해서도 종래에 왕궁지(王宮址)의 위치를 확인하려는 노력이 다각도로 이루어져 왔다. 그 결과 부소산성(扶蘇山城) 남록(南麓)을 유력한 후보지로 보는 데 제견해가 일치하고 있다.

그러나 중국측 사서(史書)에는 부소산성을 왕성이라고 분명하게 기록하고 있다. 실제로 부소산성을 왕성으로 이해하면 몽촌토성(夢村土城) – 공산성 – 부소산성으로 이어지는 백제 왕성의 전통을 입지와 규모면에서 확인할 수 있다.

왕궁지의 위치와 더불어 시가지의 구조가 사비도성 문제의 가장 큰 관심사 중의 하나였다. 사비도성이 5부(部), 5항(巷)으로 나누어져 있었다는 사실은 기록을 통해 이미 알려진 바 있다. 따라서 종래에는 『수서(隋書)』나 『북사(北史)』의 기록처럼 각 부(部) 밑에 5항이 배치되어 있었던 것으로 이해해 왔다. 궁남지(宮南池)에서 출토된 목간(木簡)이 이러한 추정을 뒷받침해 준 것은 물론이다.

그런데 『한원(翰苑)』에는 5부와 5항이 각각 달리 편제되어 있었던 것처럼 기록되어 있기도 하다. 실제로 부(部)는 귀족의 거주처(居住處)이고, 항(巷)은 일반 서민의 거주처여서 성격이 전혀 달랐던 것으로 생각되는 만큼 5부, 5항이 다른 공간에 편제되어 있었을 가능성을 배제할 수 없을 듯하다.

부(部) 밑에 항(巷)이 편제되어 있었다면 문제가 없겠지만 부(部)와 항(巷)이 다른 공간에 별도로 편제되었다면 부여 읍내 한 가운데에 자리하고 있는 금성산(錦城山) 서쪽에는 5부가 자리하고, 그 동쪽에는 5항이 자리했던 것으로 믿어진다. '전부(前部)', '상부(上部)' 명(銘) 표석(標石)이 모두 금성산 서쪽에서 발견되었기 때문이다.

사비도성의 구조에서 빼 놓을 수 없는 것은 도로망의 존재다. 관북리(官北里) 일대에 대한 조사에서 남북대로(南北大路)와 동서소로(東西小路)가 발견된 바 있는데, 부여 읍내의 백제 유적이 모두 이 도로망과 평행하게 배치되어 있다는 점에서 계획적인 시가지 구조가 이루어졌음을 암시해 주고 있다.

또한 관북리와 쌍북리(雙北里)의 남쪽을 지나는 동서도로의 존재는 관공서와 5부·5항을 구별해 주던 경계표시의 의미도 담고 있었던 것으로 판단된다. 그렇다면 사비도성은 북쪽부터 왕궁, 관서(官署), 5부·5항이 엄격히 구별된 채 편제되어 있었음을 알 수 있다. 이러한 시가지의 구조는 신분에 따라 엄격하게 거주 구역을 정해줌으로써 예치(禮治)에 의해 운영되는 도성구조(都城構造)를 계획하였음을 말해주는 것으로 생각된다. 그리고 이것이야말로 성왕이 사비 천도를 단행한 근본 목적이었다고 생각된다.

한편, 사비도성의 시가지 구조를 이렇게 나누어 놓고 보면 그 형태가 중국 북조(北朝)의 도성과 흡사한 면이 있음을 알 수 있다. 실제로 사비 천도와 더불어 백제에서는 불교가 왕권을 뒷받침해 주는 사상적인 지주로서 기능하고, 북조 계통의 불상(佛像)이 많이 만들어진다. 이러한 제현상은 도성의 구조와 더불어 사비 천도 이후에 나타난 것으로 사비 천도의 배경을 추적할 때 반드시 고려해야 될 흥밋거리라고 생각된다.

3장에서는 백제 산성이 갖는 일반적인 특징을 살펴 보았다. 종래에 백제 산성의 특징에 대해서는 별반 알려진 것이 없었다. 백제 고지(故地)에 남아 있는 산성을 모두 백제 산성으로 파악해 왔기 때문에 입지나 규모, 축성법, 구조 등에서 이렇다할 공통점을 추출해 내지 못했던 것이다. 물론 백제 산성의 모델도 구할 수 없었다. 따라서 관련자료와 유적을 검토해 본 결과 다음과 같은 백제 산성의 특징을 확인할 수 있었다.

먼저 백제 산성이 갖는 입지가 주목된다. 웅진시대 산성은 표고 100~150m 높이에 주로 자리하고 있는 데 비해 사비시대 산성은 표고 250m 전후의 험산에 자리한다. 이러한 입지의 변화는 전투방식의 차이나 전투에 동원된 인력의 차이에서 비롯된 것으로 생각된다.

다음에는 구조적인 특징으로 성곽의 규모와 성문의 위치, 축성법 등이 주목된다. 기록에 의하면 백제 방성의 둘레는 2400~720m로 확인된다. 그렇다면 일반 산성은 대체로 720m 이하인 것으로 생각된다. 물론 가림성(加林城)처럼 실제로는 1㎞가 넘는 성곽도 있지만 방군성체제(方郡城體制)가 확립된 다음에 축성된 성곽은 700m를 넘지 않을 것으로 생각된다.

축성법을 보면, 성벽은 일정하게 다듬은 성돌을 이용하여 축성하되 신라

산성과 백제 산성은 치석(治石)하는 방법에 차이가 있다. 신라가 길쭉한 대판석(大板石)이나 가로 : 세로의 비가 3 : 1 정도 되는 세장방형 할석을 이용하여 축성하는 데 비해 백제에서는 2 : 1~3 : 2 정도가 되도록 다듬은 성돌을 사용하고 있다.

성문은 방어에 취약한 곳이다. 따라서 삼국시대 산성의 성문은 출입이 어려운 계곡이나 능선을 비켜선 곳에 자리하고 있는 것이 일반적인 특징이다. 그에 비해 통일 이후의 산성들은 출입이 편리한 마안부(馬鞍部)나 능선쪽에 성문을 개설하고 있다.

또한 백제 산성은 성벽 하단부의 보축시설(補築施設)이 아직 발견된 바 없으며, 성벽 하단부터 한단한단 바른층쌓기로 축조하되 단면이 궁형(弓形)을 이루는 것이 특징이다.

4장에서는 3장을 통해 확인된 백제 산성을 중심으로 백제의 방군현(方郡縣)에 배치되어 있던 방성과 군현성(郡縣城)의 현황을 살펴 보았다.

방성은 백제 지방통치의 핵심이다. 따라서 지방통치조직을 이해하기 위한 방법으로 방성의 위치를 확인해 보았다. 그 결과 동방성(東方城)은 논산의 매화산성(梅花山城), 서방성(西方城)은 예산의 임존성(任存城), 중방성(中方城)은 고부, 남방성(南方城)은 남원임을 확인하였다. 백제 부흥운동의 중심 거성(據城)이었던 임존성과 주류성(周留城)도 5방성의 하나였던 셈이다.

방성을 이렇게 보면 동방성과 남방성은 동쪽에 배치되어 신라를 견제하는 역할을 하였고, 서방성과 북방성은 북쪽에 배치되어 고구려를 견제하는 역할을 담당하였음을 알 수 있다.

방성과 달리 군현성은 확인이 대단히 어렵다. 방성은 사비로부터의 거리와 규모가 나와 있지만 군현성에 대해서는 이렇다 할 설명이 없기 때문이다. 다만 가림성과 진현성의 존재는 확인할 수 있다. 가림성은 부여의 성흥산성(聖興山城)으로 생각되고, 진현성은 대전 진잠(鎭岑)의 흑석동산성(黑石洞山城)인 것으로 판단된다.

이렇게 보면 백제의 군현에도 산성이 자리하고 있었음을 알 수 있다. 그러나 군현성은 방성과 달리 각 군현마다 모두 배치되어 있었던 것은 아닌 듯하다. 가림성과 진현성이 충남지역에 있었던 군현성의 전부가 아닌가 생각되기조차 한다. 이 경우 가림성은 웅진시대 담로의 파견지역이었던 관계로 성곽이 축조된 것이며, 진현성은 신라에서 사비로 오는 길목에 해당되기 때문에 축성이 이루어진 듯하다. 그런 점에서 가림성의 존재는 담로가 사비시대에 군(郡)으로 변화해 간 것을 입증해 주는 자료라고 할 수 있다. 마찬가지로 다른 군(郡)지역에도 성곽이 있을 가능성을 배제할 수 없지만 모든 담로에 성곽이 축성되었던 것은 아닌 듯하다.

이상과 같이 웅진·사비시대를 중심으로 백제 성곽의 특징과 구조를 살펴보았다. 그 과정에서 웅진도성의 방비체제(防備體制)나 사비도성의 구조, 왕궁의 위치, 산성의 입지와 구조적 특징, 5방성의 위치, 그리고 군현성의 존재에 대해 새로운 사실들을 확인할 수 있었다.

그러나 본고에서 대상으로 한 시기가 웅진·사비시대인 만큼 한성시대 성곽에 대해서는 살펴보지 못하였다. 이것은 물론 한성시대 왕도의 구조를 알 수 있는 자료가 전혀 없는데다가 산성 또한 뚜렷한 유적이 조사된 바 없기 때문이기는 하지만 본고가 안고 있는 가장 큰 한계점이다. 웅진도성과 사비도성의 구조를 고구려나 신라의 도성과 비교해 보지 못한 것도 아쉬움으로 남는다.

산성에 있어서는 성곽의 축조 방법, 소요 기간, 인력 동원 방법, 축조 후의 관리, 전투 방식 등에 대한 검토가 거의 이루어지지 못했다. 군현성의 실체가 분명하지 못한 것도 차후의 과제다. 어떤 지역에 군현성이 남아 있고, 또 어떤 지역에 군현성이 축조되지 않은 것인지가 명확하게 밝혀져야 할 것이다.

앞으로 성곽에 대한 조사가 활발하게 이루어지고, 그 결과 백제 성곽의 특징이 좀더 분명하게 확인된다면 이러한 문제들도 하나 하나 해명될 수 있을 것으로 기대된다. 여기에는 물론 문헌기록에 대한 면밀한 검토가 함께 이루어져야 할 것이다.

The Study of Baegje Castles
– Of the Era of Woongjin and Sabi –

Seo, Jeong-Seog

Department of Korean History

Graduate School of Korean Studies

The Academy of Korean Studies

The castles are one of the crucial factors of Baegje history with mounds and temples. But there haven't been a lot of important studies on them. Therefore in this dissertation, the structural features of Baegje castles will be fully discussed.

We call Baegje castles with no distinction, but they can be divided as city castles and mountain castles. The city castles were built around the capital and the mountain castles in the local areas. They were different from each other in their functions and structures. So the characteristics of each will be discussed respectively.

In the Woongjin(熊津) Era, there was no Naseong(羅城) in the capital city. It means that there was no city castle in this era. But the mountain castles which surrounded the capital city functioned as a city castle, the inner side of the mountain castles must have taken a role of a city castle.

The palace where the king lived was Woongjincastle(熊津城), which is called Gongsanseong (公山城) now. Therefore it is believed that the palace must have been in the Gongsanseong(公山城). In that era, the palace was divided by 5 Bus(5部) and was believed to be located along Jemincheon(濟民川) following the natural configuration of the ground. Jemincheon(濟民

川) runs south and north through Gongju city, so Woongjin(熊津) was divided into the east side and the west side. Therefore there had to be a bridge crossing Jemincheon(濟民川) to manage the capital effectively and it was Woongjin Bridge(熊津橋) built by King Dongseong(東城王).

The mountain castles, which were located outside Gongju, were built in a circle to defend the intrusions of enemies. Now I want to call this kind of defense system a satellite defense system. Compared to the South and North castle system of Hanseong(漢城) Era, a kind of a defense system of city castle, the satellite defense system is considered much developed. This sort of defense system, so called satellite defense system, is very similar to that of Geongangseong(建康城) in China. And it suggests that there must have been cultural exchanges between Baegjae and China.

Sabi(泗沘) city castles were consisted of Busosanseong (扶蘇山城) and Naseong(羅城) which surrounded Buyeo city. It has been believed that the palace of Sabi(泗沘) era was located south of Busosanseong(扶蘇山城). But according to the historical records, Busosanseong(扶蘇山城) was the palace of the era. So I believe that Baegje palace was inside of Busosanseong(扶蘇山城) in the eras of Sabi(泗沘).

Sabi(泗沘) city castles were divided into 5 Bus(5部) and 5 Hangs(5巷). The nobility dwelled in the 5 Bus(5部) and ordinaries in 5 Hangs(5巷). So it is believed that the areas of Bus(部) and Hangs(巷) must have been located in different areas. More specifically, it is possible to infer that there were 5 Bus(5部) west of Geumseongsan(錦城山), and 5 Hangs(5巷) east of it. Because tombstones inscribed as Sangbu(上部) and Jeonbu(前部) and the sites of temples have been excavated in this area.

There was a east and west road on the south of Busosanseong(扶蘇山城), and it is believed that the palace and public buildings were in the north side, and 5 Bus(5部) and 5 Hangs(5巷) in the south side. Then Sabi(泗沘) city castles must have been influenced strongly by Bukjo(北朝) of China, contrary to the existed theories.

There have been lots of arguments on Baegje mountain castles, but few on the shape of it. We have just admitted as Baegje mountain castle when we find the sites of castles in their governed area. But according to the record of China, Baegje mountain castles didn't go as far as 1 km and they were located at 200 or 300 meters above the sea

The core of local reigning system of Baegje in Sabi(泗沘) era was 5 Bangseongs(5方城). And that is why there have been lots of discussions of the locations of them. Considered the historical records and the contemporary local system, Dongbangseong(東方城) might have been located in Nonsan, Chungnam, Seobangseong(西方城) in Daeheung, Jungbangseong(中方城) in Gobu, Chonbuk, Nambangseong(南方城) in Namwon, Chonbuk, and Bukbangseong(北方城) in Gongju, Chungnam. Judging from this inference, we can learn that Dongbangseong(東方城) and Nambangseong(南方城) were built to prepare against the invasion of Shinra, Seobangseong(西方城) and Bukbangseong(北方城) against Goguryeo. That was why Baegje built 5 Bangseongs(5方城) when she transferred the capital to Sabi(泗沘).

參考文獻

I. 史書

* *『三國史記』,『三國遺事』,『新增東國輿地勝覽』,『輿地圖書』,『大東地志』,
* *『梁書』,『周書』,『北史』,『隋書』,『翰苑』,『舊唐書』,『新唐書』,『資治通鑑』,
* *『日本書紀』

II. 報告書 및 著書·論文

1. 報告書

古蹟調査研究會,『大正六年度古蹟調査報告』, 朝鮮總督府, 1920.

朝鮮古蹟研究會,『昭和十一年度古蹟調査報告』, 1937.

朝鮮古蹟研究會,『昭和十三年度古蹟調査報告』, 1940.

金元龍,『風納洞土城包含層調査報告』, 서울大學校考古人類學科, 1965.

尹武炳,『金剛寺』, 國立博物館, 1969.

忠南大學校 百濟研究所,『百濟瓦塼圖譜』, 1972.

姜仁求 外,『松菊里』 I, 國立博物館, 1979.

夢村土城發掘調査團,『整備·復元을 위한 夢村土城 發掘調査報告書』, 1984.

夢村土城發掘調査團,『夢村土城發掘報告』, 1985.

安承周,『公山城』, 公州大學校 百濟文化研究所, 1982.

安承周·李南奭,『公山城 推定王宮址 發掘調査報告書』, 公州大學校博物館, 1987.

安承周·李南奭,『公山城 城址 發掘調査報告書』, 公州大學校博物館, 1990.

安承周·李南奭,『公山城 建物址』, 公州大學校博物館, 1992.

李南奭·李勳,『公山城池塘』, 公州大學校博物館, 1999.

尹武炳,「扶蘇山城 城壁調査」,『韓國考古學報』13, 1982.

尹武炳,『扶餘 官北里百濟遺蹟發掘報告』(Ⅰ), 忠南大學校博物館, 1985.

扶餘羅城發掘調査團,「扶餘羅城發掘調査槪報」, 1991.

扶餘文化財研究所,『扶餘 舊衙里 百濟遺蹟 發掘調査報告』, 1993.

扶餘文化財研究所,『扶蘇山城 發掘調査 中間報告書』, 1995.

文化財研究所,『扶蘇山城 發掘調査報告書』, 1996.

扶餘文化財研究所,『扶蘇山城』(Ⅱ), 1997.

扶餘文化財研究所,『王宮里』, 1997.

扶餘文化財研究所,『陵山里』, 1998.

扶餘文化財研究所,『扶蘇山城』(Ⅲ), 1999.

扶餘文化財研究所,『扶蘇山城 整備·復元을 위한 緊急 收拾調査報告書』, 1999.

尹武炳,『扶餘 官北里百濟遺蹟發掘報告』(Ⅱ), 忠南大學校博物館, 1999.

忠南大學校 百濟研究所,「扶餘 東羅城·西羅城發掘調査略報告書」, 2000.

尹武炳,『定林寺』, 忠南大學校 博物館, 1981.

尹武炳,『木川土城發掘調査報告書』, 忠南大學校博物館, 1984.

全榮來,『五金山城發掘調査報告書』, 圓光大馬韓百濟文化研究所, 1985.

扶餘博物館,『保寧 校成里住居址 發掘報告』, 1986.

金秉模·沈光注,『二聖山城 發掘調査 中間報告書』, 漢陽大學校博物館, 1987.

安承周·李南奭,『論山 六谷里古墳群 發掘調査報告書』, 百濟文化開發研究院, 1988.

安承周·李南奭,『論山 表井里 百濟古墳群 發掘調査報告書』, 百濟文化開發研究院, 1988.

百濟文化開發研究院,『忠南地域의 文化遺蹟』(第2輯 - 公州郡 篇 -), 1988.

全南大博物館,『錦城山城地表調査報告書』, 1989.

林永珍,『武珍古城』(Ⅰ), 全南大學校博物館, 1989.

林永珍,『武珍古城』(Ⅱ), 全南大學校博物館, 1990.

文化財研究所·翰林大博物館,『楊州大母山城發掘調査報告書』, 1990.

慶州古蹟發掘調査團,『明活山城緊急發掘調査報告書』, 1990.

慶州古蹟發掘調査團,『月城垓字發掘調査報告書』(Ⅰ), 1990.

車勇杰·趙詳紀,『丹陽赤城地表調査報告書』, 忠北大博物館, 1991.

忠清南道,『文化遺蹟總覽』(城郭 官衙篇), 1991.

李明植·李熙敦,『星州 禿用山城 地表調査報告書』, 大邱大學校博物館, 1992.

沈正輔·孔錫龜,『鷄足山城 精密地表調査報告書』, 大田産業大學校 鄕土文化
　　研究所, 1992.

崔完奎 外,『沃溝 將相里 百濟古墳群 發掘調査報告書』, 百濟文化開發研究院,
　　1992.

崔孟植 外,『王宮里遺蹟發掘中間報告』, 國立扶餘文化財研究所, 1992.

崔孟植 外,『龍井里寺址』, 國立扶餘文化財研究所, 1993.

洪性彬·朴鍾益·趙喜卿,「咸安 城山山城 發掘調査槪報(1차)」,『韓國上古史學
　　報』10, 1992.

公州博物館,『南穴寺址』, 公州市, 1993.

沈正輔·兪元載·孔錫龜·李達勳,『大田의 城廓』, 大田市, 1993.

忠南大博物館,「扶餘 東南里遺蹟 發掘調査 略報告書, 1993.

金鍾萬,「陵山里寺址 發掘調査報告」,『전국역사학대회발표요지문』, 1994.

成周鐸·車勇杰,『稷山 蛇山城』, 百濟文化開發研究院, 1994.

李達勳·李康承·沈正輔·兪元載,『寶文山城發掘調査報告書』, 大田市, 1994.

沈正輔·孔錫龜,『鷄足山城 西門址調査槪報』, 大田産業大學校 鄕土文化研究
　　所, 1994.

林炳泰 外,『渼沙里』, 제3권, 1994.

全榮來,『우금(周留)山城 關聯遺蹟 地表調査報告書』, 圓光大馬韓百濟文化研究
　　所, 1995.

林永珍·趙鎭先,『會津土城』(Ⅰ), 全南大學校博物館, 1995.

祥明大學校博物館,『洪城郡 長谷面 一帶 山城 地表調査』, 1995.

李南奭·徐程錫,『魯城山城』, 公州大學校博物館, 1995.

李南奭·徐程錫,『安興鎭城』, 公州大學校博物館, 1995.

李南奭·徐程錫,『雲住山城』, 公州大學校博物館, 1996.

李海濬·李南奭·徐程錫,『所斤鎭城』, 公州大學校博物館, 1996.

安承周·徐程錫,『聖興山城 門址發掘調査報告書』, 忠南發展硏究院, 1996.

檀國大學校 中央博物館,『망이산성 발굴 보고서(1)』, 1996.

李康承·朴淳發·成正鏞,『神衿城發掘調査報告書』, 忠南大學校博物館, 1996.

忠淸南道,『文化財大觀』, 1997.

國立扶餘博物館,『扶餘博物館圖錄』, 1997.

國立民俗博物館,『한국의 도량형』, 1997.

李南奭,「天安 白石洞遺蹟(山城)」,『歷史와 都市』(제40회 전국역사학대회 발표요지문), 1997.

신영호,「공주 수촌리토성 발굴조사개보」,『박물관신문』, 1997.

公州大學校博物館,『燕岐 雲住山城』, 1998.

祥明大學校博物館,『洪城 石城山城 建物址發掘調査報告書』, 1998.

國立公州博物館,『大田 月坪洞遺蹟』, 1998.

李南奭,『就利山』, 公州大學校 博物館, 1998.

忠淸埋藏文化財硏究院,『乾芝山城』, 1998.

趙源昌,『韓山 乾芝山城』, 忠淸埋藏文化財硏究院, 2001.

忠淸埋藏文化財硏究院,「公州 東穴寺址 試掘調査 略報告」, 1998.

李 勳,「공주 산성동 주택건설부지조사」,『各地試掘調査報告書』, 公州大學校 博物館, 1998.

李南奭·李 勳,『水源寺址』, 公州大學校博物館, 1999.

李南奭·李 勳,『舟尾寺址』, 公州大學校博物館, 1999.

忠南大學校博物館,「鷄足山城發掘調査略報告」, 1998.

順天大學校博物館,「順天 劍丹山城 發掘調査略報告」, 1998.

盧美善,「진안 와정리 토성유적」,『湖南地域의 靑銅器文化』, 1999.

단국대중앙박물관,「이천 설봉산성 발굴조사 개보」, 1999.

손보기 外,『안성 망이산성 2차 발굴조사 보고서』, 단국대학교 중앙박물관, 1999.

손보기 外,『이천 설봉산성 1차 발굴조사보고서』, 단국대학교 중앙박물관,

　　　1999.

단국대학교 매장문화재연구소,「이천 설봉산성 2차 발굴조사 지도위원회의
　　　자료」, 1999.

차용걸·강민식·조순흠·윤대식,『忠州山城 東門址發掘調査報告書』, 忠北
　　　大學敎 中原文化研究所, 1999.

車勇杰 外,『淸州 井北洞土城』(Ⅰ), 忠北大學敎 中原文化研究所, 1999.

國立扶餘文化財研究所,『宮南池』, 1999.

國立昌原文化財研究所,『咸安 城山山城』, 1999.

李南奭·徐程錫,『斗井洞遺蹟』, 公州大學校博物館, 2000.

忠南發展研究院,『禮山 任存城』, 2000.

서울大學校奎章閣,『海東地圖』, 1995.

2. 著書

姜仁求,『百濟古墳研究』, 一志社, 1977.

姜仁求,『三國時代墳丘墓研究』, 嶺南大學校出版部, 1984.

姜仁求,『考古學으로 본 韓國 古代史』, 學研文化社, 1997.

姜仁求,『韓半島의 古墳』, 아르케, 1999.

姜仁求,『古墳研究』, 學研文化社, 2000.

姜仁求·崔秉鉉·金東賢,『韓國 古代國家 形成時期의 考古學的 研究』, 韓國精
　　　神文化研究院, 1991.

權五榮,『三韓의 「國」에 대한 研究』, 서울大大學院博士學位論文, 1996.

金起燮,『近肖古王과 百濟』, 學研文化社, 2000.

金英心,『百濟地方統治體制研究』, 서울大學校大學院博士學位論文, 1997.

金龍善 編著,『高麗墓誌銘集成』, 翰林大 아시아文化研究所, 1993.

金容雲·金容局,『韓國數學史』, 科學과人間社, 1977.

金元龍,『韓國考古學槪說』, 一志社, 1986.

金元龍·安輝濬,『韓國美術史』, 서울大學校出版部, 1993.

金周成,『百濟 泗沘時代 政治史 研究』, 全南大大學院博士學位論文, 1990.

盧重國,『百濟政治史研究』, 一潮閣, 1988.

朴方龍,『新羅都城研究』, 東亞大學校大學院博士學位論文, 1997.

朴淳發,『漢城百濟의 誕生』, 서경문화사, 2001.

朴龍雲,『고려시대 開京연구』, 一志社, 1996.

朴賢淑,『百濟地方統治體制研究』, 高麗大學校大學院博士學位論文, 1996.

朴興秀,『韓中度量衡制度史』, 成均館大學校出版部, 1999.

반영환,『한국의 성곽』(교양국사총서 30), 세종대왕기념사업회, 1978.

사회과학원고고학연구소,『고구려문화』, 사회과학출판사, 1975.

사회과학원고고학연구소,『조선고고학개요』, 사회과학출판사, 1977.

서정석,『충남지역 백제유적의 조사 현황과 과제』, 충남발전연구원, 1999.

成周鐸,『百濟城址研究』, 東國大學校大學院 博士學位論文, 1984.

孫永植,『韓國城郭의 研究』, 文化財管理局, 1987.

손영종,『고구려사(2)』, 1997.

申瀅植,『三國史記研究』, 一潮閣, 1981.

심봉근,『韓國 南海岸城址의 考古學的 研究』, 學研文化社, 1995.

沈正輔,『韓國 邑城의 研究』, 學研文化社, 1995.

梁起錫,『百濟專制王權成立過程研究』, 檀國大大學院博士學位論文, 1990.

兪元載,『熊津百濟史研究』, 주류성, 1997.

尹武炳,『百濟考古學研究』, 學研文化社, 1992.

李揆穆,『都市와 象徵』, 一志社, 1988.

李基東,『百濟史研究』, 一潮閣, 1997.

李基白 編,『韓國上代古文書資料集成』, 一志社, 1987.

李基白,『新羅思想史研究』, 一潮閣, 1991.

李南奭,『百濟石室墳研究』, 學研文化社, 1995.

李道學,『새로쓰는 百濟史』, 푸른역사, 1997.

李弘稙,『韓國古代史의 研究』, 新丘文化社, 1971.

張慶浩,『百濟寺刹建築』, 예경, 1990.

張明洙,『城郭發達과 都市計劃研究』, 學硏文化社, 1994.

채희국,『고구려역사연구』, 김일성종합대학출판부, 1985.

崔孟植,『백제 평기와 신연구』, 學硏文化社, 1998.

최희림,『고구려 평양성』, 과학백과사전출판사, 1978.

洪思俊,『百濟史論集』, 향지, 1995.

黃壽永,『韓國佛像의 硏究』, 삼화출판사, 1973.

輕部慈恩,『百濟美術』, 寶雲舍, 1946.

輕部慈恩,『百濟遺跡の硏究』, 吉川弘文館, 1971.

關野貞,『朝鮮の建築と藝術』, 岩波書店, 1941.

駒井和愛,『中國都城 · 渤海研究』, 1977.

今西龍,『百濟史研究』, 近澤書店, 1934.

東潮 · 田中俊明,『朝鮮の古代遺跡』 2(百濟 · 加耶 篇), 中央公論社, 1989.

末松保和,『任那興亡史』, 吉川弘文館, 1961.

上田正昭 編,『都城』(日本古代文化の探求), 社會思想社, 1976.

上田正昭 編,『城』(日本古代文化の探求), 社會思想社, 1977.

楊寬 著, 尾形勇 · 高木智見 共譯,『中國都城の起源と發展』, 學生社, 1987.

井上秀雄,『古代東アジアの文化交流』, 溪水社, 1993.

井上宗和,『城』, 法政大出版局, 1973.

國家計量總局 主編, 山田慶兒 · 淺原達郎 譯,『中國古代度量衡圖集』, みすず書
        房, 1985.

羅宗眞,『六朝考古』, 南京大學出版社, 1994.

史念海,『中國古都和文化』, 中華書局, 1996.

楊鴻勛,『建築考古學論文集』, 文物出版社, 1987.

楊 寬,『中國古代都城制度史研究』, 上海古籍出版社, 1993.

葉驍軍,『中國都城歷史圖錄』, 蘭州大學出版社, 1986.

劉敦楨 主編,『中國古代建築史』, 中國建築工業出版社, 1984.

曺洪濤,『中國古代成市的發展』, 中國城市出版社, 1995.

王仲殊 著 · 姜仁求 譯,『漢代考古學槪說』, 學硏文化社, 1993.

賀業鉅 著 · 尹正淑 譯,『중국 도성제도의 이론』, 이회, 1995.

董鑒泓 著 · 成周鐸 譯,『中國都城發達史』, 學硏文化社, 1993.

3. 論文

姜友邦,「傳扶餘出土 蠟石製 佛菩薩立立像考 - 韓國 佛敎에 끼친 北齊佛의 一影響 -」,『考古美術』138 · 139合號, 1978.

姜仁求,「百濟 甕棺墓의 一形式 - 扶餘地方의 壺棺墓 -」,『百濟文化』6輯, 公州師大百濟文化硏究所, 1973.

姜仁求,「中國墓制가 武寧王陵에 미친 影響」,『百濟硏究』10, 忠南大百濟硏究所, 1979.

姜仁求,「新羅王陵의 再檢討(2) - 脫解王陵 -」,『尹武炳博士回甲紀念論叢』, 1984.

姜仁求,「百濟의 歷史와 思想」,『韓國思想史大系』1, 韓國精神文化硏究院, 1990.

姜仁求,「三國時代 古墳의 墓地에 관한 一考察」,『韓國 古代國家 形成時期의 考古學的 硏究』, 韓國精神文化硏究院, 1991.

姜仁求,「百濟 初期 都城問題 新考」,『韓國史硏究』81, 1993.

姜鍾元,「階伯의 政治的 性格과 黃山벌戰鬪」,『論山黃山벌戰蹟地』, 忠南大百濟硏究所, 2000.

고용규,「全南地域 城郭硏究의 現況과 課題」,『호남고고학보』10, 1999.

孔錫龜,「百濟 테뫼식山城의 型式分類」,『百濟硏究』24, 忠南大百濟硏究所, 1994.

孔錫龜,「高句麗 · 百濟 城郭의 比較 硏究」,『白山學報』54, 2000.

權鍾川 · 車勇杰 · 朴杰淳,「淸州 父母山城과 그 周邊 遺蹟의 硏究」,『湖西文化硏究』6輯, 1987.

權兌遠,「蛇山城考」,『馬韓百濟文化』11輯, 圓光大馬韓百濟文化硏究所, 1988.

金起燮,「百濟 前期 都城에 관한 一考察」,『淸溪史學』7, 1990.

金起燮,「百濟 前期의 部에 관한 試論」,『百濟의 地方統治』, 學硏文化社, 1998.

김기웅,「고구려산성의 특성에 관한 연구」,『고고민속론문집』9, 1984.

金洛中,「출토유물로 본 나주 복암리 3호분의 성격」, 충남대백제연구소공 개 강좌요지, 1999.

金杜珍,「불교의 수용과 고대 사회의 변화」,『韓國古代史論』, 한길사, 1988.

金杜珍,「百濟의 彌勒信仰과 戒律」,『百濟 佛敎文化의 硏究』, 忠南大百濟硏究 所, 1994.

金理那,「百濟 佛像樣式의 成立과 中國 佛像과의 比較硏究」,『百濟史의 比較 硏究』, 1992.

金壽泰,「百濟 威德王代 扶餘 陵山里寺院의 創建」,『百濟文化』27輯, 公州大百 濟文化硏究所, 1998.

金永培,「公州 百濟王宮 및 臨流閣址 小考」,『考古美術』6-3·4호, 1965.

金永培,「公州 公山城出土 敷塼과 文字瓦」,『考古美術』3-1, 1962.

金永培,「熊川과 泗沘城時代의 百濟 王宮址에 對한 考察」,『百濟文化』2輯, 公 州師大百濟文化硏究所, 1968.

金永培,「公州 灘川 鼎峙里寺址」,『百濟文化』6輯, 公州師大百濟文化硏究所, 1973.

金永培,「水源寺 塔址調査」,『百濟文化』11輯, 公州師大百濟文化硏究所, 1978.

金英心,「百濟의 城, 村과 地方統治」,『百濟硏究』28輯, 忠南大百濟硏究所, 1998.

金英心,「百濟支配體制의 整備와 王都 5部制」,『百濟의 地方統治』, 學硏文化 社, 1998.

金英心,「百濟 官等制의 成立과 運營」,『國史館論叢』82, 1998.

金英心,「忠南地域의 百濟城郭 硏究」,『百濟硏究』30, 忠南大百濟硏究所, 1999.

金英心,「泗沘都城의 행정구역 편제」,『사비도성과 백제의 성곽』, 扶餘文化財 硏究所, 2000.

金龍國,「夢村土城에 대하여」,『鄕土서울』39, 1981.

金容民,「扶蘇山城의 城壁 築造技法 및 變遷에 대한 考察」,『韓國上古史學報』 26, 1997.

金元龍,「三國時代 開始에 關한 一考察」,『東亞文化』 7, 1967.

金周成,「백제 지방통치조직의 변화와 지방사회의 재편」,『國史館論叢』 35, 國史編纂委員會, 1992.

金泰植,「百濟의 加耶地域 關係史 : 交涉과 征服」,『百濟의 中央과 地方』(百濟研究論叢 5輯), 忠南大百濟研究所, 1997.

羅東旭,「慶南地域의 土城 研究」,『博物館研究論集』 5, 釜山廣域市立博物館, 1996.

盧道陽,「百濟 周留城考」,『明知大論文集』 12, 1980.

盧重國,「百濟 王室의 南遷과 支配勢力의 變遷」,『韓國史論』 4, 서울大國史學科, 1978.

盧重國,「漢城時代 百濟의 地方統治體制」,『邊太燮博士華甲紀念史學論叢』, 1985.

盧重國,「百濟 武寧王代의 執權力 强化와 經濟基盤의 확대」,『百濟文化』 21輯, 公州大百濟文化研究所, 1991.

盧重國,「『三國史記』의 百濟 地理關係 記事 檢討」,『三國史記의 原典 檢討』, 韓國精神文化研究院, 1995.

盧美善,「진안 와정리 토성 유적」,『湖南地域의 靑銅器文化』, 1999.

都守熙,「百濟語의「白·熊·泗沘·伎伐」에 對하여」,『百濟研究』 14, 忠南大百濟研究所, 1983.

杜正勝,「野城과 山城」,『百濟研究』 19, 忠南大百濟研究所, 1988.

文明大,「扶餘 定林寺터에서 나온 佛像과 陶俑」,『季刊 美術』 겨울호, 1981.

文明大,「百濟 佛像의 形式과 內容」,『百濟의 彫刻과 美術』, 公州大學校博物館, 1991.

文明大,「百濟 彫刻의 樣式變遷」,『百濟의 彫刻과 美術』, 公州大學校博物館, 1991.

閔德植,「鎭川 大母山城의 分析的 研究」,『韓國史研究』 29, 1980.

閔德植,「新羅 王京의 防備에 관한 考察」,『史學研究』39, 1987.

閔德植,「三國時代 築城法에 관한 몇가지 試考」,『白山學報』38, 1991.

閔德植,「高句麗 平壤城의 築城過程에 관한 研究」,『國史館論叢』39輯, 國史編纂委員會, 1992.

朴方龍,「都城·城址」,『韓國史論』15, 國史編纂委員會, 1985.

朴方龍,「新羅 王都의 守備」,『新羅文化』19, 東國大新羅文化研究所, 1992.

朴普鉉,「銀製冠飾으로 본 百濟의 地方支配에 대한 몇 가지 問題」,『科技考古研究』5, 아주대박물관, 1999.

박성래,「한국도량형사」,『한국의 도량형』, 국립민속박물관, 1997.

朴淳發,「漢江流域 百濟土器의 變遷과 夢村土城의 性格에 대한 一考察」, 서울大大學院碩士學位論文, 1989.

朴淳發,「百濟 都城의 變遷과 特徵」,『韓國史의 理解』(重山鄭德基博士華甲紀念韓國史學論叢), 1996.

朴淳發,「鷄足山城의 國籍 : 新羅인가 百濟인가」,『대전·충청학연구 어떻게 할 것인가』, 한남대충청학연구소, 1998.

朴淳發,「泗沘都城의 構造에 대하여」,『百濟研究』31, 忠南大百濟研究所, 2000.

朴淳發,「泗沘都城의 構造」,『사비도성과 백제의 성곽』, 扶餘文化財研究所, 2000.

朴容塡,「公州 西穴寺址와 南穴寺址에 對한 研究」,『公州教大論文集』3, 公州教育大學, 1966.

朴容塡,「公州 百濟時代의 文化에 關한 研究」,『百濟文化』2輯, 公州師大百濟文化研究所, 1968.

朴容塡,「公州 舟尾寺址에 關한 研究」,『百濟文化』3輯, 公州師大百濟文化研究所, 1969.

朴容塡,「公州 西穴寺址에 關한 調査研究(Ⅰ)」,『百濟文化』4輯, 公州師大百濟文化研究所, 1970.

朴容塡,「公州 錦鶴洞 逸名寺址의 遺蹟」,『公州教大論文集』8卷 1號, 1971.

朴鍾益,「古代 山城의 築造技法에 대한 研究」,『嶺南考古學』15, 1994.

朴漢濟,「北魏 洛陽社會와 胡漢體制」,『泰東古典研究』6輯, 1990.

朴漢濟,「中國 歷代 首都의 類型과 社會變化」,『歷史와 都市』1997.

朴賢淑,「宮南池出土 百濟 木簡과 王都 5部制」,『韓國史研究』92, 1995.

朴興秀,「李朝 尺度標準에 관한 考察」,『素岩李東植先生華甲紀念論文集』, 1981.

朴興秀,「李朝 尺度에 關한 研究」,『大東文化研究』4輯, 成均館大學校 大東文
化研究院, 1987.

백종오,「京畿南部地域의 百濟山城」(Ⅰ),『京畿道博物館年報』2호, 京畿道博物
館, 1998.

白承忠,「6세기 전반 백제의 가야진출 과정」,『百濟研究』31, 忠南大百濟研究
所, 2000.

徐永大,「高句麗 平壤 遷都의 動機」,『韓國文化』2, 1981.

徐程錫,「忠南地域 百濟山城에 關한 一研究」,『百濟文化』22輯, 公州大百濟文
化研究所, 1992.

徐程錫,「鷄龍山 周邊의 城址」,『鷄龍山誌』, 충청남도, 1993.

徐程錫,「牙山地域의 山城 − 鶴城山城을 中心으로 −」,『滄海朴秉國教授停年紀
念史學論叢』, 1994.

서정석,「공주지역의 산성 연구」,『공주의 역사와 문화』, 공주대박물관, 1995.

徐程錫,「全南地域 橫穴式 石室墳의 構造와 性格에 대한 試論」,『韓國古代의
考古와 歷史』, 學研文化社, 1997.

徐程錫,「論山 魯城山城에 대한 考察」,『先史와 古代』11號, 1998.

徐程錫,「泰安 安興鎭城에 대한 一考察」,『역사와 역사교육』3·4합집, 1999.

徐程錫,「羅州 會津土城에 대한 檢討」,『百濟文化』28輯, 公州大百濟文化研究
所, 1999.

徐程錫,「百濟 5方城의 位置에 대한 試考」,『백제문화의 고고학적 연구』(제2
회 호서고고학회 학술대회 발표요지), 호서고고학회, 2000.

徐程錫,「熊津都城의 構造에 대한 一考察」,『百濟文化』29輯, 公州大百濟文化
研究所, 2000.

成周鐸,「助川城의 位置에 對하여」,『百濟研究』4, 忠南大百濟研究所, 1973.

成周鐸,「大田의 城郭」,『百濟研究』5, 忠南大百濟研究所, 1974.

成周鐸,「百濟山城研究 - 忠南 論山郡 連山面 所在 黃山城을 中心으로 -」,『百濟研究』6, 忠南大百濟研究所, 1975.

成周鐸,「新羅 三年山城 研究」,『百濟研究』7, 忠南大百濟研究所, 1976.

成周鐸,「熊津城과 泗沘城研究」,『百濟研究』11, 忠南大百濟研究所, 1980.

成周鐸,「百濟 泗沘都城 研究」,『百濟研究』13, 忠南大百濟研究所, 1982.

成周鐸,「漢江流域 百濟初期 城址研究」,『百濟研究』14, 忠南大百濟研究所, 1983.

成周鐸,「百濟城郭研究」,『百濟研究』15, 忠南大百濟研究所, 1984.

成周鐸,「大田 甲川流域 百濟城址考」,『尹武炳博士回甲記念論叢』, 1984.

成周鐸,「百濟 新村縣 治所의 位置比定에 關한 研究」,『百濟論叢』1輯, 百濟文化開發研究院, 1985.

成周鐸,「百濟城址와 文獻資料 - 大木岳郡·甘買縣·仇知縣을 中心으로 -」,『百濟研究』17, 忠南大百濟研究所, 1983.

成周鐸,「韓國 古代山城의 日本傳播」,『國史館論叢』2, 1989.

成周鐸,「百濟 所比浦縣城址(一名德津山城) 調査報告」,『百濟研究』22, 忠南大百濟研究所, 1991.

成周鐸,「韓國의 古代 都城」,『東洋 都市史 속의 서울』, 서울시정개발연구원, 1994.

成周鐸,「百濟 熊津城 研究 再齣」,『百濟의 中央과 地方』(百濟研究叢書 5輯), 忠南大百濟研究所, 1997.

成周鐸,「百濟 泗沘都城 三齣」,『百濟研究』28, 忠南大百濟研究所, 1998.

成周鐸·車勇杰,「百濟 末谷縣과 昧谷山城의 歷史地理的 管見」,『三佛金元龍教授停年退任紀念論叢』Ⅱ, 1987.

宋祥圭,「王宮坪城에 對한 研究 - 金馬의 百濟 末期 王都 可能性의 諸問題 -」,『百濟研究』7, 忠南大百濟研究所, 1976.

申光燮,「扶餘 扶蘇山廢寺址考」,『百濟研究』24, 忠南大百濟研究所, 1994.

申東河,「高句麗 寺院 造成과 그 意味」,『韓國史論』19, 서울大國史學科, 1988.

申榮勳,「石窟庵의 建築的인 造營計劃」,『考古美術』7-7, 1966.

辛鍾遠,「백제 불교미술의 사상적 배경」,『百濟 彫刻과 美術』公州大學校博物館, 1991.

沈正輔,「百濟 復興軍의 主要 據點에 關한 硏究」,『百濟硏究』14, 忠南大百濟硏究所, 1983.

沈正輔,「雨述城考」,『尹武炳博士回甲紀念論叢』, 1984.

沈正輔,「中國側 史料를 통해 본 白江의 位置問題」,『震檀學報』66, 1988.

沈正輔,「大田의 古代山城」,『百濟硏究』20, 忠南大百濟硏究所, 1989.

沈正輔,「百濟 周留城考」,『百濟文化』28輯, 公州大百濟文化硏究所, 1999.

沈正輔,「高句麗山城과 百濟山城의 比較檢討」,『高句麗山城과 防禦體系』, 1999.

沈正輔,「泗沘都城의 築造時期에 대하여」,『사비도성과 백제의 성곽』, 2000.

심정보,「鷄足山城의 地政學的 位置와 그 性格」,『충청학연구』1, 한남대 충청학연구센타, 2000.

沈正輔,「百濟山城의 特性에 대하여」,『섬진강주변의 백제산성』, 2000.

安啓賢,「百濟 佛敎에 關한 諸問題」,『百濟硏究』8, 忠南大百濟硏究所, 1977.

安承周,「公州 百濟古墳 樣式의 一例」,『百濟文化』1輯, 公州師大百濟文化硏究所, 1967.

安承周,「公州 西穴寺址에 關한 調査硏究(Ⅱ)」,『百濟文化』5輯, 公州師大百濟文化硏究所, 1971.

安承周,「公山城에 대하여」,『考古美術』138·139, 1978.

安承周,「公山城內의 遺蹟」,『百濟文化』11輯, 公州師大百濟文化硏究所, 1978.

安承周,「公州 東穴寺址에 對한 考察」,『尹武炳博士回甲紀念論叢』, 1984.

安承周,「百濟 寺址의 硏究」,『百濟文化』16輯, 公州師大百濟文化硏究所, 1985.

安承周,「百濟 都城(熊津城)에 대하여」,『百濟硏究』19, 忠南大百濟硏究所, 1988.

安承周·李南奭,「全義地域 古代山城 考察」,『百濟文化』20, 公州大百濟文化硏究所, 1989.

安春培,「韓國의 甕棺墓에 관한 硏究」,『釜山女大論文集』18輯, 1985.

梁起錫, 「百濟 歷史의 展開」, 『百濟의 彫刻과 美術』, 公州大博物館, 1992.

楊普景, 「郡縣地圖의 發達과 『海東地圖』」, 『海東地圖』, 서울大學校 奎章閣, 1995.

兪元載, 「百濟 築城關係 記事의 分析」, 『湖西史學』 12輯, 1984.

兪元載, 「保寧 鎭唐山城에 대한 硏究」, 『公州敎大論文集』 21, 1985.

兪元載, 「熊津都城의 防備體制에 對하여 -周邊의 山城分布를 中心으로-」, 『公州敎大論叢』 22-2, 1986.

兪元載, 「百濟 古良夫里縣 治所의 位置」, 『公州敎大論叢』 23-2, 1987.

兪元載, 「泗沘都城의 防備體制에 對하여 -周邊의 山城配置를 中心으로-」, 『公州敎大論叢』 24, 1988.

兪元載, 「百濟 湯井城硏究」, 『百濟論叢』 3輯, 百濟文化開發硏究院, 1992.

兪元載, 「熊津都城의 羅城問題」, 『湖西史學』 19·20合輯, 1992.

兪元載, 「百濟 熊津城 硏究」, 『國史館論叢』 45, 1993.

兪元載, 「熊津都城의 五部問題」, 『民族文化의 諸問題』(于江權兌遠敎授定年紀念論叢), 1994.

兪元載, 「百濟 加林城硏究」, 『百濟論叢』 5輯, 百濟文化開發硏究院, 1996.

윤덕향, 「진안 와정 백제성」, 『섬진강주변의 백제산성』, 2000.

尹武炳·成周鐸, 「百濟山城의 新類型」, 『百濟硏究』 8, 忠南大百濟硏究所, 1977.

尹武炳, 「扶蘇山城 城壁調査」, 『韓國考古學報』 13, 1982.

尹武炳, 「連山地方 百濟土器의 硏究」, 『百濟硏究』 10, 忠南大百濟硏究所, 1979.

尹武炳, 「新羅 王京의 坊制」, 『斗溪李丙燾博士九旬紀念韓國史學論叢』, 知識産業社, 1987.

尹武炳, 「泗沘都城에 대하여」, 『百濟硏究』 19, 忠南大百濟硏究所, 1988.

尹武炳, 「山城·王城·泗沘都城」, 『百濟硏究』 21, 忠南大百濟硏究所, 1990.

尹武炳, 「高句麗와 百濟의 城郭」, 『百濟史의 比較硏究』(百濟硏究叢書 3輯), 忠南大百濟硏究所, 1993.

尹武炳, 「百濟王都 泗沘城 硏究」, 『學術院論文集』 33輯, 1994.

尹琇姬, 「百濟의 泗沘遷都에 관한 연구」, 韓國精神文化硏究院 韓國學大學院碩

士學位논문, 1999.

尹龍爀, 「朝鮮後期 公州邑誌의 編纂과 『公山誌(1859)』」, 『公州師大論文集』 19 輯, 1981.

尹龍爀, 「백제 熊津橋에 대하여」, 『熊津文化』 7輯, 公州鄕土文化硏究會, 1994.

李康承, 「扶餘 九龍里出土 靑銅器 一括遺物」, 『三佛金元龍敎授停年退任紀念論 叢』 I, 1987.

李康承, 「백제시대의 자에 대한 연구」, 『韓國考古學報』 43, 2000.

李根雨, 「百濟의 方郡城制 관련 사료에 대한 재검토」, 『韓國 古代의 考古와 歷 史』, 學硏文化社, 1997.

李基東, 「新羅 官等制度의 成立年代 問題와 赤城碑의 發見」, 『史學志』 12, 1978.

李基東, 「百濟國의 政治理念에 대한 一考察 – 특히 '周禮'主義的 정치이념 과 관련하여 –」, 『震檀學報』 69, 1990.

李基白, 「三國時代 佛敎 傳來와 그 社會的 性格」, 『歷史學報』 6輯, 1954.

李基白, 「新羅 初期 佛敎와 貴族勢力」, 『震檀學報』 40, 1975.

李基白, 「高句麗의 國家形成 問題」, 『韓國 古代의 國家와 社會』, 一潮閣, 1985.

李基白, 「百濟 佛敎 收容 年代의 檢討」, 『震檀學報』 71·72合號, 1991.

李南奭, 「百濟 蓮花文瓦當의 一硏究」, 『古文化』 32輯, 1988.

李南奭, 「百濟 冠制와 冠飾」, 『百濟文化』 20輯, 公州大百濟文化硏究所, 1990.

李南奭, 「百濟 竪穴式石室墳 硏究」, 『百濟論叢』 4輯, 百濟文化開發硏究院, 1994.

李南奭, 「天安 白石洞遺蹟(山城)」, 『歷史와 都市』, 1997.

李南奭, 「天安 白石洞土城의 檢討」, 『韓國上古史學報』 28, 1998.

李南奭, 「瑞山 富城山城의 考察」, 『古文化』 52輯, 1998.

李南奭, 「禮山 鳳首山城(任存城)의 現況과 特徵」, 『百濟文化』 28輯, 公州大百 濟文化硏究所, 1999.

李南奭, 「百濟 熊津城인 公山城에 대하여」, 『馬韓百濟文化』 14, 圓光大馬韓百 濟文化硏究所, 1999.

李道學, 「漢城末 熊津時代 百濟王系의 檢討」, 『韓國史硏究』 45, 1984.

李道學, 「漢城末 熊津時代 百濟 王位繼承과 王權의 性格」, 『韓國史硏究』 50·

51, 1985.

李道學,「百濟 漢城時期의 都城制에 대한 檢討」,『韓國上古史學報』9, 1992.

李道學,「百濟 復興運動의 시작과 끝, 任存城」,『百濟文化』28輯, 公州大百濟文化研究所, 1999.

李文基,「統一新羅의 地方官制 研究」,『國史館論叢』20, 1991.

李丙燾,「廣州 風納里土城과 百濟時代의 蛇城」,『震檀學報』10, 1939.

李炳鎬,「百濟 泗沘都城의 造營과 區劃」, 서울大大學院 碩士學位論文, 2001.

李銖勳,「新羅 村落의 立地와 城·村名」,『國史館論叢』48, 1993.

李鎔賢,「扶餘 宮南池 出土 木簡의 年代와 性格」,『宮南池』, 扶餘文化財研究所, 1999.

李宇泰,「新羅의 村과 村主 - 三國時代를 中心으로 -」,『韓國史論』7, 서울大 國史學科, 1981.

李宇泰,「韓國 古代의 尺度」,『泰東古典研究』創刊號, 1984.

李宇泰,「百濟의 部體制」,『百濟史의 比較研究』, 忠南大百濟研究所, 1993.

李鍾旭,「南山新城碑를 통하여 본 新羅의 地方統治體制」,『歷史學報』64, 1974.

李弘稙,「梁職貢圖論考」,『韓國古代史의 研究』, 新丘文化社, 1971.

張慶浩·洪性斌,「扶蘇山城內 建物址 發掘調査槪報」,『文化財』17號, 1984.

全榮來,「周留城, 白江 位置 比定에 關한 新研究」, 扶安郡, 1976.

全榮來,「古代山城의 特性과 源流」,『馬韓百濟文化』8輯, 圓光大馬韓百濟文化研究所, 1985.

全榮來,「百濟 地方制度와 城郭 - 全北地方을 中心으로 -」,『百濟研究』19, 忠南大百濟研究所, 1988.

全榮來,「古代山城의 發生과 變遷」,『馬韓百濟文化』11輯, 圓光大馬韓百濟文化研究所, 1988.

전준현,「백제의 5부 5방제에 대하여」,『력사과학』2호, 1993.

田中俊明,「王都로서의 泗沘城에 대한 豫備的 考察」,『百濟研究』21, 忠南大百濟研究所, 1990.

鄭永鎬,「百濟 助川城考」,『百濟研究』3, 忠南大百濟研究所, 1972.

鄭永鎬, 「百濟 金銅半跏思惟像의 新例」, 『文化史學』 3號, 1995.

정찬영, 「평양성에 대하여」, 『고고민속』 2기, 1966.

鄭海濬, 「禮山地域 百濟山城의 特徵－고고학적 특징과 지방통치를 중심으로－」, 『역사와 역사교육』 5호, 熊津史學會, 2000.

趙源昌, 「公州地域 寺址 研究」, 『百濟文化』 28輯, 公州大百濟文化研究所, 1999.

趙源昌, 「西穴寺址 出土 石佛像에 대한 一考察」, 『역사와 역사교육』, 熊津史學會, 1999.

趙由典, 「宋山里 方壇階段形 무덤에 대하여」, 『百濟文化』 21輯, 公州大百濟文化研究所, 1991.

趙由典·鄭桂玉, 「百濟 故地의 甕棺墓 研究」, 『百濟論叢』 4輯, 百濟文化開發研究院, 1994.

池憲英, 「豆良尹城에 대하여」, 『百濟研究』 3, 忠南大百濟研究所, 1972.

秦弘燮, 「南山新城碑의 綜合的 考察」, 『歷史學報』 26, 1965.

車勇杰, 「百濟의 祭天祀地와 政治體制의 變化」, 『韓國學報』 11, 1978.

車勇杰, 「慰禮城과 漢城에 대하여」, 『鄕土서울』 39, 1981.

車勇杰, 「百濟의 築城技法－版築土壘의 調査를 中心으로－」, 『百濟研究』 19, 忠南大百濟研究所, 1988.

車勇杰, 「淸州地域 百濟系山城의 調査研究」, 『百濟論叢』 2輯, 百濟文化開發研究院, 1990.

車勇杰, 「한국 고고학의 반세기－성곽－」, 『韓國考古學의 半世紀』(제19회 한국고고학 전국대회 발표요지), 1995.

車勇杰, 「泗沘都城의 築城史的 位置」, 『사비도성과 백제의 성곽』, 서경문화사, 2000.

車勇杰·洪成杓, 「百濟城郭의 比較研究 試論」, 『百濟論叢』 5輯, 百濟文化開發研究院, 1996.

千寬宇, 「三韓의 國家形成」 上·下, 『韓國學報』 2·3, 1976.

千寬宇, 「馬韓諸國의 位置 試論」, 『東洋學』 9, 1979.

崔孟植, 「陵山里 百濟古墳 出土 裝身具에 관한 一考」, 『百濟文化』 27輯, 公州

大百濟文化研究所, 1998.

崔孟植, 「王宮里遺蹟 發掘의 最近 成果」, 『馬韓百濟文化』 14輯, 圓光大馬韓百濟文化研究所, 1999.

崔孟植, 「泗沘都城과 扶蘇山城의 最近 成果」, 『사비도성과 백제의 성곽』, 서경문화사, 2000.

崔孟植·金容民, 「扶餘 宮南池內部 發掘調査 槪報」, 『韓國上古史學報』 20, 1995.

崔夢龍, 「漢城時代 百濟의 都邑地와 領域」, 『震檀學報』 60, 1985.

崔茂藏, 「扶蘇山城 推定 東門址 發掘 槪報」, 『百濟研究』 22, 忠南大百濟研究所, 1991.

崔仁善, 「順天 劍丹山城 發掘調査」, 『고고학을 통해 본 가야』(제23회 한국고고학 전국대회 발표요지), 1999.

崔仁善, 「順天 劍丹山城 研究(1)」, 『文化史學』 11·12·13輯, 1999.

崔仁善, 「蟾津江 西岸地域의 百濟山城」, 『섬진강 주변의 백제산성』, 2000.

崔鍾圭, 「百濟 銀製冠飾에 關한 考察 － 百濟金工(1) －」, 『美術資料』 47, 1991.

崔鍾圭, 「한국 원시의 방어집락의 출현과 전망」, 『韓國古代史論叢』 8, 駕洛國史蹟開發研究院, 1996.

최희림, 「평양성을 쌓은 연대와 규모」, 『고고민속』 2기, 1967.

忠南大博物館, 「鷄足山城發掘調査略報告」, 1998.

忠南大百濟研究所, 「鷄足山城 2次 發掘調査 略報告書」, 1999.

忠南大百濟研究所, 「扶餘 東羅城·西羅城 發掘調査 略報告書」, 2000.

賀業鉅 著, 成周鐸·姜鍾元 譯, 「中國의 古代 都城」, 『東洋都市史 속의 서울』, 서울시정개발연구원, 1994.

洪思俊, 「百濟 砂宅智積碑에 대하여」, 『歷史學報』 6, 1954.

洪思俊, 「南原出土 百濟 飾冠具」, 『考古美術』 9-1, 1968.

洪思俊, 「虎岩寺址와 王興寺址考」, 『百濟研究』 5, 忠南大百濟研究所, 1974.

洪思俊, 「부여 하황리 백제고분 출토의 유물」, 『百濟史論集』, 향지, 1995.

洪思俊, 「炭峴考」, 『歷史學報』 35·36合輯, 1967.

洪思俊,「百濟城址研究 - 築城을 中心으로 -」,『百濟研究』2, 忠南大百濟研究
　　所, 1971.

洪性斌,「扶蘇山城 東門址 및 周邊城壁 發掘調査 概報」,『昌山金正基博士華甲
　　紀念論叢』, 1990.

洪再善,「百濟 泗沘城 研究」, 東國大大學院碩士學位論文, 1981.

鎌田茂雄,「南北朝の佛教」,『東アジア世界における日本古代史講座』4(朝鮮
　　三國と倭國), 學生社, 1980.

龜田修一,「考古學から見た百濟前期の都城」,『朝鮮史研究會論文集』24, 1987.

龜田修一,「日韓古代山城比較試論」,『考古學研究』42卷 3號, 1995.

龜田修一,「百濟 漢城時代の瓦と城」,『百濟論叢』6輯, 百濟文化開發研究院,
　　1997.

宮崎市定,「漢代の里制と唐代の坊制」,『東洋史研究』21-3, 1962.

藤島亥治郎,「朝鮮三國時代の都市と城」,『日本古代史講座』4(朝鮮三國と倭
　　國), 學生社, 1980.

末松保和,「新羅佛教傳來傳說考」,『新羅史の諸問題』, 1954.

武田幸男,「六世紀のおける朝鮮三國の國家體制」,『東アジア世界における日
　　本古代史講座』4(朝鮮三國と倭), 學生社, 1980.

福山敏男,「『周禮』考工記の「面朝後市」說」,『橿原考古學研究所論集』第7, 吉川
　　弘文館, 1984.

浜田耕策,「新羅の城・村設置と州郡制の施行」,『朝鮮學報』84, 1977.

山尾幸久,「朝鮮三國の軍區組織」,『古代日本と朝鮮』, 1974.

森麓三,「北魏洛陽城の規模について」,『東洋史研究』11-4, 1952.

小田富士雄,「西日本古代城郭遺跡の研究動向」,『百濟研究』19, 忠南大百濟研
　　究所, 1988.

矢守一彦,「朝鮮の都城と邑城」,『都市ブレンノ研究』6, 1970.

李進熙,「朝鮮と日本の山城」,『城』(日本古代文化の探求), 社會思想社, 1977.

全榮來,「古代山城の發生と變遷」,『冬アジアと日本』(考古・美術 編), 吉川弘

文館, 1987.

全榮來,「百濟山城と日本の神籠石 - 築城法の源流 - 」,『先史・古代の韓國と
　　　日本』, 1988.

田中俊明,「朝鮮三國の都城制と東アジア」,『古代の日本と東アジア』, 小學館,
　　　1991.

田中俊明,「百濟後期王都泗沘城の諸問題」,『角田直先生古稀記念論文集』,
　　　1997.

田村圓澄,「百濟佛教傳來考」,『白初洪淳昶博士還曆紀念史學論叢』, 1982.

中村圭爾,「建康の「都城」について」,『中國都市の歷史的研究』, 刀水書房, 1988.

井上秀雄,「朝鮮の都城」,『都城』, 社會思想社, 1976.

井上秀雄,「朝鮮と日本の山城」,『日本のなかの朝鮮文化』38, 1978.

井上秀雄,「古代韓日文化交流」,『朝鮮學報』94, 1985.

佐藤興治,「朝鮮古代の山城」,『日本城郭大系』別卷, 新人物往來社, 1981.

車勇杰,「韓國の山城研究の動向と課題」,『古文化談叢』38集, 1997.

蔡熙國・全浩天 譯,「高句麗の城の特徵」,『東アジアと日本』(考古・美術篇),
　　　吉川弘文館, 1987.

秋山日出雄,「南朝都城「建康」の復元序說」,『橿原考古學研究所論集』7, 吉川弘
　　　文館, 1984.

礪波護,「中國都城の思想」,『都城の生態』, 中央公論社, 1987.

羅宗眞,「江蘇六朝城市的考古探索」,『中國考古學會第五次年會論文集』, 文物出
　　　版社, 1985.

宿 白,「隋唐長安城和洛陽城」,『考古』6期, 1978.

王仲殊,「中國古代都城概說」,『考古』5期, 1982.

찾아보기